JN441047

2026년

핵심정리 상법

■ 총 칙
■ 상행위
■ 회 사
■ 어음·수표법
■ 보 험
■ 해 상
■ 항공운송

문 승 진 편저

Commercial Law

法學社

2026년판(제9판) 머리말

개정판(제9판)은 개정상법의 내용을 반영하고, 조문·판례정리 부분에 2025년도에 시행된 법무사시험을 포함한 각종 시험에 출제된 판례를 추가하고, 그리고 기출지문 O× 부분에 2025년도 시행 법무사시험의 기출문제를 반영하였습니다.

1. 개정 상법 반영

2025년에 상법이 두 번 개정되었습니다. 2025.7.22. 법률 제20991호로 개정된 내용은 조문에 따라 시행시기가 2025.7.22., 2026.7.23. 및 2027.1.1. 3단계로 구분되어 있고, 2025.9.9. 법률 제21044호로 개정된 내용은 시행시기가 2026.9.10.로 예정되어 있습니다. 이에 따라 개정판은 개정 법률 내용 중 2026년 시험을 대비하여 시행시기가 2025.7.22. 및 2026.7.23.인 개정 내용만 반영하였습니다.

2. 2025년 시행 기출 판례의 추가 및 기존 판례의 보완

2025년 법무사시험, 변호사시험, 법원직 시험에 출제된 판례를 추가하였는데 다음과 같습니다.
(대판 2020. 5. 28. 2017다265389). (광주지법 1996. 12. 4. 선고 96가합6402 판결 : 취소기각·상고). (대법원 1997. 8. 26. 선고 96다36753 판결). 대법원 1988. 1. 19. 선고 87다카1295 판결). (대법원 1997. 4. 25. 선고 96누19314 판결). (대법원 1995. 7. 14. 선고 94다20198 판결). (대법원 2024. 3. 12. 선고 2021다309927 판결). (대법원 1966. 11. 29. 선고 66다1741 판결). 대법원 2016. 7. 14. 선고 2015다233098 판결). (대법원 1976. 1. 27. 선고 75다1606 판결). (대판 1970.08.31. 70다1357). (대법원 2007. 9. 7. 선고 2005다18740 판결). (대법원 2004. 3. 26. 선고 2002다29138 판결). (대법원 2003. 5. 16. 선고 2001다44109 판결). (대법원 2010. 9. 30. 선고 2010다35985 판결). (대법원 2007. 2. 22. 선고 2005다73020 판결). (대법원 2021. 10. 28. 선고 2020다208058 판결). (대법원 2021. 7. 29. 선고 2017두63337 판결). (대법원 2003. 5. 16. 선고 2001다44109 판결). (대법원 2009. 1. 30. 선고 2006다31269 판결). (대법원 2008. 9. 11. 선고 2007다31518 판결). (대법원 2023. 3. 30. 선고 2019다280481 판결). (대법원 2007. 10. 11. 선고 2006다33333 판결). (대법원 2023. 10. 26. 선고 2020다236848 판결). (대법원 2025. 4. 3. 선고 2022다288836, 288843 판결). (대법원 1981. 10. 6. 선고 80다2699 판결). (대법원 2004. 5. 28. 선고 2004다6542 판결). (대법원 2014. 11. 27. 선고

2012다14562 판결). (대법원 2024. 9. 27. 선고 2024다249729 판결). (대법원 2015. 10. 15. 선고 2014다204178 판결). 대법원 2010. 2. 11. 선고 2009다74007 판결). (대법원 2020. 2. 27. 선고 2019다204869 판결). (대법원 1976. 6. 24.자 76마195 결정). (대법원 1998. 2. 10. 선고 97다10468 판결). (부산고등법원 2009. 11. 4. 선고 2009나10577 판결).

3. 2025년 시행 법무사시험 기출문제 정답 문항 OX 문제화

2025년 시행 법무사시험 기출문제 정답 문항을 O× 문제로 만들어서 추가하였습니다.

이 책의 출간을 위하여 고생하신 법학사 이재철 사장님께 감사드립니다.

모든 수험생들이 본 교재를 통해 효율적인 학습을 하고, 그 결과 시험에서 좋은 결실을 거둘 수 있기를 기원합니다.

2026년 1월 16일

편저자 문승진 올림

제1편 총 칙 3

제2편 상행위 15

제3편 회 사 33

제4편 어음법·수표법 125

제5편 보험법 151

제6편 해상편 172

제7편 항공편 188

핵심정리 상법

- 제1편 총 칙
- 제2편 상행위
- 제3편 회 사
- 제4편 어음법·수표법
- 제5편 보험법
- 제6편 해상편
- 제7편 항공편

조문 · 판례	기출지문 OX

제1편 총 칙

제1장 총 론

① 상사에 관하여 본법(「상법」)에 규정이 없으면 상관습법에 의하고 상관습법이 없으면 「민법」의 규정에 의한다.
② 상사법규 적용순서 : 상사자치법 > 상사특별법 > 상법전 > 상관습법 > 민사자치법 > 민사조약 > 민법전
③ 주식회사의 정관은 상사자치법으로서 「상법」의 법원이다.
④ **보통보험약관이 계약당사자에 대하여 구속력을 갖는 것은 그 자체가 법규범 또는 법규범적 성질을 가진 계약이기 때문이 아니라 보험계약당사자 사이에서 계약내용에 포함시키기로 합의하였기 때문이다(판례).**

제2장 상 인

1. 상인의 종류

상 인	자 기 명의로	영업 으로	행 위	종 류	
				자연인	회 사
당연상인	○	○	기본적 상행위	상 인	상사회사
의제상인	○	○	상행위가 아닌 행위 (준상행위)	설비상인	민사회사

① 자기명의로 상행위를 (영업으로) 하는 자를 상인이라 한다(당연상인).
② **상인은 자기 명의로 상행위를 하는 자를 의미하는데, 여기서 '자기 명의'란 상행위로부터 생기는 권리의무의 귀속주체로 된다는 뜻으로서 실질에 따라 판단하여야 하므로, 행정관청에 대한 인·허가 명의나 국세청에 신고한 사업자등록상의 명의와 실제 영업상의 주체가 다를 경우 후자가 상인이 된다(판례).**
③ 점포 기타 유사한 설비에 의하여 상인적 방법으로 영업을 하는 자는 상행위를 하지 아니하더라도 상인으로 본다(의제상인 - 설비상인).
④ **학원업은 점포 기타 유사한 설비에 의하여 상인적 방법으로 영업을 하는 경우에 해당하여 '의제상인'에 해당한다(판례).**
⑤ **계주를 의제상인으로 볼 수 없다(판례).**
⑥ **변호사·법무사는 그 직무수행과 관련하여 의제상인에 해당한다고 볼 수 없다(판례).**
⑦ 회사는 상행위를 하지 아니하더라도 상인으로 본다(의제상인 - 민사회사).
⑧ 소상인은 자본금액이 1천만원에 미달하는 상인으로서 회사가 아닌 자로 한다.
⑨ 지배인, 상호, 상업장부와 상업등기에 관한 규정은 소상인에게 적용하지 아니한다.

제1편 총 칙

제1장 총 론

제2장 상 인

1. 상인의 종류

[2013]
1. 상인은 자기 명의로 상행위를 하는 자를 의미하므로, 행정관청에 대한 인·허가 명의자나 국세청에 신고한 사업자등록상의 명의자가 별도로 있다면 실제 영업상의 주체라도 상인이 되지 아니한다. (×)

[2016]
2. 법무사는 「상법」 제5조 제1항이 규정하는 점포 기타 유사한 설비에 의하여 상인적 방법으로 영업을 하는 자로서 상인으로 볼 수 있다. (×)

[2018]
3. 변호사는 「상법」 제5조 제1항이 규정하는 '상인적 방법에 의하여 영업을 하는 자'라고 볼 수 있다. (×)

[2024]
4. 상법상 지배인에 관한 규정은 소상인에게 적용되지 않는다. (O)

조문 · 판례	기출지문 OX

2. 상인자격

상인자격			예 시	취득시기	상실시기
자연인	원 칙		모든 자연인 (미성년자도 가능)	개업준비행위	영업의 종료 (사망×)
자연인	자격증		변호사, 법무사 세무사, 의사	불 가	
법 인	사법인	영리법인	회 사	설립등기	청산종결
법 인	사법인	비영리법인	건국우유	자연인과 동일	자연인과 동일
법 인	사법인	특수사법인	농협, 새마을금고, 신용보증기금	불 가	
법 인	공법인	일반공법인	국가, 공공단체	자연인과 동일	자연인과 동일
법 인	공법인	특수공법인	대한광업진흥공사	불 가	

① 영업의 목적인 기본적 상행위를 개시하기 전에 영업을 위한 준비행위를 하는 자는 영업으로 상행위를 할 의사를 실현하는 것이므로 그 준비행위를 한 때 상인자격을 취득한다(판례).

② 개업준비행위는 반드시 상호등기·개업광고·간판부착 등에 의하여 영업의사를 일반적·대외적으로 표시할 필요는 없으나 점포구입·영업양수·상업사용인의 고용 등 그 준비행위의 성질로 보아 영업의사를 상대방이 객관적으로 인식할 수 있으면 당해 준비행위는 보조적 상행위로서 여기에 상행위에 관한 상법의 규정이 적용된다(판례).

③ 영업자금의 차입 행위와 같이 행위 자체의 성질로 보아서는 영업의 목적인 상행위를 준비하는 행위라고 할 수 없지만, 행위자의 주관적 의사가 영업을 위한 준비행위였고 상대방도 행위자의 설명 등에 의하여 그 행위가 영업을 위한 준비행위라는 점을 인식하였던 경우에는 상행위에 관한 상법의 규정이 적용된다(판례).

④ 영업을 준비하는 행위가 보조적 상행위로서 「상법」의 적용을 받기 위해서는 행위를 하는 자 스스로 상인자격을 취득하는 것을 당연한 전제로 하므로, 어떠한 자가 자기 명의로 상행위를 함으로써 상인자격을 취득하고자 준비행위를 하는 것이 아니라 다른 상인의 영업을 위한 준비행위를 하는 것에 불과하다면, 그 행위는 행위를 한 자의 보조적 상행위가 될 수 없다(판례).

⑤ 의사나 의료기관을 상인이라고 볼 수는 없다(판례).

⑥ 세무사를 상인이라고 볼 수 없고, 세무사의 직무에 관한 채권이 상사채권에 해당한다고 볼 수 없으므로, 세무사의 직무에 관한 채권에 대하여는 민법 제162조 제1항에 따라 10년의 소멸시효가 적용된다(판례).

⑦ 「농업협동조합법」에 의하여 설립된 조합을 상인이라 할 수는 없다(판례).

⑧ 새마을금고는 비영리법인이므로, 새마을금고가 금고의 회원에게 자금을 대출하는 행위는 일반적으로는 영리를 목적으로 하는 행위라고 보기 어렵다(판례).

⑨ 신용보증기금은 상인으로 볼 수 없다(판례).

⑩ 대한광업진흥공사가 광업자금을 광산업자에게 융자하여 주고 소정의 금리에 따른 이자 및 연체이자를 지급받는다고 하더라도, 이를 '영리를 목적'으로 하는 행위라고 보기는 어렵다(판례).

⑪ 한국토지공사가 택지개발사업을 시행하기 위하여 공익사업을 위한 토지 등의 취득 및 보상에 관한 법률에 따라 토지소유자로부터 사업 시행을 위한 토지를 매수하는 행위를 하더라도 한국토지공사를 상인이라 할 수 없고, 한국토지공사가

2. 상인자격

[2023]
1. 영업을 위한 개업준비행위에 상행위에 관한 상법의 규정이 적용되기 위해서는 영업의사가 일반적·대외적으로 표시되어야 한다. (×)

[2018]
2. 어떠한 자가 자기 명의로 상행위를 함으로써 상인자격을 취득하고자 준비행위를 하는 것이 아니라 다른 상인의 영업을 위한 준비행위를 하는 것에 불과하다면, 그 행위는 행위를 한 자의 보조적 상행위가 될 수 없다. (○)

[2009]
3. 민사회사는 상행위 이외의 행위를 영리의 목적으로 하는 회사로서 의제상인이고, 신용보증기금이 이에 해당한다. (×)

[2025]
4. 한국토지공사가 택지개발사업을 시행하기 위하여 토지 소유자로부터 사업 시행을 위한 토지를 매수

조문 · 판례	기출지문 OX
택지개발사업 지구 내에 있는 토지에 관하여 토지소유자와 매매계약을 체결한 행위를 상행위로 볼 수 없다(판례).	하는 행위를 하는 경우에는 한국토지공사를 상인이라고 볼 수 있으므로, 한국토지공사가 택지개발사업 지구 내에 있는 토지에 관하여 토지 소유자와 매매계약을 체결한 행위는 상행위로 볼 수 있다. (×)
3. 제한능력자 ① 미성년자가 법정대리인의 허락을 얻어 영업을 하는 때에는 등기를 하여야 한다. ② 피한정후견인 등기는 폐지되었다. ③ 미성년자가 법정대리인의 허락을 얻어 회사의 무한책임사원이 된 때에는 그 사원자격으로 인한 행위에는 능력자로 본다. ④ 법정대리인이 미성년자, 피한정후견인 또는 피성년후견인을 위하여 영업을 하는 때에는 등기를 하여야 한다. 법정대리인의 대리권에 대한 제한은 선의의 제3자에게 대항하지 못한다.	3. 제한능력자
제3장 상업사용인 1. 지배인 ① 상인은 지배인을 선임하여 본점 또는 지점에서 영업을 하게 할 수 있다. ② 지배인은 의사능력을 가진 자연인이어야 하지만, 반드시 행위능력자일 필요는 없다. 또 감사와의 겸임은 허용되지 않지만, 업무집행사원이나 이사는 지배인을 겸할 수 있다(판례). ③ 지배인은 영업주에 갈음하여 그 영업에 관한 재판상 또는 재판외의 모든 행위를 할 수 있다. ④ 지배인의 행위가 영업주의 영업에 관한 것인가의 여부는 지배인의 행위 당시의 주관적인 의사와 관계없이 그 행위의 객관적 성질에 따라 추상적으로 판단하여야 할 것이다(판례). ⑤ 지배인이 영업주 명의로 한 어음행위는 객관적으로 영업에 관한 행위로서 지배인의 대리권의 범위에 속하는 행위라 할 것이므로 지배인이 개인적 목적을 위하여 어음행위를 한 경우에도 그 행위의 효력은 영업주에게 미친다 할 것이고, 이러한 법리는 표현지배인의 경우에도 동일하다(판례). ⑥ 투자신탁회사의 영업부장이 고객유치를 위하여 수익증권을 판매하면서 수익보장약정을 하였다면, 그 수익보장약정 행위는 영업부장의 대리권한의 범위 내에 속한다(판례). ⑦ 지배인은 지배인이 아닌 점원 기타 사용인을 선임 또는 해임할 수 있다. ⑧ 지배인의 대리권에 대한 제한은 선의의 제3자에게 대항하지 못한다. ⑨ 지배인이 영업주가 정한 대리권에 관한 제한 규정에 위반하여 한 행위에 대하여는 제3자가 위 대리권의 제한 사실을 알고 있었던 경우뿐만 아니라 알지 못한 데에 중대한 과실이 있는 경우에도 영업주는 그러한 사유를 들어 상대방에게 대항할 수 있고, 이러한 제3자의 악의 또는 중대한 과실에 대한 주장·입증책임은 영업주가 부담한다(판례). ⑩ 지배인이 내부적인 대리권 제한 규정에 위배하여 어음행위를 한 경우, 이러한 대리권의 제한에 대항할 수 있는 제3자의 범위에는 그 지배인으로부터 직접 어음을 취득한 상대방뿐만 아니라 그로부터 어음을 다시 배서양도받은 제3취득자도 포함된다(판례). ⑪ 지배인의 행위가 영업에 관한 것으로서 대리권한 범위 내의 행위라 하더라도 영업주 본인의 이익이나 의사에 반하여 자기 또는 제3자의 이익을 도모할 목	**제3장 상업사용인** 1. 지배인 [2015] 1. 반드시 지배인이라는 명칭을 사용하지 않고 지점장 또는 영업부장과 같은 명칭을 사용하더라도 지배인으로서의 대리권이 부여되어 있다면 지배인이 된다. (○) [2016] 2. 지배인은 자연인이어야 하지만, 반드시 행위능력자임을 요하지 아니하며, 주식회사나 유한회사의 감사도 지배인이 될 수 있다. (×) [2024] 3. 지배인이 영업주 명의로 한 어음행위는 객관적으로 영업에 관한 행위로서 지배인의 대리권의 범위에 속하는 행위이므로 지배인이 개인적 목적을 위하여 어음행위를 한 경우에도 그 행위의 효력은 영업주에게 미친다. (○) [2024] 4. 지배인은 영업주에 갈음하여 그 영업에 관한 재판상 또는 재판 외의 모든 행위를 할 수 있는 상업사용인이다. (○) [2025] 5. 지배인이 내부적인 대리권 제한 규정에 위배하여 어음행위를 한 경우 이러한 대리권의 제한에 대항할 수 있는 제3자의 범위에는 그 지배인으로부터 직접 어음을 취득한 상대방에 한한다. (×)

조문 · 판례	기출지문 OX

적으로 그 권한을 행사한 경우(남용)에 그 상대방이 지배인의 진의를 알았거나 알 수 있었을 때에는 민법 제107조 제1항 단서의 유추해석상 그 지배인의 행위에 대하여 영업주 본인은 아무런 책임을 지지 않는다(판례).

수인의 지배인		능동대리 〉〉	〈〈 수동대리	
원 칙	각자지배인 (수인)	1 인	1 인	상대방
예 외	공동지배인 (수인 + 공동)	공 동 (개별위임가능)	1 인	

⑫ 공동지배인의 경우에 지배인 1인에 대한 의사표시는 영업주에 대하여 그 효력이 있다.

⑬ 상인은 지배인의 선임과 그 대리권의 소멸에 관하여 영업소(회사의 경우 본점을 말한다)의 소재지에서 등기하여야 한다. 공동지배인에 관한 사항을 등기하는 경우와 그 사항을 변경하는 경우에도 같다.

[2011]
6. 지배인의 행위가 영업에 관한 것으로서 대리권한 범위 내의 것이라면 영업주 본인의 이익이나 의사에 반하는 경우라도 영업주 본인은 항상 책임을 부담한다. (×)

[2005, 2014, 2024]
[2021]
7. 상인은 수인의 지배인에게 공동으로 대리권을 행사하게 할 수 있는데, 이는 등기사항에는 해당하지 않는다. (×)

8. 공동지배인은 공동으로만 영업주를 대리할 수 있으므로, 등기된 공동지배인 중 1인에 대하여만 의사표시를 한 경우에는 영업주에게 효력이 발생하지 않는다. (×)

2. 표현지배인

① 본점 또는 지점의 본부장, 지점장, 그 밖에 지배인으로 인정될 만한 명칭을 사용하는 자는 본점 또는 지점의 지배인과 동일한 권한이 있는 것으로 본다. 다만, 재판상 행위에 관하여는 그러하지 아니하다.

② 표현지배인은 상대방이 악의인 경우에는 적용하지 아니한다(판례).

③ 증권회사의 지점장대리는 지배인으로 인정될 만한 명칭을 가진 사용인이라고 할 수는 없다(판례).

④ 지점 차장이라는 명칭은 지배인으로 인정될 만한 명칭을 가진 사용인을 표시하는 것이라고 할 수 없다(판례).

⑤ 표현지배인에 관한 규정이 적용되기 위하여는 당해 사용인의 근무장소가 「상법」상 지점으로서의 실체를 구비하여야 한다(판례).

⑥ 단순히 본·지점의 지휘감독 아래 기계적으로 제한된 보조적 사무만을 처리하는 영업소는 「상법」상의 영업소라 볼 수 없으므로 동 영업소의 소장을 「상법」 제14조 제1항 소정의 표현지배인으로 볼 수 없다(판례).

⑦ 상업사용인이 권한없이 상인의 영업과 관계없는 일에 관하여 상인의 행위를 대행한 경우에 특별한 수권이 있다고 믿을 만한 사정이 없는 한 상업사용인이라는 이유만으로 그 대리권이 있는 것으로 믿을 만한 정당한 이유가 있다고 보기 어렵다(판례).

2. 표현지배인

[2004, 2008, 2018]
1. 본점 또는 지점의 영업주임 기타 유사한 명칭을 가진 사용인은 본점 또는 지점의 지배인과 동일한 권한이 있는 것으로 보게 되므로 재판상 또는 재판 외의 모든 행위를 할 수 있다. (×)

[2018]
2. 본부장, 지점장 외에 지점차장도 표현지배인에 해당한다. (×)

[2018]
3. 단순히 본·지점의 지휘감독 아래 기계적으로 제한된 보조적 사무만을 처리하는 영업소는 「상법」상의 영업소라 볼 수 없으므로 동 영업소의 소장을 「상법」 제14조 제1항 소정의 표현지배인으로 볼 수 없다. (○)

3. 부분적 포괄대리권을 가진 사용인

① 영업의 특정한 종류 또는 특정한 사항에 대한 위임을 받은 사용인은 이에 관한 재판외의 모든 행위를 할 수 있다.

② 주식회사의 기관인 상무이사라 하더라도 상법 제15조 소정의 부분적 포괄대리권을 가지는 그 회사의 사용인을 겸임할 수 있다(판례).

③ 일반적으로 주식회사의 경리부장은 경상자금의 수입과 지출, 은행거래, 경리장부의 작성 및 관리 등 경리사무 일체에 관하여 그 권한을 위임받은 것으로 봄이 타당하고, 특별한 사정이 없는 한 독자적인 자금차용은 회사로부터 위임되어 있지 않다(판례).

④ 전산개발장비 구매와 관련된 실무를 총괄하는 상업사용인의 지위에 있는 자가 회사에 새로운 채무부담을 발생시키는 지급보증행위를 하는 것은 부분적 포괄대리권을 가진 상업사용인의 권한에 속하지 아니한다(판례).

3. 부분적 포괄대리권을 가진 사용인

[2024]
1. 상무이사는 주식회사의 기관에 해당하므로 상법 제15조 소정의 부분적 포괄대리권을 가지는 그 회사의 사용인을 겸임할 수 없다. (×)

조문 · 판례	기출지문 OX

⑤ 부분적 포괄대리권을 가진 상업사용인이 특정된 영업이나 특정된 사항에 속하지 아니하는 행위를 한 경우, 영업주가 책임을 지기 위하여는 「민법」상의 표현대리의 법리에 의하여 그 상업사용인과 거래한 상대방이 그 상업사용인에게 그 권한이 있다고 믿을 만한 정당한 이유가 있어야 한다(판례).

⑥ 부분적 포괄대리권을 가진 사용인에 해당하지 않는 사용인이 그러한 사용인과 유사한 명칭을 사용하여 법률행위를 한 경우 그 거래 상대방은 「민법」 제125조의 표현대리나 「민법」 제756조의 사용자책임 등의 규정에 의하여 보호될 수 있다고 할 것이므로, 부분적 포괄대리권을 가진 사용인의 경우에도 표현지배인에 관한 「상법」 제14조의 규정이 유추적용되어야 한다고 할 수는 없다(판례).

[2018]
2. 부분적 포괄대리권을 가진 사용인의 경우에도 표현지배인에 관한 「상법」 제14조의 규정이 유추적용된다. (×)

4. 물건판매점포의 사용인

① 물건을 판매하는 점포의 사용인은 그 판매에 관한 모든 권한이 있는 것으로 본다(고용계약을 요하지 않는다).

② 「상법」 제16조의 적용을 받기 위하여는 사용인의 점포 내에 있는 물건을 판매하였거나, 물건의 매매를 그 점포 내에서 하였거나 또는 거래관념상 점포내에서의 거래로 볼 수 있는 점포 외에서의 거래를 하였을 경우에 한한다(판례).

③ 상사회사(백화점) 지점의 외무사원은 상법 제16조 소정 물건 판매점포의 사용인이 아니므로 위 회사를 대리하여 물품을 판매하거나 또는 물품대금의 선금을 받을 권한이 있다고 할 수 없고 위 외무사원의 점포 밖에서 그 사무집행에 관한 물품거래행위로 인하여 타인에게 손해를 입힌 경우에는 위 회사는 사용자의 배상책임을 면할 수 없다(판례).

4. 물건판매점포의 사용인

5. 상업사용인의 의무

경업피지의무 (영업주의 허락)		위반의 효과	
		공 통	개입권
경업금지의무	자기 또는 제3자의 계산으로 영업주의 영업부류에 속한 거래	• 거래나 겸직은 유효 • 고용계약해지권 • 손해배상청구권	• 자기의 계산으로 한 것인 때에는 영업주의 계산으로, • 제3자의 계산으로 한 것인 때에는 이득의 양도를 청구 • 그 거래를 안 날로부터 2주, 그 거래가 있은 날로부터 1년 내 행사
겸직금지의무	회사의 무한책임사원, 이사 또는 다른 상인의 사용인		없 음

① 상업사용인은 영업주의 허락 없이 자기 또는 제3자의 계산으로 영업주의 영업부류에 속한 거래를 하거나 회사의 무한책임사원, 이사 또는 다른 상인의 사용인이 되지 못한다.

② 상업사용인이 경업금지에 위반하여 거래를 한 경우에 그 거래는 상대방의 선·악을 불문하고 유효하다(판례).

③ 상업사용인이 경업금지에 위반하여 거래를 한 경우에 그 거래가 자기의 계산으로 한 것인 때에는 영업주는 이를 영업주의 계산으로 한 것으로 볼 수 있고 제3자의 계산으로 한 것인 때에는 영업주는 사용인에 대하여 이로 인한 이득의 양도를 청구할 수 있다(개입권).

④ 개입권은 영업주로부터 사용인에 대한 계약의 해지 또는 손해배상의 청구에 영향을 미치지 아니한다.

⑤ 개입권은 영업주가 그 거래를 안날로부터 2주간을 경과하거나 그 거래가 있은 날로부터 1년을 경과하면 소멸한다.

5. 상업사용인의 의무

[2013]
1. 지배인이 영업주의 허락 없이 제3자의 계산으로 영업주의 영업부류에 속한 거래를 한 경우 영업주는 이를 영업주의 계산으로 한 것으로 볼 수 있다. (×)

[2003]
2. 영업주가 사용인에 대하여 개입권 또는 이득양도청구권을 행사한 후에는 별도로 사용인에 대하여 손해배상청구를 하지 못한다. (×)

조문 · 판례	기출지문 OX

제4장 상 호

1. 상호의 선정

① 상인은 그 성명 기타의 명칭으로 상호를 정할 수 있다.
② 회사의 상호에는 그 종류에 따라 합명회사, 합자회사, 유한책임회사, 주식회사 또는 유한회사의 문자를 사용하여야 한다.
③ 회사가 아니면 상호에 회사임을 표시하는 문자를 사용하지 못한다. 회사의 영업을 양수한 경우에도 같다.
④ 동일한 영업에는 단일상호를 사용하여야 한다. 회사는 1개의 상호만 사용할 수 있다.
⑤ 지점의 상호에는 본점과의 종속관계를 표시하여야 한다.

2. 상호권

<table>
<tr><th>A 상인</th><th>B 상인</th><th colspan="2">A 상인의 권리(상호전용권)</th></tr>
<tr><td>먼저
상호사용</td><td>나중에
상호 사용</td><td colspan="2">누구든지 부정한 목적으로 타인의 영업으로 오인할 수 있는 상호를 사용하지 못한다.</td></tr>
<tr><td rowspan="2">등기 전</td><td>등기 전</td><td colspan="2">폐지 청구</td></tr>
<tr><td>등기 후</td><td colspan="2">말소 청구</td></tr>
<tr><td rowspan="3">등기 후</td><td rowspan="2">등기 전</td><td>폐지 청구</td><td>동일한 특별시·광역시·시·군에서 동종영업으로 타인이 등기한 상호를 사용하는 자는 부정한 목적으로 사용하는 것으로 추정한다.</td></tr>
<tr><td>등기배척권</td><td>타인이 등기한 상호는 동일한 특별시·광역시·시·군에서 동종영업의 상호로 등기하지 못한다. 상호의 가등기도 상호의 등기로 본다.</td></tr>
<tr><td>등기 후</td><td>상호등기
말소청구</td><td>선등기자가 후등기자를 상대로 등기의 말소를 소로써 청구할 수 있는 효력이 미치는 범위는 먼저 등기된 상호와 동일한 상호에 한정된다고 보아야 한다.</td></tr>
</table>

① 타인이 등기한 상호는 동일한 특별시·광역시·시·군에서 동종영업의 상호로 등기하지 못한다.
② 「상법」 제22조에 의하여 선등기자가 후등기자를 상대로 등기의 말소를 소로써 청구할 수 있는 효력이 미치는 범위 역시 개정 「상업등기법」 제30조에 상응하도록 동일한 상호에 한정된다고 보아야 한다(판례).
③ 누구든지 부정한 목적으로 타인의 영업으로 오인할 수 있는 상호를 사용하지 못한다.
④ 어떤 상호가 '타인의 영업으로 오인할 수 있는 상호'에 해당하는지를 판단할 때에는 양 상호 전체를 비교 관찰하여 각 영업의 성질이나 내용, 영업 방법, 수요자층 등에서 서로 밀접한 관련을 가지고 있는 경우로서 일반인이 양 업무의 주체가 서로 관련이 있는 것으로 생각하거나 또는 타인의 상호가 현저하게 널리 알려져 있어 일반인으로부터 기업의 명성으로 견고한 신뢰를 획득한 경우에 해당하는지를 종합적으로 고려하여야 한다(판례).
⑤ 동일한 특별시·광역시·시·군에서 동종영업으로 타인이 등기한 상호를 사용하는 자는 부정한 목적으로 사용하는 것으로 추정한다.
⑥ '부정한 목적'이란 어느 명칭을 자기의 상호로 사용함으로써 일반인으로 하여금 자기의 영업을 그 명칭에 의하여 표시된 타인의 영업으로 오인시키려고 하는 의도를 말한다(판례).

제4장 상 호

1. 상호의 선정

[2005]
1. 개인 상인이 수개의 영업을 영위하는 경우에는 그 영업의 수만큼 서로 다른 상호를 선정하여 쓸 수 있지만, 회사의 경우는 수개의 영업이 있는 때라도 상호는 하나만 사용할 수 있다. (○)

2. 상호권

[2008]
1. 동일한 특별시·광역시·시·군에서는 부정한 목적으로 타인의 영업으로 오인할 수 있는 상호를 사용하지 못하므로, 행정구역이 동일하지 않은 경우에는 부정한 목적이 있다고 하더라도 그 사용을 배제할 수 없다. (×)

[2011]
2. 적법하게 선정한 상호의 경우 등기가 되어야 비로소 부정한 목적으로 타인의 영업으로 오인할 수 있는 상호를 사용하는 자에 대하여 사용폐지청구권이 있다. (×)

[2017]
3. 동일한 특별시·광역시·시·군에서 동종영업으로 타인이 등기한 상호를 사용하는 자는 부정한 목적으로 사용하는 것으로 간주한다. (×)

조문 · 판례	기출지문 OX
3. 상호의 가등기	3. 상호의 가등기

[법률 제17362호, 2020. 6. 9. 일부개정](추가)

제22조의2(상호의 가등기)
① 유한책임회사, 주식회사 또는 유한회사를 설립하고자 할 때에는 본점의 소재지를 관할하는 등기소에 상호의 가등기를 신청할 수 있다.

상호가등기	회사설립	상호·목적변경, 본점이전
유한책임회사, 주식회사, 유한회사	○	○
합명회사, 합자회사,	×	○

① 유한책임회사, 주식회사 또는 유한회사를 설립하고자 할 때에는 본점의 소재지를 관할하는 등기소에 상호의 가등기를 신청할 수 있다.
② 회사는 상호나 목적 또는 상호와 목적을 변경하고자 할 때에는 본점의 소재지를 관할하는 등기소에 상호의 가등기를 신청할 수 있다.
③ 회사는 본점을 이전하고자 할 때에는 이전할 곳을 관할하는 등기소에 상호의 가등기를 신청할 수 있다.
④ 상호의 가등기는 '타인이 등기한 상호는 동일한 특별시·광역시·시·군에서 동종영업의 상호로 등기하지 못한다'는 규정의 적용에 있어서는 상호의 등기로 본다.

4. 명의대여자의 책임

① 타인에게 자기의 성명 또는 상호를 사용하여 영업을 할 것을 허락한 자는 자기를 영업주로 오인하여 거래한 제3자에 대하여 그 타인과 연대하여 변제할 책임이 있다.
② 농약관리법 제10조에 의하면 농약판매업을 하고자 하는 자가 등록명의를 대여하였다거나 그 명의로 등록할 것을 다른 사람에게 허락하였다면 「상법」 제24조에 의한 명의대여자로서 농약거래로 인하여 생긴 채무를 변제할 책임이 있다(판례).
③ 영업주가 자기의 상점, 전화, 창고 등을 타인에게 사용하게 한 사실은 있으나 그 타인과 원고와의 거래를 위하여 영업주의 상호를 사용한 사실이 없는 경우에는 영업주가 자기의 상호를 타인에게 묵시적으로 대여하여 원고가 그 타인을 영업주로 오인하여 거래하였다고 단정하기에 미흡하다(판례).
④ 「상법」 제24조는 그 명의대여자가 상인이 아니거나, 명의차용자의 영업이 상행위가 아니라 하더라도 위 법리를 적용하는 데에 아무런 영향이 없다(판례).
⑤ 제3자가 자기의 상호아래 대리점이라는 명칭을 붙여 사용하는 것을 허락하거나 묵인하였더라도 「상법」상 명의대여자로서의 책임을 물을 수는 없다(판례).
⑥ 면허를 대여한 자를 영업의 주체로 오인한 하수급인에 대하여도 명의대여자로서의 책임을 지고, 면허를 대여받은 자를 대리 또는 대행한 자가 면허를 대여한 자의 명의로 하도급거래를 한 경우에도 마찬가지이다(판례).
⑦ 거래의 상대방이 명의대여사실을 알았거나 모른 데 대한 중대한 과실이 있었는지 여부에 대하여는 면책을 주장하는 명의대여자가 입증책임을 부담한다(판례).
⑧ 「상법」 제24조에 의한 명의대여자와 명의차용자의 책임은 이른바 부진정연대의 관계에 있다. 이와 같은 부진정연대채무에 서는 채무자 1인에 대한 이행청구 또는 채무자 1인이 행한 채무의 승인 등 소멸시효의 중단사유나 시효이익의 포기가 다른 채무자에게 효력을 미치지 아니한다(판례).

기출지문 OX

4. 명의대여자의 책임

[2013, 2017]
1. 명의대여자와 명의차용자의 책임은 부진정연대의 관계에 있으므로, 채무자 1인에 대한 이행청구 또는 채무자 1인이 행한 채무의 승인 등 소멸시효의 중단사유나 시효이익의 포기는 다른 채무자에게도 당연히 효력이 있다. (×)

조문 · 판례	기출지문 OX
⑨ 불법행위의 경우에는 설령 피해자가 명의대여자를 영업주로 오인하고 있었더라도 그와 같은 오인과 피해의 발생 사이에 아무런 인과관계가 없으므로 이 경우 신뢰관계를 이유로 명의대여자에게 책임을 지워야 할 이유가 없다(판례). ⑩ 명의사용을 허용받은 사람이 업무수행을 함에 있어 고의 또는 과실로 다른 사람에게 손해를 끼쳤다면 명의사용을 허용한 사람은 「민법」 제756조에 의하여 그 손해를 배상할 책임이 있다(판례). ⑪ 명의대여자의 책임은 명의사용을 허락받은 자의 행위에 한하고 명의차용자의 피용자의 행위에 대해서까지 미칠 수는 없다(판례).	[2009, 2021] 2. 명의차용자의 불법행위의 경우에도 명의대여자를 영업주로 오인한 피해자의 신뢰는 보호되어야 하므로 명의대여자에게 책임을 물을 수 있다. (×) [2016, 2025] 3. 명의대여자의 책임은 명의차용자의 피용자의 행위에 대해서까지 미친다. (×)
5. 상호의 양도와 폐지	**5. 상호의 양도와 폐지**
① 상법 제25조 제1항은 상호는 영업을 폐지하거나 영업과 함께 하는 경우에 한하여 이를 양도할 수 있다고 규정하고 있어 영업과 분리하여 상호만을 양도할 수 있는 것은 영업의 폐지의 경우에 한하여 인정되는데, 위 법조항에 규정된 영업의 폐지라 함은 정식으로 영업폐지에 필요한 행정절차를 밟아 폐업하는 경우에 한하지 아니하고 사실상 폐업한 경우도 이에 해당한다(판례). ② 상호를 변경 또는 폐지한 경우에 2주간 내에 그 상호를 등기한 자가 변경 또는 폐지의 등기를 하지 아니하는 때에는 이해관계인은 그 등기의 말소를 청구할 수 있다. ③ 상호의 양도는 등기하지 아니하면 (선악을 불문하고) 제3자에게 대항하지 못한다. ④ 상호를 등기한 자가 정당한 사유 없이 2년간 상호를 사용하지 아니하는 때에는 이를 폐지한 것으로 본다.	[2025] 1. 상법 제25조 제1항의 '영업의 폐지'라 함은 정식으로 영업폐지에 필요한 행정절차를 밟아 폐업하는 경우에 한하고, 사실상 폐업한 경우에는 언제든지 다시 영업을 재개할 수 있으므로 이에 해당하지 않는다. (×) [2022] 2. 상호는 영업을 폐지하거나 영업과 함께 하는 경우에 한하여 이를 양도할 수 있는데, 상호의 양도를 등기하지 않더라도 악의의 제3자에게는 대항할 수 있다. (×) [2006, 2007, 2016] 3. 상호를 등기한 자가 정당한 사유 없이 2년간 상호를 사용하지 아니한 때에는 이를 폐지한 것으로 본다. (○)
제5장 상업장부	**제5장 상업장부**
① 상인은 영업상의 재산 및 손익의 상황을 명백히 하기 위하여 회계장부 및 대차대조표를 작성하여야 한다. ② 상업장부의 작성에 관하여 상법에 규정한 것을 제외하고는 일반적으로 공정·타당한 회계관행에 의한다. ③ 회계장부에는 거래와 기타 영업상의 재산에 영향이 있는 사항을 기재하여야 한다. ④ 상인은 영업을 개시한 때와 매년 1회 이상 일정시기에, 회사는 성립한 때와 매 결산기에 회계장부에 의하여 대차대조표를 작성하고, 작성자가 이에 기명날인 또는 서명하여야 한다. ⑤ 법원은 신청에 의하여 또는 직권으로 소송당사자에게 상업장부 또는 그 일부분의 제출을 명할 수 있다. ⑥ 상인은 10년간 상업장부와 영업에 관한 중요서류를 보존하여야 한다. 다만, 전표 또는 이와 유사한 서류는 5년간 이를 보존하여야 한다. ⑦ 상업장부 등의 보존기간은 상업장부에 있어서는 그 폐쇄한 날로부터 기산한다.	

조문 · 판례	기출지문 OX

제6장 상업등기

1. 상업등기의 효력

① '본점의 소재지에서 등기할 사항은 다른 규정이 없으면 지점의 소재지에서도 등기하여야 한다.' 는 규정은 상법 개정으로 '지점등기부'가 폐지됨에 따라 삭제되었다.
② 지점의 소재지에서 등기할 사항을 등기하지 아니한 때에는 등기의 효력은 그 지점의 거래에 한하여 적용한다. 는 규정은 상법 개정으로 '지점등기부'가 폐지됨에 따라 삭제되었다.
③ 등기한 사항에 변경이 있거나 그 사항이 소멸한 때에는 당사자는 지체없이 변경 또는 소멸의 등기를 하여야 한다.
④ 「상법」 제37조 소정의 선의의 제3자라 함은 대등한 지위에서 하는 보통의 거래관계의 상대방을 말한다 할 것이므로 조세권에 기하여 조세의 부과처분을 하는 경우의 국가는 동조 소정의 제3자라 할 수 없다(판례).
⑤ 주식회사의 이사가 퇴임하여 퇴임등기 및 공고를 한 경우에는 상법 37조의 해석상 제3자는 악의로 의제되므로 「민법」 제129조의 표현대리가 성립될 수 없다(판례).
⑥ 회사해산등기의 효력에 대하여는 회사설립등기와 같은 특별규정이 없는 이상 상법총칙규정에 의하여 이는 제3자에 대한 대항요건에 불과하다(판례).
⑦ 회사의 설립등기나 합병등기는 등기하여야 효력이 발생한다.

등기사항	등기부	제3자
진실 ○	×	등기사항은 등기 전에는 선의의 제3자에게는 대항할 수 없다.
진실 ○	○	등기한 후라도 제3자가 정당한 사유로 인하여 이를 알지 못한 때에는 당사자는 그 선의의 제3자에 대하여 그 등기사항으로 대항할 수 없다.
진실 ?	○	법인등기부에 이사 또는 감사로 등재되어 있는 경우에는 특단의 사정이 없는 한 적법한 이사 또는 감사로 추정된다고 할 것이다.
진실 ×	○ (고의·과실×)	회사등기에는 공신력이 인정되지 아니하므로 합자회사의 사원지분등기가 부실등기인 경우 그 부실등기를 믿고 합자회사 사원의 지분을 양수하였다 하여 그 지분을 양수한 것으로는 될 수 없다.
甲	乙 (고의·과실○)	고의 또는 과실로 인하여 사실과 상위한 사항을 등기한 자는 그 상위를 선의의 제3자에게 대항하지 못한다.

2. 부실등기

① 고의 또는 과실로 인하여 사실과 상위한 사항을 등기한 자는 그 상위를 선의의 제3자에게 대항하지 못한다.
② 법인등기부에 이사 또는 감사로 등재되어 있는 경우에는 특단의 사정이 없는 한 정당한 절차에 의하여 선임된 적법한 이사 또는 감사로 추정된다고 할 것이다(판례).
③ 회사등기에는 공신력이 인정되지 아니하므로 합자회사의 사원지분등기가 부실등기인 경우 그 부실등기를 믿고 합자회사 사원의 지분을 양수하였다 하여 그 지분을 양수한 것으로는 될 수 없다(판례).
④ 취소되는 주주총회결의에 의하여 이사로 선임된 대표이사가 마친 이사 선임등기는 「상법」 제39조의 부실등기에 해당된다(판례).
⑤ 등기신청권자에 대하여 「상법」 제39조에 의한 부실등기(不實登記) 책임을 묻기 위하여는 원칙적으로 그 등기가 등기신청권자에 의하여 마쳐진 것임을 요한다(판례).

제6장 상업등기 (기출지문 OX)

1. 상업등기의 효력

[2007]
1. 본점의 소재지에서 등기할 사항은 지점의 소재지에서 등기할 필요가 없다. (○)

[2003, 2011, 2018]
2. 등기할 사항은 이를 등기하지 아니하면 선의의 제3자에게 대항할 수 없고, 조세권자로서의 국가도 여기에 규정된 제3자에 포함된다. (×)

[2023]
3. 창설적 효력이 인정되는 회사 설립등기 및 해산등기도 선의의 제3자에게 대항하지 못하고, 제3자가 정당한 사유로 등기의 내용을 알지 못한 경우에도 주장할 수 없다. (×)

[2006, 2016]
4. 등기할 사항을 등기한 후에는 선의의 제3자에게도 대항할 수 있고, 이 경우 제3자가 정당한 사유로 인하여 이를 알지 못한 때에도 마찬가지이다. (×)

2. 부실등기

[2024]
1. 법인등기부에 이사 또는 감사로 등재되어 있더라도 정당한 절차에 의하여 선임된 적법한 이사 또는 감사로 추정 되지 않는다. (×)

[2013]
2. 상업등기에는 일반적 공신력이 인정되지 않으므로 고의 또는 과실로 인하여 사실과 상위한 사항을 등기한 자라도 그 상위를 선의의 제3자에게 대항할 수 있다. (×)

조문 · 판례	기출지문 OX
⑥ 합명회사에 있어서 「상법」 제39조 소정의 부실등기에 대한 고의 과실의 유무는 그 대표사원을 기준으로 판정하여야 하고 대표사원의 유고로 회사정관에 따라 업무를 집행하는 사원이 있다고 하더라도 그 사원을 기준으로 판정하여서는 아니된다(판례). ⑦ 등기신청권자가 스스로 등기를 하지 아니하였다 하더라도 그 등기가 이루어지는 데 관여하거나 그 불실등기의 존재를 알고 있음에도 이를 시정하지 않고 방치하는 등 등기신청권자의 고의 또는 과실로 불실등기를 한 것과 동일시할 수 있는 특별한 사정이 있는 경우에는 그 등기신청권자에 대하여 「상법」 제39조에 의한 불실등기 책임을 물을 수 있다(판례). ⑧ 허위의 주주총회결의 등의 외관을 만들어 불실등기를 마친 사람이 회사의 상당한 지분을 가진 주주라고 하더라도 그러한 사정만으로3는 회사의 고의 또는 과실로 불실등기를 한 것과 동일시할 수는 없다(판례).	[2015] 3. 등기신청인이 법인인 경우 그 대표자를 기준으로 고의를 판단하여야 하는 바, 합명회사인 경우 대표사원을 기준으로 판단해야 하지만, 만일 대표사원이 유고로 따로 업무를 집행하는 사원이 있다면 그 사원을 기준으로 판단해야 한다. (×) [2005] 4. 부실등기가 등기신청권자 아닌 제3자에 의하여 문서위조 등의 방법으로 이루어진 경우에도 등기신청권자에게 그 부실등기의 경료 및 존속에 과실이 있는 경우에는 「상법」 제39조에 의하여 선의의 제3자에게 대항할 수 없다. (×)

제7장 영업양도

1. 영업양도의 효과

영업양도와 합병의 비교		영업양도	합 병
절 차	당사자	회사·개인상인·비상인(양수인)	회사 간
	방 식	특정방식 불요	법정절차
효 과	재산이전	특정승계 (개별적인 이전)	포괄승계
	고용이전	포괄승계	포괄승계
이행 후의 당사자의 의무		양도인의 경업피지의무 (10년/20년)	

① 영업양도라 함은 일정한 영업목적에 의하여 조직화된 총체 즉 인적, 물적 조직을 그 동일성을 유지하면서 일체로서 이전하는 것을 말하고, 영업의 일부만의 양도도 가능하지만 이 경우에도 해당 영업부문의 인적, 물적 조직이 그 동일성을 유지한 채 일체로서 이전되어야 한다(판례).

② 甲 회사가 영위하던 사업 부문을 폐지함에 따라 근로자들 전부가 사직서를 제출하고 퇴직금을 정산, 수령하면서 그들의 선택에 따라 그 절반 정도는 대부분 그 사업 부문에 사용되던 장비 등을 불하받아 다른 직장에 취업하고 나머지 절반 정도의 근로자들은 폐지되는 사업 부분과 동일한 사업을 하고있던 계열회사인 乙 회사에 입사시험 없이 종전 수준의 임금을 지급받기로 하고 입사한 경우, 乙 회사가 甲 회사의 그 사업 부문을 그 동일성을 유지한 채 포괄적으로 이전 받은 것으로 볼 수도 없다(판례).

③ 영업양도에 의하여 승계되는 근로관계는 계약체결일 현재 실제로 그 영업부문에서 근무하고 있는 근로자와의 근로관계만을 의미하고, 계약체결일 이전에 해당 영업부문에서 근무하다가 해고된 근로자로서 해고의 효력을 다투는 근로자와의 근로관계까지 승계되는 것은 아니다(판례).

④ 영업양도는 반드시 영업양도 당사자 사이의 명시적 계약에 의하여야 하는 것은 아니며 묵시적 계약에 의하여도 가능하다(판례).

⑤ 영업양도에 의하여 근로관계의 승계대상에 포함되고 정당한 이유없이 그들을 승계대상에서 제외한 것은 부당해고에 해당한다(판례).

제7장 영업양도 (기출지문 OX)

1. 영업양도의 효과

[2024]
1. 영업양도는 일정한 영업목적에 의하여 조직화된 업체, 즉 인적·물적 조직을 그 동일성은 유지하면서 일체로서 이전하는 것으로서 영업의 일부만의 양도도 가능하다. (○)

[2018]
2. 영업양도에 의하여 승계되는 근로관계는 계약체결일 현재 실제로 그 영업부문에서 근무하고 있는 근로자와의 근로관계뿐만이 아니라, 계약체결일 이전에 해당 영업부문에서 근무하다가 해고된 근로자로서 해고의 효력을 다투는 근로자와의 근로관계도 포함한다. (×)

[2006, 2016]
3. 영업을 양도한 경우에 양도인이 동종영업을 하지 아니할 것을 약정하지 않은 때에도 10년간 동일한 특별시, 광역시, 시, 군과 인접 특별시, 광역시, 시, 군에서 동종영업을 하지 못한다. (○)

조문 · 판례	기출지문 OX
⑥ 영업을 양도한 경우에 다른 약정이 없으면 양도인은 10년간 동일한 특별시·광역시·시·군과 인접 특별시·광역시·시·군에서 동종영업을 하지 못한다. ⑦ 근로자가 영업양도일 이전에 정당한 이유 없이 해고된 경우 양도인과 근로자 사이의 근로관계는 여전히 유효하고, 해고 이후 영업 전부의 양도가 이루어진 경우라면 해고된 근로자로서는 양도인과의 사이에서 원직 복직도 사실상 불가능하게 되므로, 영업양도 계약에 따라 영업 전부를 동일성을 유지하면서 이전받는 양수인으로서는 양도인으로부터 정당한 이유 없이 해고된 근로자와의 근로관계를 원칙적으로 승계한다(판례). ⑧ 양도된 영업이 다시 동일성을 유지한 채 전전양도될 때 영업양수인의 경업금지청구권은 영업재산의 일부로서 영업과 함께 그 뒤의 영업양수인에게 전전양도되고, 그에 수반하여 지명채권인 경업금지청구권의 양도에 관한 통지권한도 전전이전된다고 보는 것이 타당하다(판례). ⑨ 영업양도는 채권계약이므로 양도인이 재산이전의무를 이행함에 있어서는 특정승계의 방법에 의하여 재산의 종류에 따라 개별적으로 이전행위를 하여야 할 것인 바, 그 이전에 있어 양도인의 제3자에 대한 매매계약 해제에 따른 원상회복청구권은 지명채권이므로 그 양도에는 양도인의 채무자에 대한 통지나 채무자의 승낙이 있어야 채무자에게 대항할 수 있다(판례). ⑩ 양도인이 동종영업을 하지 아니할 것을 약정한 때에는 동일한 특별시·광역시·시·군과 인접 특별시·광역시·시·군에 한하여 20년을 초과하지 아니한 범위내에서 그 효력이 있다. ⑪ 경업금지지역으로서의 동일 지역 또는 인접 지역은 양도된 물적 설비가 있던 지역을 기준으로 정할 것이 아니라 영업양도인의 통상적인 영업활동이 이루어지던 지역을 기준으로 정하여야 한다(판례). ⑫ 특별히 인계·인수할 종업원이나 노하우, 거래처 등이 존재하지 않는 소규모 미용실(=소상인)의 양도를 영업양도로 보아 양도인에게 경업금지의무가 있다(판례). ⑬ 농업협동조합이 도정공장을 양도했다 하더라도 동조합은 (상인이 아니므로) 양수인에 대하여 「상법」 제41조에 의한 경업금지 의무는 없다(판례). ⑭ 영업양도인이 그 부작위의무에 위반하여 영업을 창출한 경우 그 이행강제의 방법으로 영업양도인 본인의 영업 금지 외에 제3자에 대한 영업의 임대, 양도 기타 처분을 금지하는 것도 가능하다(판례).	[2025] 4. 영업양도계약에서 경업금지청구권의 양도와 관련하여 특별한 정함이 없는 상태에서 양도된 영업이 다시 동일성을 유지한 채 전전양도되는 경우, 영업양수인의 경업금지청구권과 이에 관한 양도통지의 권한은 원칙적으로 그 뒤의 영업양수인에게 전전양도 및 전전이전되지 않는다. (×) [2023] 5. 경업금지지역으로서의 동일 및 인접 특별시·광역시·시·군 지역은 영업양도인의 통상적인 영업활동이 이루어지던 지역을 기준으로 정할 것이 아니라 양도된 물적 설비가 있던 지역을 기준으로 정하여야 한다. (×) [2022] 6. 자본금액이 1,000만 원에 미치지 못하는 상인으로서 회사가 아닌 자인 소상인에게는 지배인, 상호, 상업장부, 상업등기, 영업양도에 관한 상법 규정이 적용되지 아니한다. (×)

2. 영업양수인의 책임 등

영업양도시 채권자 보호(채권자가 알고 있는 경우도 적용)		
	상호 속용	상호미속용
상 호	• 옥호 또는 영업표지 포함 • 일치 × • 속용이라는 사실관계 • 무단사용 포함	
원 칙	양수인도 책임 부담	양수인은 책임 없음
예 외	책임 없음을 등기(양수인)하거나 통지(양도인과 양수인)	채무인수 광고 (개별통지도 포함)
책임존속기간	양수인도 책임을 지는 경우에 양도인의 채무는 영업양도(상호 속용시) 또는 광고(상호 미속용시) 후 2년이 경과하면 소멸	
책임의 내용	• 양수인과 양도인의 채무는 부진정연대채무 • 불법행위책임에도 적용 • 영업을 출자하여 주식회사를 설립하고 그 상호를 계속 사용하는 경우에도 적용	

① 영업양수인이 양도인의 상호를 계속 사용하는 경우에는 양도인의 영업으로 인한 제3자의 채권에 대하여 양수인도 변제할 책임이 있다.

2. 영업양수인의 책임 등 (기출지문 OX)

[2015]
1. 영업양수인이 양도인의 상호를 계속 사용하는 경우에는 양도인의 영업으로 인한 제3자의 채권에 대하여 양수인도 변제할 책임이 있다. 다만, 양도인 또는 양수인이 지체없이 제3자에 대하여 그 뜻을 통지한 경우에 그 통지를 받은 제3자에 대하여는 그러하지 아니하다. (×)

조문 · 판례	기출지문 OX
② 「상법」 제42조 제1항에 의하여 양수인이 부담하는 책임은 양수한 영업재산에 한정되지 아니하고 그의 전 재산에 미친다는 점 등을 더하여 보면, 영업임대차의 경우에 상법 제42조 제1항 을 그대로 유추적용할 것은 아니다(판례). ③ 영업양수인이 변제의 책임이 있는 경우에는 양도인의 제3자에 대한 채무는 영업양도 또는 광고 후 2년이 경과하면 소멸한다. ④ 상호를 속용하는 영업양수인이 영업양도를 받은 후 지체 없이 양도인의 채무에 대한 책임이 없음을 등기한 때에는 책임이 없다. 양도인과 양수인이 지체없이 제3자에 대하여 그 뜻을 통지한 경우에 그 통지를 받은 제3자에 대하여도 같다. ⑤ 영업양수인이 양도인의 상호를 계속사용하지 아니하는 경우에 양도인의 영업으로 인한 채무를 인수할 것을 광고한 때에는 양수인도 변제할 책임이 있다. ⑥ 양도인의 상호를 계속 사용하지 아니하는 영업양수인에 대해서도 양도인의 영업으로 인한 채무를 인수할 것을 광고한 때에는 그 변제책임을 인정하는 「상법」 제44조의 법리는, 양도인의 채권자에 대하여 개별적으로 통지를 하는 방식으로 그 취지를 표시한 경우에도 적용된다(판례). ⑦ 영업으로 인하여 발생한 채무란 영업상의 활동에 관하여 발생한 모든 채무를 말하는 것이므로 불법행위로 인한 손해배상채무도 이에 포함된다(판례). ⑧ 상호를 속용하는 영업양수인이 변제책임을 지는 양도인의 제3자에 대한 채무는 양도인의 영업으로 인한 채무로서 영업양도 전에 발생한 것이면 족하고, 반드시 영업양도 당시의 상호를 사용하는 동안 발생한 채무에 한하는 것은 아니다. 상호를 속용하는 영업양수인양수인이 책임지는 제3자의 채권은 영업양도 당시 채무의 변제기가 도래할 필요까지는 없다 하더라도 그 당시까지 발생한 것이어야 하고, 영업양도 당시로 보아 가까운 장래에 발생될 것이 확실한 채권도 양수인이 책임져야 한다고 보기 어렵다(판례). ⑨ 상호의 속용은 형식상 양도인과 양수인의 상호가 전혀 동일한 것임을 요하지 않고, 양도인의 상호 중 그 기업주체를 상징하는 부분을 양수한 영업의 기업주체를 상징하는 것으로 상호 중에 사용하는 경우를 포함한다(판례). ⑩ 영업양수인에 의하여 속용되는 명칭이 상호 자체가 아닌 옥호(屋號) 또는 영업표지인 때에도 그것이 영업주체를 나타내는 것으로 사용되는 경우에는 양수인은 특별한 사정이 없는 한 「상법」 제42조 제1항의 유추적용에 의하여 그 채무를 부담한다(판례). ⑪ 상호를 속용하는 영업양수인에게 책임을 묻기 위해서는 상호속용의 원인관계가 무엇인지에 관하여 제한을 둘 필요는 없고 상호속용이라는 사실관계가 있으면 충분하다. 따라서 상호의 양도 또는 사용허락이 있는 경우는 물론 그에 관한 합의가 무효 또는 취소된 경우라거나 상호를 무단 사용하는 경우도 상호속용에 포함된다(판례). ⑫ 영업양도에도 불구하고 채무인수 사실이 없다는 것을 알고 있는 악의의 채권자에 대하여는 「상법」 제42조 제1항에 따른 책임이 발생하지 않고, 채권자가 악의라는 점에 대한 주장·증명책임은 그 책임을 면하려는 영업양수인에게 있다(판례). ⑬ 영업을 출자하여 주식회사를 설립하고 그 상호를 계속 사용하는 경우 영업의 양도는 아니지만 출자의 목적이 된 영업의 개념이 동일하고 법률행위에 의한 영업의 이전이란 점에서 영업의 양도와 유사하며 채권자의 입장에서 볼 때는 외형상 양도와 출자를 구분하기 어려우므로 새로 설립된 법인은 출자자의 채무를 변제할 책임이 있다(판례). ⑭ 영업양도인이 양도 전에 갖고 있던 영업상의 채무에 대해 제3자가 보증을 한 경우, 보증인이 양도인의 채무를 대신 변제하더라도 양수인에게 구상권을 행사할 수 없다(판례). ⑮ 영업양수인이 양도인의 상호를 계속 사용하는 경우에 양도인의 영업으로 인한 채권에 대하여 채무자가 선의이며 중대한 과실 없이 양수인에게 변제한 때에는 그 효력이 있다.	[2004] 2. 영업양수인이 양도인의 상호를 계속 사용하지 않는 경우에 양도인의 영업으로 인한 채무를 인수할 것을 광고한 때에는 양수인이 변제할 책임을 지고, 양도인의 책임은 위 광고한 때에 즉시 소멸한다. (×) [2012, 2015] 3. 「상법」 제42조 제1항에 의하여 상호를 속용하는 영업양수인이 변제책임을 지는 양도인의 제3자에 대한 채무는 양도인의 영업으로 인한 채무로서 영업양도 당시의 상호를 사용하는 동안 발생한 채무에 한한다. (×) [2019, 2022] 4. 상호를 속용하는 영업양수인이 「상법」 제42조 제1항에 따라 책임지는 제3자의 채권은 영업양도 당시 채무의 변제기가 도래할 필요까지는 없다고 하더라도 그 당시까지 발생한 것이거나 영업양도 당시로 보아 가까운 장래에 발생될 것이 확실한 채권이어야 한다. (×) [2019] 5. 양수인에 의하여 속용되는 명칭이 상호 자체가 아닌 옥호 또는 영업표지인 때에는, 양수인은 특별한 사정이 없는 한 양도인의 영업으로 인한 제3자의 채권에 대하여 변제할 책임이 없다. (×) [2013] 6. 상호를 계속 사용하는 영업양수인에게 책임을 묻기 위해서는 상호의 양도 또는 사용허락이 있는 경우이어야 하고, 그에 관한 합의가 무효 또는 취소된 경우라거나 상호를 무단 사용하는 경우에는 적용되지 아니한다. (×) [2010] 7. 상인이 영업을 출자하여 주식회사를 설립하고, 그와 같이 설립된 주식회사가 출자한 상인의 상호를 계속 사용하는 경우, 그 설립된 주식회사는 출자한 상인의 영업으로 인한 제3자에 대한 채권을 변제할 책임이 없다. (×) [2005] 8. 영업양도로 채무가 당연히 승계되는 것이 아니므로 영업양도인이 양도 전에 갖고 있던 영업상의 채무에 대해 제3자가 보증을 한 경우, 양도인의 피보증인으로서의 지위는 양수인에게 이전되지 않고, 따라서 보증인이 양도인의 채무를 대신 변제하더라도 양수인에게 구상권을 행사할 수 없다. (○)

조문 · 판례	기출지문 OX

제2편 상행위

제1장 서 론

① 영업으로 하는 22가지(1. 매매 ~ 22. 신용카드)의 행위를 상행위라 한다. 그러나 오로지 임금을 받을 목적으로 물건을 제조하거나 노무에 종사하는 자의 행위는 그러하지 아니하다.
② 영업으로 한다고 함은 영리를 목적으로 동종의 행위를 계속 반복적으로 하는 것을 의미한다(판례).
③ 의제상인의 행위를 준상행위라 한다.
④ 상인의 행위는 영업을 위하여 하는 것으로 추정한다.
⑤ 회사가 한 행위는 그 영업을 위하여 한 것으로 추정되고, 회사가 그 영업을 위하여 하는 행위는 상행위로 보아야 한다. 이와 같은 추정을 번복하기 위해서는 회사의 행위가 영업을 위하여 한 것이 아니라는 사실을 주장하는 사람이 이를 증명할 책임이 있다(판례).
⑥ 회사가 「상법」에 의해 상인으로 의제된다고 하더라도 회사의 기관인 대표이사 개인이 상인이 되는 것은 아니다. 대표이사 개인이 회사의 운영 자금으로 사용하려고 돈을 빌리거나 투자를 받더라도 그것만으로 상행위에 해당하는 것은 아니다. 또한 상인이 영업과 상관없이 개인 자격에서 돈을 투자하는 행위는 상인의 기존 영업을 위한 보조적 상행위로 볼 수 없다(판례).
⑦ 회사 설립을 위하여 개인이 한 행위는 그것이 설립 중 회사의 행위로 인정되어 장래 설립될 회사에 효력이 미쳐 회사의 보조적 상행위가 될 수 있는지는 별론으로 하고, 장래 설립될 회사가 상인이라는 이유만으로 당연히 개인의 상행위가 되어 「상법」 규정이 적용된다고 볼 수는 없다(판례).
⑧ 영업을 위하여 하는 것인지 여부가 분명치 아니한 상인의 행위는 「상법」 제47조의 규정에 의하여 영업을 위하여 하는 것으로 추정되고 그와 같은 추정을 번복하기 위해서는 그와 다른 반대사실을 주장하는 자가 이를 증명할 책임이 있다(판례).
⑨ 음식점업을 영위하는 상인이 부동산중개업을 영위하는 상인에게 금원을 대여한 행위는 「상법」 제47조 제2항에 의하여 영업을 위하여 하는 것으로 추정되고, 그 금전대여행위가 상호 고율의 이자소득을 얻기 위한 목적으로 행하여졌다는 사정만으로는 위 추정이 번복된다고 볼 수 없다(판례).
⑩ 공법인의 상행위에 대하여는 법령에 다른 규정이 없는 경우에 한하여 「상법」을 적용한다.
⑪ 당사자 중 그 1인의 행위가 상행위인 때에는 전원에 대하여 「상법」을 적용한다.

제2장 통 칙

제1절 민법 총칙편에 대한 특칙

1. 대리 및 위임

① 상행위의 대리인이 본인을 위한 것임을 표시하지 아니하여도 그 행위는 본인에 대하여 효력이 있다. 그러나 상대방이 본인을 위한 것임을 알지 못한 때에는 대리인에 대하여도 이 이행의 청구를 할 수 있다.
② 상행위의 위임을 받은 자는 위임의 본지에 반하지 아니한 범위 내에서 위임을 받지 아니한 행위를 할 수 있다.
③ 상인이 그 영업에 관하여 수여한 대리권은 본인의 사망으로 인하여 소멸하지 아니한다.

제2편 상행위

제1장 서 론

[2017, 2020, 2021]
1. 회사는 「상법」에 의하여 상인으로 의제되므로, 대표이사 개인이 회사 자금으로 사용하기 위하여 자금을 차용한 경우 상행위에 해당하여 차용금채무를 상사채무로 볼 수 있다. (×)

[2013]
2. 상인이 아닌 甲이 주식회사를 설립하기 위하여 상인이 아닌 乙로부터 금전을 차용하는 경우 장래 설립될 주식회사가 「상법」상 상인이어서 甲의 상행위가 되므로 乙의 甲에 대한 위 차용금채권은 5년의 상사소멸시효가 적용된다. (×)

제2장 통 칙

제1절 민법 총칙편에 대한 특칙

1. 대리 및 위임

[2015]
1. 상행위의 대리인이 본인을 위한 것임을 표시하지 아니하면 그 행위는 본인에 대하여 효력이 없다. (×)

[2004]
2. 상행위의 위임에 의한 대리권은 본인의 사망으로 인하여 소멸한다. (×)

조문 · 판례	기출지문 OX
2. 상사소멸시효	**2. 상사소멸시효**

상사소멸시효 적용 제외	
판 례	상 법
1. 상행위 아닌 불법행위로 인한 손해배상채권 2. 근로자의 근로계약상의 주의의무 위반으로 인한 손해배상청구권 3. 어음·수표의 이득상환청구권 4. 이사의 회사 및 제3자에 대한 손해배상책임	사채상환청구권

① 상행위로 인한 채권은 본법에 다른 규정이 없는 때에는 5년간 행사하지 아니하면 소멸시효가 완성한다. 그러나 다른 법령에 이보다 단기의 시효의 규정이 있는 때에는 그 규정에 의한다.

② 근로계약이나 단체협약이 보조적 상행위에 해당함을 이유로, 단체협약에 기한 근로자의 유족들의 회사에 대한 위로금채권에 5년의 상사소멸시효기간이 적용된다(판례).

③ 새마을금고가 상인인 회원에게 자금을 대출한 경우, 상인의 행위는 특별한 사정이 없는 한 영업을 위하여 하는 것으로 추정되므로 그 대출금채권은 상사채권으로서 5년의 소멸시효기간이 적용된다(판례).

④ 상인이 사업자금을 조달하기 위하여 계에 가입한 경우, 계주가 위 상인에 대하여 가지는 계불입금채권은 상사채권에 해당하여 5년의 소멸시효기간이 적용된다(판례).

⑤ 상행위인 계약의 해제로 인한 원상회복청구권도 「상법」 제64조의 상사시효의 대상이 된다(판례).

⑥ 상사시효가 적용되는 채권은 직접 상행위로 인하여 생긴 채권뿐만 아니라 상행위로 인하여 생긴 채무의 불이행에 기하여 성립한 손해배상채권도 포함한다(판례).

⑦ 「상법」 제64조의 일반상사시효 역시 상행위로 인한 채권에만 준용되고 상행위 아닌 불법행위로 인한 손해배상채권에는 적용되지 아니한다(판례).

⑧ 은행이 영업행위로서 한 대출금에 대한 변제기 이후의 지연손해금은 그 원본채권과 마찬가지로 상행위로 인한 채권으로서 5년의 소멸시효를 규정한 「상법」 제64조가 적용된다(판례).

⑨ 보험계약자가 다수의 계약을 통하여 보험금을 부정 취득할 목적으로 보험계약을 체결하여 그것이 「민법」 제103조에 따라 선량한 풍속 기타 사회질서에 반하여 무효인 경우 보험자의 보험금에 대한 부당이득반환청구권은 「상법」 제64조를 유추적용하여 5년의 상사 소멸시효기간이 적용된다고 봄이 타당하다(판례).

⑩ 당사자 일방이 상인인 경우에는 토지보상법에 의한 협의취득으로 체결된 부동산 매매계약이라고 하더라도 다른 사정이 없는 한 보조적 상행위에 해당하므로, 매도인의 채무불이행책임이나 하자담보책임에 기한 매수인의 손해배상채권에 대해서는 상사소멸시효가 적용된다(판례).

⑪ 건설공사에 관한 도급계약이 상행위에 해당하는 경우 그 도급계약에 근거한 수급인의 하자담보책임은 「상법」 제64조 본문에 의하여 원칙적으로 5년의 소멸시효에 걸린다(판례).

⑫ 상인이 제3자를 위한 계약의 수익자로서 수익의 의사표시를 하여 발생한 특허권의 전용실시권 설정등록절차 이행청구권은 「상법」 제64조 소정의 상사채권으로 5년의 소멸시효기간이 적용된다(판례).

⑬ '영업으로 하는 전기의 공급에 관한 행위'는 상법상 기본적 상행위에 해당하고(「상법」 제46조 제4호), 전기공급주체가 공법인(한국전력공사)인 경우에도 법령에 다른 규정이 없는 한 상법이 적용되므로(「상법」 제2조), 그러한 전기공급계약에 근거한 위약금 지급채무 역시 상행위로 인한 채권으로서 「상법」 제64조에 따라 5년의 소멸시효기간이 적용된다(판례).

기출지문 OX

[2012, 2013]
1. 단체협약에 기한 근로자의 유족들의 회사에 대한 위로금채권에는 5년의 상사소멸시효기간이 적용되지 않는다. (×)

[2009, 2016]
2. 상사채무의 불이행으로 인한 손해배상채권 및 상인의 불법행위로 인한 손해배상청구권에 대하여 상사시효가 적용된다. (×)

[2020]
3. 은행이 그 영업행위로서 한 대출금에 대한 변제기 이후의 지연손해금은 민법 제163조 제1호 소정의 단기소멸시효의 대상인 이자채권이 아니고, 상행위로 인한 채권의 소멸시효에 대해 규정한 상법 제64조가 적용되는 것도 아니며, 불법행위로 인한 손해배상채권에 관한 단기소멸시효를 규정한 민법 제766조 제1항이 적용될 따름이다. (×)

[2022]
4. 한국전력공사와 다수의 전기수용가와 사이에 체결된 전기공급계약은 상법상 기본적 상행위에 해당하나 전기공급주체인 공법인은 상법이 적용되지 아니하므로, 전기공급계약에 근거한 위약금 지급채무는 10년의 민사 소멸시효기간이 적용된다. (×)

조문 · 판례	기출지문 OX
⑭ 기부자가 상인인 경우 지방자치단체와 그 기부자 사이에 체결된 기부채납 약정은 다른 사정이 없는 한 상인이 영업을 위하여 한 보조적 상행위에 해당하므로, 그러한 기부채납 약정에 근거한 채권에는 5년의 상사 소멸시효기간이 적용된다(판례). ⑮ 신용협동조합의 (상인이 아닌) 일반인에 대한 대출금채권의 소멸시효기간은 민법의 일반채권의 소멸시효기간인 10년이다(판례). ⑯ 근로자의 근로계약상의 주의의무 위반으로 인한 손해배상청구권은 상거래 관계에 있어서와 같이 정형적으로나 신속하게 해결할 필요가 있다고 볼 것은 아니므로 특별한 사정이 없는 한 5년의 상사 소멸시효기간이 아니라 10년의 민사 소멸시효기간이 적용된다(판례). ⑰ 사용자가 근로계약에 수반되는 신의칙상의 부수적 의무인 보호의무를 위반함에 따른 근로자의 손해배상청구권은 특별한 사정이 없는 한 10년의 민사 소멸시효기간이 적용된다고 봄이 타당하다(판례). ⑱ 교통사고 피해자가 가해차량이 가입한 책임보험의 보험자로부터 사고로 인한 보험금을 수령하였음에도 자동차손해배상 보장사업을 위탁받은 보험사업자로부터 또다시 피해보상금을 수령한 것을 원인으로 한 위 보험사업자의 피해자에 대한 부당이득반환청구권에 관하여는 「상법」 제64조가 적용되지 아니하고, 그 소멸시효기간은 「민법」 제162조 제1항에 따라 10년이라고 봄이 상당하다(판례). ⑲ 이익의 배당이나 중간배당은 회사가 획득한 이익을 내부적으로 주주에게 분배하는 행위로서 회사가 영업으로 또는 영업을 위하여 하는 상행위가 아니므로 배당금지급청구권은 상법 제64조가 적용되는 상행위로 인한 채권이라고 볼 수 없다(판례). ⑳ 위법배당에 따른 부당이득반환청구권은 「민법」 제162조 제1항이 적용되어 10년의 민사소멸시효에 걸린다고 보아야 한다(판례).	[2010] 5. 상인이 그의 영업을 위하여 근로자와 체결하는 근로계약은 보조적 상행위에 해당하므로, 근로자의 근로계약상의 주의의무 위반으로 인한 손해배상청구권에는 5년의 상사 소멸시효가 적용된다. (×) [2017] 6. 교통사고 피해자가 가해차량이 가입한 책임보험의 보험자로부터 사고로 인한 보험금을 수령하였음에도 자동차손해배상 보장사업을 위탁받은 보험사업자로부터 또다시 피해보상금을 수령한 것을 원인으로 한 위 보험사업자의 피해자에 대한 부당이득반환청구권의 소멸시효기간에 관하여는 「상법」 제64조가 적용된다. (×)
제2절 민법 물권편에 대한 특칙	**제2절 민법 물권편에 대한 특칙**
① 상인간의 상행위로 인한 채권이 변제기에 있는 때에는 채권자는 변제를 받을 때까지 그 채무자에 대한 상행위로 인하여 자기가 점유하고 있는 채무자소유의 물건 또는 유가증권을 유치할 수 있다. 그러나 당사자 간에 다른 약정이 있으면 그러하지 아니하다. ② 채무자 소유의 부동산에 관하여 이미 선행(先行)저당권이 설정되어 있는 상태에서 채권자의 상사유치권이 성립한 경우, 상사유치권자는 채무자 및 그 이후 채무자로부터 부동산을 양수하거나 제한물권을 설정받는 자에 대해서는 대항할 수 있지만, 선행저당권자 또는 선행저당권에 기한 임의경매절차에서 부동산을 취득한 매수인에 대한 관계에서는 상사유치권으로 대항할 수 없다(판례). ③ 유치권의 불가분성은 그 목적물이 분할 가능하거나 수 개의 물건인 경우에도 적용되며, 상법 제58조의 상사유치권에도 적용된다(판례). ④ 상사유치권자가 그 목적물의 점유를 취득하게 된 상행위가 상인 간의 정상적인 영업을 위한 것이 아니라 오로지 유치권의 발생을 목적으로 이루어졌다고 볼 수 있는 특별한 사정이 있다면 상사유치권자의 권리행사는 유치권의 남용에 해당되어 그 유치권의 성립 이전에 정당하게 성립한 담보물권자에게 대항할 수 없다고 보아야 한다(판례). ⑤ 대리상·위탁매매인은 채권이 변제기에 있는 때에는 그 변제를 받을때까지 본인을 위하여 점유하는 물건 또는 유가증권을 유치할 수 있다. 그러나 당사자 간에 다른 약정이 있으면 그러하지 아니하다. ⑥ 운송주선인·운송인은 운송물에 관하여 받을 보수, 운임, 기타 위탁자를 위한 체당금이나 선대금에 관하여서만 그 운송물을 유치할 수 있다.	[2003, 2014] 1. 상사유치권의 피담보채권은 채무자 소유의 물건 또는 유가증권에 관하여 생긴 채권으로서 변제기에 있어야 한다. (×) [2019] 2. 채무자 소유의 부동산에 관하여 이미 선행 저당권이 설정되어 있는 상태에서 채권자의 상법 제58조의 일반상사유치권이 성립한 경우, 위 유치권자는 선행저당권에 기한 임의경매절차에서 부동산을 취득한 매수인에게 위 일반상사유치권으로 대항할 수 있다. (×) [2022] 3. 상법 제58조의 상사유치권의 목적물은, 채무자에 대한 상행위로 인하여 자기가 점유하고 있는 물건 또는 유가증권인데, 채무자의 소유일 필요는 없다. (×) [2008] 4. 상인간의 일반상사유치권이 성립하기 위하여는 유치목적물에 대한 점유는 쌍방적 상행위로 인하여 취득하여야 한다. (×)

조문 · 판례	기출지문 OX

종 류	민사유치권	상사유치권
당사자	일방이 상인	쌍방이 상인 (채권 성립시 기준)
채 권	일방적 상행위 채권	쌍방적 상행위 채권
점 유	원인 불문	(일방적) 상행위로 점유
관련성	필 요	불필요
소유권	불 문	채무자 소유

일반상사유치권	대리상·위탁매매업자의 유치권	운송주선업·운송업자의 유치권
상인간의 상행위로 인한 채권이 변제기에 있는 때에는 채권자는 변제를 받을 때까지 그 채무자에 대한 상행위로 인하여 자기가 점유하고 있는 채무자 소유의 물건 또는 유가증권을 유치할 수 있다. 그러나 당사자 간에 다른 약정이 있으면 그러하지 아니하다.	대리상·위탁매매인은 채권이 변제기에 있는 때에는 그 변제를 받을 때까지 본인을 위하여 점유하는 물건 또는 유가증권을 유치할 수 있다. 그러나 당사자 간에 다른 약정이 있으면 그러하지 아니하다.	운송주선인·운송인은 운송물에 관하여 받을 보수, 운임, 기타 송하인을 위한 체당금이나 선대금에 관하여서만 그 운송물을 유치할 수 있다.

⑦ 「민법」 제339조(유질계약의 금지)의 규정은 상행위로 인하여 생긴 채권을 담보하기 위하여 설정한 질권에는 적용하지 아니한다.

⑧ 질권설정계약에 포함된 유질약정이 「상법」 제59조에 따라 유효하기 위해서는 질권설정계약의 피담보채권이 상행위로 인하여 생긴 채권이면 충분하고, 질권설정자가 상인이어야 하는 것은 아니다(판례).

⑨ 「상법」 제3조는 "당사자 중 그 1인의 행위가 상행위인 때에는 전원에 대하여 본법을 적용한다."라고 정하고 있으므로, 일방적 상행위로 생긴 채권을 담보하기 위한 질권에 대해서도 유질약정을 허용한 「상법」 제59조가 적용된다(판례).

⑩ 유질약정이 포함된 질권설정계약이 체결된 경우 질권의 실행 방법이나 절차는 원칙적으로 질권설정계약에서 정한 바에 따라야 한다(판례).

⑪ 상사질권설정계약에 있어서 유질계약의 성립을 인정하기 위하여서는 그에 관하여 별도의 명시적 또는 묵시적인 약정이 성립되어야 할 것이다(판례).

[2011]
5. 「상법」 제58조의 일반상사유치권은 법정담보물권의 일종으로서 당사자 사이의 특약으로 그 성립을 배제할 수 없다. (×)

[2018]
6. 질권설정계약에 포함된 유질약정이 「상법」 제59조에 따라 유효하려면 질권설정자가 상인이어야 한다. (×)

[2024]
7. 질권설정계약에 포함된 유질약정이 상법 제59조에 따라 유효하기 위해서는 질권설정자와 질권자 쌍방이 모두 상인이어야 한다. (×)

제3절 민법 채권편에 대한 특칙

1. 상사이자

① 상인이 그 영업에 관하여 금전을 대여한 경우에는 법정이자를 청구할 수 있다.

② 상인이 그 영업범위 내에서 타인을 위하여 금전을 체당(替當)하였을 때에는 체당한 날 이후의 법정이자를 청구할 수 있다.

③ 상행위로 인한 채무의 법정이율은 연6분으로 한다.

④ 「상법」 제54조의 상사법정이율은 상행위가 아닌 불법행위로 인한 손해배상채무에는 적용되지 아니한다(판례).

⑤ 가집행선고의 실효에 따른 원상회복의무는 상행위로 인한 채무 또는 그에 준하는 채무라고 할 수는 없으므로 그 지연손해금에 대하여는 민법 소정의 법정이율에 의하여야 하는 것이고 상법 소정의 법정이율을 적용할 것은 아니다(판례).

제3절 민법 채권편에 대한 특칙

1. 상사이자

[2005]
1. 상인이 비상인에게 금전의 대여를 한 때에는 그 상인인 대주(貸主)는 법정이자를 청구할 수 있다. (O)

[2017]
2. 「상법」 제54조의 상사법정이율은 상행위가 아닌 불법행위로 인한 손해배상채무에도 적용된다. (×)

조문 · 판례	기출지문 OX
2. 상사계약	**2. 상사계약**

조문 · 판례

2. 상사계약

① 대화자간의 계약의 청약은 상대방이 즉시 승낙하지 아니한 때에는 그 효력을 잃는다.
② 상인이 상시 거래관계에 있는 자로부터 그 영업부류에 속한 계약의 청약을 받은 때에는 지체 없이 낙부의 통지를 발송하여야 한다. 이를 해태한 때에는 승낙한 것으로 본다.
③ 상인이 그 영업부류에 속한 계약의 청약을 받은 경우에 견품 기타의 물건을 받은 때에는 그 청약을 거절한 때에도 청약자의 비용으로 그 물건을 보관하여야 한다. 그러나 그 물건의 가액이 보관의 비용을 상환하기에 부족하거나 보관으로 인하여 손해를 받을 염려가 있는 때에는 그러하지 아니하다.
④ 채권자의 지점에서의 거래로 인한 채무이행의 장소가 그 행위의 성질 또는 당사자의 의사표시에 의하여 특정되지 아니한 경우 특정물 인도 외의 채무이행은 그 지점을 이행장소로 본다.
⑤ 상인이 그 영업범위 내에서 타인을 위하여 행위를 한 때에는 이에 대하여 상당한 보수를 청구할 수 있다.
⑥ 상인이 그 영업범위 내에서 물건의 임치를 받은 경우에는 보수를 받지 아니하는 때에도 선량한 관리자의 주의를 하여야 한다.
⑦ **수치인이 적법하게 임치계약을 해지하고 임치인에게 임치물의 회수를 최고하였음에도 불구하고 임치인의 수령지체로 반환하지 못하고 있는 사이에 임치물이 멸실 또는 훼손된 경우에는 수치인에게 고의 또는 중대한 과실이 없는 한 채무불이행으로 인한 손해배상책임이 없다(판례).**
⑧ 법령 또는 관습에 의하여 영업시간이 정하여져 있는 때에는 채무의 이행 또는 이행의 청구는 그 시간 내에 하여야 한다.

상행위 특칙 중 개정조문	
대리권의 존속	상인이 그 영업에 관하여 수여한 대리권은 본인의 사망으로 인하여 소멸하지 아니한다.
격지자간의 청약의 구속력	삭제하고 「민법」 적용
법정이자청구권	상인이 그 영업에 관하여 금전을 대여한 경우에는 법정이자를 청구할 수 있다.
지점거래의 채무이행장소	채권자의 지점에서의 거래로 인한 채무이행의 장소가 그 행위의 성질 또는 당사자의 의사표시에 의하여 특정되지 아니한 경우 특정물 인도 외의 채무이행은 그 지점을 이행장소로 본다.

기출지문 OX

2. 상사계약

[2007]
1. 상인이 그 영업부류에 속한 계약의 청약을 받은 경우에 견품 기타의 물건을 받은 때에는 그 청약을 거절한 때에도 자신의 비용으로 그 물건을 보관하여야 한다. (×)

조문 · 판례	기출지문 OX
3. 다수채무자간 또는 채무자와 보증인의 연대	**3. 다수채무자간 또는 채무자와 보증인의 연대**
① 수인이 그 1인 또는 전원에게 상행위가 되는 행위로 인하여 채무를 부담한 때에는 연대하여 변제할 책임(연대책임)이 있다. ② 조합채무가 조합원 전원을 위하여 상행위가 되는 행위로 인하여 부담하게 된 것이라면 상법 제57조 제1항을 적용하여 조합원들의 연대책임을 인정함이 타당하다(판례). ③ 상가건물의 일부에서 숙박업을 하는 공유자들이 건물의 관리를 담당한 단체와 체결한 위 숙박사업장의 관리에 관한 계약은 「상법」 제57조 제1항에서 규정하는 상행위에 해당하므로, 위 공유자들은 연대하여 관리비 전액의 지급의무를 부담한다(판례). ④ 보증인이 있는 경우에 그 보증이 상행위이거나 주채무가 상행위로 인한 것인 때에는 주채무자와 보증인은 연대하여 변제할 책임(연대보증책임)이 있다. ⑤ 피고들이 양말제조업을 공동으로 경영하며 원고로부터 계속적으로 원사구입을 하여 왔을 경우에 현재까지 지급하지 못한 외상대금이 남아 있다면 이는 피고들의 기본적 상행위로 인하여 부담하게 된 것이므로 피고들은 연대하여 원고에 대하여 이 채무를 변제할 책임이 있는 것이다(판례). ⑥ "甲" 과 "乙"은 시멘트가공보도부록 등을 제조판매하는 "丙" 회사로부터 물품을 구입하여 동업으로 "丁" 에 공사자재납품을 하는 사업 및 도로포장 공사를 한 경우에는"甲" 과 "乙" 은 동업자로서 "丙" 에 대하여 상법 57조에 따른 상행위로 인하여 위 물품대금채무를 부담한 것이므로 연대하여 이를 변제할 책임이 있다(판례).	[2025] 1. 상가건물의 일부에서 숙박업을 하는 공유자들이 건물의 관리를 담당한 단체와 체결한 숙박사업장의 관리에 관한 계약은 내부적 관리 업무의 일환에 따른 것이므로 상법 제57조 제1항에서 규정하는 상행위에 해당하기 어렵고 위 공유자들은 지분비율에 따른 액수만큼 개별적으로 관리비 지급의무를 부담한다. (×) [2010] 2. 상사보증의 경우 보증인은 최고·검색의 항변권이 인정된다. (×)
4. 상사매매	**4. 상사매매**
① 상인간의 매매에 있어서 매수인이 목적물의 수령을 거부하거나 이를 수령할 수 없는 때에는 매도인은 그 물건을 공탁하거나 상당한 기간을 정하여 최고한 후 경매할 수 있다. ② 매도인이 그 목적물을 경매한 때에는 그 대금에서 경매비용을 공제한 잔액을 공탁하여야 한다. 그러나 그 전부나 일부를 매매대금에 충당할 수 있다. ③ 상인간의 매매에 있어서 매매의 성질 또는 당사자의 의사표시에 의하여 일정한 일시 또는 일정한 기간내에 이행하지 아니하면 계약의 목적을 달성할 수 없는 경우에 당사자의 일방이 이행시기를 경과한 때에는 상대방은 즉시 그 이행을 청구하지 아니하면 계약을 해제한 것으로 본다. ④ 가격변동이 심한 원자재를 계약 목적물로 한 국제 중개무역이라는 사유만으로는 「상법」 제68조에 정한 상인간의 확정기매매에 해당한다고 볼 수 없다(판례). ⑤ 상인간의 매매에 있어서 매수인이 목적물을 수령한 때에는 지체없이 이를 검사하여야 하며 하자 또는 수량의 부족을 발견한 경우에는 즉시 매도인에게 그 통지를 발송하지 아니하면 이로 인한 계약해제, 대금감액 또는 손해배상을 청구하지 못한다. 매매의 목적물에 즉시 발견할 수 없는 하자가 있는 경우에 매수인이 6월내에 이를 발견한 때에도 같다. ⑥ 「상법」 제69조 제1항은 그 성질상 임의규정으로 보아야 할 것이고 따라서 당사자 간의 약정에 의하여 이와 달리 정할 수 있다고 할 것이다(판례). ⑦ 「상법」 제69조는, 「상법」에 아무런 규정이 없는 이상 상인간의 수량을 지정한 건물의 임대차계약에 준용될 수 없다(판례).	[2004, 2010, 2021] 1. 상인간의 매매에 있어서 매수인이 목적물의 수령을 거부하고, 목적물이 멸실 또는 훼손될 염려가 있는 때에는 매도인은 법원의 허가를 얻어 경매할 수 있다. (×) [2008] 2. 상인간의 매매에 있어서 매수인이 목적물을 수령한 때에는 지체없이 이를 검사 하여야 하며, 하자 또는 수량의 부족을 발견한 경우에는 6개월 내에 매도인에게 그 통지를 발송하면 이로 인한 계약해제, 대금감액 또는 손해배상을 청구할 수 있다. (×) [2025] 3. 상법 제69조 제1항은, 민법의 매매에 관한 규정이 민법 제567조에 의하여 매매 이외의 유상계약에 준용되는 것과 마찬가지로 상인간의 수량을 지정한 건물의 임대차계약에 준용될 수 있다. (×)

조문 · 판례	기출지문 OX
⑧ 「상법」 제69조의 규정은 상인간의 매매에 적용되는 것이며 매수인이 상인인 한 매도인이 상인인지 여부를 불문하고 위 규정이 적용되어야 하는 것은 아니다(판례). ⑨ 당사자의 일방이 상대방의 주문에 따라 자기소유의 재료를 사용하여 만든 물건을 공급할 것을 약정하고 이에 대하여 상대방이 대가를 지급하기로 약정하는 이른바 제작물공급계약은 제작공급하여야 할 물건이 대체물인 경우에는 매매로 보아서 매매에 관한 규정이 적용된다고 할 것이나 물건이 특정의 주문자의 수요를 만족시키기 위한 불대체물인 경우에는 당해 물건의 공급과 함께 그 제작이 계약의 주목적이 되어 도급의 성질을 강하게 띠고 있다 할 것이므로 이 경우에는 매매에 관한 규정이 당연히 적용된다고 할 수 없다(판례). ⑩ 「상법」 제69조의 입증책임은 매수인에게 있다(판례). ⑪ 설령 매매의 목적물에 상인에게 통상 요구되는 객관적인 주의의무를 다하여도 즉시 발견할 수 없는 하자가 있는 경우에도 매수인은 6월 내에 그 하자를 발견하여 지체 없이 이를 통지하지 아니하면 매수인은 과실의 유무를 불문하고 매도인에게 하자담보책임을 물을 수 없다(판례). ⑫ 「상법」 제69조 제1항은 「민법」상 매도인의 담보책임에 대한 특칙으로서, 채무불이행에 해당하는 이른바 불완전이행으로 인한 손해배상책임을 묻는 청구에는 적용되지 않는다(판례). ⑬ 매수인이 계약을 해제한 때에도 매도인의 비용으로 매매의 목적물을 보관 또는 공탁하여야 한다. 그러나 그 목적물이 멸실 또는 훼손될 염려가 있는 때에는 법원의 허가를 얻어 경매하여 그 대가를 보관 또는 공탁하여야 한다. ⑭ 매수인의 보관, 공탁 및 경매 규정은 목적물의 인도장소가 매도인의 영업소 또는 주소와 동일한 특별시·광역시·시·군에 있는 때에는 이를 적용하지 아니한다.	[2013, 2023] 4. 매매의 목적물에 즉시 발견할 수 없는 하자가 있는 경우에 매수인이 6월내에 이를 발견한 때에는 즉시 매도인에게 그 통지를 발송하여야 이로 인한 계약해제, 대금감액 또는 손해배상을 청구할 수 있으며 이때 그 통지사실에 관한 입증책임도 매수인에게 있다. (O) [2016] 5. 「상법」 제69조는 채무불이행에 해당하는 이른바 불완전이행으로 인한 손해배상책임을 묻는 청구에도 적용된다. (×)
제4절 상호계산	**제4절 상호계산**
① 상호계산은 상인간 또는 상인과 비상인간에 상시 거래관계가 있는 경우에 일정한 기간의 거래로 인한 채권채무의 총액에 관하여 상계하고 그 잔액을 지급할 것을 약정함으로써 그 효력이 생긴다. ② 어음 기타의 상업증권으로 인한 채권채무를 상호계산에 계입한 경우에 그 증권채무자가 변제하지 아니한 때에는 당사자는 그 채무의 항목을 상호계산에서 제거할 수 있다. ③ 당사자가 상계할 기간을 정하지 아니한 때에는 그 기간은 6월로 한다. ④ 당사자가 채권채무의 각 항목을 기재한 계산서를 승인한 때에는 그 각 항목에 대하여 이의를 하지 못한다. 그러나 착오나 탈루가 있는 때에는 그러하지 아니하다. ⑤ 상계로 인한 잔액에 대하여는 채권자는 계산폐쇄일 이후의 법정이자를 청구할 수 있다. ⑥ 당사자는 각 항목을 상호계산에 계입한 날로부터 이자를 붙일 것을 약정할 수 있다. ⑦ 각 당사자는 언제든지 상호계산을 해지할 수 있다. 이 경우에는 즉시 계산을 폐쇄하고 잔액의 지급을 청구할 수 있다.	[2014] 1. 상호계산약정을 한 경우에 채권자는 상계로 인한 경우에 잔액에 대하여 계산폐쇄일 이후의 법정이자를 청구할 수 있다. (O) [2021] 2. 상호계산제도에서는 상계로 인한 잔액에 대해 이자가 발생할 여지가 없다. (×)
제5절 익명조합	**제5절 익명조합**
① 익명조합은 당사자의 일방이 상대방의 영업을 위하여 출자하고 상대방은 그 영업으로 인한 이익을 분배할 것을 약정함으로써 그 효력이 생긴다. ② 영업에서 이익이 난 여부를 따지지 않고 상대방이 정기적으로 일정한 금액을 지급하기로 약정한 경우는 가령 이익이라는 명칭을 사용하였다 하더라도 익명조합약정이라 할 수 없다(판례).	

조문 · 판례	기출지문 OX
③ 익명조합원이 출자한 금전 기타의 재산은 영업자의 재산으로 본다. **④ 영업자가 그 영업의 이익금을 함부로 자기 용도에 소비하였다 하여도 횡령죄가 될 수 없다(판례).** ⑤ 익명조합원은 영업자의 행위에 관하여서는 제3자에 대하여 권리나 의무가 없다. ⑥ 익명조합원이 자기의 성명을 영업자의 상호 중에 사용하게 하거나 자기의 상호를 영업자의 상호로 사용할 것을 허락한 때에는 그 사용이후의 채무에 대하여 영업자와 연대하여 변제할 책임이 있다. ⑦ 익명조합원의 출자가 손실로 인하여 감소된 때에는 그 손실을 전보한 후가 아니면 이익배당을 청구하지 못한다. ⑧ 손실이 출자액을 초과한 경우에도 익명조합원은 이미 받은 이익의 반환 또는 증자할 의무가 없다. 다만 당사자 간에 다른 약정이 있으면 적용하지 아니한다. ⑨ 조합계약으로 조합의 존속기간을 정하지 아니하거나 어느 당사자의 종신까지 존속할 것을 약정한 때에는 각 당사자는 영업연도 말에 계약을 해지할 수 있다. 그러나 이 해지는 6월전에 상대방에게 예고하여야 한다. ⑩ 조합의 존속기간의 약정의 유무에 불구하고 부득이한 사정이 있는 때에는 각 당사자는 언제든지 계약을 해지할 수 있다. ⑪ 조합계약은 영업의 폐지 또는 양도, 영업자의 사망 또는 성년후견개시, 영업자 또는 익명조합원의 파산의 사유로 인하여 종료한다. ⑫ 조합계약이 종료한 때에는 영업자는 익명조합원에게 그 출자의 가액을 반환하여야 한다. 그러나 출자가 손실로 인하여 감소된 때에는 그 잔액을 반환하면 된다.	[2022] 1. 당사자 간에 다른 약정이 없는 경우에, 익명조합원의 출자가 손실로 인하여 감소된 때에는 그 손실을 전보한 후가 아니면 이익배당을 청구하지 못하고, 손실이 출자액을 초과한 경우에는 증자할 의무가 있다. (×) [2015] 2. 익명조합원의 파산은 익명조합계약의 종료사유에 해당하지 않지만, 영업자의 파산은 종료사유에 해당한다. (×) [2021] 3. 익명조합약정이 종료한 때에는 영업자는 익명조합원에게 그 출자의 가액을 반환하여야 하고, 출자가 손실로 인하여 감소된 경우에도 마찬가지이다. (×)
제6절 합자조합	**제6절 합자조합**
① 합자조합은 조합의 업무집행자로서 조합의 채무에 대하여 무한책임을 지는 조합원과 출자가액을 한도로 하여 유한책임을 지는 조합원이 상호 출자하여 공동사업을 경영할 것을 약정함으로써 그 효력이 생긴다. ② 업무집행조합원은 합자조합 설립 후 2주 내에 조합의 주된 영업소의 소재지에서 유한책임조합원의 성명 또는 상호, 주소 및 주민등록번호(유한책임조합원이 업무를 집행하는 경우에 한정한다) 등의 사항을 등기(대항요건)하여야 한다. ③ 업무집행조합원은 조합계약에 다른 규정이 없으면 각자가 합자조합의 업무를 집행하고 대리할 권리와 의무가 있다. ④ 둘 이상의 업무집행조합원이 있는 경우에 조합계약에 다른 정함이 없으면 그 각 업무집행조합원의 업무집행에 관한 행위에 대하여 다른 업무집행조합원의 이의가 있는 경우에는 그 행위를 중지하고 업무집행조합원 과반수의 결의에 따라야 한다. ⑤ 유한책임조합원은 조합계약에서 정한 출자가액에서 이미 이행한 부분을 뺀 가액을 한도로 하여 조합채무를 변제할 책임이 있다. ⑥ 유한책임조합원이 합자조합에 이익이 없음에도 불구하고 배당을 받은 금액은 변제책임을 정할 때에 변제책임의 한도액에 더한다. ⑦ 업무집행조합원은 다른 조합원 전원의 동의를 받지 아니하면 그 지분의 전부 또는 일부를 타인에게 양도(讓渡)하지 못한다. ⑧ 유한책임조합원의 지분은 조합계약에서 정하는 바에 따라 양도할 수 있다. ⑨ 합자조합의 업무집행조합원, 직무대행자 또는 청산인이 등기를 게을리한 경우에는 500만원 이하의 과태료를 부과한다.	[2024] 1. 합자조합에서 둘 이상의 업무집행조합원이 있는 경우 조합계약에 다른 정함이 없으면 그 각 업무집행조합원의 업무집행에 관한 행위에 대하여 다른 업무집행조합원의 이의가 있는 경우에는 그 행위를 중지하고 업무집행조합원 과반수의 결의에 따라야 한다. (○) [2014] 2. 합자조합의 유한책임조합원의 지분은 다른 조합원 전원의 동의를 받아야 그 지분의 전부 또는 일부를 타인에게 양도할 수 있다. (×)

조문 · 판례

비 교	합자조합	합자회사
효 력	조합계약	설립등기
설립등기	대항요건, 과태료 ○	성립요건, 과태료 ×
법인격	없 음	있 음
유한책임자의 업무집행권	등기하면 가능	없 음
유한책임자의 지분양도	조합계약에 따름	무한책임사원 전원 동의
준용규정	규정이 없는 경우 「민법」 중 조합에 관한 규정 적용	규정이 없는 경우 합명회사 규정을 적용(합명회사는 규정이 없는 경우 「민법」 중 조합에 관한 규정 적용)

제3장 각 칙

제1절 대리상

① 일정한 상인을 위하여 상업사용인이 아니면서 상시 그 영업부류에 속하는 거래의 대리 또는 중개를 영업으로 하는 자를 대리상이라 한다.

② 대리상이 거래의 대리 또는 중개를 한 때에는 지체없이 본인에게 그 통지를 발송하여야 한다.

③ 대리상은 본인의 허락 없이 자기나 제3자의 계산으로 본인의 영업부류에 속한 거래를 하거나 동종영업을 목적으로 하는 회사의 무한책임사원 또는 이사가 되지 못한다.

④ 대리상은 거래의 대리 또는 중개로 인한 채권이 변제기에 있는 때에는 그 변제를 받을 때까지 본인을 위하여 점유하는 물건 또는 유가증권을 유치할 수 있다. 그러나 당사자 간에 다른 약정이 있으면 그러하지 아니하다. 대리상의 유치권은 본인을 위하여 점유하는 물건 또는 유가증권을 유치할 수 있다는 점에서 채무자(본인) 소유의 물건 또는 유가증권만을 유치할 수 있는 상사일반유치권과 구별된다.

⑤ 당사자가 계약의 존속기간을 약정하지 아니한 때에는 각 당사자는 2월 전에 예고하고 계약을 해지할 수 있다.

⑥ 대리상의 활동으로 본인이 새로운 고객을 획득하거나 영업상의 거래가 현저하게 증가하고 이로 인하여 계약의 종료 후에도 본인이 이익을 얻고 있는 경우에는 대리상은 본인에 대하여 상당한 보상을 청구할 수 있다. 다만, 계약의 종료가 대리상의 책임있는 사유로 인한 경우에는 그러하지 아니하다.

⑦ 보상금액은 계약의 종료 전 5년간의 평균 년보수액을 초과할 수 없다. 계약의 존속기간이 5년 미만인 경우에는 그 기간의 평균 년보수액을 기준으로 한다.

⑧ 보상청구권은 계약이 종료한 날부터 6월을 경과하면 소멸한다.

⑨ **제반 사정에 비추어 대리상과 마찬가지의 보호필요성이 인정된다는 요건을 모두 충족하는 때에는, 상법상 대리상이 아니더라도 대리상의 보상청구권에 관한 「상법」 제92조의2를 유추적용할 수 있다고 보아야 한다(판례).**

⑩ 대리상은 계약의 종료 후에도 계약과 관련하여 알게 된 본인의 영업상의 비밀을 준수하여야 한다.

기출지문 OX

제3장 각 칙

제1절 대리상

[2020]
1. 대리상은 본인의 상업사용인이 아니다. (○)

[2020]
2. 대리상은 본인에 대해 통지의무, 경업금지의무, 영업비밀준수의무를 부담한다. (○)

[2023]
3. 대리상은 거래의 대리 또는 중개로 인한 채권이 변제기에 있는 때에는 그 변제를 받을 때까지 본인을 위하여 점유하는 물건 또는 유가증권을 유치할 수 있는데, 위 물건 또는 유가증권은 본인 소유의 것이어야 한다. (×)

[2009]
4. 대리상의 본인에 대한 보상청구권은 계약이 종료한 날로부터 6월을 경과하면 소멸한다. 다만 본인이 악의인 경우에는 적용하지 아니한다. (×)

[2003]
5. 대리상은 대리상 계약이 존속 중에는 계약과 관련하여 알게 된 본인의 영업상의 비밀을 준수하여야 하지만 대리상 계약이 종료된 후에는 비밀준수의무가 없어진다. (×)

조문 · 판례	기출지문 OX

제2절 중개업

① 타인간의 상행위의 중개를 영업으로 하는 자(상사중개인)를 중개인이라 한다.
② 타인간의 상행위가 아닌 행위의 중개를 영업으로 하는 자(민사중개인)는 중개인이 아니지만 「상법」상의 당연상인이다.
③ 당사자 간에 계약이 성립된 때에는 중개인은 지체 없이 각 당사자의 성명 또는 상호, 계약년월일과 그 요령을 기재한 서면을 작성하여 기명날인 또는 서명한 후 각 당사자에게 교부하여야 한다.
④ 당사자가 그 성명 또는 상호를 상대방에게 표시하지 아니할 것을 중개인에게 요구한 때에는 중개인은 그 상대방에게 교부할 결약서 등에 이를 기재하지 못한다.
⑤ 중개인이 임의로 또는 당사자의 요구에 의하여 당사자의 일방의 성명 또는 상호를 상대방에게 표시하지 아니한 때에는 상대방은 중개인에 대하여 이행을 청구할 수 있다.
⑥ 중개인은 그 중개한 행위에 관하여 당사자를 위하여 지급 기타의 이행을 받지 못한다. 그러나 다른 약정이나 관습이 있으면 그러하지 아니하다.
⑦ 중개인은 결약서 작성을 종료하지 아니하면 보수를 청구하지 못한다.
⑧ 중개인의 보수는 당사자 쌍방이 균분하여 부담한다.
⑨ 중개인이 그 중개한 행위에 관하여 견품을 받은 때에는 그 행위가 완료될 때까지 이를 보관하여야 한다.

제2절 중개업

[2013]
1. 「상법」상 중개인은 타인간의 상행위의 중개를 영업으로 하는 자이므로, 상행위가 아닌 법률행위의 중개를 영업으로 하는 자는 상인에 해당하지 않는다. (×)

[2019]
2. 중개인은 당사자 간에 계약이 성립된 때에 각 당사자의 성명 또는 상호, 계약년월일과 그 요령을 기재한 서면을 작성하여 기명날인 또는 서명한 후 각 당사자에게 교부하여야 한다. 이 경우 거래의 명확성을 위하여 당사자가 요구하는 경우에도 그 성명 또는 상호의 기재는 생략할 수 없다. (×)

[2007]
3. 중개인의 보수청구권은 당사자 사이의 계약의 이행이 완료된 때에 발생한다. (×)

제3절 위탁매매업

위탁매매인의 채권자			
<< 위탁자의 소유 또는 채권으로 본다.			
위탁자	매매위탁 >>		위탁매인
	〈의 무〉	〈권 리〉	
	• 선관주의의무	• 보수청구권	위탁매매 (직접 권리를 취득하고 의무를 부담한다)
	• 통지의무, 계산서제출의무	• 비용상환청구권	
	• 이행담보책임 (개입의무)	• 유치권	
	• 지정가액준수의무	• 개입권	
			상대방

① 자기명의로써 타인의 계산으로 물건 또는 유가증권의 매매를 영업으로 하는 자를 위탁매매인이라 한다.
② **위탁매매란 자기의 명의로 타인의 계산에 의하여 물품을 매수 또는 매도하고 보수를 받는 것으로서 명의와 계산의 분리를 본질로 한다. 그리고 어떠한 계약이 일반의 매매계약인지 위탁매매계약인지는 계약의 명칭 또는 형식적인 문언을 떠나 그 실질을 중시하여 판단하여야 한다(판례).**
③ 위탁매매인은 위탁자를 위한 매매로 인하여 상대방에 대하여 직접 권리를 취득하고 의무를 부담한다.
④ 위탁매매인이 위탁자로부터 받은 물건 또는 유가증권이나 위탁매매로 인하여 취득한 물건, 유가증권 또는 채권은 위탁자와 위탁매매인 또는 위탁매매인의 채권자간의 관계에서는 이를 위탁자의 소유 또는 채권으로 본다.

제3절 위탁매매업

[2007, 2012, 2021]
1. 위탁매매라 함은 자기의 명의로 타인의 계산에 의하여 물품을 구입 또는 판매하고 보수를 받는 것으로서 명의와 계산이 분리되는 것을 본질로 하는 것이므로, 그 명확성을 위하여 어떠한 계약이 일반 매매계약인지 위탁매매계약인지는 계약의 명칭 내지 형식적인 문언에 따라 판단하여야 한다. (×)

[2006, 2019]
2. 위탁매매인이 위탁자로부터 받은 물건이나 위탁매매로 인하여 취득

조문 · 판례	기출지문 OX

⑤ 위탁매매인이 위탁자로부터 물건 또는 유가증권을 받은 후 파산한 경우에는 위탁자는 위 물건 또는 유가증권을 환취할 권리가 있고, 위탁매매의 반대급부로 위탁매매인이 취득한 물건, 유가증권 또는 채권에 대하여는 대상적 환취권(대체적 환취권)으로 그 이전을 구할 수 있다(판례).
⑥ 위탁매매인이 그가 제3자에 대하여 부담하는 채무를 담보하기 위하여 그 채권자에게 위탁매매로 취득한 채권을 양도한 경우에 위탁매매인은 위탁자에 대한 관계에서는 위탁자에 속하는 채권을 무권리자로서 양도한 것이고, 따라서 그 채권양도는 무권리자의 처분 일반에서와 마찬가지로 양수인이 그 채권을 선의취득하였다는 등의 특별한 사정이 없는 한 위탁자에 대하여 효력이 없다(판례).
⑦ 위탁자와 위탁매매인간의 관계에는 위임에 관한 규정을 적용한다.
⑧ 위탁매매인은 위탁자를 위한 매매에 관하여 상대방이 채무를 이행하지 아니하는 경우에는 위탁자에 대하여 이를 이행할 책임이 있다. 그러나 다른 약정이나 관습이 있으면 그러하지 아니하다.
⑨ 위탁자의 위탁상품 공급으로 인한 위탁매매인에 대한 이득상환청구권이나 이행담보책임 이행청구권은 위탁자의 위탁매매인에 대한 상품 공급과 서로 대가관계에 있지 아니하여 등가성이 없으므로 민법 제163조 제6호 소정의 '상인이 판매한 상품의 대가'에 해당하지 아니하여 3년의 단기소멸시효의 대상이 아니다(판례).
⑩ 위탁자가 지정한 가액보다 염가로 매도하거나 고가로 매수한 경우에도 위탁매매인이 그 차액을 부담한 때에는 그 매매는 위탁자에 대하여 효력이 있다.
⑪ 위탁자가 지정한 가액보다 고가로 매도하거나 염가로 매수한 경우에는 그 차액은 다른 약정이 없으면 위탁자의 이익으로 한다.
⑫ 위탁매매인이 거래소의 시세가 있는 물건 또는 유가증권의 매매를 위탁받은 경우에는 직접 그 매도인이나 매수인이 될 수 있다. 이 경우의 매매대가는 위탁매매인이 매매의 통지를 발송할 때의 거래소의 시세에 따른다.
⑬ 개입권을 행사한 경우에 위탁매매인은 위탁자에게 보수를 청구할 수 있다.
⑭ 위탁매매인의 규정은 자기명의로써 타인의 계산으로 매매 아닌 행위를 영업으로 하는 자에 준용한다.
⑮ 甲 주식회사가 국내에서 독점적으로 판권을 보유하고 있는 영화의 국내배급에 관하여 乙 주식회사와 체결한 국내배급대행계약이 준위탁매매계약의 성질을 갖는지가 문제된 사안에서, 乙 주식회사는 준위탁매매인의 지위에 있다(판례).

대리상	중개인	위탁매매인
• 선관주의의무 • 통지의무 • 경업피지의무 • 영업비밀준수의무	• 선관주의의무 • 결약서교부의무 • 장부작성 및 등본교부의무 • 성명·상호묵비의무 • 견품보관의무 • 개입의무 (이행담보책임)	• 선관주의의무 • 통지의무·계산서제출의무 • 위탁물의 훼손·하자 등의 통지·처분의무 • 지정가액준수의무 • 개입의무 (이행담보책임)

제4절 운송주선업

① 자기의 명의로 물건운송의 주선을 영업으로 하는 자를 운송주선인이라 한다.
② 「상법」 제114조에서 정한 '주선'은 자기의 이름으로 타인의 계산 아래 법률행위를 하는 것을 말하므로, 운송주선인은 자기의 이름으로 주선행위를 하는 것이 원칙이지만, 실제로 주선행위를 하였다면 하주나 운송인의 대리인, 위탁자의 이름으로 운송계약을 체결하는 경우에도 운송주선인으로서의 지위를 상실하지 않는다(판례).

한 물건은 위탁자와 위탁매매인의 채권자와의 관계에서는 위탁매매인의 소유로 본다. (×)

[2018]
3. 위탁매매인이 위탁자로부터 물건 또는 유가증권을 받은 후 파산한 경우에는 위탁자는 대외적인 소유자가 아니므로 위 물건 또는 유가증권을 환취할 권리가 없다. (×)

[2004]
4. 위탁매매인은 다른 특약이 있는 경우에만 위탁자를 위한 매매에 관하여 상대방이 채무를 이행하지 아니하는 경우에 위탁자에 대하여 이를 이행할 책임이 있다. (×)

[2018, 2024]
5. 위탁자의 위탁상품 공급으로 인한 위탁매매인에 대한 이득상환청구권이나 이행담보책임 이행청구권은 「민법」 제163조 제6호 소정의 '상인이 판매한 상품의 대가'에 해당하지 아니하여 3년의 단기소멸시효의 대상이 아니다. (○)

[2011, 2016]
6. 위탁매매인이 위탁자가 지정한 가액보다 고가로 매도하거나 또는 염가로 매수한 경우 위탁자가 지정한 가액과의 차액은 다른 약정이 없으면 위탁매매인의 이익으로 한다. (×)

[2025]
7. 자기명의로써 타인의 계산으로 매매아닌 행위를 영업으로 하는 자에게는 상법상 위탁매매에 관한 규정이 준용되지 않는다. (×)

[2017]
8. 지정가액준수의무는 중개인의 의무이다. (×)

제4절 운송주선업

[2018]
1. 운송주선인이 운송인의 대리인으로서 운송계약을 체결한 경우에 운송의뢰인에 대한 관계에서는 운송주선인의 지위를 상실하고 운송인으로서의 지위를 취득한다. (×)

조문 · 판례	기출지문 OX

③ 운송주선인에 관하여는 위탁매매인에 관한 규정을 준용한다.
④ 운송주선인은 다른 약정이 없으면 직접운송할 수 있다. 이 경우에는 운송주선인은 운송인과 동일한 권리의무가 있다.
⑤ 운송주선인이 위탁자의 청구에 의하여 화물상환증을 작성한 때에는 직접운송하는 것으로 본다.
⑥ 해상운송주선인이 타인을 대리하여 위 타인 명의로 작성한 선하증권은 특별한 사정이 없는 한 같은 조에서 정한 개입권 행사의 적법조건이 되는 '운송주선인이 작성한 증권'으로 볼 수 없다(판례).
⑦ 운송주선인은 운송물에 관하여 받을 보수, 운임, 기타 위탁자를 위한 체당금이나 선대금에 관하여서만 그 운송물을 유치할 수 있다.
⑧ 운송주선인은 자기나 그 사용인이 운송물의 수령, 인도, 보관, 운송인이나 다른 운송주선인의 선택 기타 운송에 관하여 주의를 해태하지 아니하였음을 증명하지 아니하면 운송물의 멸실, 훼손 또는 연착으로 인한 손해를 배상할 책임을 면하지 못한다.
⑨ 운송주선인의 책임은 수하인이 운송물을 수령한 날로부터 1년을 경과하면 소멸시효가 완성한다. 운송물이 전부멸실한 경우에는 그 운송물을 인도할 날로부터 기산한다. 그러나 운송주선인이나 그 사용인이 악의인 경우에는 5년의 일반상사시효에 의한다.
⑩ 운송주선인의 위탁자 또는 수하인에 대한 채권은 1년간 행사하지 아니하면 소멸시효가 완성한다.
⑪ 운송주선인은 운송물을 운송인에게 인도한 때에는 즉시 보수를 청구할 수 있다. 운송주선계약으로 운임의 액을 정한 경우에는 다른 약정이 없으면 따로 보수를 청구하지 못한다.

비 교	개입권			개입의무	
의 의	내부적개입권	외부적개입권		이행담보책임	
	거래의 당사자가 되는 것이 아님	거래의 당사자가 됨			
내 용	**상업사용인, 대리상, 무한책임사원, 이사 등**	**위탁매매인, 준위탁매매인**	**운송주선인**	**중개인**	**위탁매매인**
	거래가 자기의 계산으로 한 것인 때에는 영업주(본인, 회사)는 이를 영업주(본인, 회사)의 계산으로 한 것으로 볼 수 있고, 제3자의 계산으로 한 것인 때에는 영업주(본인, 회사)는 사용인(대리상, 이사)에 대하여 이로 인한 이득의 양도를 청구할 수 있다.	• 거래소의 시세 있는 물건의 매매를 위탁받은 때에는 직접 그 매도인이나 매수인이 될 수 있다. • 별도로 보수도 청구할 수 있다.	• 다른 약정이 없으면 직접 운송할 수 있다. • 화물상환증을 작성한 때에는 직접 운송하는 것으로 본다.	성명 또는 상호를 상대방에게 표시하지 아니한 때에는 상대방은 중개인에 대하여 이행을 청구할 수 있다.	상대방이 채무를 이행하지 아니하는 경우에는 위탁자에 대하여 이를 이행할 책임이 있다.

기출지문 OX

[2004]
2. 운송주선인의 책임은 수하인이 운송물을 수령한 날로부터 6월을 경과하면 소멸시효가 완성한다. (×)

[2023]
3. 운송주선인의 책임은 수하인이 운송물을 수령한 날 또는 운송물이 전부 멸실한 경우 그 운송물을 인도할 날로부터 1년을 경과하면 소멸시효가 완성되고, 이는 운송주선인이 악의인 경우에도 마찬가지이다. (×)

조문 · 판례	기출지문 OX
제5절 운송업	**제5절 운송업**
1. 물건운송	**1. 물건운송**
① 육상 또는 호천, 항만에서 물건 또는 여객의 운송을 영업으로 하는 자를 운송인이라 한다. ② 송하인 또는 화물상환증이 발행된 때에는 그 소지인이 운송인에 대하여 운송의 중지, 운송물의 반환 기타의 처분을 청구할 수 있다. **③ 운송계약상의 채무불이행책임과 불법행위로 인한 손해배상책임은 병존하고, 운송계약상의 면책특약은 일반적으로 이를 불법행위책임에도 적용하기로 하는 명시적 또는 묵시적 합의가 없는 한 당연히 불법행위책임에 적용되지 않는다(판례).** ④ 화폐, 유가증권 기타의 고가물에 대하여는 송하인이 운송을 위탁할 때에 그 종류와 가액을 명시한 경우에 한하여 운송인이 손해를 배상할 책임이 있다. ⑤ 운송물이 전부멸실 또는 연착된 경우의 손해배상액은 인도할 날의 도착지의 가격에 따른다. ⑥ 운송물이 일부멸실 또는 훼손된 경우의 손해배상액은 인도한 날의 도착지의 가격에 의한다. ⑦ 운송물의 멸실, 훼손 또는 연착이 운송인의 고의나 중대한 과실로 인한 때에는 운송인은 모든 손해를 배상하여야 한다. ⑧ 운송물의 멸실 또는 훼손으로 인하여 지급을 요하지 아니하는 운임 기타 비용은 전3항의 배상액에서 공제하여야 한다. ⑨ 운송인의 책임은 수하인 또는 화물상환증소지인이 유보 없이 운송물을 수령하고 운임 기타의 비용을 지급한 때에는 소멸한다. 그러나 운송물에 즉시 발견할 수 없는 훼손 또는 일부멸실이 있는 경우에 운송물을 수령한 날로부터 2주간 내에 운송인에게 그 통지를 발송한 때에는 그러하지 아니하다. ⑩ 운송물의 전부 또는 일부가 송하인의 책임 없는 사유로 인하여 멸실한 때에는 운송인은 그 운임을 청구하지 못한다. 운송인이 이미 그 운임의 전부 또는 일부를 받은 때에는 이를 반환하여야 한다. ⑪ 운송물의 전부 또는 일부가 그 성질이나 하자 또는 송하인의 과실로 인하여 멸실한 때에는 운송인은 운임의 전액을 청구할 수 있다. ⑫ 운송인은 운송물에 관하여 받을 보수, 운임, 기타 위탁자를 위한 체당금이나 선대금에 관하여서만 그 운송물을 유치할 수 있다. ⑬ 운송인의 책임은 수하인이 운송물을 수령한 날로부터 1년을 경과하면 소멸시효가 완성한다. ⑭ 운송인의 위탁자 또는 수하인에 대한 채권은 1년간 행사하지 아니하면 소멸시효가 완성한다.	[2012] 1. 육상운송계약상의 면책특약이 있는 경우 운송계약상의 채무불이행책임 뿐만 아니라 불법행위로 인한 손해배상책임에도 당연히 적용된다. (×)
2. 화물명세서와 화물상환증	**2. 화물명세서와 화물상환증**
① 송하인은 운송인의 청구에 의하여 화물명세서를 교부하여야 한다. ② 송하인이 화물명세서에 허위 또는 부정확한 기재를 한 때에는 운송인에 대하여 이로 인한 손해를 배상할 책임이 있다. ③ 운송인은 송하인의 청구에 의하여 화물상환증을 교부하여야 한다. ④ 화물상환증을 작성한 경우에는 이와 상환하지 아니하면 운송물의 인도를 청구할 수 없다. **⑤ '보증도'로 인하여 선하증권의 정당한 소지인의 운송물에 대한 권리를 침해하였을 때에는 고의 또는 중대한 과실에 의한 불법행위의 책임을 진다(판례).** ⑥ 화물상환증은 기명식인 경우에도 배서에 의하여 양도할 수 있다. 그러나 화물상환증에 배서를 금지하는 뜻을 기재한 때에는 그러하지 아니하다. ⑦ 화물상환증이 발행된 경우에는 운송인과 송하인 사이에 화물상환증에 적힌 대로 운송계약이 체결되고 운송물을 수령한 것으로 추정한다.	[2007] 1. 화물상환증은 운송인의 청구에 의하여 송하인이 발행·교부하는데, 화물상환증에는 송하인의 성명 또는 상호, 영업소 또는 주소 등을 기재하여야 한다. (×) [2018] 2. 화물상환증은 기명식으로 작성된 경우 배서에 의하여 양도할 수 없다. (×)

조문 · 판례	기출지문 OX
⑧ 화물상환증을 선의로 취득한 소지인에 대하여 운송인은 화물상환증에 적힌 대로 운송물을 수령한 것으로 보고 화물상환증에 적힌 바에 따라 운송인으로서 책임을 진다. ⑨ **선하증권(=화물상환증)은 운송물의 인도청구권을 표창하는 유가증권인바, 이는 운송계약에 기하여 작성되는 유인증권으로 「상법」은 운송인이 송하인으로부터 실제로 운송물을 수령 또는 선적하고 있는 것을 유효한 선하증권 성립의 전제조건으로 삼고 있으므로 운송물을 수령 또는 선적하지 아니하였는데도 발행된 선하증권은 원인과 요건을 구비하지 못하여 목적물의 흠결이 있는 것으로서 무효라고 봄이 상당하다(판례).** ⑩ 화물상환증에 의하여 운송물을 받을 수 있는 자에게 화물상환증을 교부한 때에는 운송물위에 행사하는 권리의 취득에 관하여 운송물을 인도한 것과 동일한 효력이 있다. ⑪ **선하증권을 교부받음으로써 그 채권적 효력으로 운송계약상의 권리를 취득함과 동시에 그 물권적 효력으로 양도 목적물의 점유를 인도받은 것이 되어 그 운송물의 소유권을 취득한다(판례).** ⑫ 화물상환증을 작성한 경우에는 운송물에 관한 처분은 화물상환증으로써 하여야 한다.	[2010] 3. 화물상환증은 무인증권성이 있다. (×)

화물상환증	조 문	판 례
유인증권성	운송인은 송하인의 청구에 의하여 화물상환증을 교부하여야 한다.	
요식증권성	화물상환증에는 법정사항을 기재하고 운송인이 기명날인 또는 서명하여야 한다.	
상환증권성	화물상환증을 작성한 경우에는 이와 상환하지 아니하면 운송물의 인도를 청구할 수 없다.	'보증도'로 인하여 선하증권의 정당한 소지인의 운송물에 대한 권리를 침해하였을 때에는 고의 또는 중대한 과실에 의한 불법행위의 책임을 진다.
지시증권성	화물상환증은 기명식인 경우에도 배서에 의하여 양도할 수 있다. 그러나 화물상환증에 배서를 금지하는 뜻을 기재한 때에는 그러하지 아니하다.	
처분증권성	화물상환증을 작성한 경우에는 운송물에 관한 처분은 화물상환증으로써 하여야 한다.	
문언증권성 (채권적 효력)	• 운송인과 송하인 사이에 화물상환증에 적힌 대로 운송계약이 체결되고 운송물을 수령한 것으로 추정한다. • 화물상환증을 선의로 취득한 소지인에 대하여 운송인은 화물상환증에 적힌 대로 운송물을 수령한 것으로 보고 화물상환증에 적힌 바에 따라 운송인으로서 책임을 진다.	운송물을 수령 또는 선적하지 아니하였음에도 불구하고 선하증권이 발행된 경우에는 그 선하증권은 원인과 요건을 구비하지 못하여 목적물의 흠결이 있는 것으로 이는 누구에 대하여도 무효라고 봄이 상당하다.
인도증권성 (물권적효력)	화물상환증에 의하여 운송물을 받을 수 있는 자에게 화물상환증을 교부한 때에는 운송물위에 행사하는 권리의 취득에 관하여 운송물을 인도한 것과 동일한 효력이 있다.	운송물의 권리를 양수하여 선하증권을 교부받아 그 소지인이 된 자는 운송계약상의 권리를 취득함과 동시에 목적물의 점유를 인도받은 것이 되어 운송물의 소유권을 취득한다.

조문 · 판례	기출지문 OX

3. 수하인

① 운송물이 도착지에 도착한 때에는 수하인은 송하인과 동일한 권리를 취득한다.
② 운송물이 도착지에 도착한 후 수하인이 그 인도를 청구한 때에는 수하인의 권리가 송하인의 권리에 우선한다.
③ 수하인이 운송물을 수령한 때에는 운송인에 대하여 운임 기타 운송에 관한 비용과 체당금을 지급할 의무를 부담한다.

운송 구간	송하인	수하인
도착 전	권리·의무	없 음
도착 후	동일한 권리	
인도청구시	수하인의 권리가 우선	
수령시	없 음	권리·의무

[기출지문 OX] 3. 수하인

[2021]
1. 화물상환증이 발행되지 않은 경우 운송인이 수하인과의 계약으로 물건에 대한 권리를 취득한 자에게 인도하였다면 수하인의 의사에 따른 것이므로 물건의 인도에 관한 의무위반으로 볼 수 없다. (×)

[2006, 2011]
2. 화물상환증이 발행되지 않은 경우 운송물이 도착한 후에는 수하인만이 운송계약상의 모든 권리를 행사할 수 있다. (×)

4. 여객운송

① 운송인은 자기 또는 사용인이 운송에 관한 주의를 해태하지 아니하였음을 증명하지 아니하면 여객이 운송으로 인하여 받은 손해를 배상할 책임을 면하지 못한다.
② 손해배상의 액을 정함에는 법원은 피해자와 그 가족의 정상을 참작하여야 한다.
③ 운송인은 여객으로부터 인도를 받은 수하물에 관하여는 운임을 받지 아니한 경우에도 물건운송인과 동일한 책임이 있다.
④ 수하물이 도착지에 도착한 날로부터 10일 내에 여객이 그 인도를 청구하지 아니한 때에는 운송인은 그 물건을 공탁하거나 상당한 기간을 정하여 최고한 후 경매할 수 있다. 이 경우에는 지체 없이 매수인에 대하여 그 통지를 발송하여야 한다.
⑤ 운송인은 여객으로부터 인도를 받지 아니한 수하물의 멸실 또는 훼손에 대하여는 자기 또는 사용인의 과실이 없으면 손해를 배상할 책임이 없다.

[기출지문 OX] 4. 여객운송

제6절 공중접객업

① 공중접객업자는 자기 또는 그 사용인이 고객으로부터 임치(任置)받은 물건의 보관에 관하여 주의를 게을리하지 아니하였음을 증명하지 아니하면 그 물건의 멸실 또는 훼손으로 인한 손해를 배상할 책임이 있다.
② 공중접객업자는 고객으로부터 임치받지 아니한 경우에도 그 시설 내에 휴대한 물건이 자기 또는 그 사용인의 과실로 인하여 멸실 또는 훼손되었을 때에는 그 손해를 배상할 책임이 있다.
③ 고객의 휴대물에 대하여 책임이 없음을 알린 경우에도 공중접객업자는 책임을 면하지 못한다. 그러나 당사자 사이의 개별적인 특약에 의하여 감경 또는 면제될 수 있다.
④ **「상법」 제152조 제1항의 규정에 의한 임치가 성립하려면 우선 공중접객업자와 객 사이에 공중접객업자가 자기의 지배영역 내에서 목적물 보관의 채무를 부담하기로 하는 명시적 또는 묵시적 합의가 있음을 필요로 한다(판례).**
⑤ **주차장 출입과 주차사실을 통제하거나 확인하는 시설이나 조치가 되어 있지 않은 채 단지 주차의 장소만을 제공하는 데에 불과하여 그 주차장 출입과 주차사실을 여관측에서 통제하거나 확인하지 않고 있는 상황이라면, 투숙객이 여관측에 주차사실을 고지하거나 차량열쇠를 맡겨 차량의 보관을 위탁한 경우에만 임치의 성립을 인정할 수 있다(판례).**

[기출지문 OX] 제6절 공중접객업

[2004, 2006]
1. 임치 받지 아니한 객의 휴대물에 대하여 책임이 없음을 알린 때에는 손님으로부터 임치 받지 아니한 휴대품에 대하여는 공중접객업자의 책임이 면제된다. (×)

[2014]
2. 고객의 임치물에 대한 공중접객업자의 책임은 당사자 사이의 개별적인 특약에 의하여 감경 또는 면제될 수 있다. (○)

[2010, 2025]
3. 숙박업을 영위하는 공중접객업자는 투숙객이 소지한 물건 및 부설 주차장에 주차한 차량에 한해서는 무조건 상법 제152조 제1항에서 규정하는 임치받은 물건에 관한 손해배상책임을 부담한다. (×)

조문 · 판례	기출지문 OX
⑥ 화폐, 유가증권, 그 밖의 고가물(高價物)에 대하여는 고객이 그 종류와 가액(價額)을 명시하여 임치하지 아니하면 공중접객업자는 그 물건의 멸실 또는 훼손으로 인한 손해를 배상할 책임이 없다. ⑦ 공중접객업자의의 책임은 공중접객업자가 임치물을 반환하거나 고객이 휴대물을 가져간 후 (악의인 경우를 제외하고) 6개월이 지나면 소멸시효가 완성된다.	[2019] 4. 고객의 임치물 및 휴대물에 대한 공중접객업자의 악의로 인한 책임은 공중접객업자가 임치물을 반환하거나 고객이 휴대물을 가져간 후 6개월이 지나면 소멸시효가 완성된다. (×)
제7절 창고업	**제7절 창고업**
① 창고업자는 임치인의 청구에 의하여 창고증권을 교부하여야 한다. ② **입고된 물건에 관하여 창고증권이 발행되면 그 발행일자 이후에는 그 창고증권의 명의인이 그 물건에 대하여 소유권을 취득하고 따라서 그 뒤에 생기는 창고료, 화재보험료는 물론, 감량 등에 대한 책임도 그 명의인이 져야 될 것이다(판례).** ③ 창고증권소지인은 창고업자에 대하여 그 증권을 반환하고 임치물을 분할하여 각 부분에 대한 창고증권의 교부를 청구할 수 있다. 이에 의한 임치물의 분할과 증권교부의 비용은 증권소지인이 부담한다. ④ 창고증권으로 임치물을 입질한 경우에도 질권자의 승낙이 있으면 임치인은 채권의 변제기전이라도 임치물의 일부반환을 청구할 수 있다. ⑤ 창고업자는 임치물을 출고할 때가 아니면 보관료 기타의 비용과 체당금의 지급을 청구하지 못한다. 그러나 보관기간 경과 후에는 출고전이라도 이를 청구할 수 있다. ⑥ 임치물의 일부출고의 경우에는 창고업자는 그 비율에 따른 보관료 기타의 비용과 체당금의 지급을 청구할 수 있다. ⑦ 당사자가 임치기간을 정하지 아니한 때에는 창고업자는 임치물을 받은 날로부터 6월을 경과한 후에는 언제든지 이를 반환할 수 있다. 임치물을 반환함에는 2주간전에 예고하여야 한다. ⑧ 임치물의 멸실 또는 훼손으로 인하여 생긴 창고업자의 책임은 그 물건을 출고한 날로부터 1년이 경과하면 소멸시효가 완성한다. ⑨ 「상법」 제166조 소정의 창고업자의 책임에 관한 단기소멸시효는 창고업자의 계약상대방인 임치인의 청구에만 적용되며 임치물이 타인 소유의 물건인 경우에 소유권자인 타인의 청구에는 적용되지 아니한다(판례). ⑩ 창고업자의 임치인 또는 창고증권소지인에 대한 채권은 그 물건을 출고한 날로부터 1년간 행사하지 아니하면 소멸시효가 완성한다.	[2003] 1. 창고증권의 발행 여부를 불문하고 창고임치계약에 따른 보관료의 지급채무자는 임치인이다. (×) [2007] 2. 창고업자는 보관기간이 경과하더라도 임치물의 출고 이전에는 보관료 기타의 비용과 체당금의 지급을 청구하지 못한다. (×) [2019] 3. 「상법」 제166조 소정의 창고업자의 책임에 관한 단기소멸시효는 창고업자의 계약상대방인 임치인의 청구뿐만 아니라 임치물이 타인 소유의 물건인 경우에 소유권자인 타인의 청구에도 적용된다. (×) [2024] 4. 창고업자인 甲이 선하증권이나 화물인도지시서와 상환하지 않고 임치물을 제3자에게 인도하였고, 임치물의 소유자인 乙이 甲에게 불법행위로 인한 손해배상을 청구하는 경우, 甲은 상법 제166조 제1항의 물건을 출고한 날로부터 1년의 소멸시효 항변을 할 수 있다. (×)
제8절 금융리스업 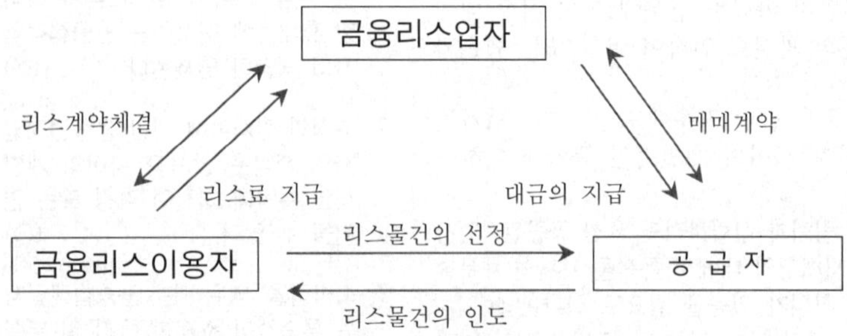 ① **시설대여(금융리스)는 그 본질적 기능은 리스이용자에게 리스물건의 취득 자금에 대한 금융 편의를 제공하는 데에 있다(판례).** ② 금융리스물건은 범용성이 없는 경우가 대부분이어서 리스기간 중 투하자금을 전액 회수할 필요가 있으므로 원칙적으로 중도해지가 금지되며, 리스회사는	**제8절 금융리스업**

조문 · 판례	기출지문 OX
리스물건에 대한 유지관리의무를 부담하지 않고, 리스이용자가 리스물건의 멸실·훼손에 대한 위험을 부담한다(판례). ③ 운용리스는 금융리스 이외의 모든 리스를 총칭하는 것으로, 리스이용자의 목적이 금융에 있지 아니하고 물건 자체의 사용에 있으며, 금융리스의 경우와는 달리 리스이용자도 중도해지를 할 권리를 보유하고, 불특정다수를 상대로 범용성이 높은 물건을 대상으로 한다(판례). ④ 금융리스업자는 금융리스이용자가 금융리스계약에서 정한 시기에 금융리스계약에 적합한 금융리스물건을 수령할 수 있도록 하여야 한다. ⑤ 금융리스이용자는 금융리스물건을 수령함과 동시에 금융리스료를 지급하여야 한다. ⑥ 금융리스물건수령증을 발급한 경우에는 금융리스계약 당사자(금융리스업자와 금융리스이용자) 사이에 적합한 금융리스물건이 수령된 것으로 추정한다. ⑦ 금융리스이용자는 금융리스물건을 수령한 이후에는 선량한 관리자의 주의로 금융리스물건을 유지 및 관리하여야 한다. ⑧ 금융리스물건의 공급자는 공급계약에서 정한 시기에 그 물건을 금융리스이용자에게 인도하여야 한다. ⑨ 금융리스물건이 공급계약에서 정한 시기와 내용에 따라 공급되지 아니한 경우 금융리스이용자는 공급자에게 직접 손해배상을 청구하거나 공급계약의 내용에 적합한 금융리스물건의 인도를 청구할 수 있다. 금융리스업자는 금융리스이용자가 권리를 행사하는 데 필요한 협력을 하여야 한다. ⑩ 금융리스업자는 금융리스이용자가 공급자로부터 「상법」 제168조의3 제1항에 따라 적합한 금융리스물건을 수령할 수 있도록 협력할 의무를 부담할 뿐이고, 이와 별도로 독자적인 금융리스물건 인도의무 또는 검사·확인의무를 부담한다고 볼 수는 없다(판례). ⑪ 시설대여계약은 법적 성격이 비전형계약으로서 「민법」의 임대차에 관한 규정이 적용되지 아니하는 점 및 시설대여 제도의 본질적 요청(금융적 성격) 등에 비추어, 시설대여 회사의 하자담보책임을 제한하는 약정조항은 「약관의 규제에 관한 법률」 제7조 제2호, 제3호에 해당하지 아니한다(즉, 유효하다)(판례). ⑫ 금융리스이용자의 책임 있는 사유로 금융리스계약을 해지하는 경우에는 금융리스업자는 잔존 금융리스료 상당액의 일시 지급 또는 금융리스물건의 반환을 청구할 수 있다. 이에 따른 금융리스업자의 청구는 금융리스업자의 금융리스이용자에 대한 손해배상청구에 영향을 미치지 아니한다. ⑬ 금융리스이용자는 중대한 사정변경으로 인하여 금융리스물건을 계속 사용할 수 없는 경우에는 3개월 전에 예고하고 금융리스계약을 해지할 수 있다. 이 경우 금융리스이용자는 계약의 해지로 인하여 금융리스업자에게 발생한 손해를 배상하여야 한다.	[2013] 1. 금융리스이용자는 금융리스계약에서 정한 시기에 금융리스계약에 적합한 금융리스물건을 수령함과 동시에 금융리스료를 지급하여야 한다. (○) [2018] 2. 금융리스물건수령증을 발급한 경우에는 금융리스이용자와 공급자 사이에 적합한 금융리스물건이 수령된 것으로 추정한다. (×) [2019, 2024] 3. 금융리스업자는 특별한 사정이 없는 한, 적합한 금융리스물건을 수령할 수 있도록 협력할 의무와 별도로 독자적인 금융리스물건 인도의무 또는 검사·확인의무를 부담한다. (×) [2018] 4. 금융리스계약에서 금융리스업자가 금융리스물건의 하자에 대하여 하자담보책임을 배제하는 특약은 합리성이 인정되어 유효하다. (○)
제9절 가맹업 가맹업자 → (상호상표 등의 사용허락 / 영업에 관한 지시·통제) → 가맹상 가맹상 → (사용료 지급) → 가맹업자 ① 가맹업자는 가맹상의 영업을 위하여 필요한 지원을 하여야 한다. ② 가맹업자는 다른 약정이 없으면 가맹상의 영업지역 내에서 동일 또는 유사한 업종의 영업을 하거나, 동일 또는 유사한 업종의 가맹계약을 체결할 수 없다. ③ 가맹상은 가맹업자의 영업에 관한 권리가 침해되지 아니하도록 하여야 한다. ④ 가맹상은 계약이 종료한 후에도 가맹계약과 관련하여 알게 된 가맹업자의 영업상의 비밀을 준수하여야 한다.	**제9절 가맹업**

조문 · 판례	기출지문 OX
⑤ 가맹상은 가맹업자의 동의를 받아 그 영업을 양도할 수 있다. ⑥ 가맹업자는 특별한 사유가 없으면 가맹상의 영업양도에 동의하여야 한다. ⑦ 가맹계약상 존속기간에 대한 약정의 유무와 관계없이 부득이한 사정이 있으면 각 당사자는 상당한 기간을 정하여 예고한 후 가맹계약을 해지할 수 있다. ⑧ 가맹점사업자인 甲 등이 가맹본부인 乙 유한회사를 상대로 乙 회사가 가맹계약상 근거를 찾을 수 없는 'SCM Adm'(Administration Fee)이라는 항목으로 甲 등에게 매장 매출액의 일정 비율에 해당하는 금액을 청구하여 지급받은 것은 부당이득에 해당한다며 그 금액 상당의 반환을 구한 사안에서, 위 부당이득반환채권은 「상법」 제64조에 따라 5년간 행사하지 않으면 소멸시효가 완성된다(판례).	[2014] 1. 가맹계약상 존속기간에 대한 약정의 유무와 관계없이 부득이한 사정이 있으면 각 당사자는 언제든지 가맹계약을 해지할 수 있다. (×)

제10절 채권매입업

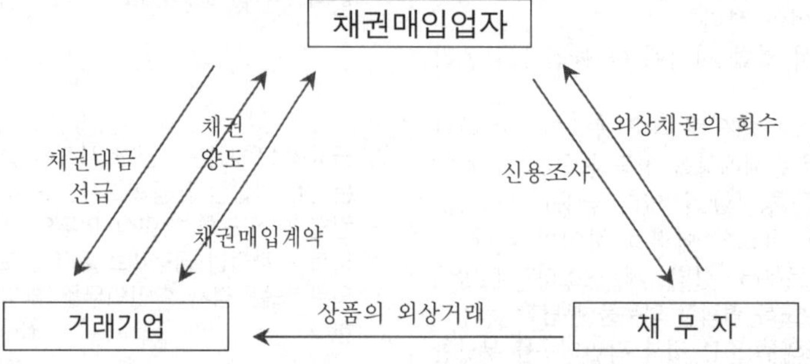

① 타인이 물건·유가증권의 판매, 용역의 제공 등에 의하여 취득하였거나 취득할 영업상의 채권(이하 이 장에서 "영업채권"이라 한다)을 매입하여 회수하는 것을 영업으로 하는 자를 채권매입업자라 한다.
② 영업채권의 채무자가 그 채무를 이행하지 아니하는 경우 채권매입업자는 채권매입계약의 채무자에게 그 영업채권액의 상환을 청구할 수 있다. 다만, 채권매입계약에서 다르게 정한 경우에는 그러하지 아니하다.

단기소멸시효, 제척기간	기 간
경업금지의무위반시 개입권 행사	안 날로부터 2주/거래가 있은 때로부터 1년
상호속용의 경우 영업양도인의 책임	영업양도한 때로부터 2년
상사매매에서 매수인의 목적물의 즉시 발견할 수 없는 하자통지기간	수령한 때로부터 6월
대리상의 보상청구권	종료한 날로부터 6월
운송주선인, 운송인의 책임, 채권	1년(여객에 대한 책임은 5년)
공중접객업자의 책임	6월
창고업자의 책임, 채권	1년

상행위법상 계약의 해지	사 유	예 고	시 기
상호계산	불 문	불 요	언제든지
익명조합	존속기간이 없거나 종신	6월전	영업연도말
대리상	불 문	2월전	불 문
금융리스업	중대한 사정변경	3월전	불 문
가맹업	부득이한 사정	상당한 기간	불 문

조문 · 판례	기출지문 OX

제3편 회 사

제1장 총 설

제2장 회사법 통칙

제1절 회사의 개념

1. 회사의 의의

① "회사"란 상행위나 그 밖의 영리를 목적으로 하여 설립한 법인을 말한다.

② 1인회사의 경우에는 그 주주가 유일한 주주로서 주주총회에 출석하면 전원 총회로서 성립하고 그 주주의 의사대로 결의가 될 것임이 명백하므로 따로 총회 소집절차가 필요 없다(판례).

③ 1인회사에 있어서는 행위의 주체와 그 본인 및 다른 회사와는 별개의 인격체이므로, 그 법인인 주식회사 소유의 금원은 임의로 소비하면 횡령죄가 성립되고 그 본인 및 주식회사에게 손해가 발생하였을 때에는 배임죄가 성립한다(판례).

④ 1인 회사의 법리는 한 사람이 다른 사람의 명의를 빌려 주주로 등재하였으나 총 주식을 실질적으로 그 한 사람이 모두 소유한 경우에도 마찬가지라고 할 수 있으나, 이와 달리 주식의 소유가 실질적으로 분산되어 있는 경우에는 상법상의 원칙으로 돌아가 실제의 소집절차와 결의절차를 거치지 아니한 채 주주총회의 결의가 있었던 것처럼 주주총회 의사록을 허위로 작성한 것이라면 그 주주총회의 결의는 부존재하다고 보아야 한다(판례).

⑤ 기존회사가 채무를 면탈할 목적으로 기업의 형태·내용이 실질적으로 동일한 신설회사를 설립하였다면, 신설회사 설립은 기존회사의 채무면탈이라는 위법한 목적달성을 위하여 회사제도를 남용한 것이므로, 기존회사의 채권자에게 위 두 회사가 별개의 법인격을 갖고 있음을 주장하는 것은 신의성실 원칙상 허용될 수 없다 할 것이어서 기존회사의 채권자는 위 두 회사 어느 쪽에 대하여서도 채무 이행을 청구할 수 있고, 이와 같은 법리는 어느 회사가 채무를 면탈할 목적으로 기업의 형태·내용이 실질적으로 동일한 이미 설립되어 있는 다른 회사를 이용한 경우에도 적용된다(판례).

⑥ 법인격을 남용하는 것으로 인정되는 경우에도, 권리관계의 공권적인 확정 및 그 신속·확실한 실현을 도모하기 위하여 절차의 명확·안정을 중시하는 소송절차 및 강제집행절차에 있어서는 그 절차의 성격상 乙 회사에 대한 판결의 기판력 및 집행력의 범위를 甲 회사에까지 확장하는 것은 허용되지 아니한다(판례).

⑦ 子회사의 임직원이 母회사의 임·직원 신분을 겸유하고 있었다거나 母회사가 子회사의 전 주식을 소유하여 子회사에 대해 강한 지배력을 가진다거나 子회사의 사업 규모가 확장 되었으나 자본금의 규모가 그에 상응하여 증가하지 아니한 사정 등만으로는 母회사가 子회사의 독자적인 법인격을 주장하는 것이 子회사의 채권자에 대한 관계에서 법인격의 남용에 해당한다고 보기에 부족하고, 적어도 子회사가 독자적인 의사 또는 존재를 상실하고 母회사가 자신의 사업의 일부로서 子회사를 운영한다고 할 수 있을 정도로 완전한 지배력을 행사하고 있을 것이 요구되며, 구체적으로는 母회사와 子회사 간의 재산과 업무 및 대외적인 기업 거래 활동 등이 명확히 구분되어 있지 않고 양자가 서로 혼용되어있다는 등의 객관적 징표가 있어야하며, 子회사의 법인격이 母회사에 대한 법률 적용을 회피하기 위한 수단으로 사용되거나 채무 면탈이라는 위법한 목적 달성을 위하여 회사제도를 남용하는 등의 주관적 의도 또는 목적이 인정되어야 한다(판례).

⑧ 회사의 법인격이 형해화되었다고 볼 수 있는지 여부는 원칙적으로 문제가 되고 있는 법률행위나 사실행위를 한 시점을 기준으로, 회사의 법인격이 형해화

제3편 회 사

제1장 총 설

제2장 회사법 통칙

제1절 회사의 개념

1. 회사의 의의

[2012, 2015]
1. 1인회사의 경우에는 그 주주가 유일한 주주로서 주주총회에 출석하면 전원총회로서 성립하고 그 주주의 의사대로 결의될 것임이 명백하므로 별도의 총회소집절차가 필요없다. (○)

[2009, 2019]
2. 1인회사는 주주와 회사의 이익이 일치하므로, 주주가 회사금원을 임의로 처분하더라도 횡령죄를 구성하지 않는다. (×)

[2024]
3. 1인 회사의 법리는 한 사람이 다른 사람의 명의를 빌려 주주로 등재하였으나 총 주식을 실질적으로 그 한 사람이 모두 소유한 경우에는 적용되지 않는다. (×)

[2025]
4. 기존회사가 채무를 면탈할 목적으로 기업의 형태·내용이 실질적으로 동일한 신설회사를 설립하여 채무면탈이라는 위법한 목적달성을 위하여 회사제도를 남용하였다고 평가되는 경우, 기존회사의 채권자는 신설회사만을 상대로 채무 이행을 구하여야 하고 기존회사를 상대로 채무 이행을 청구할 수는 없다. (×)

[2016]
5. 친자회사 관계에서 母회사가 子회사의 임·직원의 신분을 겸유하고 있거나 子회사의 전 주식을 소유하여 子회사에 대한 강한 지배력을 가지는 경우에는 법인격 남용에 해당한다. (×)

[2023]
6. 회사의 법인격이 형해화되었다고 볼 수 있는지 여부는 원칙적으로 회사가 성립되는 설립등기를 한 시점을 기준으로, 회사의 법인격이 형해화될 정도에 이르지 않더라도 개인이 회사의 법인격을 남용하였는지 여부는 채무면탈 등의

조문 · 판례	기출지문 OX
될 정도에 이르지 않더라도 개인이 회사의 법인격을 남용하였는지 여부는 채무면탈 등의 남용행위를 한 시점을 기준으로 각 판단하여야 한다(판례).	남용행위를 한 시점을 기준으로 각 판단하여야 한다. (×)

2. 회사의 성립

① 회사는 본점소재지에서 설립등기를 함으로써 성립한다(제3자의 선·악을 불문함).
② 회사의 주소는 본점소재지에 있는 것으로 한다.
③ 회사설립무효의 판결 또는 설립취소의 판결은 제3자에 대하여도 그 효력이 있다. 그러나 판결확정 전에 생긴 회사와 사원 및 제3자간의 권리의무에 영향을 미치지 아니한다.

회사설립하자의 소			합명회사 합자회사	유한책임회사	유한회사	주식회사
소의 원인	설립무효		○	○	○	○
	설립취소		○	○	○	×
주장방법			소송에 의함			
당사자	원고	무 효	사 원	사원, 업무집행자	사원, 이사, 감사	주주, 이사, 감사
		취 소	취소권자(채권자 등)			×
	피 고		회 사			
제소기간			회사성립의 날로부터 2년 내			
소의 절차			재량기각 가능			
판결의 효력	원고승소		• 대세적(제3자)효력 • 불소급효(판결 확정 전의 권리의무에 영향×), • 해산에 준하여 청산			
	원고패소		• 민사소송법의 일반원칙 적용(대세효×) • 악의 또는 중과실이 있는 경우에 회사에 손해배상책임			

기출지문 OX — 2. 회사의 성립

[2008]
1. 회사는 본점 소재지에서 설립등기를 함으로써 성립하나, 악의의 상대방에 대하여는 등기하지 아니하더라도 회사의 설립으로써 대항할 수 있다. (×)

[2012]
2. 회사 설립무효의 판결 또는 설립취소의 판결의 효력은 판결이 확정되기 전에 생긴 회사와 사원 및 제3자간의 권리의무에 소급하여 미친다. (×)

3. 회사의 종류

회사는 합명회사, 합자회사, 유한책임회사, 주식회사와 유한회사의 5종으로 한다.

회사의 종류	합명회사	합자회사		유한책임회사	주식회사	유한회사
구 성	무한책임사원	무한책임사원	유한책임사원	유한책임사원	주 주	유한책임사원
책 임	직접·무한	직접·무한	직접·유한	간접·유한	간접·유한	간접·유한
사원수	2인	1인	1인	1인	1인	1인
신용·노무출자	가 능	가 능	금 지	금 지	금 지	금 지

기출지문 OX — 3. 회사의 종류

[2018]
1. 합자회사는 무한책임사원과 유한책임사원으로 구성되고, 유한책임사원은 주식회사·유한회사의 사원과 마찬가지로 회사채무에 대하여 간접책임을 진다. (×)

조문 · 판례	기출지문 OX
4. 회사의 권리능력	**4. 회사의 권리능력**
① 회사는 다른 회사의 무한책임사원이 되지 못한다. ② 회사의 권리능력은 회사의 설립 근거가 된 법률과 회사의 정관상의 목적에 의하여 제한되나 그 목적범위 내의 행위라 함은 정관에 명시된 목적 자체에 국한되는 것이 아니라, 그 목적을 수행하는 데 있어 직접·간접으로 필요한 행위는 모두 포함되고 목적수행에 필요한지의 여부는 행위의 객관적 성질에 따라 판단할 것이고 행위자의 주관적·구체적 의사에 따라 판단할 것은 아니다(판례). ③ 발기인 중 1인이 회사의 설립을 추진중에 행한 불법행위가 외형상 객관적으로 설립 후 회사의 대표이사로서의 직무와 밀접한 관련이 있다고 보아 회사의 불법행위책임을 인정한 사례(판례). ④ 자연인이 법인의 기관으로서 범죄행위를 한 경우에도 행위자인 자연인이 범죄행위에 대한 형사책임을 지는 것이고, 다만 법률이 목적을 달성하기 위하여 특별히 규정하고 있는 경우에만 행위자를 벌하는 외에 법률효과가 귀속되는 법인에 대하여도 벌금형을 과할 수 있을 뿐이다(판례).	[2012] 1. 회사는 다른 회사의 무한책임사원이 될 수 있다. (×)
제2절 회사의 구조조정 Ⅰ. 회사의 합병 **1. 합병의 자유와 제한**	**제2절 회사의 구조조정** Ⅰ. 회사의 합병 **1. 합병의 자유와 제한**
① 회사는 합병을 할 수 있다. ② 회사의 합병으로 인한 소멸회사의 사원(주주)은 합병에 의하여 1주 미만의 단주만을 취득하게 되는 경우나 혹은 합병에 반대한 주주로서의 주식매수청구권을 행사하는 경우 등과 같은 특별한 경우를 제외하고는 원칙적으로 합병계약상의 합병비율과 배정방식에 따라 존속회사 또는 신설회사의 사원권(주주권)을 취득하여, 존속회사 또는 신설회사의 사원(주주)이 된다(판례). ③ 합병을 하는 회사의 일방 또는 쌍방이 주식회사, 유한회사 또는 유한책임회사인 경우에는 합병 후 존속하는 회사나 합병으로 설립되는 회사는 주식회사, 유한회사 또는 유한책임회사이어야 한다. ④ 해산후의 회사는 존립중의 회사를 존속하는 회사로 하는 경우에 한하여 합병을 할 수 있다. ⑤ 유한회사 또는 유한책임회사가 주식회사와 합병하는 경우에 합병 후 존속하는 회사 또는 합병으로 인하여 설립되는 회사가 주식회사인 때에는 법원의 인가를 얻지 아니하면 합병의 효력이 없다. ⑥ 합병을 하는 회사의 일방이 사채의 상환을 완료하지 아니한 주식회사인 때에는 합병 후 존속하는 회사 또는 합병으로 인하여 설립되는 회사는 유한회사 또는 유한책임회사로 하지 못한다.	[2025] 1. 합병을 하는 회사의 일방 또는 쌍방이 주식회사, 유한회사 또는 유한책임회사인 경우에는 합병 후 존속하는 회사나 합병으로 설립되는 회사는 합명회사, 합자회사, 유한책임회사, 주식회사와 유한회사로 자유롭게 정할 수 있다. (×)
2. 주식회사 흡수합병의 합병계약서	**2. 주식회사 흡수합병의 합병계약서**
① 합병할 회사의 일방이 합병 후 존속하는 경우에는 합병계약서에 다음의 사항을 적어야 한다. 3. 존속하는 회사가 합병을 하면서 신주를 발행하거나 자기주식을 이전하는 경우에는 발행하는 신주 또는 이전하는 자기주식의 총수, 종류와 수 및 합병으로 인하여 소멸하는 회사의 주주에 대한 신주의 배정 또는 자기주식의 이전에 관한 사항	

조문 · 판례	기출지문 OX
4. 존속하는 회사가 합병으로 소멸하는 회사의 주주에게 제3호에도 불구하고 그 대가의 전부 또는 일부로서 금전이나 그 밖의 재산을 제공하는 경우에는 그 내용 및 배정에 관한 사항 ② 흡수합병 시 존속회사가 발행하는 합병신주를 소멸회사의 주주에게 배정·교부함에 있어서 적용할 합병비율을 정하는 것은 합병계약의 가장 중요한 내용이고, 만일 합병비율이 합병할 각 회사의 일방에게 불리하게 정해진 경우에는 그 회사의 주주가 합병 전 회사의 재산에 대하여 가지고 있던 지분비율을 합병 후에 유지할 수 없게 됨으로써 실질적으로 주식의 일부를 상실하게 되는 결과를 초래하므로, 비상장법인 간 흡수합병의 경우 소멸회사의 주주인 회사의 이사로서는 합병비율이 합병할 각 회사의 재산 상태와 그에 따른 주식의 실제적 가치에 비추어 공정하게 정하여졌는지를 판단하여 회사가 합병에 동의할 것인지를 결정하여야 한다(판례). ③ 소멸하는 회사의 주주에게 제공하는 재산이 존속하는 회사의 모회사주식을 포함하는 경우에는 존속하는 회사는 그 지급을 위하여 모회사주식을 취득할 수 있다. ④ 존속하는 회사는 제2항에 따라 취득한 모회사의 주식을 합병 후에도 계속 보유하고 있는 경우 합병의 효력이 발생하는 날부터 6개월 이내에 그 주식을 처분하여야 한다.	[2006] 1. 흡수합병의 경우에, 존속회사가 합병으로 인하여 소멸하는 회사의 주주에게 지급할 금액을 정한 때에는 이를 합병계약서에 기재하여야 한다. (○)
3. 합병반대주주의 주식매수청구권 ① 합병결의사항에 관하여 이사회의 결의가 있는 때에 그 결의에 반대하는 주주(의결권이 없거나 제한되는 주주를 포함한다)는 주주총회 전에 회사에 대하여 서면으로 그 결의에 반대하는 의사를 통지한 경우에는 그 총회의 결의일부터 20일 이내에 주식의 종류와 수를 기재한 서면으로 회사에 대하여 자기가 소유하고 있는 주식의 매수를 청구할 수 있다.	**3. 합병반대주주의 주식매수청구권**
4. 간이합병(총주주, 90) ① 합병할 회사의 일방이 합병후 존속하는 경우에 합병으로 인하여 소멸하는 회사의 총주주의 동의가 있거나 그 회사의 발행주식총수의 100분의 90 이상을 합병후 존속하는 회사가 소유하고 있는 때에는 합병으로 인하여 소멸하는 회사의 주주총회의 승인은 이를 이사회의 승인으로 갈음할 수 있다. ② 간이합병으로 인하여 소멸하는 회사는 합병계약서를 작성한 날부터 2주 내에 주주총회의 승인을 얻지 아니하고 합병을 한다는 뜻을 공고하거나 주주에게 통지하여야 한다. 다만, 총주주의 동의가 있는 때에는 그러하지 아니하다. ③ 간이합병의 경우에도 반대주주의 주식매수청구권은 인정된다.	**4. 간이합병**(총주주, 90) [2016] 1. 주식회사가 합병을 함에는 합병계약서를 작성하여 주주총회의 승인을 얻어야 하지만, 합병으로 인하여 소멸하는 회사의 총주주의 동의가 있거나 그 회사의 발행주식총수의 100분의 90 이상을 합병 후 존속하는 회사가 소유하고 있는 때에는 합병 후 존속하는 회사의 주주총회의 승인은 이사회의 승인으로 갈음할 수 있다. (×)
5. 소규모합병(10.5.20) ① 합병후 존속하는 회사가 합병으로 인하여 발행하는 신주 또는 이전하는 자기주식의 총수가 그 회사의 발행주식총수의 100분의 10을 초과하지 아니하는 때에는 그 존속하는 회사의 주주총회의 승인은 이를 이사회의 승인으로 갈음할 수 있다. 다만, 합병으로 인하여 소멸하는 회사의 주주에게 지급할 금액을 정한 경우에 그 금액이 존속하는 회사의 최종 대차대조표상으로 현존하는 순자산액의 100분의 5를 초과하는 때에는 그러하지 아니하다.	**5. 소규모합병**(10.5.20)

조문 · 판례	기출지문 OX
② 합병후 존속하는 회사의 발행주식총수의 100분의 20 이상에 해당하는 주식을 소유한 주주가 소규모합병의 공고 또는 통지를 한 날부터 2주내에 회사에 대하여 서면으로 소규모합병에 반대하는 의사를 통지한 때에는 소규모합병을 할 수 없다. ③ 소규모합병의 경우에 존속회사 주주는 결의반대주주의 주식매수청구권을 행사할 수 없다.	[2024] 1. 소규모합병 및 간이합병의 경우 모두 합병에 반대하는 의사를 통지한 반대주주에게 주식매수청구권이 인정되지 아니한다. (×)

주식회사 합병의 특례	존속회사	소멸회사
원 칙	주주총회 특별결의	주주총회 특별결의
간이합병 (소멸회사의 이사회의 승인)	주주총회 특별결의	1. 합병으로 인하여 소멸하는 회사의 총주주의 동의가 있거나 그 회사의 발행주식총수의 100분의 90 이상을 합병 후 존속하는 회사가 소유하고 있는 때 2. 합병반대주주의 주식매수청구권은 인정
소규모합병 (존속회사의 이사회의 승인)	1. 합병으로 인하여 발행하는 신주 또는 이전하는 자기주식의 총수가 그 회사의 발행주식총수의 100분의 10를 초과하지 아니하는 때 2. 합병으로 인하여 소멸하는 회사의 주주에게 지급할 금액이 존속하는 회사의 최종 대차대조표상으로 현존하는 순자산액의 100분의 5를 초과하는 때에는 불가 3. 합병 후 존속하는 회사의 발행주식 총수의 100분의 20 이상에 해당하는 주식을 소유한 주주가 소규모합병에 반대하는 의사를 통지한 때에는 불가 4. 합병반대주주의 주식매수청구권은 인정되지 않음	주주총회 특별결의

6. 채권자보호절차 및 보고 또는 창립총회

6. 채권자보호절차 및 보고 또는 창립총회

① 회사는 주주총회의 승인결의(간이합병 및 소규모합병의 경우에는 이사회의 승인결의)가 있은 날부터 2주내에 채권자에 대하여 합병에 이의가 있으면 1월이상의 기간내에 이를 제출할 것을 공고하고 알고 있는 채권자에 대하여는 따로따로 이를 최고하여야 한다.
② 채권자가 기간 내에 이의를 제출하지 아니한 때에는 합병을 승인한 것으로 본다.
③ 이의를 제출한 채권자가 있는 때에는 회사는 그 채권자에 대하여 변제 또는 상당한 담보를 제공하거나 이를 목적으로 하여 상당한 재산을 신탁회사에 신탁하여야 한다.
④ 이사회는 공고로써 보고총회를 갈음할 수 있다.
⑤ 이사회는 공고로써 창립총회를 갈음할 수 있다.

조문 · 판례	기출지문 OX
7. 합병의 등기 ① 회사의 합병은 합병 후 존속하는 회사 또는 합병으로 인하여 설립되는 회사가 그 본점소재지에서 합병의 등기를 함으로써 그 효력이 생긴다. ② 합병후 존속한 회사 또는 합병으로 인하여 설립된 회사는 합병으로 인하여 소멸된 회사의 권리의무를 승계한다. 영업양도의 효과는 특정승계인 점에서 다르다. **③ 합병으로 인하여 소멸한 법인이 그 종업원 등의 위법행위에 대해 양벌규정에 따라 부담하던 형사책임은 그 성질상 이전을 허용하지 않는 것으로서 합병으로 인하여 존속하는 법인에 승계되지 않는다(판례).** ④ 합병을 하는 회사의 일방이 합병 후 존속하는 경우에 존속하는 회사의 이사 및 감사로서 합병 전에 취임한 자는 합병계약서에 다른 정함이 있는 경우를 제외하고는 합병 후 최초로 도래하는 결산기의 정기총회가 종료하는 때에 퇴임한다.	**7. 합병의 등기** [2010] 1. 회사합병의 효력발생시기는 합병등기 시이다. (○) [2023] 2. 합병은 주로 흡수합병과 신설합병으로 구별되고, 권리와 의무가 합병 후 존속회사 또는 합병으로 신설되는 회사에 법률상 포괄승계되는 측면에서 영업양도와 유사하다. (×)
8. 합병의 무효 ① 합병무효는 각 회사의 주주·이사·감사·청산인·파산관재인 또는 합병을 승인하지 아니한 채권자에 한하여 소만으로 이를 주장할 수 있다. **② 합병비율이 현저하게 불공정한 경우 합병할 각 회사의 주주 등은 「상법」 제529조에 의하여 소로써 합병의 무효를 구할 수 있다(판례).** ③ 합병무효의 소는 합병의 등기가 있은 날로부터 6월내에 제기하여야 한다. **④ 회사의 합병에 있어서 합병등기에 의하여 합병의 효력이 발생한 후에는 합병무효의 소를 제기하는 외에 합병결의무효확인청구만을 독립된 소로써 구할 수는 없다(판례).** ⑤ 합병무효의 판결은 제3자에 대하여도 그 효력이 있다. 그러나 판결확정전에 생긴 회사와 사원 및 제3자간의 권리의무에 영향을 미치지 아니한다. ⑥ 합병을 무효로 한 판결이 확정된 때에는 합병을 한 회사는 합병 후 존속한 회사 또는 합병으로 인하여 설립된 회사의 합병 후 부담한 채무에 대하여 연대하여 변제할 책임이 있다. ⑦ 합병 후 존속한 회사 또는 합병으로 인하여 설립한 회사의 합병 후 취득한 재산은 합병을 한 회사의 공유로 한다.	**8. 합병의 무효** [2012] 1. 현저하게 불공정한 합병비율을 정한 합병계약은 사법관계를 지배하는 신의성실의 원칙이나 공평의 원칙 등에 비추어 무효이고, 따라서 합병비율이 현저하게 불공정한 경우 합병할 각 회사의 주주 등은 「상법」 제529조에 의하여 소로써 합병의 무효를 구할 수 있다. (○) [2007] 2. 합병의 무효는 합병결의가 있은 날로부터 6개월 내에 소만으로 주장할 수 있다. (×) [2015] 3. 합병무효의 판결은 제3자에 대해서 소급적으로 효력을 미친다. (×)
Ⅱ. 주식회사의 분할 **1. 분할의 종류 및 절차** ① 회사는 분할에 의하여 1개 또는 수개의 회사를 설립할 수 있다. ② 회사는 분할에 의하여 1개 또는 수개의 존립중의 회사와 합병(이하 "분할합병"이라 한다)할 수 있다. ③ 분할 또는 분할합병의 결의에 관하여는 의결권이 없는 주주도 의결권이 있다. ④ 회사의 분할 또는 분할합병으로 인하여 분할 또는 분할합병에 관련되는 각 회사의 주주의 부담이 가중되는 경우에는 그 주주 전원의 동의가 있어야 한다. ⑤ 분할되는 회사의 주주에게 그 주주가 가지는 그 회사의 주식의 비율에 따라서 설립되는 회사의 주식이 발행되는 때에는 검사인의 선임(제299조) 규정을 적용하지 아니한다. ⑥ 분할 또는 분할합병으로 인하여 설립되는 회사 또는 존속하는 회사는 분할하는 회사의 권리와 의무를 분할계획서 또는 분할합병계약서가 정하는 바에 따라서 승계한다. ⑦ (인적)분할의 규정은 분할되는 회사가 분할 또는 분할합병으로 인하여 설립되는 회사의 주식의 총수를 취득하는 경우(물적 분할)에 이를 준용한다.	Ⅱ. 주식회사의 분할 **1. 분할의 종류 및 절차**

조문 · 판례	기출지문 OX

결 의	합 병	분 할
주주총회 특별결의	○	○
종류주주의 손해시 종류주주총회	○	○
의결권이 없는 주주의 의결권	없 다.	있 다.
부담가중 시 주주의 전원동의	×	○
주식매수청구권	○ (소규모×)	×
간이·소규모	○	×

2. 분할합병계약서의 기재사항 및 분할합병대가가 모회사주식인 경우의 특칙

> 3. 분할승계회사가 분할합병을 하면서 신주를 발행하거나 자기주식을 이전하는 경우에는 분할회사의 주주에 대한 분할승계회사의 신주의 배정 또는 자기주식의 이전에 관한 사항 및 주식의 병합 또는 분할을 하는 경우에는 그에 관한 사항
> 4. 분할승계회사가 분할회사의 주주에게 제3호에도 불구하고 그 대가의 전부 또는 일부로서 금전이나 그 밖의 재산을 제공하는 경우에는 그 내용 및 배정에 관한 사항

① 분할회사의 주주에게 제공하는 재산이 분할승계회사의 모회사 주식을 포함하는 경우에는 분할승계회사는 그 지급을 위하여 모회사 주식을 취득할 수 있다.
② 분할승계회사는 취득한 모회사의 주식을 분할합병 후에도 계속 보유하고 있는 경우 분할합병의 효력이 발생하는 날부터 6개월 이내에 그 주식을 처분하여야 한다.

(기출지문 OX) 2. 분할합병계약서의 기재사항 및 분할합병대가가 모회사주식인 경우의 특칙

3. 분할 및 분할합병후의 회사의 책임

분할계획서	원 칙	승계하기로 정한 채무에 대한 책임만을 부담	
분할결의	주주총회 특별결의	주주총회 특별결의	
채권자보호절차	불필요	필 요	
		누락한 경우	거친 경우
분할 후 회사의 책임	연대책임	연대책임	분할책임

① 회사의 분할은 회사가 그 본점소재지에서 분할등기(변경등기, 해산등기, 설립등기)를 함으로써 그 효력이 생긴다.
② 분할 또는 분할합병으로 인하여 설립되는 회사 또는 존속하는 회사는 분할 또는 분할합병전의 회사 채무에 관하여 연대하여 변제할 책임이 있다(원칙적 연대책임).

(기출지문 OX) 3. 분할 및 분할합병후의 회사의 책임

[2004]
1. 분할 또는 분할합병으로 인하여 설립되는 회사 또는 존속하는 회사는 분할 또는 분할합병전의 회사채무에 관하여 원칙적으로 출자한 재산에 관한 채무만을 부담한다. (×)

조문 · 판례	기출지문 OX
③ 분할 또는 분할합병으로 인하여 설립되는 회사 또는 존속하는 회사(이하 '수혜회사'라 한다)가 채권자에게 연대하여 변제할 책임을 부담하는 채무는 분할 또는 분할합병 전의 회사가 채권자에게 부담하는 채무와 동일한 채무이다. 따라서 수혜회사가 채권자에게 부담하는 연대채무의 소멸시효 기간과 기산점은 분할 또는 분할합병 전의 회사가 채권자에게 부담하는 채무와 동일한 것으로 봄이 타당하다. 결국, 채권자는 해당 채권의 시효기간 내에서 분할로 인하여 승계되는 재산의 가액과 무관하게 연대책임을 물을 수 있다(판례). ④ 분할당사회사가 연대책임을 지는 경우, 부진정연대관계에 있다고 봄이 상당하다(판례). ⑤ 분할회사가 분할에 의하여 회사를 설립하는 경우에는 단순분할신설회사는 분할회사의 채무 중에서 분할계획서에 승계하기로 정한 채무에 대한 책임만을 부담하는 것으로 정할 수 있다. 이 경우 분할회사가 분할 후에 존속하는 경우에는 단순분할신설회사가 부담하지 아니하는 채무에 대한 책임만을 부담한다(예외적 분할책임). 이 경우에는 채권자보호절차(제527조의5)의 규정을 준용한다(판례). ⑥ 채권자보호절차에서 개별 최고가 필요한 '회사가 알고 있는 채권자'란 회사의 장부 기타 근거에 의하여 성명과 주소가 회사에 알려져 있는 자는 물론이고 회사 대표이사 개인이 알고 있는 채권자도 이에 포함된다고 봄이 타당하다(판례).	[2019] 2. 채권자가 분할이 이루어진 후에 분할회사를 상대로 분할 전의 분할회사 채무에 관한 소를 제기하여 분할회사에 대한 관계에서 시효가 중단되거나 확정판결을 받아 소멸시효 기간이 연장되었다면, 그와 같은 소멸시효 중단이나 연장의 효과는 다른 채무자인 분할로 인하여 설립되는 회사 또는 존속하는 회사에 효력이 미친다. (×) [2014] 3. 채권자보호절차에서 개별 최고가 필요한 '회사가 알고 있는 채권자'에는 회사의 장부 기타 근거에 의하여 그 성명과 주소가 회사에 알려져 있는 자는 포함되지만 회사 대표이사 개인이 알고 있는 채권자는 포함되지 않는다. (×)
Ⅲ. 회사의 조직변경	**Ⅲ. 회사의 조직변경**
① 합명회사는 총사원의 동의로 일부사원을 유한책임사원으로 하거나 유한책임사원을 새로 가입시켜서 합자회사로 변경할 수 있다. ② 합명회사 사원으로서 조직변경에 의하여 유한책임사원이 된 자는 조직변경등기를 하기 전에 생긴 회사 채무에 대하여는 등기 후 2년 내에는 무한책임사원의 책임을 면하지 못한다. ③ 합자회사는 사원전원의 동의로 그 조직을 합명회사로 변경하여 계속할 수 있다. ④ 합자회사의 유한책임사원전원이 퇴사한 경우에도 무한책임사원은 그 전원의 동의로 합명회사로 변경하여 계속할 수 있다. ⑤ 주식회사는 총회에서 총주주의 동의로 결의한 경우에는 그 조직을 변경하여 유한책임회사로 할 수 있다.(+ 사채상환) ⑥ 유한책임회사는 총사원의 동의에 의하여 주식회사로 변경할 수 있다. (+ 법원의 인가) ⑦ 주식회사는 총주주의 일치에 의한 총회의 결의로 그 조직을 변경하여 이를 유한회사로 할 수 있다. 그러나 사채의 상환을 완료하지 아니한 경우에는 그러하지 아니하다. ⑧ 유한회사는 총사원의 일치에 의한 총회의 결의로 주식회사로 조직을 변경할 수 있다. 다만, 회사는 그 결의를 정관으로 정하는 바에 따라 사원총회의 특별결의(총사원의 반수 이상이며, 총사원의 의결권의 4분의 3이상)로 할 수 있다. 이 조직변경은 법원의 인가를 받지 아니하면 효력이 없다. ⑨ 조직변경의 경우에는 회사에 현존하는 순재산액보다 많은 금액을 자본금의 총액으로 하지 못한다. ⑩ 조직을 변경할 때 발행하는 주식의 발행가액의 총액은 회사에 현존하는 순재산액을 초과하지 못한다. ⑪ 조직변경의 경우에 회사에 현존하는 순재산액이 자본금의 총액에 부족하는 때에는 조직변경의 결의당시의 이사와 주주는 회사에 대하여 연대하여 그 부족액을 지급할 책임이 있다.	[2005] 1. 합명회사가 주식회사나 유한회사로 조직을 변경할 수는 없으나, 합자회사의 경우에는 유한책임사원을 포함한 사원 전원의 동의로 유한회사로 조직을 변경할 수 있다. (×) [2022] 2. 유한책임회사는 총사원의 동의에 의하여 유한회사로 변경할 수 있다. (×) [2004] 3. 주식회사는 사채의 상환을 완료하지 아니한 경우에도 총주주의 일치에 의한 총회의 결의가 있으면 유한회사로 조직을 변경할 수 있다. (×)

조문 · 판례	기출지문 OX

<table>
<tr><th colspan="2">전원 동의 원칙</th><th>채권자
보호절차</th><th>자본금, 재산, 책임</th></tr>
<tr><td>합명회사 →</td><td>← 합자회사</td><td>×</td><td>1. 합명 → 합자 :
유한책임사원이 된 자는 조직변경 전의 채무에 대하여 등기 후 2년간 무한책임
2. 합자 → 합명 :
무한책임사원이 된 자는 조직변경 전의 채무도 무한책임</td></tr>
<tr><td>주식회사 →

+ 사채상환</td><td>← 유한·
유한책임회사

+ 법원의 인가</td><td rowspan="2">○</td><td rowspan="2">1. 원칙 : 자본금, 재산 불변
2. 주식 → 유한, 유한책임
• 회사에 현존하는 순재산액보다 많은 금액을 자본금의 총액으로 하지 못한다.
• 회사에 현존하는 순재산액이 자본금의 총액에 부족하는 때에는 그 부족액을 지급할 책임이 있다.
3. 유한, 유한책임 → 주식
• 발행하는 주식의 발행가액의 총액은 회사에 현존하는 순재산액을 초과하지 못한다.
• 회사에 현존하는 순재산액이 조직변경으로 발행하는 주식의 발행가액 총액에 부족할 때에는 그 부족액을 지급할 책임이 있다.</td></tr>
<tr><td colspan="2">주식 ← 유한

정관 + 사원총회특별결의

(반수, 4분의 3)</td></tr>
</table>

제3절 회사의 해산과 청산

Ⅰ. 회사의 해산사유

<table>
<tr><th>합명회사</th><th>합자회사</th><th>유한책임회사</th><th>주식회사</th><th>유한회사</th></tr>
<tr><td colspan="5">존립기간의 만료 기타 정관으로 정한 사유의 발생(회사 계속 가능)</td></tr>
<tr><td colspan="5">합 병(포괄승계이므로 청산을 하지 않음)</td></tr>
<tr><td colspan="5">파 산(파산절차를 진행하므로 청산을 하지 않음)</td></tr>
<tr><td colspan="5">법원의 명령 또는 판결(회사를 계속할 수 없음)</td></tr>
<tr><td>총사원 동의</td><td>총사원 동의</td><td>총사원 동의</td><td></td><td></td></tr>
<tr><td>사원이 1인으로 된 때</td><td>사원이 1인으로 된 때</td><td>사원이 없게 된 경우</td><td></td><td></td></tr>
<tr><td></td><td>무한책임사원 또는 유한책임사원의 전원이 퇴사한 때</td><td></td><td>분할 또는 분할합병</td><td></td></tr>
<tr><td></td><td></td><td></td><td>주주총회의 특별결의</td><td>사원총회의 특별결의</td></tr>
<tr><td></td><td></td><td></td><td>휴면회사의 해산의제</td><td></td></tr>
</table>

제3절 회사의 해산과 청산

Ⅰ. 회사의 해산사유

[2011]
1. 주식의 포괄적 교환은 「상법」 제517조가 규정한 주식회사의 해산원인이다. (×)

[2016]
2. 합명회사는 사원이 1인이 된 때, 합자회사는 무한책임사원 또는 유한책임사원의 전원이 퇴사한 때, 유한책임회사는 사원이 없게 된 때, 주식회사는 주주가 1인이 된 때 각 해산사유가 된다. (×)

[2011]
3. 법원의 해산명령에 의해 해산한 경우에도 청산중에 주주총회의 특별결의에 의하여 회사를 계속할 수 있다. (×)

조문 · 판례	기출지문 OX

1. 해산명령 및 해산판결

	해산명령(공 익)	해산판결(사원의 이익)	
요 건	1. 회사의 설립목적이 불법한 것인 때, 2. 회사가 정당한 사유없이 설립 후 1년내에 영업을 개시하지 아니하거나 1년이상 영업을 휴지하는 때, 3. 이사 또는 회사의 업무를 집행하는 사원이 법령 또는 정관에 위반하여 회사의 존속을 허용할 수 없는 행위를 한 때	• 합명회사 • 합자회사 • 유한책임회사	• 주식회사 • 유한회사
		부득이한 사유	1. 회사의 업무가 현저한 정돈상태를 계속하여 회복할 수 없는 손해가 생긴 때 또는 생길 염려가 있는 때 2. 회사재산의 관리 또는 처분의 현저한 실당으로 인하여 회사의 존립을 위태롭게 한 때 3. 부득이한 사유
청 구	이해관계인이나 검사의 청구 또는 직권	각 사원	100분의 10 이상에 해당하는 주식(지분)을 가진 주주(사원)
효 력	• 회사는 해산·청산절차 개시 • 회사계속 불가		

① 법원은 이해관계인이나 검사의 청구에 의하여 또는 직권으로 회사의 해산을 명할 수 있다.

② 재항고인의 상호를 "전자랜드주식회사"로 변경하려고 하는데 휴면회사인 위 소외 회사로 인하여 상호변경 등기를 할 수 없다는 사실만으로는 재항고인을 위 법조 소정의 이해관계인이라 보기 어렵다(판례).

③ 회사의 기본재산인 동시에 영업의 근간이 되는 부동산의 소유권귀속과 등기절차 등에 관련된 소송이 계속되었기 때문에 부득이 영업을 계속하지 못하였다 하여 회사해산명령결정을 다투는 경우에 위 소송이 부당하게 제기한 것이었다면 그 영업휴지는 상법 제176조 제1항 제2호 소정의 영업휴지에 정당한 사유가 있는 경우에 해당되지 아니한다(판례).

④ 이해관계인이 회사의 해산명령을 청구한 때에는 법원은 회사의 청구가 있는 경우에 상당한 담보를 제공할 것을 명할 수 있다.

⑤ 해산명령의 청구가 있는 때에는 법원은 해산을 명하기 전일지라도 이해관계인이나 검사의 청구에 의하여 또는 직권으로 관리인의 선임 기타 회사재산의 보전에 필요한 처분을 할 수 있다.

⑥ 해산명령을 받은 회사는 청산절차를 거쳐 소멸하며, 회사를 계속할 수 없다.

⑦ '회사의 업무가 현저한 정돈상태를 계속하여 회복할 수 없는 손해가 생긴 때 또는 생길 염려가 있는 때'란 이사 간, 주주 간의 대립으로 회사의 목적 사업이 교착상태에 빠지는 등 회사의 업무가 정체되어 회사를 정상적으로 운영하는 것이 현저히 곤란한 상태가 계속됨으로 말미암아 회사에 회복할 수 없는 손해가 생기거나 생길 염려가 있는 경우를 말한다(판례).

⑧ '부득이한 사유가 있는 때'란 회사를 해산하는 것 외에는 달리 주주의 이익을 보호할 방법이 없는 경우를 말한다(판례).

⑨ 주식회사에 대하여 법원의 해산판결이 선고 확정되어 해산등기가 마쳐졌고 아울러 법원이 적법하게 그 청산인을 선임하여 그 취임등기까지 경료된 경우, 해산 당시 이사가 설사 해산판결 선고 이전에 부적법하게 해임된 바 있어 주주총회의 이사해임 결의가 무효라 하더라도 그 이사로서는 청산인의 지위에 이를 방도가 없게 되었고, 한편 그 이사가 주식회사의 주주라 하여도 위와 같이 회사가 적법하게 해산된 데다가 적법한 청산인이 선임된 이상 주주의 지위에는 아무 영향이 없다 할 것이므로, 결국 위 이사로서는 해산판결 전에 이루어진 회사의 주주총회 결의나 이사회 결의의 무효확인을 구할 법률상 이익이 없다(판례).

1. 해산명령 및 해산판결

[2003]
1. 이해관계인이 회사의 해산명령을 청구한 때에는 법원은 직권으로 상당한 담보를 제공할 것을 명하여야 한다. (×)

[2024]
2. 주식회사에 대하여 법원의 해산판결이 선고, 확정되어 해산등기가 마쳐졌고 아울러 법원이 적법하게 그 청산인을 선임하여 그 취임등기까지 경료되었으나 해산 당시 이사가 해산판결 선고 이전에 부적법하게 해임된 바 있어 주주총회의 이사해임 결의가 무효인 경우, 그 이사는 해산판결 전에 이루어진 회사의 주주총회 결의나 이사회 결의의 무효확인을 구할 법률상 이익이 있다. (×)

조문 · 판례	기출지문 OX

2. 휴면회사의 해산

최후의 등기 후 5년 경과	신고기간(2월) 만료	신고기간만료 후 3년
휴면회사가 됨	해산한 것으로 본다.	청산이 종결된 것으로 본다.
예 외	신고하거나 등기한 경우	주주총회 특별결의로 회사 계속

[기출지문 OX] 2. 휴면회사의 해산

[2017]
1. 주식회사가 해산간주에 의하여 해산한 경우 언제든지 주주총회 특별결의로 회사를 계속할 수 있다. (×)

3. 해산등기

① 회사해산등기의 효력에 대하여는 회사설립등기와 같은 특별규정이 없는 이상 상법총칙규정에 의하여 이는 제3자에 대한 대항요건에 불과하다(판례).

[기출지문 OX] 3. 해산등기

Ⅱ. 청 산

1. 청산인(주식회사)

<table>
<tr><th rowspan="2">청산인</th><th colspan="3">선 임</th><th colspan="3">해 임</th></tr>
<tr><th>합명·합자</th><th>유한책임</th><th>주식·유한</th><th>합명·합자</th><th>유한책임</th><th>주식·유한</th></tr>
<tr><td rowspan="2">자치청산인</td><td colspan="3">정 관</td><td rowspan="3">무한책임사원 과반수</td><td rowspan="3">총사원 과반수</td><td rowspan="3">주주(사원) 총회 보통결의</td></tr>
<tr><td>무한책임 사원 과반수</td><td>총사원 과반수</td><td>주주(사원) 총회 보통결의</td></tr>
<tr><td>법정청산인</td><td>업무집행 사원</td><td>업무집행자</td><td>이 사</td></tr>
<tr><td rowspan="2">법원선임청산인</td><td>사원이 1인으로 된 때</td><td colspan="2" rowspan="2">청산인이 없는 때</td><td colspan="2" rowspan="2">사원이 법원에 해임 청구</td><td rowspan="2">100분의 3 이상의 주주(사원)가 법원에 해임 청구</td></tr>
<tr><td>해산명령·판결을 받은 때</td></tr>
</table>

① 회사가 해산한 때에는 합병·분할·분할합병 또는 파산의 경우 외에는 이사가 청산인이 된다. 다만, 정관에 다른 정함이 있거나 주주총회에서(보통결의로) 타인을 선임한 때에는 그러하지 아니하다.
② 회사의 해산 당시의 이사는 정관에 다른 정함이 있거나 주주총회에서 따로 청산인을 선임하지 않은 경우에 당연히 청산인이 된다(판례).
③ 청산인이 없는 때에는 법원은 이해관계인의 청구에 의하여 청산인을 선임한다.
④ 청산인은 법원이 선임한 경우 외에는 언제든지 주주총회의 (보통)결의로 이를 해임할 수 있다.
⑤ 청산인이 그 업무를 집행함에 현저하게 부적임하거나 중대한 임무에 위반한 행위가 있는 때에는 발행주식의 총수의 100분의 3이상에 해당하는 주식을 가진 주주는 법원에 그 청산인의 해임을 청구할 수 있다.
⑥ 청산중에도 회사의 주주총회와 감사는 그대로 존속하지만 이사나 지배인 등은 자격을 상실한다.

[기출지문 OX] Ⅱ. 청 산 — 1. 청산인(주식회사)

[2006]
1. 주식회사의 정관으로 정한 경우에는 임원이 아닌 제3자도 청산인이 될 수 있다. (O)

[2007]
2. 청산인의 선임은 주주총회의 특별결의사항이다. (×)

[2009]
3. 이사, 감사 및 청산인의 해임에는 주주총회의 특별결의가 필요하다. (×)

[2005]
4. 청산 중에도 주주총회와 감사는 그대로 존속한다. (O)

조문 · 판례	기출지문 OX
2. 법정청산절차	**2. 법정청산절차**

① **동업약정에 따라 회사가 설립되어 그 실체가 갖추어진 이상, 주식회사의 청산에 관한 상법의 규정에 따라 청산절차가 이루어지지 않는 한 일방 당사자가 잔여재산을 분배받을 수도 없는 것이다(판례).**

② 청산인은 알고 있는 채권자에 대하여는 각별로 그 채권의 신고를 최고하여야 하며 그 채권자가 신고하지 아니한 경우에도 이를 청산에서 제외하지 못한다.

③ 청산인은 채권신고기간내에는 채권자에 대하여 변제를 하지 못한다. 그러나 회사는 그 변제의 지연으로 인한 손해배상의 책임을 면하지 못한다.

④ 청산에서 제외된 채권자는 분배되지 아니한 잔여재산에 대하여서만 변제를 청구할 수 있다.

⑤ 청산사무가 종결한 때에는 청산인은 지체없이 결산보고서를 작성하고 이를 주주총회에 제출하여 승인을 얻어야 한다.

⑥ 회사의 장부 기타 영업과 청산에 관한 중요한 서류는 본점소재지에서 청산종결의 등기를 한 후 10년간 이를 보존하여야 한다. 다만, 전표 또는 이와 유사한 서류는 5년간 이를 보존하여야 한다.

법정청산절차

채무변제절차(채권자)				잔여재산의 분배(주주)	주주 총회	등 기
채권자	채권 신고	채권 신고기간 (2월)	변 제			
모르는	공 고	신고 ×	청산에서 제외	청산에서 제외된 채권자는 분배되지 아니한 잔여재산에 대하여서만 변제를 청구	결산 보고서 승인	청산 종결 등기
알고 있는	최 고	신고 ×	청산에서 제외하지 못함			
절 차		• 신고기간 내에는 채권자에 대하여 변제를 하지 못함 • 소액의 채권, 담보 있는 채권 등에 대하여는 법원의 허가를 얻어 이를 변제	• 변제의 지연으로 인한 손해배상의 책임 • 변제기에 이르지 아니한 회사채무에 대하여도 이를 변제	<u>청산종결등기가 경료된 경우에도 청산사무가 종료되었다고 할 수 없는 경우에는 청산법인으로서 당사자능력이 있다(판례).</u>		

[2019]
1. 등기의 공신력에 따라 회사에 관한 청산종결의 등기가 마쳐진 경우에는 남아 있는 청산사무가 있더라도 법인격은 소멸하고 남은 청산사무를 종료할 의무만을 부담한다. (×)

조문 · 판례	기출지문 OX

제3장 주식회사

제1절 주식회사의 의의

① 주식회사는 주주의 출자에 의한 자본금을 가지고, 자본금은 주식에 의하여 분할되며, 주주는 그가 인수한 주식의 인수가액을 한도로 회사에 대해서만 책임을 지는 회사이다.

② 주식회사의 자본금은 회사가 액면주식을 발행하는 경우에 발행주식의 액면총액으로 한다. 회사가 무액면주식을 발행하는 경우 회사의 자본금은 주식 발행가액의 2분의 1 이상의 금액으로서 이사회에서 자본금으로 계상하기로 한 금액의 총액으로 한다.

③ 자본금은 금액으로 표시되는데 정관의 기재사항은 아니고, 등기사항이다.

④ 주식회사의 최저자본금은 5,000만원 이상이었으나, 개정「상법」은 최저자본금제도를 폐지하였다.

기출지문 OX

[2017]
1. 주식회사를 설립하려면 5,000만 원 이상의 자본금이 있어야 한다 (×)

제2절 주식회사의 설립

제1관 총 설

Ⅰ. 주식회사 설립의 방법

비 교	주식의 인수	실권절차	창립총회
발기설립	발기인이 전부인수	없 음	없 음
모집설립	발기인이 일부인수 + 나머지 주주모집	있 음	있 음

Ⅱ. 발기인·발기인조합·설립중의 회사

① 발기인은 정관에 발기인으로 기명날인 또는 서명한 자를 의미한다. 발기인의 자격에 대하여는 원칙적으로 제한이 없다. 발기인의 수는 1인 이상이어야 한다.

② 주식회사의 설립과정에 있어서의 소위 설립중의 회사라 함은 상법규정에 명시된 개념이 아니고 발기인이 회사의 설립을 위하여 필요한 행위로 인하여 취득 또는 부담하였던 권리의무가 회사의 설립과 동시에 그 설립된 회사에 귀속되는 관계(실질적으로는 회사불성립의 확정을 정지조건으로 하여 발기인에게 귀속됨과 동시 같은 사실을 해제조건으로 하여 설립될 회사에 귀속되는 것이고 형식적으로는 회사성립을 해제조건으로 발기인에게 귀속됨과 동시 같은 사실을 정지조건으로 설립될 회사에 귀속되는 것이다)를 사회학적 및 법률적으로 포촉하여 설명하기 위한 강학상의 개념이다(판례).

③ 설립중의 회사가 성립하기 위해서는 정관이 작성되고 발기인이 적어도 1주 이상의 주식을 인수하였을 것을 요건으로 한다(판례).

④ 설립중의 회사로서의 실체가 갖추어지기 이전에 발기인이 취득한 권리·의무는 구체적 사정에 따라 발기인 개인 또는 발기인 조합에 귀속되는 것인바, 발기인이 개인 명의로 금원을 차용한 경우 이는 그 발기인 개인에게 귀속됨이 원칙이고, 위 채무가 발기인 조합에게 귀속되려면 위 금원의 차용행위가 조합원들의 의사에 기해 발기인 조합을 대리하여 이루어져야 한다고 할 것이다(판례).

기출지문 OX

제3장 주식회사

제1절 주식회사의 의의

제2절 주식회사의 설립

제1관 총 설

Ⅰ. 주식회사 설립의 방법

Ⅱ. 발기인·발기인조합·설립중의 회사

[2006, 2014]
1. 주식회사의 발기설립의 경우 발기인은 2인 이상이어야 한다. (×)

조문 · 판례	기출지문 OX

⑤ 설립중의 회사로서의 실체가 갖추어지기 이전에 발기인이 취득한 권리·의무는 구체적 사정에 따라 발기인 개인 또는 발기인조합에 귀속되는 것으로서 이들에게 귀속된 권리의무를 설립 후의 회사에 귀속시키기 위하여는 양수나 채무인수 등의 특별한 이전행위가 있어야 할 것이다(판례).

비 교		설립 중의 회사		성립 후의 회사
성립시기		정관이 작성되고 발기인이 1주 이상의 주식을 인수		설립등기
조직	의결기관	발기설립	발기인	주주총회
		모집설립	창립총회	
	업무집행·대표기관	발기인		이사회, 대표이사
	감사기관	이사, 감사		감사(위원회)

[2013, 2021, 2025]
2. 설립 중의 회사로서의 실체가 갖추어지기 전에 발기인이 취득한 권리·의무는 별도의 이전행위 없이 설립 후의 회사에게 귀속된다. (×)

제2관 실체형성절차

Ⅰ. 정관의 작성 및 주식발행사항의 결정

1. 정관의 작성

① 발기인은 정관을 작성하여 다음의 사항을 적고 각 발기인이 기명날인 또는 서명하여야 한다.

> 2. 상 호
> 3. 회사가 발행할 주식의 총수(제한 없음)
> 4. 액면주식을 발행하는 경우 1주의 금액(100원 이상, 균일)
> 5. 회사의 설립시에 발행하는 주식의 총수(발행할 주식의 총수의 4분의 1 이상 삭제)
> 6. 본점의 소재지(지점×,)
> 7. 회사가 공고를 하는 방법
> 8. 발기인의 성명·주민등록번호 및 주소(이사×, 감사×)

② 회사의 공고는 관보 또는 시사에 관한 사항을 게재하는 일간신문에 하여야 한다. 다만, 회사는 그 공고를 정관으로 정하는 바에 따라 전자적 방법으로 할 수 있다.
③ 정관은 공증인의 인증을 받음으로써 효력이 생긴다. 다만, 자본금 총액이 10억원 미만인 회사를 발기설립하는 경우에는 각 발기인이 정관에 기명날인 또는 서명함으로써 효력이 생긴다.

제2관 실체형성절차

Ⅰ. 정관의 작성 및 주식발행사항의 결정

1. 정관의 작성

[2003]
1. 주식회사 설립시 작성하는 정관에 주권의 종류를 반드시 기재하여야 한다. (×)

[2013]
2. 액면주식을 발행하는 경우 1주의 금액은 주식회사 정관의 상대적 기재사항이다. (×)

[2014]
3. 정관에 발행할 주식의 총수를 100만 주로 하고 1주의 금액은 5,000원으로 할 것을 정한 甲 주식회사는 설립 이후에 400만 주를 상한선으로 하여 발행예정주식총수를 증가시킬 수 있다. (×)

[2017]
4. 발기설립의 정관은 반드시 공증인의 인증을 받음으로써 효력이 생긴다. (×)

2. 변태설립사항

① 다음의 사항은 정관에 기재함으로써 그 효력이 있다.

> 1. 발기인이 받을 **특별이익**과 이를 받을 자의 성명
> 2. **현물출자**를 하는 자의 성명과 그 목적인 재산의 종류, 수량, 가격과 이에 대하여 부여할 주식의 종류와 수

2. 변태설립사항

조문 · 판례	기출지문 OX

> 3. **회사성립 후에 양수할 것을 약정한 재산**의 종류, 수량, 가격과 그 양도인의 성명
> 4. 회사가 부담할 **설립비용**과 발기인이 받을 **보수액**

② 재산인수에 해당하여 정관에 기재가 없는 한 무효이나, 이는 동시에 「상법」 제375조의 사후설립에도 해당되어 이에 대하여 주주총회의 특별결의에 의한 사후의 추인이 있었다면 A회사는 유효하게 乙의 현물출자로 인한 부동산의 소유권을 취득한다(판례).

③ 변태설립사항

변태설립사항	의 의		
특별이익	발기인	해 당	이익배당우선권, 신주인수우선권, 회사제품의 총판매권, 회사설비이용의 특혜 등
		제 외	무상주 교부, 의결권에 대한 특례, 이사의 지위 약속 등
설립비용	설립비용 및 발기인의 보수	해 당	정관작성의 비용, 주식청약서 인쇄비, 주주모집을 위한 광고비, 설립사무소 임차료 등
		제 외	개업준비비용 (공장, 건물, 집기, 원료 등의 구입비 등)
현물출자	• 현물출자자의 자격은 제한이 없음 • 금전 이외의 재산으로서 양도가 가능하고 대차대조표상 자산에 기재될 수 있는 것 • 노무나 신용은 제외		
재산인수	재산인수의 양도인은 제한이 없음		

[2005]
1. 현물출자를 하는 자의 성명과 그 목적인 재산의 종류, 수량, 가격과 이에 대하여 부여할 주식의 종류와 수를 정관에 기재하지 않더라도 실제로 상당한 가격으로 현물출자가 이루어지면 그 효력이 있다는 것이 대법원판례이다. (×)

[2009]
2. 정관에 기재하지 않거나 기재액을 초과하여 지출한 설립비용에 대하여는 회사에 대하여 부당이득 또는 사무관리의 법리에 의하여 구상할 수 있다. (×)

[2008]
3. 현물출자의 목적이 될 수 있는 재산은 금전 이외의 재산으로서 대차대조표의 자산의 부(部)에 계상할 수 있는 것이라면 무엇이든지 상관없으므로, 노무나 신용도 현물출자의 목적이 되는 재산권에 해당한다. (×)

3. 주식발행사항의 결정

① 회사설립 시에 발행하는 주식에 관하여 다음의 사항은 정관으로 달리 정하지 아니하면 발기인 전원의 동의로 이를 정한다.

> 1. 주식의 종류와 수
> 2. 액면주식의 경우에 액면 이상의 주식을 발행할 때에는 그 수와 금액
> 3. 무액면주식을 발행하는 경우에는 주식의 발행가액과 주식의 발행가액 중 자본금으로 계상하는 금액

② 청약기일, 납입기일, 납입장소 등은 발기인의 과반수로 정한다.

3. 주식발행사항의 결정

[2007, 2008]
1. 액면 이상의 주식을 발행하는 경우 그 수와 금액은 주식회사의 설립시 변태설립사항에 해당한다. (×)

[2010, 2013]
2. 회사설립시에 발행하는 주식의 종류와 수는 정관에 달리 정하지 않은 이상 발기인 전원의 동의에 의하여 정하여야 한다. (○)

[2022]
3. 액면주식의 경우에 액면 이상의 주식을 발행할 때에는 그 수와 금액은 변태설립사항에 해당한다. (×)

Ⅱ. 그 밖의 실체형성절차

1. 발기설립시 주식의 인수 및 출자

① 각 발기인은 서면에 의하여 주식을 인수하여야 한다.
② 발기인이 회사의 설립시에 발행하는 주식의 총수를 인수한 때(실권절차 없음)

Ⅱ. 그 밖의 실체형성절차

1. 발기설립시 주식의 인수 및 출자

조문 · 판례	기출지문 OX
에는 지체없이 각 주식에 대하여 그 인수가액의 전액을 납입하여야 한다. 이 경우 발기인은 납입을 맡을 은행 기타 금융기관과 납입장소를 지정하여야 한다. ③ 납입금을 보관한 은행이나 그 밖의 금융기관은 발기인 또는 이사의 청구를 받으면 그 보관금액에 관하여 증명서를 발급하여야 한다. ④ 은행이나 그 밖의 금융기관은 증명한 보관금액에 대하여는 납입이 부실하거나 그 금액의 반환에 제한이 있다는 것을 이유로 회사에 대항하지 못한다. ⑤ 자본금 총액이 10억원 미만인 회사를 발기설립하는 경우에는 납입금보관증명서를 은행이나 그 밖의 금융기관의 잔고증명서로 대체할 수 있다. ⑥ 현물출자를 하는 발기인은 납입기일에 지체 없이 출자의 목적인 재산을 인도하고 등기, 등록 기타 권리의 설정 또는 이전을 요할 경우에는 이에 관한 서류를 완비하여 교부하여야 한다.	[2007] 1. 현물출자를 하는 발기인은 납입기일에 지체없이 출자의 목적인 재산을 인도하고 등기, 등록 기타 권리의 설정 또는 이전을 요할 경우에는 그 이전의 등기 또는 등록을 하여야 한다. (×)
2. 발기설립시 설립경과조사(창립총회×)	**2. 발기설립시 설립경과조사**(창립총회×)
① 납입과 현물출자의 이행이 완료된 때에는 발기인은 지체 없이 의결권의 과반수로 이사와 감사를 선임하여야 한다. 발기인의 의결권은 그 인수주식의 1주에 대하여 1개로 한다. ② 이사와 감사는 취임 후 지체 없이 회사의 설립에 관한 모든 사항이 법령 또는 정관의 규정에 위반되지 아니하는지의 여부를 조사하여 발기인에게 보고하여야 한다. ③ 이사와 감사 중 발기인이었던 자·현물출자자 또는 회사성립후 양수할 재산의 계약당사자인 자는 조사·보고에 참가하지 못한다. ④ 이사와 감사의 전원이 ③항에 해당하는 때에는 이사는 공증인으로 하여금 조사·보고를 하게 하여야 한다. ⑤ 정관으로 변태설립사항(제290조)을 정한 때에는 이사는 이에 관한 조사를 하게 하기 위하여 검사인의 선임을 법원에 청구하여야 한다. 특별이익과 설립비용 및 발기인의 보수(제290조 제1호 및 제4호)에 관하여는 공증인의 조사·보고로, 현물출자 및 재산인수(제290조 제2호 및 제3호)와 현물출자의 이행에 관하여는 공인된 감정인의 감정으로 검사인의 조사(제299조 제1항)에 갈음할 수 있다. ⑥ 검사인은 변태설립사항(제290조)과 현물출자의 이행을 조사하여 법원에 보고하여야 한다. 공증인 또는 감정인은 조사 또는 감정결과를 법원에 보고하여야 한다. ⑦ 제5항은 다음 각 호의 어느 하나에 해당할 경우에는 적용하지 아니한다. 1. 제290조 제2호 및 제3호의 재산총액이 자본금의 5분의 1을 초과하지 아니하고 대통령령으로 정한 금액을 초과하지 아니하는 경우 2. 제290조 제2호 또는 제3호의 재산이 거래소에서 시세가 있는 유가증권인 경우로서 정관에 적힌 가격이 대통령령으로 정한 방법으로 산정된 시세를 초과하지 아니하는 경우 3. 그 밖에 제1호 및 제2호에 준하는 경우로서 대통령령으로 정하는 경우 ⑧ 법원은 검사인 또는 공증인의 조사보고서 또는 감정인의 감정결과와 발기인의 설명서를 심사하여 변태설립사항(제290조)을 부당하다고 인정한 때에는 이를 변경하여 각 발기인에게 통고할 수 있다.	[2015] 1. 이사와 감사 중 발기인이었던 자·현물출자자 또는 회사성립 후 양수할 재산의 계약당사자인 자는 발기인에 대한 조사·보고에 참가하지 못한다. 다만, 이사와 감사의 전원이 이에 해당하는 때에는 그러하지 아니하다. (×) [2018] 2. 현물출자의 경우 출자된 재산이 금전으로 평가되는 과정에서 과대평가가 이루어질 우려가 있기 때문에 반드시 검사인의 조사를 받아야 한다. (×)

조문 · 판례	기출지문 OX
3. 모집설립시 주주모집	**3. 모집설립시 주주모집**
① 발기인이 회사의 설립시에 발행하는 주식의 총수를 인수하지 아니하는 때에는 주주를 모집하여야 한다. ② 주식인수의 청약을 하고자 하는 자는 주식청약서 2통에 인수할 주식의 종류 및 수와 주소를 기재하고 기명날인 또는 서명하여야 한다. ③ 「민법」 제107조 제1항 단서(비진의표시)의 규정은 주식인수의 청약에는 적용하지 아니한다. ④ 가설인의 명의로 주식을 인수하거나 타인의 승낙없이 그 명의로 주식을 인수한 자는 주식인수인으로서의 책임이 있다. ⑤ 타인의 승낙을 얻어 그 명의로 주식을 인수한 자는 그 타인과 연대하여 납입할 책임이 있다. **⑥ 주식회사의 자본충실의 요청상 주금을 납입하기 전에 명의대여자 및 명의차용자 모두에게 주금납입의 연대책임을 부과하는 규정인 「상법」 제332조 제2항은 이미 주금납입의 효력이 발생한 주금의 가장납입의 경우에는 적용되지 않는다(판례).** **⑦ 타인의 승낙을 얻어 그 명의로 주식을 인수하기로 약정한 경우에는 계약 내용에 따라 명의자 또는 실제 출자자가 주식인수인이 될 수 있으나, 원칙적으로는 명의자를 주식인수인으로 보아야 한다. 명의자와 실제 출자자가 실제 출자자를 주식인수인으로 하기로 약정한 경우에도 실제 출자자를 주식인수인이라고 할 수는 없다. 실제 출자자를 주식인수인으로 하기로 한 사실을 주식인수계약의 상대방인 회사 등이 알고 이를 승낙하는 등 특별한 사정이 없다면, 그 상대방은 명의자를 주식인수계약의 당사자로 이해하였다고 보는 것이 합리적이기 때문이다(판례).** ⑧ 회사성립 후에는 주식을 인수한 자는 주식청약서의 요건의 흠결을 이유로 하여 그 인수의 무효를 주장하거나 사기, 강박 또는 착오를 이유로 하여 그 인수를 취소하지 못한다. 창립총회에 출석하여 그 권리를 행사한 자는 회사의 성립 전에도 같다. ⑨ 주식인수를 청약한 자는 발기인이 배정한 주식의 수에 따라서 인수가액을 납입할 의무를 부담한다.	[2009] 1. 주식회사의 자본충실의 요청상 주금을 납입하기 전에 명의대여자 및 명의차용자 모두에게 주금납입의 연대책임을 부과하는 규정인 「상법」 제332조 제2항은 주금의 가장납입의 경우에도 적용된다. (×) [2021] 2. 주식을 인수하거나 양수하려는 자가 타인의 명의를 빌려 회사의 주식을 인수하거나 양수하고 타인의 명의로 주주명부에의 기재까지 마친 경우, 주주명부상의 주주가 아니라 명의를 빌려 실제 주식을 인수하거나 양수한 자가 회사에 대한 관계에서 주주로서 의결권 등 주주권을 적법하게 행사할 수 있다. (×)
4. 주식에 대한 납입(가장납입)	**4. 주식에 대한 납입(가장납입)**
① 회사설립시에 발행하는 주식의 총수가 인수된 때에는 발기인은 지체없이 주식인수인에 대하여 각 주식에 대한 인수가액의 전액을 납입시켜야 한다. ② 전항의 납입은 주식청약서에 기재한 납입장소에서 하여야 한다. ③ 납입금의 보관자 또는 납입장소를 변경할 때에는 법원의 허가를 얻어야 한다. ④ 현물출자를 하는 주식인수인은 납입기일에 지체없이 출자의 목적인 재산을 인도하고 등기, 등록 기타 권리의 설정 또는 이전을 요할 경우에는 이에 관한 서류를 완비하여 교부하여야 한다. **⑤ 주금의 가장납입 소위 견금(見金)의 경우에도 금원의 현실상의 불입이 있는 것이다(판례).** **⑥ 회사 설립 당시 원래 주주들이 주식인수인으로서 주식을 인수하고 가장납입의 형태로 주금을 납입한 이상 그들은 바로 회사의 주주이고, 그 후 그들이 회사가 청구한 주금 상당액을 납입하지 아니하였다고 하더라도 이는 회사 또는 대표이사에 대한 채무불이행에 불과할 뿐 그러한 사유만으로 주주로서의 지위를 상실하게 된다고는 할 수 없다(판례).** **⑦ 주식회사의 설립업무 또는 증자업무를 담당한 자와 주식인수인이 사전 공모하여 주금납입취급은행 이외의 제3자로부터 납입금에 해당하는 금액을 차입하여**	[2008, 2025] 1. 회사 설립 당시 주식을 인수하고 일시차입금에 의한 가장납입의 방식으로 주금을 납입한 가장납입 주주는 회사에 주금 상당액을 납입하여야 주주로서의 권리를 행사할 수 있다. (×) [2012, 2018] 2. 타인으로부터 금원을 차용하여 주금을 납입하고 설립등기나 증자등기 후 바로 인출하여 차용금 변제

조문 · 판례	기출지문 OX
주금을 납입하고 납입취급은행으로부터 납입금보관증명서를 교부받아 회사의 설립등기절차 또는 증자등기절차를 마친 직후 이를 인출하여 위 차용금채무의 변제에 사용하는 경우, 업무상횡령죄 또는 업무상배임죄가 성립한다고 할 수 없다(판례). ⑧ 주식회사의 자본충실의 요청상 주금을 납입하기 전에 명의대여자 및 명의차용자 모두에게 주금납입의 연대책임을 부과하는 규정인 상법 제332조 제2항은 이미 주금납입의 효력이 발생한 주금의 가장납입의 경우에는 적용되지 않는다(판례). ⑨ 회사가 제3자에게 주식인수대금 상당의 대여를 하고 제3자는 그 대여금으로 주식인수대금을 납입한 경우에, 회사가 처음부터 제3자에 대하여 대여금 채권을 행사하지 아니하기로 약정되어 있는 등으로 대여금을 실질적으로 회수할 의사가 없었고 제3자도 그러한 회사의 의사를 전제로 하여 주식인수청약을 한 때에는, 그 제3자가 인수한 주식의 액면금액에 상당하는 회사의 자본이 증가되었다고 할 수 없으므로 위와 같은 주식인수대금의 납입은 단순히 납입을 가장한 것에 지나지 아니하여 무효이다(판례). ⑩ 상법 제628조 제1항에 의하여 처벌 대상이 되는 납입 또는 현물출자의 이행을 가장하는 행위는 특별한 다른 사정이 없는 한, 상법 제385조 제2항에 규정된 '그 직무에 관하여 부정행위 또는 법령에 위반한 중대한 사실'이 있는 경우에 해당한다고 보아야 한다(판례).	에 사용하는 경우 「상법」상 납입가장죄가 성립하는 외에 업무상횡령죄는 성립하지 아니한다. (○)
⑪ 신주발행의 실체가 존재한다고 할 수 없고 신주발행으로 인한 변경등기만이 있는 경우와 같이 신주발행의 외관만이 존재하는 소위 신주발행의 부존재라고 볼 수밖에 없는 경우에는 「상법」상의 납입가장죄가 성립하지 아니한다(판례).	[2018] 3. 신주발행의 실체가 존재한다고 할 수 없는 경우, 납입가장죄도 성립하지 않는다. (○)
⑫ 주식인수인이 그 기일 내에 납입의 이행을 하지 아니한 때에는 그 권리를 잃는다(실권절차). 이 경우에는 발기인은 다시 그 주식에 대한 주주를 모집할 수 있다.	[2010] 4. 발기설립의 경우 납입을 해태하면 실권절차가 있다. (×)
5. 창립총회(모집설립)	**5. 창립총회**(모집설립)
① 납입과 현물출자의 이행을 완료한 때에는 발기인은 지체없이 창립총회를 소집하여야 한다. ② 창립총회의 결의는 출석한 주식인수인의 의결권의 3분의 2이상이며 인수된 주식의 총수의 과반수에 해당하는 다수로 하여야 한다. ③ 창립총회에서는 이사와 감사를 선임하여야 한다. ④ 발기인은 회사의 창립에 관한 사항을 서면에 의하여 창립총회에 보고하여야 한다. ⑤ 이사와 감사는 취임 후 지체 없이 회사의 설립에 관한 모든 사항이 법령 또는 정관의 규정에 위반되지 아니하는지의 여부를 조사하여 창립총회에 보고하여야 한다. ⑥ 정관으로 변태설립사항(제290조)을 정한 때에는 발기인은 이에 관한 조사를 하게 하기 위하여 검사인의 선임을 법원에 청구하여야 한다. 검사인의 보고서는 이를 창립총회에 제출하여야 한다.	[2009, 2011, 2016] 1. 모집설립의 경우 검사인이 선임되어 있으면, 검사인은 변태설립사항을 조사한 후 보고서를 작성하여 이를 법원에 제출하여야 한다. (×)
⑦ 특별이익과 설립비용 및 발기인의 보수에 관하여는 공증인의 조사·보고로, 현물출자 및 재산인수에 관하여는 공인된 감정인의 감정으로 검사인의 조사에 갈음할 수 있다. ⑧ 창립총회에서는 변태설립사항(제290조)이 부당하다고 인정한 때에는 이를 변경할 수 있다. ⑨ 창립총회에서는 정관의 변경 또는 설립의 폐지를 결의할 수 있다. ⑩ 전항의 결의는 소집통지서에 그 뜻의 기재가 없는 경우에도 이를 할 수 있다.	[2016] 2. 변태설립사항에 대한 검사인의 조사절차 중 현물출자의 경우에만 공인된 감정인이 감정으로 조사·보고에 갈음할 수 있다. (×)

조문 · 판례	기출지문 OX

변태설립사항의 조사

변·태·검	변태설립사항이 있는 경우에 법원에 검사인의 선임을 청구	설 립	선임청구	보고, 변경
		발기설립	이 사	법 원
		모집설립	발기인	창립총회
특·설·공	특별이익, 설립비용은 공증인이 갈음			
현·재·감	현물출자, 재산인수는 감정인이 갈음			
오·시·생	1. 현물출자 및 재산인수의 재산총액이 자본금의 5분의 1을 초과하지 아니하는 경우. 2. 현물출자 또는 재산인수의 재산이 거래소에서 시세가 있는 유가증권인 경우에는 조사 생략가능			

제3관 설립등기

정관기재사항	설립등기사항
1. 목 적 2. 상 호 3. 회사가 발행할 주식의 총수 4. 액면주식을 발행하는 경우 1주의 금액 5. 회사의 설립 시에 발행하는 주식의 총수 6. 본점의 소재지 7. 회사가 공고를 하는 방법 8. 발기인의 성명·주민등록번호 및 주소	1. 제289조 제1항 제1호 내지 제4호, 제6호와 제7호에 게기한 사항(발기인의 성명·주민등록번호 및 주소 제외) 2. 자본금의 액 3. 발행주식의 총수, 그 종류와 각종주식의 내용과 수 3의2. 주식의 양도에 관하여 이사회의 승인을 얻도록 정한 때에는 그 규정 3의3. 주식매수선택권을 부여하도록 정한 때에는 그 규정 3의4. 지점의 소재지 4. 회사의 존립기간 또는 해산사유를 정한 때에는 그 기간 또는 사유 6. 주주에게 배당할 이익으로 주식을 소각할 것을 정한 때에는 그 규정 7. 전환주식을 발행하는 경우에는 제347조에 게기한 사항 8. 사내이사, 사외이사, 그 밖에 상무에 종사하지 아니하는 이사, 감사 및 집행임원의 성명과 주민등록번호 9. 회사를 대표할 이사 또는 집행임원의 성명·주민등록번호 및 주소 10. 둘 이상의 대표이사 또는 대표집행임원이 공동으로 회사를 대표할 것을 정한 경우에는 그 규정 11. 명의개서대리인을 둔 때에는 그 상호 및 본점소재지 12. 감사위원회를 설치한 때에는 감사위원회 위원의 성명 및 주민등록번호

제4관 설립하자(무효)

① 주식회사 설립의 무효는 주주·이사 또는 감사에 한하여 회사성립의 날로부터 2년 내에 소만으로 이를 주장할 수 있다(취소의 소는 없다).

② 주식회사의 설립과 관련된 주주 개인의 의사무능력이나 의사표시의 하자는 회사설립무효의 사유가 되지 못하고, 주식회사의 설립 자체가 강행규정에 반하거나 선량한 풍속 기타 사회질서에 반하는 경우 또는 주식회사의 본질에 반하는 경우 등에 한하여 회사설립무효의 사유가 된다고 봄이 타당하다(판례).

③ 재량기각 가능하다.

④ 판결의 효력은 불소급효, 대세효가 있다.

⑤ 판결이 확정되면 해산에 준하여 청산하여야 한다.

제3관 설립등기

제4관 설립하자(무효)

[2007]
1. 주식회사의 설립취소는 그 취소권이 있는 자에 한하여 회사성립의 날로부터 2년 내에 소만으로 이를 주장할 수 있다. (×)

[2014]
2. 주식회사의 설립의 하자는 주주, 이사에 한하여 소만으로 이를 주장할 수 있다. (×)

조문 · 판례	기출지문 OX

제5관 설립에 관한 책임

① 회사설립시에 발행한 주식으로서 회사성립후에 아직 인수되지 아니한 주식이 있거나 주식인수의 청약이 취소된 때에는 발기인이 이를 공동으로 인수한 것으로 본다. (발기인이 주주가 됨)
② 회사성립후 납입을 완료하지 아니한 주식이 있는 때에는 발기인은 연대하여 그 납입을 하여야 한다. (발기인이 주주가 되지 않고, 주주에게 구상권만 행사할 수 있음)
③ 발기인이 회사의 설립에 관하여 그 임무를 해태한 때에는 그 발기인은 회사에 대하여 연대하여 손해를 배상할 책임이 있다.
④ 발기인이 악의 또는 중대한 과실로 인하여 그 임무를 해태한 때에는 그 발기인은 제3자에 대하여도 연대하여 손해를 배상할 책임이 있다.
⑤ 발기인의 회사에 대한 책임은 주주 전원의 동의로 면제할 수 있다.
⑥ 발행주식의 총수의 100분의 1 이상에 해당하는 주식을 가진 주주(소수주주)는 회사에 대하여 발기인의 책임을 추궁할 소의 제기를 청구할 수 있다. 회사가 청구를 받은 날로부터 30일내에 소를 제기하지 아니한 때에는 소수주주는 즉시 회사를 위하여 소를 제기(대표소송)할 수 있다.
⑦ 이사 또는 감사가 임무를 해태하여 회사 또는 제3자에 대하여 손해를 배상할 책임을 지는 경우에 발기인도 책임을 질 때에는 그 이사, 감사와 발기인은 연대하여 손해를 배상할 책임이 있다.
⑧ 법원이 선임한 검사인이 악의 또는 중대한 과실로 인하여 그 임무를 해태한 때에는 회사 또는 제3자에 대하여 손해를 배상할 책임이 있다.
⑨ 회사가 성립하지 못한 경우에는 발기인은 그 설립에 관한 행위에 대하여 연대하여 책임을 진다. 회사의 설립에 관하여 지급한 비용은 발기인이 부담한다.
⑩ 주식청약서 기타 주식모집에 관한 서면에 성명과 회사의 설립에 찬조하는 뜻을 기재할 것을 승낙한 자는 발기인과 동일한 책임이 있다.

<table>
<tr><th rowspan="4">설립 관여자의 책임</th><th colspan="4">회사가 성립한 경우</th><th rowspan="4">회사가 불성립한 경우</th></tr>
<tr><th colspan="3">회사에 대한 책임</th><th rowspan="3">제3자에 대한 손해배상책임</th></tr>
<tr><th colspan="2">자본금책임(면제 ×)</th><th rowspan="2">손해배상책임</th></tr>
<tr><th>인 수 ×</th><th>납 입 ×</th></tr>
<tr><td>발기인=유사 발기인</td><td>인 수
(발기인 = 주주)</td><td>납 입
(발기인≠주주)
구상권 취득</td><td>• 임무를 해태
• 면제 : 주주 전원의 동의
• 추궁 : 100분의 1 이상 주주 (대표소송)</td><td>악의 또는 중대한 과실로 인하여 그 임무를 해태</td><td>• 연대책임
• 비용은 발기인이 부담
• 무과실책임</td></tr>
<tr><td>이사·감사</td><td colspan="2">×</td><td colspan="2">임무를 해태</td><td>×</td></tr>
<tr><td>검사인</td><td colspan="2">×</td><td colspan="2">악의 또는 중대한 과실로 인하여 그 임무를 해태</td><td>×</td></tr>
</table>

제5관 설립에 관한 책임

[2012]
1. 발기인이 인수담보책임이나 납입담보책임을 이행한 경우에는 회사의 주주가 된다. (×)

[2009]
2. 발기인은 악의 또는 중대한 과실로 인하여 그 임무를 해태한 경우에만 회사에 대하여 연대하여 손해를 배상할 책임이 있다. (×)

[2008]
3. 발기인이 악의 또는 중대한 과실로 그 임무를 해태한 때에는 그 발기인은 제3자에 대하여도 연대하여 손해를 배상할 책임이 있다. (○)

조문 · 판례	기출지문 OX
제3절 주식과 주주 **제1관 주 식** Ⅰ. 주식의 의의 ① 회사는 정관으로 정한 경우에는 주식의 전부를 무액면주식으로 발행할 수 있다. 다만, 무액면주식을 발행하는 경우에는 액면주식을 발행할 수 없다. ② 액면주식의 금액은 균일하여야 한다. ③ 액면주식 1주의 금액은 100원 이상으로 하여야 한다. ④ 회사는 정관으로 정하는 바에 따라 발행된 액면주식을 무액면주식으로 전환하거나 무액면주식을 액면주식으로 전환할 수 있다. 이 경우에 자본금을 변경할 수 없다. ⑤ 수인이 공동으로 주식을 인수한 자는 연대하여 납입할 책임이 있다. ⑥ 주식이 수인의 공유에 속하는 때에는 공유자는 주주의 권리를 행사할 자 1인을 정하여야 한다. ⑦ 주주의 권리를 행사할 자가 없는 때에는 공유자에 대한 통지나 최고는 그 1인에 대하여 하면 된다.	**제3절 주식과 주주** **제1관 주 식** Ⅰ. 주식의 의의 [2003] 1. 1주의 금액은 1,000원 이상으로 하여야 한다. (×) [2007] 2. 주식이 수인의 공유에 속하는 때에는 공유자에 대한 통지나 최고는 전원에 대하여 하여야 한다. (×) [2024] 3. 주식회사 甲 발행 주식을 C, D가 공유하는데, 그 주주권을 행사할 자가 지정되지 않는 등으로 권리행사자가 없는 상황에서 주식회사 甲이 주소와 연락처를 알고 있는 C에게만 주주권 행사 관련 통지를 하는 행위는 허용된다. (O)
Ⅱ. 주식의 분류 **1. 종류주식** ① 회사는 이익의 배당, 잔여재산의 분배, 주주총회에서의 의결권의 행사, 상환 및 전환 등에 관하여 내용이 다른 종류의 주식(종류주식)을 발행할 수 있다. ② 제1항의 경우에는 정관으로 각 종류주식의 내용과 수를 정하여야 한다. ③ 회사가 종류주식을 발행하는 때에는 정관에 다른 정함이 없는 경우에도 주식의 종류에 따라 신주의 인수, 주식의 병합·분할·소각 또는 회사의 합병·분할로 인한 주식의 배정에 관하여 특수하게 정할 수 있다. ④ 회사가 종류주식을 발행한 경우에 어느 종류주식의 주주에게 손해를 미치게 될 때에는 주주총회의 결의 외에 그 종류주식의 주주의 총회의 결의가 있어야 한다.	Ⅱ. 주식의 분류 **1. 종류주식**
2. 의결권의 배제·제한 주식 ① 회사가 의결권이 없는 종류주식이나 의결권이 제한되는 종류주식을 발행하는 경우에는 정관에 의결권을 행사할 수 없는 사항과, 의결권행사 또는 부활의 조건을 정한 경우에는 그 조건 등을 정하여야 한다. ② 의결권의 배제·제한에 따른 종류주식의 총수는 발행주식총수의 4분의 1을 초과하지 못한다. 이 경우 의결권이 없거나 제한되는 종류주식이 발행주식총수의 4분의 1을 초과하여 발행된 경우에는 회사는 지체 없이 그 제한을 초과하지 아니하도록 하기 위하여 필요한 조치를 하여야 한다.	**2. 의결권의 배제·제한 주식** [2019] 1. 주식회사는 우선주에 한하여 의결권이 없는 주식을 발행할 수 있다. (×)
3. 상환주식 ① 회사는 정관으로 정하는 바에 따라 회사의 이익으로써 소각할 수 있는 종류주식을 발행할 수 있다. 이 경우 회사는 정관에 상환가액, 상환기간, 상환의 방법과 상환할 주식의 수를 정하여야 한다. ② 회사는 정관으로 정하는 바에 따라 주주가 회사에 대하여 상환을 청구할 수 있는 종류주식을 발행할 수 있다. 이 경우 회사는 정관에 주주가 회사에 대하여 상환을 청구할 수 있다는 뜻, 상환가액, 상환청구기간, 상환의 방법을 정하여야 한다.	**3. 상환주식**

조문 · 판례	기출지문 OX
③ 주식의 상환의 경우 회사는 주식의 취득의 대가로 현금 외에 유가증권(다른 종류주식은 제외한다(다른 회사의 주식은 가능))이나 그 밖의 자산을 교부할 수 있다. 다만, 이 경우에는 그 자산의 장부가액이 배당가능이익을 초과하여서는 아니 된다. ④ 주식의 상환에 관한 종류주식은 종류주식(상환과 전환에 관한 것은 제외한다)에 한정하여 발행할 수 있다. ⑤ 정관이나 상환주식인수계약 등에서 특별히 정한 바가 없으면 주주가 회사로부터 상환금을 지급받을 때까지는 상환권을 행사한 이후에도 여전히 주주의 지위에 있다(판례). ⑥ 주식을 상환한 경우에 주식 수는 줄어드나, 회사의 이익으로 상환한 것이므로 자본금은 변동이 없다.	
4. 전환주식 ① 회사가 종류주식을 발행하는 경우에는 정관으로 정하는 바에 따라 주주는 인수한 주식을 다른 종류주식으로 전환할 것을 청구할 수 있다. ② 회사가 종류주식을 발행하는 경우에는 정관에 일정한 사유가 발생할 때 회사가 주주의 인수 주식을 다른 종류주식으로 전환할 수 있음을 정할 수 있다. ③ 주식회사가 타인으로부터 돈을 빌리는 소비대차계약을 체결하면서 "채권자는 만기까지 대여금액의 일부 또는 전부를 회사 주식으로 액면가에 따라 언제든지 전환할 수 있는 권한을 갖는다."는 내용의 계약조항을 둔 경우, 위와 같은 전환권 부여조항은 상법이 정한 방법과 절차에 의하지 아니한 신주발행 내지는 주식으로의 전환을 예정하는 것이어서 효력이 없다(판례). ④ 종류주식의 수 중 새로 발행할 주식의 수는 전환청구기간 또는 전환의 기간 내에는 그 발행을 유보(留保)하여야 한다. ⑤ 전환으로 인하여 신주식을 발행하는 경우에는 전환전의 주식의 발행가액을 신주식의 발행가액으로 한다. ⑥ 주식의 전환은 주주가 전환을 청구한 경우에는 그 청구한 때에, 회사가 전환을 한 경우에는 전환의 기간이 끝난 때에 그 효력이 발생한다. ⑦ 주주명부의 폐쇄기간 중에 전환된 주식의 주주는 그 기간 중의 총회의 결의에 관하여는 의결권을 행사할 수 없다. ⑧ 주식의 전환으로 인한 변경등기는 전환을 청구한 날 또는 전환의 기간이 끝난 날이 속하는 달의 마지막 날부터 2주 내에 본점소재지에서 하여야 한다.	**4. 전환주식**
제2관 주 주 ① 주주의 책임은 그가 가진 주식의 인수가액을 한도로 한다. ② 주주평등의 원칙이란, 주주는 회사와의 법률관계에서는 그가 가진 주식의 수에 따라 평등한 취급을 받아야 함을 의미한다. 이를 위반하여 회사가 일부 주주에게만 우월한 권리나 이익을 부여하기로 하는 약정은 특별한 사정이 없는 한 무효이다(판례). ③ 회사가 직원들을 유상증자에 참여시키면서 퇴직시 출자 손실금을 전액 보전해 주기로 약정한 경우, 주주평등의 원칙에 위반되어 무효이다(판례). ④ 상법 제467조의2 제1항에서 정한 '주주의 권리'란 법률과 정관에 따라 주주로서 행사할 수 있는 모든 권리를 의미하고, 주주총회에서의 의결권, 대표소송 제기권, 주주총회결의에 관한 각종 소권 등과 같은 공익권뿐만 아니라 이익배당청구권, 잔여재산분배청구권, 신주인수권 등과 같은 자익권도 포함하지만, 회사에 대한 계약상의 특수한 권리는 포함되지 아니한다(판례). ⑤ 회사가 신주를 인수하여 주주의 지위를 갖게 되는 사람에게 금전 지급을 약정한 경우, 그 약정이 실질적으로는 회사가 주주의 지위를 갖게 되는 자와 사이에 주식인수대금으로 납입한 돈을 전액 보전해 주기로 약정하거나, 상법 제	**제2관 주 주** [2023] 1. 회사가 주주에게 투하자본의 회수를 절대적으로 보장하는 내용의 약정은 원칙적으로 무효이지만 주주 전원의 동의를 받았다는 특별한 사정이 인정된다면 유효하다. (×) [2024] 2. 주주는 원칙적으로 회사와의 법률관계에서 그가 가진 주식의 수에 따라 평등한 취급을 받아야 하지만, 회사가 일부 주주에게 우월한 권리나 이익을 부여하여 다른 주주들과 다르게 대우하는 경우에도 법률이 허용 하는 절차와 방식에 따르거나 그 차등적 취급을 정당화할 수 있는 특별한 사정이 있는 경우에는 이를 허용할 수 있다. 회사의 주주에 대한 차등적 취급을

조문 · 판례	기출지문 OX
462조 등 법률의 규정에 의한 배당 외에 다른 주주들에게는 지급되지 않는 별도의 수익을 지급하기로 약정한다면, 이는 회사의 다른 주주 전원이 그와 같은 차등적 취급에 동의하였다고 하더라도 주주평등의 원칙을 위반하여 효력이 없다(판례). ⑥ 주주평등의 원칙은 주주와 회사의 법률관계에 적용되는 원칙이고, 주주가 회사와 계약을 체결할 때 회사의 다른 주주 내지 이사 개인이 함께 당사자로 참여한 경우 주주와 다른 주주 사이의 계약은 주주평등과 관련이 없으므로, 주주와 회사의 다른 주주 내지 이사 개인의 법률관계에는 주주평등의 원칙이 직접 적용되지 않는다(판례). ⑦ 회사가 자금조달을 위해 신주인수계약을 체결하면서 주주의 지위를 갖게 되는 자에게 회사의 의사결정에 대한 사전동의를 받기로 약정한 경우 차등적 취급을 정당화할 수 있는 특별한 사정이 있다면 이를 허용할 수 있다(판례).	허용할 수 있는지 여부는 제반 사정을 고려하여 일부 주주에게 우월적 권리나 이익을 부여하여 주주를 차등 취급하는 것이 주주와 회사 전체의 이익에 부합하는지를 따져서 정의와 형평의 관념에 비추어 신중하게 판단하여야 한다. (O) [2025] 3. 회사와 주주가 체결한 동의권 부여 약정에 따른 차등적 취급이 예외적으로 허용되는 경우에 동의권 부여 약정 위반으로 인한 손해배상 명목의 금원을 지급하는 약정을 함께 체결하였고 그 약정이 사전 동의를 받을 의무 위반으로 주주가 입은 손해를 배상 또는 전보하고 의무의 이행을 확보하기 위한 것이라고 볼 수 있는 경우, 일부 주주에 대하여 투하자본의 회수를 절대적으로 보장함으로써 주주평등의 원칙에 위배된다. (×) [2003] 4. 발행주식총수의 100분의 3의 주식을 가진 소수주주는 회사의 해산을 청구할 수 있다. (×) [2007] 5. 소수주주권의 행사요건으로서 요구되는 지분 비율이 가장 낮은 것은 이사의 위법행위에 대한 유지청구권이다. (O)

주주권	100분의 10(1)	100분의 3(6)	100분의 1(3)	단 독
소 송	해산판결청구권	이사·감사·청산인의 해임청구권	대표소송	총회결의취소의소권, 총회결의무효·부존재확인소권, 설립합병분할주식교환주식이전무효소권, 신주발행무효소권, 감자무효소권
유지청구			위법행위 유지청구권	신주발행유지청구권
검사인 선임 청구		업무와 재산상태검사 위한 검사인선임청구권	주주총회적법절차 검사를 위한 검사인 선임청구권	
장부 열람 청구		회계장부 열람청구권		재무제표·주주총회의사록·이사회의사록·주주명부 열람청구권 등
주주총회 (의결권 없는 주식은 제외)		주주총회소집청구권, (주주제안권, 집중투표청구권)		

조문 · 판례	기출지문 OX
제3관 주권과 주주명부	**제3관 주권과 주주명부**
Ⅰ. 주 권	Ⅰ. 주 권
1. 주권의 발행	**1. 주권의 발행**
① 회사는 성립 후 또는 신주의 납입기일 후 지체없이 주권을 발행하여야 한다. ② 주권은 회사의 성립 후 또는 신주의 납입기일후가 아니면 발행하지 못한다. ③ 전항의 규정에 위반하여 발행한 주권은 무효로 한다. 그러나 발행한 자에 대한 손해배상의 청구에 영향을 미치지 아니한다. ④ **대표이사가 주권 발행에 관한 주주총회나 이사회의 결의 없이 주주 명의와 발행연월일을 누락한 채 단독으로 주권을 발행한 경우, 특별한 사정이 없는 한 주권의 발행은 대표이사의 권한이라고 할 것이고, 기명주권의 경우에 주주의 이름이 기재되어 있지 않다거나 또한 주식의 발행연월일의 기재가 누락되어 있다고 하더라도 이는 주식의 본질에 관한 사항이 아니므로, 주권의 무효 사유가 된다고 할 수 없다(판례).** ⑤ 무기명식의 주권은 폐지되었다. ⑥ 회사는 주권을 발행하는 대신 정관으로 정하는 바에 따라 전자등록기관의 전자등록부에 주식을 등록할 수 있다. ⑦ 전자등록부에 등록된 주식의 양도나 입질(入質)은 전자등록부에 등록하여야 효력이 발생한다. ⑧ 전자등록부에 주식을 등록한 자는 그 등록된 주식에 대한 권리를 적법하게 보유한 것으로 추정하며, 이러한 전자등록부를 선의(善意)로, 그리고 중대한 과실 없이 신뢰하고 등록에 따라 권리를 취득한 자는 그 권리를 적법하게 취득한다.	[2018] 1. 「상법」 제356조에서는 주권에 회사의 상호, 회사가 발행할 주식의 총수, 회사 성립 후 발행된 주식에 관하여는 그 발행연월일 등을 기재하도록 정하고 있으므로 이러한 기재사항을 모두 기재하지 않으면 그 주권은 무효이다. (×) [2006, 2010] 2. 무기명주권을 발행한 경우에는 주주명부에 발행 당시 주주의 성명과 주소만 기재하면 되고 주권의 종류, 수, 번호와 발행연월일은 기재할 필요가 없다. (×)
2. 주권의 불소지	**2. 주권의 불소지**
① 주주는 정관에 다른 정함이 있는 경우를 제외하고는 그 주식에 대하여 주권의 소지를 하지 아니하겠다는 뜻을 회사에 신고할 수 있다. ② 주권의 소지를 하지 아니하겠다는 뜻의 신고가 있는 때에는 회사는 지체 없이 주권을 발행하지 아니한다는 뜻을 주주명부와 그 복본에 기재하고, 그 사실을 주주에게 통지하여야 한다. 이 경우 회사는 그 주권을 발행할 수 없다. ③ 주권불소지신고의 경우 이미 발행된 주권이 있는 때에는 이를 회사에 제출하여야 하며, 회사는 제출된 주권을 무효로 하거나 명의개서대리인에게 임치하여야 한다. ④ 주권을 불소지 신고한 경우에 주권 없이 주식을 양도할 수 없다. ⑤ 주권불소지신고에 불구하고 주주는 언제든지 회사에 대하여 주권의 발행 또는 반환을 청구할 수 있다.	
Ⅱ. 주주명부	Ⅱ. 주주명부
1. 주주명부의 효력	**1. 주주명부의 효력**
① 회사는 정관으로 정하는 바에 따라 전자문서로 주주명부(“전자주주명부”)를 작성할 수 있다. ② 전자주주명부에는 전자우편주소를 적어야 한다. ③ 주식의 이전은 취득자의 성명과 주소를 주주명부에 기재하지 아니하면 회사에 대항하지 못한다. ④ **주식이 양도된 후 주식회사의 주주명부상 양수인 명의로 명의개서가 이미 이루어졌다면, 그 후 그 주식양도약정이 해제되거나 취소되었다 하더라도 주주명부상의 주주 명의를 원래의 양도인 명의로 복구하지 않는 한 양도인은 주식회사에 대한 관계에 있어서는 주주총회에서 의결권을 행사하기 위하여 주주로서 대항할 수 없다(판례).**	

조문 · 판례	기출지문 OX
⑤ 주주명부에 주주로 등재되어 있는 이는 주주로서 주주총회에서 의결권을 행사할 자격이 있다고 추정된다(판례). ⑥ 주주 또는 질권자에 대한 회사의 통지 또는 최고는 주주명부에 기재한 주소 또는 그 자로부터 회사에 통지한 주소로 하면 된다(판례). ⑦ 주주명부상 주주가 주식을 인수하거나 양수한 사람의 의사에 반하여 주주권을 행사한다 하더라도, 이는 주주명부상 주주에게 주주권을 행사하는 것을 허용함에 따른 결과이므로 주주권의 행사가 신의칙에 반한다고 볼 수 없다(판례).	[2018] 1. 주주명부상 주주가 주식을 인수하거나 양수한 사람의 의사에 반하여 주주권을 행사하는 경우에 이러한 주주권의 행사는 신의칙에 반하여 무효이다. (×)

폐기된 판례	변경된 판례
타인의 명의를 빌려 회사의 주식을 인수하고 그 대금을 납입한 경우에 그 타인의 명의로 주주명부에 기재까지 마쳐도 실질상의 주주인 명의차용인만이 회사에 대한 관계에서 주주권을 행사할 수 있다(대판 2011.5.26. 2010다27519 등).	특별한 사정이 없는 한, 주주명부에 적법하게 주주로 기재되어 있는 자는 회사에 대한 관계에서 그 주식에 관한 의결권 등 주주권을 행사할 수 있고, 회사 역시 주주명부상 주주 외에 실제 주식을 인수하거나 양수하고자 하였던 자가 따로 존재한다는 사실을 알았든 몰랐든 간에 주주명부상 주주의 주주권 행사를 부인할 수 없으며, 주주명부에 기재를 마치지 아니한 자의 주주권 행사를 인정할 수도 없다. 주주명부에 기재를 마치지 않고도 회사에 대한 관계에서 주주권을 행사할 수 있는 경우는 주주명부에의 기재 또는 명의개서청구가 부당하게 지연되거나 거절되었다는 등의 극히 예외적인 사정이 인정되는 경우에 한한다(대판 2017.3.23. 2015다248342).
회사는 주식인수 및 양수계약에 따라 주식의 인수대금 또는 양수대금을 모두 납입하였으나 주식의 인수 및 양수에 관하여 「상법」상의 형식적 절차를 이행하지 아니한 자의 주주로서의 지위를 부인할 수 없다(대판 1980.4.22. 79다2087 등).	
회사가 명의개서를 하지 아니한 실질상의 주주를 주주로 인정하는 것은 무방하다(대판 2006.7.13. 2004다70307 등).	
회사가 주주명부상 주주가 형식주주에 불과하다는 것을 알았거나 중대한 과실로 알지 못하였고 또한 이를 용이하게 증명하여 의결권 행사를 거절할 수 있었음에도 의결권 행사를 용인하거나 의결권을 행사하게 한 경우에 그 의결권행사가 위법하게 된다(대판 1998.9.8. 96다48671 등).	

[2020]
2. 타인의 명의를 빌려 주식을 인수하고 타인의 명의로 주주명부 기재를 마친 경우 실질상의 주주인 명의차용인만이 주주권을 행사할 수 있는 주주이다. (×)

[2021]
3. 주식을 인수하거나 양수하려는 자가 타인의 명의를 빌려 회사의 주식을 인수하거나 양수하고 타인의 명의로 주주명부에의 기재까지 마친 경우, 주주명부상의 주주가 아니라 명의를 빌려 실제 주식을 인수하거나 양수한 자가 회사에 대한 관계에서 주주로서 의결권 등 주주권을 적법하게 행사할 수 있다. (×)

조문 · 판례	기출지문 OX
⑧ 상법은 주주명부의 기재를 회사에 대한 대항요건으로 정하고 있을 뿐 주식 이전의 효력발생요건으로 정하고 있지 않으므로 명의개서가 이루어졌다고 하여 무권리자가 주주가 되는 것은 아니고, 명의개서가 이루어지지 않았다고 해서 주주가 그 권리를 상실하는 것도 아니다. 이와 같이 주식의 소유권 귀속에 관한 권리관계와 주주의 회사에 대한 주주권 행사국면은 구분되는 것이고, 회사와 주주 사이에서 주식의 소유권, 즉 주주권의 귀속이 다투어지는 경우 역시 주식의 소유권 귀속에 관한 권리관계로서 마찬가지이다(판례). ⑨ 주주 또는 회사채권자가 상법 제396조 제2항에 의하여 주주명부 등의 열람등사청구를 한 경우 회사는 그 청구에 정당한 목적이 없는 등의 특별한 사정이 없는 한 이를 거절할 수 없고, 이 경우 정당한 목적이 없다는 점에 관한 증명책임은 회사가 부담한다(판례).	[2024] 4. 주주 또는 회사채권자가 상법 제396조 제2항에 의하여 주주명부 등의 열람·등사청구를 한 경우 회사는 그 청구에 정당한 목적이 없는 등의 특별한 사정이 없는 한 이를 거절할 수 없는데, 이 경우 주주 또는 회사채권자가 정당한 목적이 있다는 점에 관한 증명책임을 부담한다. (×)
2. 주주명부의 폐쇄, 기준일	**2. 주주명부의 폐쇄, 기준일**
① 회사는 의결권을 행사하거나 배당을 받을 자 기타 주주 또는 질권자로서 권리를 행사할 자를 정하기 위하여 일정한 기간을 정하여 주주명부의 기재변경을 정지하거나 일정한 날에 주주명부에 기재된 주주 또는 질권자를 그 권리를 행사할 주주 또는 질권자로 볼 수 있다. ② 주주명부폐쇄의 기간은 3월을 초과하지 못한다. ③ 기준일은 주주 또는 질권자로서 권리를 행사할 날에 앞선 3월내의 날로 정하여야 한다. ④ 회사가 주주명부폐쇄의 기간 또는 날을 정한 때에는 그 기간 또는 날의 2주간 전에 이를 공고하여야 한다. 그러나 정관으로 그 기간 또는 날을 지정한 때에는 그러하지 아니하다.	

조문 · 판례	기출지문 OX
⑤ 주주명부폐쇄기간 중에도 주식의 양도, 주식의 약식질, 주주의 주소변경, 주권불소지 신고, 전환주식의 전환권행사는 가능하다. 다만 전환된 주식으로 의결권행사를 할 수는 없다.	

주주명부폐쇄기간(2주전 예고, 3월 초과 X)	
가 능	금 지
• 주식의 양 • 주식의 약식질 • 주주의 주소변경 • 전환권행사 • 주권불소지 신고, 재발행 청구	• 명의개서 • 주식의 등록질 • 신탁재산의 표시 • 의결권 행사

제4관 주식의 양도

Ⅰ. 주식양도의 의의

Ⅱ. 주식양도자유의 원칙

Ⅲ. 주식양도의 제한

1. 법률상 주식의 양도제한

① 주식의 인수로 인한 권리의 양도는 회사에 대하여 효력이 없다. 권리주 양도계약은 양도인과 양수인 사이에서는 채권적 효력이 인정된다. 그러나 회사가 임의로 효력을 인정하는 것은 허용될 수 없다.

② 주권발행 전에 한 주식의 양도는 회사에 대하여 효력이 없다. 그러나 회사성립 후 또는 신주의 납입기일 후 6월이 경과한 때에는 그러하지 아니하다.

③ 주권발행 전에 한 주식의 양도는 회사성립 후 6월이 경과한 때에는 회사에 대하여 효력이 있는 것으로서, 이 경우 주식의 양도는 지명채권의 양도에 관한 일반원칙에 따라 당사자의 의사표시만으로 효력이 발생하는 것이다(판례).

④ 주권발행 전에 한 주식의 양도가 회사성립 후 또는 신주의 납입기일 후 6월이 경과하기 전에 이루어졌다고 하더라도 그 이후 6월이 경과하고 그때까지 회사가 주권을 발행하지 않았다면, 그 하자는 치유되어 회사에 대하여도 유효한 주식양도가 된다(판례).

⑤ 다른 회사의 발행주식의 총수의 100분의 50을 초과하는 주식을 가진 회사(이하 "모회사"라 한다)의 주식은 다음의 경우를 제외하고는 그 다른 회사(이하 "자회사"라 한다)가 이를 취득할 수 없다.

> 1. 주식의 포괄적 교환, 주식의 포괄적 이전, 회사의 합병 또는 다른 회사의 영업전부의 양수로 인한 때
> 2. 회사의 권리를 실행함에 있어 그 목적을 달성하기 위하여 필요한 때

⑥ 자회사는 그 주식을 취득한 날로부터 6월 이내에 모회사의 주식을 처분하여야 한다.

⑦ 다른 회사의 발행주식의 총수의 100분의 50을 초과하는 주식을 모회사 및 자회사 또는 자회사가 가지고 있는 경우 그 다른 회사는 이 법의 적용에 있어 그 모회사의 자회사로 본다.

⑧ 회사가 다른 회사의 발행주식총수의 10분의 1을 초과하여 취득한 때에는 그 다른 회사에 대하여 지체 없이 이를 통지하여야 한다.

기출지문 OX

제4관 주식의 양도

Ⅰ. 주식양도의 의의

Ⅱ. 주식양도자유의 원칙

Ⅲ. 주식양도의 제한

1. 법률상 주식의 양도제한

조문 · 판례	기출지문 OX
2. 이사회의 승인에 의한 주식의 양도제한 ① 주식은 타인에게 양도할 수 있다. 다만, 회사는 정관으로 정하는 바에 따라 그 발행하는 주식의 양도에 관하여 이사회의 승인을 받도록 할 수 있다. 이에 위반하여 이사회의 승인을 얻지 아니한 주식의 양도는 회사에 대하여 효력이 없다. ② **이사회의 승인을 얻지 아니하고 주식을 양도한 경우에 그 주식의 양도는 회사에 대하여 효력이 없을 뿐, 주주 사이의 주식양도계약 자체가 무효라고 할 수는 없다(판례).** ③ 주식의 양도에 관하여 이사회의 승인을 얻어야 하는 경우에는 주식을 양도하고자 하는 주주는 회사에 대하여 양도의 상대방 및 양도하고자 하는 주식의 종류와 수를 기재한 서면으로 양도의 승인을 청구할 수 있다. ④ 회사는 양도의 승인의 청구가 있는 날부터 1월 이내에 주주에게 그 승인여부를 서면으로 통지하여야 한다. ⑤ 회사가 기간 내에 주주에게 거부의 통지를 하지 아니한 때에는 주식의 양도에 관하여 이사회의 승인이 있는 것으로 본다. ⑥ 양도승인거부의 통지를 받은 주주는 통지를 받은 날부터 20일내에 회사에 대하여 양도의 상대방의 지정 또는 그 주식의 매수를 청구할 수 있다. ⑦ **주주들 사이에서 주식의 양도를 일부 제한하는 내용의 약정을 한 경우, 공서양속에 반하지 않는다면 당사자 사이에서는 원칙적으로 유효하다고 할 것이다(판례).** ⑧ **정관의 규정으로 주식의 양도를 제한하는 경우에도 주식양도를 전면적으로 금지하는 규정을 둘 수는 없다(판례).** ⑨ **회사와 주주들 사이에서, 혹은 주주들 사이에서 회사의 설립일로부터 5년 동안 주식의 전부 또는 일부를 다른 당사자 또는 제3자에게 매각·양도할 수 없다는 내용의 약정을 한 경우, 그 약정은 무효이다(판례).** ⑩ 주주가 양도의 상대방을 지정하여 줄 것을 청구한 경우에는 이사회는 이를 지정하고, 그 청구가 있은 날부터 2주간 내에 주주 및 지정된 상대방에게 서면으로 이를 통지하여야 한다. ⑪ 상대방으로 지정된 자는 지정통지를 받은 날부터 10일 이내에 지정청구를 한 주주에 대하여 서면으로 그 주식을 자기에게 매도할 것을 청구할 수 있다. ⑫ 주식의 매도가액은 주주와 매도청구인간의 협의로 이를 결정한다. ⑬ 주식의 매도청구를 받은 날부터 30일 이내에 매도가액의 협의가 이루어지지 아니하는 경우에는 매도청구인 또는 주주는 법원에 대하여 매수가액의 결정을 청구할 수 있다. ⑭ 주식의 양도에 관하여 이사회의 승인을 얻어야 하는 경우에 주식을 취득한 자는 회사에 대하여 그 주식의 종류와 수를 기재한 서면으로 그 취득의 승인을 청구할 수 있다. ⑮ **주식양수인의 위와 같은 주식매수청구권은 이른바 형성권으로서 그 행사로 회사의 승낙 여부와 관계없이 주식에 관한 매매계약이 성립한다. 그러나 주식을 취득하지 못한 양수인이 회사에 대하여 주식매수청구를 하더라도 이는 아무런 효력이 없고, 사후적으로 양수인이 주식 취득의 요건을 갖추게 되더라도 하자가 치유될 수는 없다(판례).**	**2. 이사회의 승인에 의한 주식의 양도제한** [2014] 1. 종류주식은 정관에 의하여 양도가 제한될 수 없다. (×) [2004, 2008, 2020] 2. 정관으로 주식양도에 이사회의 승인이 필요한 것으로 정한 경우에 이사회의 승인 없이 한 주식의 양도는 당사자 간에 있어서도 그 효력이 없다. (×) [2022] 3. 상법 제335조 제1항의 본문 및 단서에 의하면, 주식은 원칙적으로 타인에게 양도할 수 있고, 예외적으로 회사가 정관으로 정하는 바에 따라 그 발행하는 주식의 양도에 관하여 이사회의 승인을 받도록 할 수 있을 뿐이므로, 주주 사이에서 주식의 양도를 일부 제한하는 약정은 원칙적으로 무효이다. (×) [2010, 2025] 4. 정관의 규정으로 주식의 양도를 제한하는 경우에 주식양도를 전면적으로 금지하는 규정을 둘 수 있다. (×) [2009] 5. 주식양도자유의 원칙에는 예외가 인정되므로 회사와 주주가 일정기간 동안 주식 일부를 제3자에게 양도할 수 없다는 약정을 하여도 유효하다. (×) [2015, 2016] 6. 주식양도에 관하여 이사회의 승인을 얻어야 하는 경우, 주식양도인이 양도승인을 청구할 수는 있으나, 그로부터 주식을 취득한 자가 회사에 대하여 그 주식취득의 승인을 청구할 수는 없다. (×) [2021] 7. 주식의 양도에 관하여 이사회의 승인을 얻어야 하는 경우에 주식을 취득하였으나 회사로부터 양도승인거부의 통지를 받은 양수인은 상법 제335조의7에 따라 회사에 대하여 주식매수청구권을 행사할 수 있다. 이와 관련하여 주식을 취득하지 못한 양수인이 회사에 대하여 주식매수청구를 하더라도 이는 효력이 없으나, 사후적으로 양수인이 주식 취득의 요건을 갖추게 되면 그 하자가 치유될 수 있다. (×)

1월	20일	2주	10일
주식양도승인청구시 승낙여부 통지기간	승인거부시 주식매수청구 또는 양도상대방지정청구기간	양도상대방 지정기간	지정양도상대방의 주식매도청구기간

조문 · 판례	기출지문 OX

3. 자기주식의 취득

종 류	이익배당가능한도 내 취득	특정목적에 의한 취득
취득조건	1. 직전 결산기의 대차대조표상의 순자산액에서 이익배당가능금액을 뺀 금액을 초과하지 못한다(이익이 존재). 2. 해당 영업연도의 결산기에 대차대조표상의 순자산액이 이익배당가능금액의 합계액에 미치지 못할 우려가 있는 경우에는 자기주식의 취득을 하여서는 아니된다(이익이 예상).	없 음
취득방법	1. 미리 주주총회의 결의로 결정하여야 한다. 다만, 이사회의 결의로 이익배당을 할 수 있다고 정관으로 정하고 있는 경우에는 이사회의 결의로써 주주총회의 결의를 갈음할 수 있다. 2. 다음의 방법으로 자기의 명의와 계산으로 자기의 주식을 취득할 수 있다. 1. 거래소에서 시세가 있는 주식의 경우에는 거래소에서 취득하는 방법 2. 주식의 상환에 관한 종류주식의 경우 외에 각 주주가 가진 주식 수에 따라 균등한 조건으로 취득하는 방법 3. 취득 기간은 결의 후 1년 내	1. 회사의 합병 또는 다른 회사의 영업전부의 양수로 인한 경우 2. 회사의 권리를 실행함에 있어 그 목적을 달성하기 위하여 필요한 경우 3. 단주의 처리를 위하여 필요한 경우 4. 주주가 주식매수청구권을 행사한 경우 (주식의 소각을 위한 경우는 삭제)
취득효과	의결권이 없다.	
처 분	정관에 규정이 없는 것은 이사회가 결정한다.	

① 「상법」 제341조 제1항 단서는 자기주식 취득가액의 총액이 배당가능이익을 초과하여서는 안 된다는 것을 의미할 뿐 차입금으로 자기주식을 취득하는 것이 허용되지 않는다는 것을 의미하지는 않는다(판례).

② 원고가 자기주식 취득의 통지를 하면서 이사회에서 결의한 사항의 일부를 누락하였다는 이유만으로 주주들의 공평한 주식양도의 기회가 침해되었다고 보기 어렵다(판례).

③ 회사가 무상으로 자기주식을 취득하는 때와 같이 회사의 자본적 기초를 위태롭게 하거나 회사 채권자와 주주의 이익을 해한다고 할 수가 없는 경우에는 예외적으로 자기주식의 취득을 허용할 수 있다(판례).

④ 개정 「상법」이 자기주식취득 요건을 완화하였다고 하더라도 여전히 법이 정한 경우에만 자기주식취득이 허용된다는 원칙에는 변함이 없고 따라서 위

3. 자기주식의 취득

[2025]
1. 2011. 4. 14. 법률 제10600호로 개정되어 2012. 4. 15. 부터 시행된 개정 상법에 따라 회사의 자기주식취득은 원칙적으로 허용되었고, 상법 규정에서 정한 요건 및 절차를 사후에 갖춘 경우에도 쉽게 그 효력이 부정된다고 볼 수 없다. (×)

[2017]
2. 회사는 그 권리를 실행하기 위하여 강제집행, 담보권의 실행 등을 함에 있어 채무자에게 회사의 주식 이외에 재산이 없을 때라도 자기주식을 경락 또는 대물변제로 취득할 수는 없다. (×)

[2022]
3. 회사가 자기주식을 취득한 경우 상법 제341조의2에서 정한 특정목적에 의한 자기주식 취득이 아닌 이상 지체없이 주식실효의 절차를 밟아야 한다. (×)

[2024]
4. 주식회사 甲이 주주 B로부터 주식회사 甲 발행 주식을 무상으로 양수하는 행위는 허용된다. (O)

조문 · 판례	기출지문 OX

규정에서 정한 요건 및 절차에 의하지 않은 자기주식취득 약정은 효력이 없다(판례).

⑤ 자기주식의 취득이 예외적으로 허용되지만, 그 밖의 경우에 있어서는, 설령 회사 또는 주주나 회사채권자 등에게 생길지도 모르는 중대한 손해를 회피하기 위하여 부득이 한 사정이 있다고 하더라도 자기주식의 취득은 허용되지 아니하는 것이고 위와 같은 금지규정에 위반하여 회사가 자기주식을 취득하는 것은 당연히 무효이다(판례).

⑥ 회사 아닌 제3자의 명의로 회사의 주식을 취득하더라도 그 주식취득을 위한 자금이 회사의 출연에 의한 것이고 그 주식취득에 따른 손익이 회사에 귀속되는 경우라면, 상법 기타의 법률에서 규정하는 예외사유에 해당하지 않는 한, 그러한 주식의 취득은 회사의 계산으로 이루어져 회사의 자본적 기초를 위태롭게 할 우려가 있는 것으로서 상법 제341조가 금지하는 자기주식의 취득에 해당한다(판례).

[2008]
5. 회사 또는 주주나 회사채권자 등에게 생길지도 모르는 중대한 손해를 회피하기 위하여 부득이한 사정이 있는 경우에도 자기주식의 취득이 예외적으로 인정된다. (×)

4. 주식의 취득 제한 및 예외

비 교	원 칙	예 외		의결권	처 분
		공 통	추 가		
자기주식의 취득	이익배당 가능금액 범위 내	1. 회사의 합병 또는 다른 회사의 영업전부의 양수 2. 회사의 권리를 실행	1. 단주의 처리를 위하여 필요한 경우 2. 주주가 주식매수청구권을 행사한 경우	없 음	처분의무는 없음 단, 처분시 이사회결의
자회사의 모회사주식 취득	취득 금지		1. 주식의 포괄적 교환 2. 주식의 포괄적 이전	없 음	취득한 날로부터 6월 내 처분
자기주식의 입질	20분의 1의 범위 내			있 음 (설정자)	

4. 주식의 취득제한 및 예외

Ⅳ. 주식양도의 방법

① 주식의 양도에 있어서는 주권을 교부하여야 한다(효력요건). 주권발행 후의 주식의 양도에 있어서는 주권을 교부하여야 효력이 발생하고, 주권의 점유를 취득하는 방법에는 현실의 인도(교부) 외에 간이인도, 점유개정, 반환청구권의 양도가 있으며, 양도인이 소유자로부터 보관을 위탁받은 주권을 제3자에게 보관시킨 경우에 반환청구권의 양도에 의하여 주권의 선의취득에 필요한 요건인 주권의 점유를 취득하였다고 하려면, 양도인이 그 제3자에 대한 반환청구권을 양수인에게 양도하고 지명채권 양도의 대항요건을 갖추어야 한다(판례).

② 발행주식 전부 또는 지배주식의 양도와 함께 경영권이 주식 양도인으로부터 주식 양수인에게 이전하는 경우 경영권의 이전은 발행주식 전부 또는 지배주식의 양도에 따른 부수적인 효과에 지나지 않아 주식 양도의무와 독립적으로 경영권 양도의무를 인정하기 어렵다(판례).

③ 주권의 점유자는 이를 적법한 소지인으로 추정한다.

④ 주권발행 전 주식의 양도는 당사자의 의사표시만으로 효력이 발생하고, 주권발행 전 주식을 양수한 사람은 특별한 사정이 없는 한 양도인의 협력을 받을 필요 없이 단독으로 자신이 주식을 양수한 사실을 증명함으로써 회사에 대하여 그 명의개서를 청구할 수 있지만, 회사 이외의 제3자에 대하여 양도 사실을 대항하기 위하여는 지명채권의 양도에 준하여 확정일자 있는 증서에 의한 양도통지 또는 승낙을 갖추어야 한다(판례).

Ⅳ. 주식양도의 방법

[2006]
1. 주식의 양도에는 주권의 교부와 배서가 필요하다. (×)

[2017]
2. 주권발행 후의 주식의 양도에 있어서는 주권을 교부하여야 효력이 발생하고, 주권의 교부는 현실의 인도 이외에 간이인도, 반환청구권의 양도에 의하여 할 수 있으나 점유개정의 방법에 의해서는 할 수 없다. (×)

[2013]
3. 주권발행 전 주식의 양도는 양도인과 양수인 사이의 주식양도계약이 체결됨으로써 바로 양도인은 양도의 목적이 된 주식을 상실하고 양수인이 이를 이전받아 그 주주가 된다. (○)

조문 · 판례	기출지문 OX
⑤ 주권이 발행되지 않은 주식의 매매계약이 무효라면 그 계약은 처음부터 당연히 효력을 가지지 아니하므로, 원칙적으로 계약에 따라 매도의 대상이 되었던 주식의 이전은 일어나지 않고, 매도인은 매매계약 이후에도 주주의 지위를 상실하지 않는다(판례). ⑥ 주권발행 전 주식의 이중양도가 문제되는 경우, 이중양수인 상호간의 우열은 지명채권 이중양도의 경우에 준하여 확정일자 있는 양도통지가 회사에 도달한 일시 또는 확정일자 있는 승낙의 일시의 선후에 의하여 결정하는 것이 원칙이다(판례). ⑦ 주권발행 전 주식이 양도된 경우 그 주식을 발행한 회사가 확정일자 있는 증서에 의하지 아니한 주식의 양도 통지나 승낙의 요건을 갖춘 주식양수인('제1 주식양수인')에게 명의개서를 마쳐 준 경우, 그 주식을 이중으로 양수한 주식양수인('제2 주식양수인')이 그 후 회사에 대하여 양도 통지나 승낙의 요건을 갖추었다 하더라도, 그 통지 또는 승낙 역시 확정일자 있는 증서에 의하지 아니한 것이라면 제2 주식양수인으로서는 그 주식 양수로써 제1 주식양수인에 대한 관계에서 우선적 지위에 있음을 주장할 수 없으므로, 회사에 대하여 제1 주식양수인 명의로 이미 적법하게 마쳐진 명의개서를 말소하고, 제2 주식양수인 명의로 명의개서를 하여 줄 것을 청구할 권리가 없다고 할 것이다(판례). ⑧ 주식의 양도통지가 확정일자 없는 증서에 의하여 이루어짐으로써 제3자에 대한 대항력을 갖추지 못하였더라도 확정일자 없는 증서에 의한 양도통지나 승낙 후에 그 증서에 확정일자를 얻은 경우에는 그 일자 이후에는 제3자에 대한 대항력을 취득하는 것이나, 그 대항력 취득의 효력이 당초 주식 양도통지일로 소급하여 발생하는 것은 아니라 할 것이다(판례). ⑨ 주식의 이전은 취득자의 성명과 주소를 주주명부에 기재하지 아니하면 회사에 대항하지 못한다(대항요건). ⑩ 주식을 취득한 자는 특별한 사정이 없는 한 점유하고 있는 주권의 제시 등의 방법으로 자신이 주식을 취득한 사실을 증명함으로써 회사에 대하여 단독으로 그 명의개서를 청구할 수 있다. 따라서 원고가 피고를 상대로 주주권 확인을 구하는 것은 원고의 권리 또는 법률상의 지위에 현존하는 불안·위험을 제거하는 유효·적절한 수단이 아니거나, 분쟁의 종국적 해결방법이 아니어서 확인의 이익이 없다(판례). ⑪ 주식 양도인은 다른 특별한 사정이 없는 한 회사에 대하여 주식 양수인 명의로 명의개서를 하여 달라고 청구할 권리가 없다(판례). ⑫ 주권이 발행되어 있는 주식을 양수한 자는 주권을 제시하여 양수사실을 증명함으로써 회사에 대해 단독으로 명의개서를 청구할 수 있다. 이때 회사는 청구자가 진정한 주권을 점유하고 있는가에 대한 형식적 자격만을 심사하면 족하고, 나아가 청구자가 진정한 주주인가에 대한 실질적 자격까지 심사할 의무는 없다(판례). ⑬ 주식을 양도받은 주식양수인들이 명의개서를 청구하였는데도 위 주식양도에 입회하여 그 양도를 승낙하였고 더구나 그 후 주식양수인들의 주주로서의 지위를 인정한 바 있는 회사의 대표이사가 정당한 사유 없이 그 명의개서를 거절한 것이라면 회사는 그 명의개서가 없음을 이유로 그 양도의 효력과 주식양수인의 주주로서의 지위를 부인할 수 없다(판례). ⑭ 회사는 정관이 정하는 바에 의하여 명의개서대리인을 둘 수 있다. 이 경우 명의개서대리인이 취득자의 성명과 주소를 주주명부의 복본에 기재한 때에는 명의개서가 있는 것으로 본다. ⑮ 주주와 회사채권자는 영업시간 내에 언제든지 주주명부의 열람 또는 등사를 청구할 수 있다 ⑯ 주주는 회사를 상대로 주주명부 열람·등사를 청구할 수 있고, 회사의 이행보조자 또는 수임인에 불과한 명의개서대리인에게 직접 주주명부 열람·등사를 청구할 수는 없다(판례).	[2015] 4. 주권발행 전 주식의 이중양수인이 모두 확정일자 있는 증서에 의한 통지나 승낙의 요건을 갖추지 못한 경우, 제2 주식양수인이 제1 주식양수인 명의로 이미 적법하게 마쳐진 명의개서를 말소하고 자신의 명의로 명의개서를 하여 줄 것을 청구할 수는 없지만, 회사가 그 청구를 받아들여 제2 주식양수인 명의로 명의개서를 마쳐 주었다면 회사에 대한 관계에서 주주의 권리를 행사할 수 있는 자는 제2 주식양수인이 된다. (×) [2020] 5. 주권발행 전 주식의 양도에 관한 양도통지가 확정일자 없는 증서에 의하여 이루어짐으로써 제3자에 대한 대항력을 갖추지 못하였더라도 확정일자 없는 증서에 의한 양도통지나 승낙 후에 그 증서에 확정일자를 얻은 경우에는 최초 양도통지일에 소급하여 제3자에 대한 대항력을 취득한다. (×) [2021] 6. 주권이 발행되어 있는 주식을 양수한 자가 단독으로 명의개서를 청구한 경우, 회사는 청구자가 진정한 주주인가에 대한 실질적 자격을 심사하여 명의개서 여부를 결정하여야 한다. (×)

조문 · 판례	기출지문 OX
Ⅴ. 주권의 상실과 선의취득	**Ⅴ. 주권의 상실과 선의취득**
① 수표법 제21조(선의취득)의 규정은 주권에 관하여 이를 준용한다. ② 주권의 선의취득은 양도인이 무권리자인 경우뿐만 아니라 무권대리인인 경우에도 인정된다. ③ 주권은 공시최고의 절차에 의하여 이를 무효로 할 수 있다. ④ 주권을 상실한 자는 제권판결을 얻지 아니하면 회사에 대하여 주권의 재발행을 청구하지 못하다. ⑤ 제권판결 없이 재발행 된 주권은 무효라고 할 것이다.	
제5관 주식매수선택권	**제5관 주식매수선택권**
① 회사는 정관으로 정하는 바에 따라 주주총회의 특별결의(제434조)로 회사의 설립·경영 및 기술혁신 등에 기여하거나 기여할 수 있는 회사의 이사, 집행임원, 감사 또는 피용자에게 미리 정한 가액("주식매수선택권의 행사가액")으로 신주를 인수하거나 자기의 주식을 매수할 수 있는 권리("주식매수선택권")를 부여할 수 있다. ② **주식매수선택권 부여에 관한 주주총회 결의는 회사의 의사결정절차에 지나지 않고, 특정인에 대한 주식매수선택권의 구체적 내용은 일반적으로 회사가 체결하는 계약을 통해서 정해진다(판례).** ③ 다음 각 호의 어느 하나에 해당하는 자에게는 제1항의 주식매수선택권을 부여할 수 없다. 1. 의결권 없는 주식을 제외한 발행주식총수의 100분의 10 이상의 주식을 가진 주주 2. 이사·집행임원·감사의 선임과 해임 등 회사의 주요 경영사항에 대하여 사실상 영향력을 행사하는 자 3. 제1호와 제2호에 규정된 자의 배우자와 직계존비속	[2024] 1. 주식매수선택권 부여에 관한 주주총회 결의는 회사의 의사 결정절차에 그치는 것이 아니므로, 특정인에 대한 주식매수 선택권의 구체적 내용은 주주총회 결의를 통해서 정해진다. (×)
④ 주식매수선택권의 행사가액은 다음 각 호의 가액 이상이어야 한다. 1. 신주를 발행하는 경우에는 주식매수선택권의 부여일을 기준으로 한 주식의 실질가액과 주식의 권면액(券面額) **중 높은 금액**. 다만, 무액면주식을 발행한 경우에는 자본으로 계상되는 금액 중 1주에 해당하는 금액을 권면액으로 본다. 2. 자기의 주식을 양도하는 경우에는 주식매수선택권의 부여일을 기준으로 한 주식의 실질가액 ⑤ 제1항에 따라 발행할 신주 또는 양도할 자기의 주식은 회사의 발행주식 총수의 100분의 10을 초과할 수 없다. ⑥ 주식매수선택권은 주주총회결의일부터 2년 이상 재임 또는 재직하여야 이를 행사할 수 있다. ⑦ **주식매수선택권을 부여받은 비상장법인 임직원들이 자신들의 귀책사유가 아닌 사유로 비자발적으로 퇴임·퇴직한 경우에 「상법」 제340조의4 제1항의 최소 재임(재직) 요건에 관계없이 주식매수선택권을 행사할 수 있는지가 문제된 사안에서, 그러한 경우라 하더라도 최소 재임(재직) 요건을 충족하지 못하는 한 위 조항에 따른 주식매수선택권을 행사할 수 없다(판례).** ⑧ 주식매수선택권은 이를 양도할 수 없다. 다만, 주식매수선택권을 행사할 수 있는 자가 사망한 경우에는 그 상속인이 이를 행사할 수 있다.	[2019] 2. 비상장회사의 이사가 본인의 귀책사유가 아닌 사유로 퇴임 또는 퇴직하게 된 경우에는, 비록 형식적으로는 「상법」 제340조의4 제1항의 '2년 이상 재임 또는 재직' 요건을 충족하지 못하더라도 주식매수선택권을 행사할 수 있다. (×) [2009] 3. 주식매수선택권은 이를 양도할 수 있고, 주식매수선택권자가 사망한 경우에는 그 상속인이 이를 행사할 수 있다. (×)

조문 · 판례	기출지문 OX

제6관 주식의 담보

① 회사는 발행주식총수의 20분의 1을 초과하여 자기의 주식을 질권의 목적으로 받지 못한다. 다만, 다음(1. 회사의 합병 또는 다른 회사의 영업전부의 양수로 인한 경우, 2. 회사의 권리를 실행함에 있어 그 목적을 달성하기 위하여 필요한 경우)의 경우에는 그 한도를 초과하여 질권의 목적으로 할 수 있다.
② 주식을 질권의 목적으로 하는 때에는 주권을 질권자에게 교부하여야 한다.
③ 주권발행 전의 주식 입질에 관하여는 「상법」 제338조 제1항의 규정이 아니라 권리질권설정의 일반원칙인 「민법」 제345조로 돌아가 그 권리의 양도방법에 의하여 질권을 설정할 수 있다고 보아야 한다(판례).
④ 주식의 질권설정에 필요한 요건인 주권의 점유를 이전하는 방법으로는 현실인도(교부) 외에 간이인도나 반환청구권 양도도 허용되고, 주권을 제3자에게 보관시킨 경우 주권을 간접점유하고 있는 질권설정자가 반환청구권 양도에 의하여 주권의 점유를 이전하려면 질권자에게 자신의 점유매개자인 제3자에 대한 반환청구권을 양도하여야 하고, 이 경우 대항요건으로서 제3자의 승낙 또는 질권설정자의 제3자에 대한 통지를 갖추어야 한다(판례).
⑤ 주식의 소각, 병합, 분할 또는 전환이 있는 때에는 이로 인하여 종전의 주주가 받을 금전이나 주식에 대하여도 종전의 주식을 목적으로 한 질권을 행사할 수 있다(약식질은 압류 필요).
⑥ 주식을 질권(質權)의 목적으로 한 경우에 회사가 질권설정자의 청구에 따라 그 성명과 주소를 주주명부에 덧붙여 쓰고 그 성명을 주권(株券)에 적은 경우(등록질)에는 등록질권자는 회사로부터 이익배당, 잔여재산의 분배 또는 제339조(질권의 물상대위)에 따른 금전의 지급을 받아 다른 채권자에 우선하여 자기채권의 변제에 충당할 수 있다(등록질은 주권의 제시나 압류 불요).
⑦ 등록질권자는 회사에 대하여 질권의 물상대위(제339조)의 주식에 대한 주권의 교부를 청구할 수 있다.

주식의 입질	주권발행 전	주권발행 후	물상대위	주권교부 청구
약식질	권리질권설정	주권을 질권자에게 교부	압류 필요	×
등록질	권리질권설정 + 질권설정자의 청구에 따라 그 성명과 주소를 주주명부에 덧붙여 씀	주권을 질권자에게 교부 + 질권설정자의 청구에 따라 그 성명과 주소를 주주명부에 덧붙여 씀	압류 불요	○

⑧ 주식 양도담보의 경우 양도담보권자가 대외적으로 주식의 소유권자라 할 것이다(판례).
⑨ 채권담보의 목적으로 주식이 양도되어 양수인이 양도담보권자에 불과하다고 하더라도 회사에 대한 관계에는 양도담보권자가 주주의 자격을 갖는다(판례).
⑩ 주권발행 전 주식의 양도담보권자와 동일 주식에 대하여 압류명령을 집행한 자 사이의 우열은 주식양도의 경우와 마찬가지로 확정일자 있는 증서에 의한 양도통지 또는 승낙의 일시와 압류명령의 송달일시를 비교하여 그 선후에 따라 결정된다. 이때 그들이 주주명부에 명의개서를 하였는지 여부와는 상관없다(판례).

제6관 주식의 담보 (기출지문 OX)

[2004]
1. 회사는 발행주식 총수의 100분의 3을 초과하여 자기의 주식을 질권의 목적으로 받지 못한다. (×)

[2019]
2. 주식의 질권설정에 필요한 요건인 주권의 점유를 이전하는 방법으로는 현실인도(교부)만이 허용될 뿐, 반환청구권의 양도는 허용되지 않는다. (×)

[2015]
3. 주식을 질권의 목적으로 한 경우에 회사가 질권자의 청구에 따라 그 성명과 주소를 주주명부에 덧붙여 쓰고 그 성명을 주권에 적은 경우에는 질권자는 회사로부터 이익배당, 잔여재산의 분배 또는 질권의 물상대위에 따른 금전의 지급을 받아 다른 채권자에 우선하여 자기채권의 변제에 충당할 수 있다. (×)

[2005]
4. 명의개서를 마친 주식의 양도담보권자라도 담보권자일 뿐이므로 모든 주주권을 행사할 수 있는 것은 아니고, 의결권은 양도담보권을 설정한 채무자에게 귀속된다는 것이 대법원판례이다. (×)

[2019]
5. 주권발행 전 주식의 양도담보권자와 동일 주식에 대하여 압류명령을 집행한 자 사이의 우열은 주주명부에 명의개서를 한 선후에 의하여 결정된다. (×)

제7관 주식의 소각

① 주식은 자본금 감소에 관한 규정에 따라서만 소각(消却)할 수 있다. 다만, 이사회의 결의에 의하여 회사가 보유하는 자기주식을 소각하는 경우에는 그러하지 아니하다.

제7관 주식의 소각 (기출지문 OX)

조문 · 판례	기출지문 OX

제8관 주식의 분할

1,000원 × 1주	주식의 분할	100원 × 10주
(구) 주 권	(구) 주권제출기간 (1월 이상)	(신) 주 권 (주권제출기간이 만료한 때에 효력)
제출 공고 및 통지	**제 출** ○	교 부
	제 출 ×	3월 이상의 기간을 정하고 그 기간이 경과한 후에 신주권을 교부, 청구자 비용 부담
	분할 × (단주)	경매, 또는 거래소의 시세 있는 주식은 거래소를 통하여 매각하고, 거래소의 시세 없는 주식은 법원의 허가를 받아 경매 외의 방법으로 매각하여 대금지급

① 회사는 주주총회의 특별결의(제434조)로 주식을 분할할 수 있다.
② 분할 후의 액면주식 1주의 금액은 100원 미만으로 하지 못한다.
③ 주식을 분할할 경우에는 회사는 1월 이상의 기간을 정하여 그 뜻과 그 기간 내에 주권을 회사에 제출할 것을 공고하고 주주명부에 기재된 주주와 질권자에 대하여는 각별로 그 통지를 하여야 한다.
④ (구)주권을 회사에 제출할 수 없는 자가 있는 때에는 회사는 그 자의 청구에 의하여 3월 이상의 기간을 정하고 그 기간이 경과한 후에 신주권을 청구자에게 교부할 수 있다.
⑤ 분할에 적당하지 아니한 수의 주식(단주)이 있는 때에는 거래소의 시세 있는 주식은 거래소를 통하여 매각하고, 거래소의 시세 없는 주식은 법원의 허가를 받아 경매 외의 방법으로 매각할 수 있다.
⑥ 주식의 분할은 주권제출기간이 만료한 때에 그 효력이 생긴다.
⑦ 분할 후의 주식은 질권자의 물상대위가 인정된다.

제9관 주식의 포괄적 교환 및 이전

① 주식의 포괄적 교환 및 이전의 비교

비 교		포괄적 교환	포괄적 이전
공통점		• 완전 모자회사 관계 성립 • 주주총회 특별결의 • 반대주주의 주식매수청구권 인정 (의결권이 없거나 제한되는 주주를 포함한다) • 채권자보호절차 없음 • 모회사만 등기 • 부담 가중시 전원 동의	
차이점	모회사	기존회사	신설회사
	간이·소규모	인 정	없 음
	모회사 등기	변경등기 (대항요건)	설립등기 (효력요건)
	모회사의 자본금	완전모회사가 되는 회사의 자본금은 주식교환의 날에 완전자회사가 되는 회사에 현존하는 순자산액에서 다음 각 호(1. 완전자회사가 되는	설립하는 완전모회사의 자본금은 주식이전의 날에 완전자회사가 되는 회사에 현존하는 순자산액에서 그 회사의 주주에게 제공할

제8관 주식의 분할

제9관 주식의 포괄적 교환 및 이전

[2021]
1. 주식교환에 의하여 완전자회사가 되는 회사의 주주는 완전모회사가 되는 회사가 주식교환을 위하여 발행하는 신주의 배정을 받거나 그 회사 자기주식의 이전을 받음으로써 그 회사의 주주가 된다. (O)

조문 · 판례	기출지문 OX

		회사의 주주에게 제공할 금전이나 그 밖의 재산의 가액, 2. 제360조의3 제3항 제2호에 따라 완전자회사가 되는 회사의 주주에게 이전하는 자기주식의 장부가액의 합계액)의 금액을 뺀 금액을 초과하여 증가시킬 수 없다.	금전 및 그 밖의 재산의 가액을 뺀 액을 초과하지 못한다.

② 완전자회사가 되는 회사의 주주에게 제공하는 재산이 완전모회사가 되는 회사의 모회사 주식을 포함하는 경우에는 완전모회사가 되는 회사는 그 지급을 위하여 그 모회사의 주식을 취득할 수 있다.

③ 완전모회사가 되는 회사는 취득한 그 회사의 모회사 주식을 주식교환 후에도 계속 보유하고 있는 경우 주식교환의 효력이 발생하는 날부터 6개월 이내에 그 주식을 처분하여야 한다.

④ 완전자회사가 되는 회사의 총주주의 동의가 있거나 그 회사의 발행주식총수의 100분의 90 이상을 완전모회사가 되는 회사가 소유하고 있는 때에는 완전자회사가 되는 회사의 주주총회의 승인은 이를 이사회의 승인으로 갈음할 수 있다(간이주식교환).

⑤ 완전모회사가 되는 회사가 주식교환을 위하여 발행하는 신주 및 이전하는 자기주식의 총수가 그 회사의 발행주식총수의 100분의 10을 초과하지 아니하는 경우에는 완전모회사가 되는 회사에서의 주주총회의 승인은 이를 이사회의 승인으로 갈음할 수 있다(소규모주식교환). 다만, 완전자회사가 되는 회사의 주주에게 제공할 금전이나 그 밖의 재산을 정한 경우에 그 금액 및 그 밖의 재산의 가액이 최종 대차대조표에 의하여 완전모회사가 되는 회사에 현존하는 순자산액의 100분의 5를 초과하는 때에는 그러하지 아니하다.

⑥ 완전모회사가 되는 회사의 발행주식총수의 100분의 20 이상에 해당하는 주식을 가지는 주주가 소규모 주식교환에 따른 공고 또는 통지를 한 날부터 2주 내에 회사에 대하여 서면으로 소규모 주식교환에 반대하는 의사를 통지한 경우에는 소규모교환을 할 수 없다.

⑦ 소규모 주식교환의 경우에는 반대주주의 주식매수청구권(제360조의5)의 규정은 이를 적용하지 아니한다.

⑧ 주식이전은 이로 인하여 설립한 완전모회사가 그 본점소재지에서 주식이전등기를 함으로써 그 효력이 발생한다.

구조조정 특례	소규모	간 이	삼 각
내 용	1. 주식 : 10↓ 2. 금액 : 5↓ 3. 반대주주 : 20↓ 4. 주식매수청구×	1. 총주주의 동의 2. 상대회사가 90% 이상 소유 3. 주식매수청구권 ○	1. 대가로 모회사의 주식을 취득하여 교부 2. 계속 보유하는 경우 효력이 발생한 때로부터 6월 내에 처분
합 병	존속회사 > 이사회	소멸회사 > 이사회	존속회사의 모회사 주식
분할합병	분할승계회사 > 이사회	분할회사 > 이사회	분할승계회사 모회사 주식
교 환	완전모회사 > 이사회	완전자회사 > 이사회	완전모회사의 모회사 주식
영업양도 등	×	양도회사 > 이사회	×

조문 · 판례	기출지문 OX
제10관 지배주주에 의한 소수주식의 전부 취득	**제10관 지배주주에 의한 소수주식의 전부 취득**
① 회사의 발행주식총수의 100분의 95 이상을 자기의 계산으로 보유하고 있는 주주("지배주주")는 회사의 경영상 목적을 달성하기 위하여 필요한 경우에는 회사의 다른 주주("소수주주")에게 그 보유하는 주식의 매도를 청구할 수 있다. **② 지배주주가 본 조항에 따라 매도청구권을 행사할 때에는 반드시 소수주주가 보유하고 있는 주식 전부에 대하여 권리를 행사하여야 한다(판례).** ③ 지배주주의 보유주식의 수를 산정할 때에는 모회사와 자회사가 보유한 주식을 합산한다. 이 경우 회사가 아닌 주주가 발행주식총수의 100분의 50을 초과하는 주식을 가진 회사가 보유하는 주식도 그 주주가 보유하는 주식과 합산한다. ④ 매도청구를 할 때에는 미리 주주총회의 승인을 받아야 한다. ⑤ 지배주주가 있는 회사의 소수주주는 언제든지 지배주주에게 그 보유주식의 매수를 청구할 수 있다. ⑥ 매도(매수)청구를 받은 소수(지배)주주는 매도(매수)청구를 받은 날부터 2개월 내에 지배(소수)주주에게 그 주식을 매도(매수)하여야 한다. ⑦ 그 매매가액은 매도(매수)청구를 받은 소수(지배)주주와 매도(매수)를 청구한 지배(소수)주주 간의 협의로 결정한다. ⑧ 매도(매수)청구를 받은 날부터 30일 내에 매매가액에 대한 협의가 이루어지지 아니한 경우에는 매도청구를 받은 소수주주 또는 매도청구를 한 지배주주는 법원에 매매가액의 결정을 청구할 수 있다. ⑨ 법원이 주식의 매매가액을 결정하는 경우에는 회사의 재산상태와 그 밖의 사정을 고려하여 공정한 가액으로 산정하여야 한다. ⑩ 주식을 취득하는 지배주주가 매매가액을 소수주주에게 지급한 때에 주식이 이전된 것으로 본다. ⑪ 매매가액을 지급할 소수주주를 알 수 없거나 소수주주가 수령을 거부할 경우에는 지배주주는 그 가액을 공탁할 수 있다. 이 경우 주식은 공탁한 날에 지배주주에게 이전된 것으로 본다.	[2023] 1. 회사의 발행주식총수의 100분의 90 이상을 자기의 계산으로 보유하고 있는 주주는 회사의 경영상 목적을 달성하기 위하여 필요한 경우에는 회사의 다른 주주에게 그 보유하는 주식의 매도를 청구할 수 있다. (×) [2017] 2. 지배주주로부터 매도청구를 받은 소수주주는 매도청구를 받은 날부터 1개월 내에 지배주주에게 그 주식을 매도하여야 한다. (×)
제4절 기 관	**제4절 기 관**
제1관 총 설	**제1관 총 설**
제2관 주주총회	**제2관 주주총회**
Ⅰ. 의 의	Ⅰ. 의 의
Ⅱ. 권 한 ① 주주총회는 「상법」 또는 정관에 정하는 사항에 한하여 결의할 수 있다.	Ⅱ. 권 한
Ⅲ. 소 집	Ⅲ. 소 집
1. 주주총회소집의 결정 ① 총회의 소집은 다른 규정이 있는 경우 외에는 이사회가 이를 결정한다. ② 발행주식총수의 100분의 3 이상에 해당하는 주식을 가진 주주는 회의의 목적사항과 소집의 이유를 적은 서면 또는 전자문서를 이사회에 제출하여 임시총회의 소집을 청구할 수 있다.	**1. 주주총회소집의 결정**

조문 · 판례	기출지문 OX
③ 상법 제366조 제1항에서 정한 '전자문서'란 정보처리시스템에 의하여 전자적 형태로 작성·변환·송신·수신·저장된 정보를 의미하고, 이는 작성·변환·송신·수신·저장된 때의 형태 또는 그와 같이 재현될 수 있는 형태로 보존되어 있을 것을 전제로 그 내용을 열람할 수 있는 것이어야 하므로, 이와 같은 성질에 반하지 않는 한 전자우편은 물론 휴대전화 문자메시지·모바일 메시지 등까지 포함된다(판례). ④ 소수주주가 상법 제366조에 따라 임시총회 소집에 관한 법원의 허가를 신청할 때 주주총회의 권한에 속하는 결의사항이 아닌 것을 회의 목적사항으로 할 수는 없다(판례). ⑤ 법원은 「상법」 제366조 제2항에 따라 총회의 소집을 구하는 소수주주에게 회의의 목적사항을 정하여 이를 허가할 수 있다. 이때 총회소집허가결정일로부터 상당한 기간이 경과하도록 총회가 소집되지 않았다면, 소집허가결정에 따른 소집권한은 특별한 사정이 없는 한 소멸한다(판례). ⑥ 임시총회의 소집의 청구가 있은 후 지체 없이 총회소집의 절차를 밟지 아니한 때에는 청구한 주주는 법원의 허가를 받아 총회를 소집할 수 있다. 이 경우 주주총회의 의장은 법원이 이해관계인의 청구나 직권으로 선임할 수 있다.	[2023] 1. 상법 제366조 제1항에서 정한 '전자문서'에는 전자우편은 포함되나 휴대전화 문자메시지·모바일 메시지는 포함되지 않는다. (×)
2. 주주총회소집의 통지 및 공고 등	**2. 주주총회소집의 통지 및 공고 등**
① 주주총회를 소집할 때에는 주주총회일의 2주 전에 각 주주에게 서면으로 통지를 발송하거나 각 주주의 동의를 받아 전자문서로 통지를 발송하여야 한다. 다만, 그 통지가 주주명부상 주주의 주소에 계속 3년간 도달하지 아니한 경우에는 회사는 해당 주주에게 총회의 소집을 통지하지 아니할 수 있다. ② 주주총회소집의 통지서에는 회의의 목적사항을 적어야 한다. ③ 자본금 총액이 10억원 미만인 회사가 주주총회를 소집하는 경우에는 주주총회일의 10일 전에 각 주주에게 서면으로 통지를 발송하거나 각 주주의 동의를 받아 전자문서로 통지를 발송할 수 있다. ④ 자본금 총액이 10억원 미만인 회사는 주주 전원의 동의가 있을 경우에는 소집절차 없이 주주총회를 개최할 수 있고, 서면에 의한 결의로써 주주총회의 결의를 갈음할 수 있다. 결의의 목적사항에 대하여 주주 전원이 서면으로 동의를 한 때에는 서면에 의한 결의가 있는 것으로 본다. ⑤ 서면에 의한 결의는 주주총회의 결의와 같은 효력이 있다. ⑥ 주주총회 소집의 통지, 공고는 의결권 없는 주주에게는 적용하지 아니한다. 다만, 제1항의 통지서에 적은 회의의 목적사항에 제360조의5(포괄적 교환), 제360조의22(포괄적 이전), 제374조의2(영업양도 등), 제522조의3(합병) 또는 제530조의11(분할합병)에 따라 반대주주의 주식매수청구권이 인정되는 사항이 포함된 경우에는 그러하지 아니하다. ⑦ 임시주주총회가 법령 및 정관상 요구되는 이사회의 결의 없이 또한 그 소집절차를 생략하고 이루어졌다고 하더라도, 주주의 의결권을 적법하게 위임받은 수임인과 다른 주주 전원이 참석하여 총회를 개최하는 데 동의하고 아무런 이의 없이 만장일치로 결의가 이루어졌다면 이는 다른 특별한 사정이 없는 한 유효한 것이다(판례).	[2003] 1. 주주총회의 소집통지가 주주명부상의 주주의 주소에 계속 1년간 도달하지 아니한 때에는 회사는 당해 주주에게 총회의 소집을 통지하지 아니할 수 있다. (×)

조문 · 판례	기출지문 OX
Ⅳ. 주주제안권	Ⅳ. 주주제안권

① 의결권 없는 주식을 제외한 발행주식총수의 100분의 3 이상에 해당하는 주식을 가진 주주는 이사에게 주주총회일(정기주주총회의 경우 직전 연도의 정기주주총회일에 해당하는 그 해의 해당일. 이하 이 조에서 같다)의 6주 전에 서면 또는 전자문서로 일정한 사항을 주주총회의 목적사항으로 할 것을 제안(이하 '주주제안'이라 한다)할 수 있다.
② 주주제안 한 주주는 이사에게 주주총회일의 6주 전에 서면 또는 전자문서로 회의의 목적으로 할 사항에 추가하여 당해 주주가 제출하는 의안의 요령을 주주총회 소집 통지와 공고에 기재할 것을 청구할 수 있다.
③ 이사는 주주제안이 있는 경우에는 이를 이사회에 보고하고, 이사회는 주주제안의 내용이 법령 또는 정관을 위반하는 경우와 그 밖에 대통령령으로 정하는 경우를 제외하고는 이를 주주총회의 목적사항으로 하여야 한다. 이 경우 주주제안을 한 자의 청구가 있는 때에는 주주총회에서 당해 의안을 설명할 기회를 주어야 한다.
④ "대통령령으로 정하는 경우"란 주주제안의 내용이 다음 각 호의 어느 하나에 해당하는 경우를 말한다.

1. 주주총회에서 의결권의 100분의 10 미만의 찬성밖에 얻지 못하여 부결된 내용과 같은 내용의 의안을 부결된 날부터 3년 내에 다시 제안하는 경우
2. 주주 개인의 고충에 관한 사항인 경우
3. 주주가 권리를 행사하기 위하여 일정 비율을 초과하는 주식을 보유해야 하는 소수주주권에 관한 사항인 경우
4. 임기 중에 있는 임원의 해임에 관한 사항(법 제542조의2 제1항에 따른 상장회사만 해당한다)인 경우
5. 회사가 실현할 수 없는 사항 또는 제안 이유가 명백히 거짓이거나 특정인의 명예를 훼손하는 사항인 경우

⑤ 이사회가 주주의 의안제안을 부당하게 거절한 경우, 즉 주주가 회의의 목적으로 할 사항에 추가하여 의안을 제안하였는데, 그 의제를 다루면서도 주주가 제안한 의안을 올리지 않고 이를 통지에도 기재하지 않은 경우, 그 결의는 소집절차 또는 결의방법이 「상법」 제363조의2를 위반한 위법한 결의이다. 따라서 의안제안을 무시한 결의는 상법 제376조에 따라 취소할 수 있다. 반면 이사회가 주주가 제안한 의제 자체를 부당하게 거절하여 주주총회의 의제로 상정하지 않은 경우라면, 그 의제 자체가 주주총회에서 다루어지지 않게 되므로 주주제안에 대응하는 결의 자체가 존재하지 않는다. 그러므로 주주가 주주제안권이 부당하게 침해되었다고 하더라도 의제제안의 부당거절이 주주총회에서 이루어진 다른 결의의 효력에는 영향을 미치지 않는다(판례).

조문 · 판례	기출지문 OX
Ⅴ. 의결권	Ⅴ. 의결권

① 의결권은 1주마다 1개로 한다.
② 위 규정은 강행규정이므로 법률에서 위 원칙에 대한 예외를 인정하는 경우를 제외하고, 정관의 규정이나 주주총회의 결의 등으로 위 원칙에 반하여 의결권을 제한하더라도 효력이 없다(판례).
③ 회사가 가진 자기주식은 의결권이 없다.
④ 「상법」 제342조의3에는 "회사가 다른 회사의 발행주식 총수의 10분의 1을 초과하여 취득한 때에는 그 다른 회사에 대하여 지체 없이 이를 통지하여야 한다."라고 규정되어 있는바, 회사가 다른 회사의 발행주식 총수의 10분의 1을 초과하여 의결권을 대리행사할 권한을 취득하였다고 하여도 위 규정이 유추적용되지 않는다(판례).

조문 · 판례	기출지문 OX
⑤ 회사, 모회사 및 자회사 또는 자회사가 다른 회사의 발행주식의 총수의 10분의 1을 초과하는 주식을 가지고 있는 경우 그 다른 회사가 가지고 있는 회사 또는 모회사의 주식은 의결권이 없다. ⑥ 상법 제369조 제3항은 "회사, 모회사 및 자회사 또는 자회사가 다른 회사의 발행주식의 총수의 10분의 1을 초과하는 주식을 가지고 있는 경우 그 다른 회사가 가지고 있는 회사 또는 모회사의 주식은 의결권이 없다"고 규정하고 있다. 기준일에는 상법 제369조 제3항이 정한 요건에 해당하지 않더라도, 실제로 의결권이 행사되는 주주총회일에 위 요건을 충족하는 경우에는 상법 제369조 제3항이 정하는 상호소유 주식에 해당하여 의결권이 없다. 이때 회사, 모회사 및 자회사 또는 자회사가 다른 회사 발행주식 총수의 10분의 1을 초과하는 주식을 가지고 있는지 여부는 앞서 본 '주식 상호소유 제한의 목적'을 고려할 때, 실제로 소유하고 있는 주식수를 기준으로 판단하여야 하며 그에 관하여 주주명부상의 명의개서를 하였는지 여부와는 관계가 없다(판례). ⑦ 총회의 결의에 관하여 특별한 이해관계가 있는 자는 의결권을 행사하지 못한다. ⑧ 이사의 보수결정에 있어서 해당 이사인 주주는 특별이해관계인에 해당한다. ⑨ 이사·감사의 선임·해임 결의에 있어서 당사자인 주주는 특별이해관계인에 해당하지 아니한다. ⑩ 총회의 결의에 관하여는 의결권 없는 주식의 수는 발행주식총수에 산입하지 아니한다. ⑪ 총회의 결의에 관하여는 총회의 결의에 관하여 특별한 이해관계가 있는 자로서 행사할 수 없는 주식의 의결권 수는 출석한 주주의 의결권의 수에 산입하지 아니한다. ⑫ 감사의 선임에서 3% 초과 주식은 「상법」 제371조의 규정에도 불구하고 「상법」 제368조 제1항에서 말하는 '발행주식총수'에 산입되지 않는다(판례).	[2025] 1. 2개의 회사가 상대회사의 발행주식 총수의 20% 지분씩을 각각 보유하고 있을 뿐이어서 두 회사가 상법 제342조의2에서 규정하는 모자회사 관계에 이르지 않는다면, 위 각 주식은 모두 의결권이 있다. (×)

모든 의제에 대하여 의결권이 없는 경우	특정 의제에 대하여 의결권이 없는 경우
발행주식의 총수에 산입하지 아니한다.	출석한 주주의 의결권의 수에 산입하지 아니한다.
자기주식, 상호보유주식, 의결권 제한 주식, 감사선임시	특별이해관계인

특별이해관계	이해관계	의결권	예 시
있는 경우	개인적	행사할 수 없다	이사의 책임면제결의 영업양도 등의 결의 이사의 보수결정
없는 경우	단체적	행사할 수 있다	이사·감사의 선임·해임 결의 재무제표의 승인결의

조문 · 판례	기출지문 OX
Ⅵ. 의사와 결의	Ⅵ. 의사와 결의
1. **총회의 진행**	1. **총회의 진행**
① 총회의 의장은 정관에서 정함이 없는 때에는 총회에서 선임한다. ② 총회의 의장은 총회의 질서를 유지하고 의사를 정리한다. ③ 총회의 의장은 고의로 의사진행을 방해하기 위한 발언·행동을 하는 등 현저히 질서를 문란하게 하는 자에 대하여 그 발언의 정지 또는 퇴장을 명할 수 있다. ④ 총회는 이사가 제출한 서류와 감사의 보고서를 조사하게 하기 위하여 검사인(檢查人)을 선임할 수 있다. ⑤ 회사 또는 발행주식총수의 100분의 1 이상에 해당하는 주식을 가진 주주는 총회의 소집절차나 결의방법의 적법성을 조사하기 위하여 총회 전에 법원에 검사인의 선임을 청구할 수 있다. **⑥ 임시주주총회 소집을 철회하기로 하는 이사회결의를 거친 후 주주들에게 소집통지와 같은 방법인 서면에 의한 소집철회통지를 한 이상 임시주주총회 소집이 적법하게 철회되었다(판례).** ⑦ 총회에서는 회의의 속행 또는 연기의 결의를 할 수 있다. ⑧ 총회의 연기, 속행의 경우에는 통지, 공고(제363조)의 규정을 적용하지 아니한다.	[2007] 1. 주주총회의 의장은 정관에서 정함이 없는 때에는 대표이사가 된다. (×) [2021] 2. 주주총회의 소집을 철회·취소하는 경우에는 반드시 총회의 소집과 동일한 방식으로 그 철회·취소를 총회 구성원들에게 통지하여야 할 필요는 없고, 주주에게 소집의 철회·취소결정이 있었음이 알려질 수 있는 적절한 조치를 취하면 된다. (×) [2011] 3. 주주총회의 연기나 속행은 일단 주주총회가 성립한 후에는 그 주주총회의 결의에 의하여야 하는데, 이때에도 처음 주주총회의 소집절차와 동일한 절차를 밟아야 한다. (×)
2. **총회의 결의방법**(대리행사)	2. **총회의 결의방법**(대리행사)
① 주주는 대리인으로 하여금 그 의결권을 행사하게 할 수 있다. 이 경우에는 그 대리인은 대리권을 증명하는 서면을 총회에 제출하여야 한다. **② 대리권을 증명하는 서면은 위조나 변조여부를 쉽게 식별할 수 있는 원본이어야 하고 특별한 사정이 없는 한 사본은 그 서면에 해당하지 않는다(판례).** **③ 팩스를 통하여 출력된 팩스본 위임장 역시 성질상 원본으로 볼 수 없다(판례).** **④ '대리권을 증명하는 서면'이라 함은 위임장을 일컫는 것으로서 이러한 서류 등을 지참하지 아니하였다 하더라도 주주 또는 대리인이 다른 방법으로 위임장의 진정성 내지 위임의 사실을 증명할 수 있다면 회사는 그 대리권을 부정할 수 없다(판례).** **⑤ 의결권의 행사를 구체적이고 개별적인 사항에 국한하여 위임해야 한다고 해석하여야 할 근거는 없고 포괄적으로 위임할 수도 있다(판례).** **⑥ 주주로부터 의결권 행사를 위임받은 대리인은 특별한 사정이 없는 한 그 의결권 행사의 취지에 따라 제3자에게 그 의결권의 대리행사를 재위임할 수 있다(판례).** **⑦ 의결권의 대리행사로 말미암아 주주총회의 개최가 부당하게 저해되거나 혹은 회사의 이익이 부당하게 침해될 염려가 있는 등의 특별한 사정이 있는 경우에는 회사가 이를 거절할 수 있다(판례).** **⑧ 대리인의 자격을 주주로 한정하는 취지의 주식회사의 정관 규정은 주주총회가 주주 이외의 제3자에 의하여 교란되는 것을 방지하여 회사 이익을 보호하는 취지에서 마련된 것으로서 합리적인 이유에 의한 상당한 정도의 제한이라고 볼 수 있으므로 이를 무효라고 볼 수는 없다. 그런데 위와 같은 정관규정이 있다 하더라도 주주인 국가, 지방공공단체 또는 주식회사 소속의 공무원, 직원 또는 피용자 등이 그 주주를 위한 대리인으로서 의결권을 대리행사하는 것은 허용되어야 하고 이를 가리켜 정관 규정에 위반한 무효의 의결권 대리행사라고 할 수는 없다(판례).**	[2004] 1. 의결권의 대리권을 증명하는 서면은 원본에 한하지 않고 사본도 가능하다는 것이 판례이다. (×) [2016, 2020] 2. 의결권의 대리권을 증명하는 서면을 지참하지 아니한 경우라도 주주 또는 대리인이 다른 방법으로 위임장의 진정성 내지 위임사실을 증명할 수 있으면 대리권이 인정된다. (○) [2025] 3. 의결권의 행사를 구체적이고 개별적인 사항에 국한하여 위임하여야 하고 포괄적으로 위임하는 것은 허용되지 않는다. (×) [2020] 4. 대리인이 그 의결권의 대리행사를 제3자에게 재위임하는 것은 주주의 당초 수권에 반하는 것으로서 허용되지 않는다. (×) [2017] 5. 주주의 대리인의 자격을 주주로 제한하는 정관규정이 있는 경우 주주인 국가, 지방공공단체 또는 주식회사 소속의 공무원, 직원 또는 피용자 등이 그 주주를 위한 대

조문 · 판례	기출지문 OX
	리인으로서 의결권을 대리행사하는 것은 정관 규정에 위반한 무효의 의결권 대리행사이므로 허용될 수 없다. (×)
3. 의결권의 불통일행사 ① 주주가 2 이상의 의결권을 가지고 있는 때에는 이를 통일하지 아니하고 행사할 수 있다. 이 경우 주주총회일의 3일전에 회사에 대하여 서면 또는 전자문서로 그 뜻과 이유를 통지하여야 한다. ② 주주가 주식의 신탁을 인수하였거나 기타 타인을 위하여 주식을 가지고 있는 경우 외에는 회사는 주주의 의결권의 불통일행사를 거부할 수 있다. **③ 그 불통일행사의 통지는 주주총회 회일의 3일 전에 회사에 도달할 것을 요한다(판례).** **④ 다만, 비록 불통일행사의 통지가 주주총회 회일의 3일 전이라는 시한보다 늦게 도착하였다고 하더라도 회사가 스스로 총회운영에 지장이 없다고 판단하여 이를 받아들이기로 하고 이에 따라 의결권의 불통일행사가 이루어진 것이라면, 그와 같은 의결권의 불통일행사를 위법하다고 볼 수는 없다(판례).**	**3. 의결권의 불통일행사** [2006] 1. 주주가 2이상의 의결권을 가지고 있는 때에는 이를 통일하여 행사하여야 한다. (×) [2018] 2. 주주가 2 이상의 의결권을 가지고 있어 이를 통일하지 않고 행사하고자 한다면 주주총회일 3일 전까지 회사에 대하여 서면 또는 전자문서로 그 취지를 통지해야 하는데, 여기서 통지의 의미는 주주가 3일 전까지 통지를 발송하기만 하면 된다는 의미이고, 회사에 3일 전까지 도달해야 한다는 의미는 아니다. (×)
4. 서면 및 전자적 방법에 의한 의결권의 행사 ① 주주는 정관이 정한 바에 따라 총회에 출석하지 아니하고 서면에 의하여 의결권을 행사할 수 있다. ② 회사는 이사회의 결의로 주주가 총회에 출석하지 아니하고 전자적 방법으로 의결권을 행사할 수 있음을 정할 수 있다. ③ 동일한 주식에 관하여 전자적 방법으로 의결권 행사 또는 서면에 의한 의결권의 행사하는 경우 전자적 방법 또는 서면 중 어느 하나의 방법을 선택하여야 한다.	**4. 서면 및 전자적 방법에 의한 의결권의 행사** [2015] 1. 회사는 주주총회의 결의로 주주가 총회에 출석하지 아니하고 전자적 방법으로 의결권을 행사할 수 있음을 정할 수 있다. (×)
5. 주주총회 결의요건 ① 총회의 결의는 「상법」 또는 정관에 다른 정함이 있는 경우를 제외하고는 출석한 주주의 의결권의 과반수와 발행주식총수의 4분의 1 이상의 수로써 하여야 한다. **② 「상법」은 보통결의 요건을 정관에서 달리 정할 수 있음을 허용하고 있으므로, 정관에 의하여 의사정족수를 규정하는 것은 가능하다(판례).** ③ 정관변경의 특별결의는 출석한 주주의 의결권의 3분의 2 이상의 수와 발행주식총수의 3분의 1 이상의 수로써 하여야 한다. **④ 주주총회의 특별결의가 있어야 하는 「상법」 제374조 제1항 제1호 소정의 '영업의 전부 또는 중요한 일부의 양도'에는 양수 회사에 의한 양도 회사의 영업적 활동의 전부 또는 중요한 일부분의 승계가 수반되어야 하는 것이므로 단순한 영업용 재산의 양도는 이에 해당하지 않는다(판례).** **⑤ 주식회사 존속의 기초가 되는 중요한 재산의 양도는 영업의 폐지 또는 중단을 초래하는 행위로서 이는 영업의 전부 또는 일부 양도의 경우와 다를 바 없으므로 이러한 경우에는 「상법」 제374조 제1호의 규정을 유추적용하여 주주총회의 특별결의를 거쳐야 한다(판례).**	**5. 주주총회 결의요건**

조문 · 판례	기출지문 OX

⑥ 주식회사가 회사 존속의 기초가 되는 중요한 재산을 처분할 당시에 이미 사실상 영업을 중단하고 있었던 상태라면 이러한 경우에는 주주총회의 특별결의가 없었다 하여 그 처분행위가 무효로 되는 것은 아니다(판례).

⑦ 위에서 '영업의 중단'이라고 함은 영업의 계속을 포기하고 일체의 영업활동을 중단한 것으로서 영업의 폐지에 준하는 상태를 말하고 단순히 회사의 자금사정 등 경영상태의 악화로 일시 영업활동을 중지한 경우는 여기에 해당하지 않는다(판례).

⑧ 주식회사가 영업의 전부 또는 중요한 일부를 양도한 후 주주총회의 특별결의가 없었다는 이유를 들어 스스로 그 약정의 무효를 주장하더라도 주주 전원이 그와 같은 약정에 동의한 것으로 볼 수 있는 등 특별한 사정이 인정되지 않는다면 위와 같은 무효 주장이 신의성실 원칙에 반한다고 할 수는 없다(판례).

	주주총회		
결의요건	보통결의	특별결의	특수결의
	출석한 주주의 의결권의 과반수와 발행주식총수의 4분의 1 이상의 수	출석한 주주의 의결권의 3분의 2이상이며 발행주식총수의 3분의 1 이상인 수	총주주의 동의, 총주주의 일치에 의한 총회의 결의
임원	이사·감사의 선임, 보수결정, 청산임의 선임 및 해임	이사·감사의 해임	발기인·이사·감사·청산인의 회사에 대한 책임 면제
주식	자본금의 감소(결손보전)	주식의 분할, 자본금의 감소(실질감자), 주식의 할인발행	
배당	재무제표의 승인(이익배당의 결정), 주식배당		
사채		주주 이외의 자에 대한 전환사채·신주인수권부사채의발행	
영업·재산		영업의 전부 또는 중요한 일부의 양도, 영업전부의 임대 또는 경영위임, 타인과 영업의 손익 전부를 같이하는 계약 기타 이에 준할 계약의 체결이나 변경 또는 해약, 회사의 영업에 중대한 영향을 미치는 다른 회사의 영업 전부 또는 일부의 양수	
기타		정관의 변경, 해산, 합병, 분할, 계속, 사후설립,	조직변경

6. 간이영업양도

① 제374조 제1항 각 호(영업양도, 임대, 경영위임, 양수 등)의 어느 하나에 해당하는 행위를 하는 회사의 총주주의 동의가 있거나 그 회사의 발행주식총수의 100분의 90 이상을 해당 행위의 상대방이 소유하고 있는 경우에는 그 회사의 주주총회의 승인은 이를 이사회의 승인으로 갈음할 수 있다.

② 제1항의 경우에 회사는 영업양도, 양수, 임대 등의 계약서 작성일부터 2주 이내에 주주총회의 승인을 받지 아니하고 영업양도, 양수, 임대 등을 한다는 뜻을 공고하거나 주주에게 통지하여야 한다. 다만, 총주주의 동의가 있는 경우에는 그러하지 아니하다.

[2022]
1. 상법 제374조 제1항 제1호는 주식회사가 영업의 전부 또는 중요한 일부의 양도행위를 할 때에는 제434조에 따라 출석한 주주의 의결권의 3분의 2 이상의 수와 발행주식총수의 3분의 1 이상의 수로써 결의가 있어야 한다고 규정하고 있으나, 거래상대방이 아닌 주식회사가 영업의 전부 또는 중요한 일부를 양도한 후 주주총회의 특별결의가 없었다는 이유를 들어 스스로 그 약정의 무효를 주장하는 것은 특별한 사정이 없는 한 신의성실 원칙에 반한다. (×)

[2020]
2. 주식분할, 정관변경, 재무제표승인에는 「상법」 제434조에 따른 주주총회의 특별결의가 필요하다. (×)

[2004]
3. 영업의 중요한 일부의 양도는 「상법」상 이사회의 권한이다. (×)

[2005]
4. 정관의 변경, 자본금의 감소, 회사의 해산, 회사의 합병, 회사의 분할·분할합병, 회사의 계속은 모두 주주총회의 특별결의사항이다. (○)

[2015]
5. 감사의 해임 및 주식매수선택권의 부여는 모두 주주총회의 특별결의 사항이다. (○)

6. 간이영업양도

조문 · 판례	기출지문 OX
Ⅶ. 주주총회결의 반대주주의 주식매수청구권	**Ⅶ. 주주총회결의 반대주주의 주식매수청구권**
① 영업의 전부 또는 중요한 일부의 양도 등(제374조)에 따른 결의사항에 반대하는 주주(의결권이 없거나 제한되는 주주를 포함한다.)는 주주총회 전에 회사에 대하여 서면으로 그 결의에 반대하는 의사를 통지한 경우에는 그 총회의 결의일부터 20일 이내에 주식의 종류와 수를 기재한 서면으로 회사에 대하여 자기가 소유하고 있는 주식의 매수를 청구할 수 있다. ② 제1항의 청구를 받으면 해당 회사는 같은 항의 매수 청구 기간(이하 이 조에서 "매수청구기간"이라 한다)이 종료하는 날부터 2개월 이내에 그 주식을 매수하여야 한다. ③ 주식의 매수가액은 주주와 회사 간의 협의에 의하여 결정한다. ④ 매수청구기간이 종료하는 날부터 30일 이내에 제3항의 규정에 의한 협의가 이루어지지 아니한 경우에는 회사 또는 주식의 매수를 청구한 주주는 법원에 대하여 매수가액의 결정을 청구할 수 있다. ⑤ 법원이 주식의 매수가액을 결정하는 경우에는 회사의 재산상태 그 밖의 사정을 참작하여 공정한 가액으로 이를 산정하여야 한다. ⑥ 영업양도에 반대하는 주주의 주식매수청구권은 이른바 형성권으로서 그 행사로 회사의 승낙 여부와 관계없이 주식에 관한 매매계약이 성립한다(판례). ⑦「상법」제374조의2 제2항의 '회사가 주식매수청구를 받은 날로부터 2월'은 주식매매대금 지급의무의 이행기를 정한 것이라고 해석된다. 그리고 이러한 법리는 위 2월 이내에 주식의 매수가액이 확정되지 아니하였다고 하더라도 다르지 아니하다(판례).	[2010] 1. 주식매수청구권을 행사하기 위해서는 영업양도 승인을 안건으로 하는 주주총회에 참석하여 반대의 의결권을 행사해야 한다. (×) [2018] 2. 의결권이 없는 종류주식을 보유한 주주는 영업양도에 반대하더라도 주식매수청구권을 행사할 수 없다. (×)
Ⅷ. 종류주주총회	**Ⅷ. 종류주주총회**
① 회사가 종류주식을 발행한 경우에 정관을 변경함으로써 어느 종류주식의 주주에게 손해를 미치게 될 때에는 주주총회의 결의 외에 그 종류주식의 주주의 총회의 결의가 있어야 한다. ② 종류주주총회의 결의는 출석한 주주의 의결권의 3분의 2 이상의 수와 그 종류의 발행주식총수의 3분의 1 이상의 수로써 하여야 한다. ③ 주주총회에 관한 규정은 의결권 없는 종류의 주식에 관한 것을 제외하고 종류주주총회에 준용한다. ④ 종류주주총회의 결의는 정관변경이라는 법률효과가 발생하기 위한 하나의 특별요건이라고 할 것이므로, 그와 같은 내용의 정관변경에 관하여 종류주주총회의 결의가 아직 이루어지지 않았다면 그러한 정관변경의 효력이 아직 발생하지 않는 데에 그칠 뿐이고, 그러한 정관변경을 결의한 주주총회결의 자체의 효력에는 아무런 하자가 없다(판례). ⑤ 회사가 종류주주총회의 개최를 명시적으로 거부하고 있는 경우에, 정관변경에 필요한 특별요건이 구비되지 않았음을 이유로 하여 정면으로 그 정관변경이 무효라는 확인을 구하면 족한 것이지, 그 주주총회결의가 그러한 '불발효 상태'에 있다는 것의 확인을 구할 필요는 없다(판례).	[2014] 1. 회사가 주주총회의 결의사항에 대하여 의결권이 없거나 의결권이 제한되는 종류주식을 발행하는 경우에 그 종류주식을 보유한 주주의 종류주주총회에서는 의결권이 있다. (○)
Ⅸ. 주주총회결의의 하자 **1. 결의취소의 소**	**Ⅸ. 주주총회결의의 하자** **1. 결의취소의 소**
① 총회의 소집절차 또는 결의방법이 법령 또는 정관에 위반하거나 현저하게 불공정한 때 또는 그 결의의 내용이 정관에 위반한 때에는 주주·이사 또는 감사는 결의의 날로부터 2월내에 결의취소의 소를 제기할 수 있다. ② 이사 선임의 주주총회 결의에 대한 취소판결이 확정된 경우 그 결의에 의하여 이사로 선임된 이사들에 의하여 구성된 이사회에서 선정된 대표이사는 소급하	[2016] 1. 주주총회결의 취소의 판결은 제3자에 대하여는 그 효력이 없다. (×) [2024] 2. 이사 선임의 주주총회 결의에 대한 취소판결이 확정된 경우 그 판결

조문 · 판례	기출지문 OX
여 그 자격을 상실하고, 그 대표이사가 이사 선임의 주주총회 결의에 대한 취소판결이 확정되기 전에 한 행위는 대표권이 없는 자가 한 행위로서 무효가 된다(판례). ③ 대표이사 아닌 이사가 이사회의 소집 결의에 따라서 주주총회를 소집한 것이라면 위 주주총회에 있어서 소집절차상 하자는 주주총회결의의 취소사유에 불과하다(판례). ④ 주주총회가 적법하게 소집되어 개회된 이상 의결권 없는 자가 의결권을 행사하였으며 동인이 의결권을 행사한 주식수를 제외하면 의결정족수에 미달하여 총회결의에 하자가 있다는 주장은 주주총회 결의방법이 법령 또는 정관에 위반하는 경우에 해당하여 결의취소의 사유에 해당한다(판례).	은 장래에 대하여 형성적 효력이 있으므로, 그 결의에 의하여 선임된 이사들로 구성된 이사회에서 선정된 대표이사가 취소판결 확정 전에 한 행위는 유효하다. (×)
⑤ 일부 주주에게 소집통지를 하지 아니하였거나 법정기간을 준수한 서면통지를 하지 아니하여 그 소집절차에 하자가 있었다면 이 하자는 동 결정의 무효사유가 아니라 취소사유에 해당한다(판례). ⑥ 이사회의 결정 없이 주주총회가 소집되었다고 하더라도 주주총회결의 취소의 사유가 됨에 불과하다(판례). ⑦ 주주총회의 개회시각이 부득이한 사정으로 당초 소집통지된 시각보다 지연되는 경우에도 사회통념에 비추어 볼 때 정각에 출석한 주주들의 입장에서 변경된 개회시각까지 기다려 참석하는 것이 곤란하지 않을 정도라면 절차상의 하자가 되지 아니할 것이다(판례).	[2024] 3. 주주총회의 개회시각이 부득이한 사정으로 당초 소집통지된 시각보다 지연되는 경우에도 사회통념에 비추어 볼 때 정각에 출석한 주주들의 입장에서 변경된 개회시각까지 기다려 참석하는 것이 곤란하지 않을 정도라면 주주총회 결의의 부존재 또는 무효사유가 아니라 단순한 취소사유에 불과하다. (×)
⑧ 주주총회에서 여러 개의 안건이 상정되어 각기 결의가 행하여진 경우 위 제소기간의 준수 여부는 각 안건에 대한 결의마다 별도로 판단되어야 한다(판례). ⑨ 이사가 그 지위에 기하여 주주총회결의 취소의 소를 제기하였다가 소송 계속 중에 사망하였거나 사실심 변론종결 후에 사망하였다면, 그 소송은 이사의 사망으로 중단되지 않고 그대로 종료된다(판례).	[2019] 4. 이사가 그 지위에 기하여 주주총회결의 취소의 소를 제기하였다가 소송 계속 중에 사망하였거나 사실심 변론종결 후에 사망하였다면, 그 소송은 이사의 사망으로 중단된다. (×)
⑩ 주주는 다른 주주에 대한 소집절차의 하자를 이유로 주주총회결의 취소의 소를 제기할 수도 있다. 그러나 주주총회결의 취소소송의 계속 중 원고가 주주로서의 지위를 상실하면 원고는 상법 제376조에 따라 그 취소를 구할 당사자 적격을 상실하고, 이는 원고가 자신의 의사에 반하여 주주의 지위를 상실하였다 하여 달리 볼 것은 아니다(판례). ⑪ 주주총회의 결의에 찬동, 추인하여 그 강행규정을 위반한 자가 스스로 그 위반행위를 무효라고 주장하는 것을 신의성실의 원칙에 위반하는 권리행사라 하여 배척한다는 것은 위 「상법」상의 강행규정의 취지와 효용 등을 상실케 하는 것이다(판례). ⑫ 회사의 이사선임 결의가 무효 또는 부존재임을 주장하여 그 결의의 무효 또는 부존재확인을 구하는 소송에서 회사를 대표할 자는 현재 대표이사로 등기되어 그 직무를 행하는 자라고 할 것이다(판례). ⑬ 주주가 결의취소의 소를 제기한 때에는 법원은 회사의 청구에 의하여 상당한 담보를 제공할 것을 명할 수 있다. 그러나 그 주주가 이사 또는 감사인 때에는 그러하지 아니하다.	[2010] 5. 주주는 자기가 주주총회의 결의에 의하여 불이익을 입은 경우에만 주주총회결의취소의 소를 제기할 수 있다. (×)
⑭ 결의취소의 소가 제기된 경우에 결의의 내용, 회사의 현황과 제반사정을 참작하여 그 취소가 부적당하다고 인정한 때에는 법원은 그 청구를 기각할 수 있다.(무효, 부존재, 부당결의 소송에는 적용 안됨) ⑮ 주주총회결의 취소의 소에 있어 법원의 재량에 의하여 청구를 기각할 수 있음을 밝힌 「상법」 제379조는, 당사자의 주장이 없더라도 법원이 직권으로 재량에 의하여 취소청구를 기각할 수도 있다(판례).	[2015] 6. 결의무효의 소가 제기된 경우에 결의의 내용, 회사의 현황과 제반사정을 참작하여 그 결의를 무효로 하는 것이 부적당하다고 인정한 때에는 법원은 그 청구를 기각할 수 있다. (×)
2. 결의무효 및 부존재확인의 소	**2. 결의무효 및 부존재확인의 소**
① 총회의 결의의 내용이 법령에 위반한 것을 이유로 하여 결의무효의 확인을 청구하는 소와 총회의 소집절차 또는 결의방법에 총회결의가 존재	[2008] 1. 주주총회 소집절차상의 하자와 결의방법상의 하자는 그 하자의 경

조문 · 판례	기출지문 OX
한다고 볼 수 없을 정도의 중대한 하자가 있는 것을 이유로 하여 결의부존재의 확인을 청구하는 소를 제기할 수 있다. ② 법률상 부존재로 볼 수 밖에 없는 총회결의에 대하여는 결의무효 확인을 청구하고 있다고 하여도 이는 부존재확인의 의미로 무효확인을 청구하는 취지라고 풀이함이 타당하므로 적법하다고 할 것이다(판례). ③ 주주총회결의의 효력이 그 회사 아닌 제3자 사이의 소송에 있어 선결문제로 된 경우에는 당사자는 언제든지 당해 소송에서 주주총회결의가 처음부터 무효 또는 부존재하다고 다투어 주장할 수 있는 것이고, 반드시 먼저 회사를 상대로 제소하여야만 하는 것은 아니다(판례). ④ 주주총회결의에 의하여 해임당한 이사는 주주인 여부에 관계 없이 당해 해임결의의 부존재 또는 무효확인을 구할 법률상 이익이 있다(원칙)(판례). ⑤ 이사의 임기만료를 이유로 후임이사를 선임하는 결의라고 할지라도 「상법」 제386조에 의하여 후임이사 취임시까지 이사의 권리의무를 보유하는 경우에는 그 퇴임이사는 후임이사 선임결의의 하자를 주장하여 그 부존재 또는 무효확인을 구할 법률상 이익이 있다(판례). ⑥ 주주로부터 주식을 양도받은 자라 하더라도 주주명부에 명의개서를 하지 아니하면 회사의 주주로서 주주총회 및 이사회결의무효확인을 소구할 이익이 없다(판례). ⑦ 주주총회결의 부존재확인 판결에 이른바 판결의 불소급효를 규정하고 있는 「상법」 제190조 단서를 준용하고 있지 않다(소급효)(판례). ⑧ 주주의 전부 또는 대부분의 주주에게 소집통지를 발송하지 아니하고 개최된 주주총회는 특별한 사정이 없는 한 그와 같은 총회는 그 성립과정에 있어 하자가 너무나도 심한 것이어서 사회통념상 총회 자체의 성립이 인정되기 어렵다고 봄이 상당하다(판례). ⑨ 권한이 없는 자가 소집한 주주총회는 사실상 총회결의가 있었다 하여도 그 총회의 성립에 현저한 하자가 있다 할 것이므로 누구나 언제든지 그 결의의 무효확인이 아닌 부존재확인을 구할 수 있다(판례). ⑩ 주식회사와 전혀 관계가 없는 사람이 주주총회의사록을 위조한 경우와 같이 주식회사 내부의 의사결정 자체가 아예 존재하지 않는 경우에 이를 확인하는 판결도 「상법」 제380조 소정의 주주총회결의부존재확인판결에 해당한다고 보아 상법 제190조를 준용하여서는 안 된다(판례). ⑪ 주식회사의 금전상의 채권자는 그 회사의 주주총회 또는 이사회의 각 결의 부존재확인을 구할 법률상의 이익이 있다(판례). ⑫ 주주총회결의의 부존재 또는 무효 확인을 구하는 소를 여러 사람이 공동으로 제기한 경우 이는 민사소송법 제67조가 적용되는 필수적 공동소송에 해당한다(판례). ⑬ 주주총회결의부존재확인의 소송에는 그 결의부존재확인판결의 효력은 제3자에게 미치고 그 부존재확인소송에 있어서 피고가 될 수 있는 자도 회사로 한정된다(판례).	중에 따라서 결의취소사유 또는 결의부존재 사유가 되고, 결의 내용상의 하자는 하자의 경중에 관계없이 결의무효 사유가 된다. (×) [2011] 2. 주주총회 결의부존재확인의 소의 제소기간은 '결의의 날로부터 2월 내'이다. (×) [2020] 3. 상법상 주주총회 결의의 하자에 관한 모든 소는 형성의 소이다. (×) [2012] 4. 주식을 양수하였으나 명의개서를 하지 않은 주주도 주주총회 결의의 무효확인을 구할 소의 이익이 있다. (×) [2015] 5. 주주가 여럿이더라도 사실상 1인 주주가 지배하는 경우에도 1인회사의 법리가 적용되므로, 발행주식의 98%를 소유한 주주의 의사에 기하여 실제로는 주주총회를 거치지 않았음에도 의결이 있었던 것처럼 주주총회 의사록이 작성된 경우에는 주식의 소유가 실질적으로 분산되어 있는 경우라도 결의부존재 사유가 있다고 할 수 없다. (×) [2013, 2020] 6. 주주총회를 소집할 권한이 없는 자가 이사회의 주주총회 소집결정 없이 소집한 주주총회에서 이루어진 결의는 그 성립 과정에 중대한 하자가 있어 어떠한 경우에도 법률상 존재하지 않는다고 보아야 한다. (×) [2022] 7. 주주총회결의의 부존재 또는 무효확인을 구하는 소를 여러 사람이 공동으로 제기한 경우 필수적 공동소송이 아니라 통상공동소송에 해당한다. (×)

조문 · 판례	기출지문 OX

종 류	결의취소의 소	결의무효 확인의 소	결의부존재 확인의 소	부당결의 취소·변경의 소
원 인	총회의 소집**절차** 또는 결의 **방법**이 **법령 또는 정관**에 위반하거나		총회의소집**절차** 또는 결의 **방법**에 총회결의가 **존재한다고 볼 수 없을 정도**	
	그 결의의 **내용**이 **정관**에 위반한 때	총회의 결의의 **내용**이 **법령**에 위반한 때		**특별한 이해관계인**에게 부당
판례 학설	• 대표이사 아닌 이사가 주주총회를 소집 • 이사회의 결의 없이 소집권자가 주주총회를 소집 • 일부주주에게 소집통지를 하지 않은 경우 • 의결권이 없는 자가 의결권을 행사한 경우 • 총회소집통지서에 기재하지 않은 사항에 관하여 결의한 경우 • 의결정족수에 미달	• 이익없는 배당결의 • 이사선임을 이사회에 위임	• 이사회의 결의없이 무권한자가 일부 주주에게만 구두 통지하여 소집한 주주총회의 결의 • 주주의 전부 또는 대부분의 주주에게 소집통지를 발송하지 아니하고 개최된 주주총회의 결의	
제소 기간	2월	없 음		2월
관할	회사 본점소재지 지방법원			
재량 기각	가 능	불 가		
효 력	승소시 소급효, 대세효			

제3관 이사회·대표이사·집행임원

Ⅰ. 총 설

Ⅱ. 이 사

1. 이사의 선임

① 이사는 주주총회에서 (보통결의로) 선임한다.
② 정관으로 이사가 가질 주식의 수를 정한 경우에 다른 규정이 없는 때에는 이사는 그 수의 주권을 감사에게 공탁하여야 한다.
③ 회사와 이사의 관계는 「민법」의 위임에 관한 규정을 준용한다.

제3관 이사회·대표이사·집행임원

Ⅰ. 총 설

Ⅱ. 이 사

1. 이사의 선임

[2003]
1. 이사의 선임은 주주총회의 특별결의사항이다. (×)

[2019]
2. 사외이사는 대표이사가 선임한다. (×)

[2008]
3. 주식회사의 정관으로 이사가 가질 주식의 수를 정한 경우에 다른 규정

조문 · 판례	기출지문 OX
<table><tr><th>폐기된 판례</th><th>변경된 판례</th></tr><tr><td>이사나 감사의 선임에 관한 주주총회의 결의는 피선임자를 회사의 기관인 이사나 감사로 한다는 취지의 회사 내부의 결정에 불과한 것이므로, 주주총회에서 이사나 감사 선임결의가 있었다고 하여 바로 피선임자가 이사나 감사의 지위를 취득하게 되는 것은 아니고, 주주총회의 선임결의에 따라 회사의 대표기관이 임용계약의 청약을 하고 피선임자가 이에 승낙을 함으로써 비로소 피선임자가 이사나 감사의 지위에 취임하여 그 직무를 수행할 수 있게 된다(대판 1995.2.28. 94다31440).</td><td>주주총회에서 이사나 감사를 선임하는 경우, 그 선임결의와 피선임자의 승낙만 있으면, 피선임자는 대표이사와 별도의 임용계약을 체결하였는지 여부와 관계없이 이사나 감사의 지위를 취득한다고 보아야 한다(대판 2017.3.23. 2016다251215).</td></tr></table>	이 없는 때에는 이사는 그 수의 주권을 감사에게 공탁하여야 한다. (O) [2017, 2022] 4. 이사나 감사의 지위는 주주총회의 선임결의와 피선임자의 승낙만 있다고 하여 바로 취득하는 것은 아니고 주주총회의 선임결의에 따라 회사의 대표기관이 임용계약의 청약을 하고 피선임자가 이에 승낙을 함으로써 임용계약이 체결되어야만 비로소 인정된다. (×)
④ 사외이사(社外理事)는 해당 회사의 상무(常務)에 종사하지 아니하는 이사로서 다음 각 호의 어느 하나에 해당하지 아니하는 자를 말한다. 사외이사가 다음 각 호의 어느 하나에 해당하는 경우에는 그 직을 상실한다. 1. 회사의 상무에 종사하는 이사·집행임원 및 피용자 또는 최근 2년 이내에 회사의 상무에 종사한 이사·감사·집행임원 및 피용자 2. 최대주주가 자연인인 경우 본인과 그 배우자 및 직계 존속·비속 3. 최대주주가 법인인 경우 그 법인의 이사·감사·집행임원 및 피용자 4. 이사·감사·집행임원의 배우자 및 직계 존속·비속 5. 회사의 모회사 또는 자회사의 이사·감사·집행임원 및 피용자 6. 회사와 거래관계 등 중요한 이해관계에 있는 법인의 이사·감사·집행임원 및 피용자 7. 회사의 이사·집행임원 및 피용자가 이사·집행임원으로 있는 다른 회사의 이사·감사·집행임원 및 피용자	[2022] 5. 상법 제388조는 "이사의 보수는 정관에 그 액을 정하지 아니한 때에는 주주총회의 결의로 이를 정한다."라고 규정하고 있고, 위 규정의 보수에는 연봉, 수당, 상여금 등 명칭을 불문하고 이사의 직무수행에 대한 보상으로 지급되는 모든 대가가 포함된다. 다만 주주총회에서 이사의 보수에 관한 구체적 사항을 이사회에 위임한 경우에는 주주총회에서 이를 직접 정할 수 없다. (×)
⑤ 상법 제388조는 "이사의 보수는 정관에 그 액을 정하지 아니한 때에는 주주총회의 결의로 이를 정한다."라고 규정하고 있고, 위 규정의 보수에는 연봉, 수당, 상여금 등 명칭을 불문하고 이사의 직무수행에 대한 보상으로 지급되는 모든 대가가 포함된다. 이는 이사가 자신의 보수와 관련하여 개인적 이익을 도모하는 폐해를 방지하여 회사와 주주 및 회사채권자의 이익을 보호하기 위한 강행규정이다(판례). ⑥ 정관 또는 주주총회에서 임원의 보수 총액 내지 한도액만을 정하고 개별 이사에 대한 지급액 등 구체적인 사항을 이사회에 위임하는 것은 가능하지만, 이사의 보수에 관한 사항을 이사회에 포괄적으로 위임하는 것은 허용되지 아니한다(판례).	[2023] 6. 주주총회 결의사항은 정관이나 주주총회의 결의에 의하더라도 이를 다른 기관이나 제3자에게 위임할 수 있으므로, 정관 또는 주주총회에서 임원의 보수 총액 내지 한도액만을 정하고 개별 이사에 대한 지급액 등 구체적인 사항을 이사회에 위임하는 것은 물론 이사의 보수에 관한 사항을 이사회에 포괄적으로 위임하는 것도 허용된다. (×)
⑦ 회사가 정관에서 퇴직하는 이사에 대한 퇴직금액의 범위를 구체적으로 정한 다음, 다만 재임 중 공로 등 여러 사정을 고려하여 이사회가 그 금액을 결정할 수 있도록 하였다면, 이사회가 퇴직한 이사에 대한 퇴직금을 감액하는 등의 어떠한 결의도 하지 않았을 경우 회사로서는 그와 같은 이사회 결의가 없었음을 이유로 퇴직한 이사에 대하여 정관에 구체적으로 정한 범위 안에서의 퇴직금 지급을 거절할 수는 없다(판례). ⑧ 이사의 퇴직위로금은 「상법」 제388조에 규정된 보수에 포함된다 할 것이므로 위 법조에 근거하여 정관이나 주주총회결의로 그 액이 결정되었다면 주주총회에서 퇴임한 특정이사에 대하여 그 퇴직위로금을 박탈하거나 이를 감액하는 결의를 하였다 하여도 그 효력이 없다(판례). ⑨ 임원퇴직금지급규정에 관하여 주주총회 결의가 있거나 주주총회의사록이 작성된 적은 없으나 위 규정에 따른 퇴직금이 사실상 1인회사의 실질적 1인 주	[2015] 7. 회사의 정관에서 퇴직하는 이사에 대한 퇴직금액의 범위를 구체적으로 정한 다음, 재임 중 공로 등을 고려하여 이사회가 그 금액을 결정할 수 있도록 규정하고 있는 경우, 특별한 사정이 없는 한 퇴직하는 이사에 대한 퇴직금액에 관한 이사회의 결의가 없었음을 이유로 회사가 퇴직금의 지급을 거절할 수는 없다. (O)

조문 · 판례	기출지문 OX
주의 결재·승인을 거쳐 관행적으로 지급되었다면 위 규정에 대하여 주주총회의 결의가 있었던 것으로 볼 수 있다(판례). ⑩ 이사 乙이 '특별성과급'이라는 명목으로 지급받은 금원은 직무수행에 대한 보상으로 지급된 보수에 해당하는데, 乙이 특별성과급을 지급받을 때 주주총회의 결의 없이 甲 회사의 대주주의 의사결정만 있었다면, 乙에게 지급된 특별성과급은 법률상 원인 없이 이루어진 부당이득에 해당한다고 본 원심판단을 수긍한 사례(판례). ⑪ 법적으로 주식회사 이사·감사의 지위를 가지고 있지만 회사와의 명시적 또는 묵시적 약정에 따라 이사·감사로서의 실질적인 직무를 수행하지 않는 이른바 명목상 이사·감사도 보수청구권이 부정되지는 않는다(판례). ⑫ 소극적인 직무 수행 사유만을 가지고 이사·감사로서의 자격을 부정하거나 주주총회 결의에서 정한 보수청구권의 효력을 부정하기는 어렵다(판례). ⑬ 이사의 퇴직금은 상법 제388조에 규정된 보수에 포함되고, 퇴직금을 미리 정산하여 지급받는 형식을 취하는 퇴직금 중간정산금도 퇴직금과 성격이 동일하다. 다만 정관 등에서 이사의 퇴직금에 관하여 주주총회의 결의로 정한다고 규정하면서 퇴직금의 액수에 관하여만 정하고 있다면, 퇴직금 중간정산에 관한 주주총회의 결의가 있었음을 인정할 증거가 없는 한 이사는 퇴직금 중간정산금 청구권을 행사할 수 없다(판례). ⑭ 주식회사와 이사 사이에 체결된 고용계약에서 이사가 그 의사에 반하여 이사직에서 해임될 경우 퇴직위로금과는 별도로 일정한 금액의 해직보상금을 지급받기로 약정한 경우, 그 해직보상금은 형식상으로는 보수에 해당하지 않는다 하여도, 이사의 보수에 관한 「상법」 제388조를 준용 내지 유추적용하여 이사는 해직보상금에 관하여도 정관에서 그 액을 정하지 않는 한 주주총회 결의가 있어야만 회사에 대하여 이를 청구할 수 있다(판례).	[2024] 8. 주주총회에서 선임된 이사가 회사와의 명시적 또는 묵시적 약정에 따라 업무를 다른 이사 등에게 포괄적으로 위임하고 이사로서의 실질적인 업무를 수행하지 않는 경우에는 회사를 상대로 주주총회 결의에서 정한 보수를 청구할 수 없다. (×)
2. 집중투표 ① 2인 이상의 이사의 선임을 목적으로 하는 총회의 소집이 있는 때에는 의결권 없는 주식을 제외한 발행주식총수의 100분의 3 이상에 해당하는 주식을 가진 주주는 정관에서 달리 정하는 경우(정관으로 금지 가능)를 제외하고는 회사에 대하여 집중투표의 방법으로 이사를 선임할 것을 청구할 수 있다. ② 집중투표의 청구는 주주총회일의 7일 전까지 서면 또는 전자문서로 하여야 한다. ③ 집중투표의 청구가 있는 경우에 이사의 선임결의에 관하여 각 주주는 1주마다 선임할 이사의 수와 동일한 수의 의결권을 가지며, 그 의결권은 이사 후보자 1인 또는 수인에게 집중하여 투표하는 방법으로 행사할 수 있다. ④ 집중투표의 방법으로 이사를 선임하는 경우에는 투표의 최다수(보통결의 아님)를 얻은 자부터 순차적으로 이사에 선임되는 것으로 한다. ⑤ 집중투표의 청구가 있는 경우에는 의장은 의결에 앞서 그러한 청구가 있다는 취지를 알려야 한다.	**2. 집중투표** [2017] 1. 집중투표를 하기 위해서는 발행주식총수의 100분의 3 이상에 해당하는 주식(의결권 없는 주식 포함)을 가진 주주가 주주총회일의 7일 전까지 회사에 대하여 집중투표의 방법으로 이사를 선임할 것을 청구해야 한다. (×) [2009] 2. 2인 이상의 이사의 선임을 목적으로 하는 주주총회의 소집이 있을 때 소수주주에게 집중투표를 청구할 수 있도록 한 것은 소수주주의 보호를 위한 것이므로 정관으로도 이를 배제할 수 없다. (×)
3. 이사의 원수, 임기 ① 이사는 3명 이상이어야 한다. 다만, 자본금 총액이 10억원 미만인 회사는 1명 또는 2명으로 할 수 있다. ② 이사의 임기는 3년을 초과하지 못한다. 임기는 정관으로 그 임기중의 최종의 결산기에 관한 정기주주총회의 종결에 이르기까지 연장할 수 있다. ③ 이사의 임기연장 규정은 이사의 임기가 최종 결산기의 말일과 당해 결산기에	**3. 이사의 원수, 임기** [2010] 1. 이사의 임기는 3년을 초과할 수 없고, 이를 연장할 수 없다. (×)

조문 · 판례	기출지문 OX
관한 정기주주총회 사이에 만료되는 경우에 정관으로 그 임기를 정기주주총회 종결일까지 연장할 수 있도록 허용하는 규정이라고 보아야 한다(판례).	
4. 직무집행정지, 직무대행자선임	**4. 직무집행정지, 직무대행자선임**
① 이사선임결의의 무효나 취소 또는 이사해임의 소가 제기된 경우에는 법원은 당사자의 신청에 의하여 가처분으로써 이사의 직무집행을 정지할 수 있고 또는 직무대행자를 선임할 수 있다. 급박한 사정이 있는 때에는 본안 소송의 제기 전에도 그 처분을 할 수 있다. ② 가처분결정으로 인하여 이사 등의 임기가 당연히 정지되거나 가처분결정이 존속하는 기간만큼 연장된다고 할 수 없다. 나아가 이사 등의 임기 진행에 영향을 주는 것은 아니다(판례). ③ 「민사소송법」 제714조 제2항 소정의 임시의 지위를 정하기 위한 이사직무집행정지가처분에 있어서 피신청인이 될 수 있는 자는 그 성질상 당해 이사이고, 회사에게는 피신청인의 적격이 없다(판례). ④ 가처분결정이 취소되지 않는 한 직무대행자만이 적법하게 위 법인 등을 대표할 수 있고, 총회에서 선임된 후임자는 그 선임결의의 적법 여부에 관계없이 대표권을 가지지 못한다(판례). ⑤ 법원의 직무집행정지 가처분결정에 의해 회사를 대표할 권한이 정지된 대표이사가 그 정지기간 중에 체결한 계약은 절대적으로 무효이고, 그 후 가처분신청의 취하에 의하여 보전집행이 취소되었다 하더라도 집행의 효력은 장래를 향하여 소멸할 뿐 소급적으로 소멸하는 것은 아니라 할 것이므로, 가처분신청이 취하되었다 하여 무효인 계약이 유효하게 되지는 않는다(판례). ⑥ 직무집행정지 직무대행자는 가처분명령에 다른 정함이 있는 경우외에는 회사의 상무에 속하지 아니한 행위를 하지 못한다. 그러나 법원의 허가를 얻은 경우에는 그러하지 아니하다. 직무대행자가 이에 위반한 행위를 한 경우에도 회사는 선의의 제3자에 대하여 책임을 진다(판례). ⑦ 직무대행자가 정기주주총회를 소집함에 있어서도 그 안건에 이사회의 구성 자체를 변경하는 행위나 「상법」 제374조의 특별결의사항에 해당하는 행위 등 회사의 경영 및 지배에 영향을 미칠 수 있는 것이 포함되어 있다면 그 안건의 범위에서 정기총회의 소집이 상무에 속하지 않는다(판례).	[2005] 1. 신청인의 주장에 의해 지위가 다투어지는 이사와 회사가 공동 피신청인이 된다는 것이 대법원판례이다. (×) [2003, 2024] 2. 대표이사의 직무집행정지 및 직무대행자선임 가처분이 이루어진 이후 새로운 대표이사가 선임되었다면 새로이 선임된 대표이사는 그 선임결의의 적법 여부에 관계없이 대표이사로서의 권한을 가진다. (×) [2023] 3. 직무대행자가 이사회 구성을 변경하는 행위를 안건으로 하는 임시주주총회를 소집하기 위해서는 법원의 허가가 필요하지만, 이사회 구성을 변경하는 행위를 안건으로 하는 정기주주총회의 소집은 직무대행자가 법원의 허가 없이 할 수 있다. (×)
5. 해임 및 결원	**5. 해임 및 결원**
① 이사는 언제든지 주주총회의 특별결의(제434조)로 이를 해임할 수 있다. 그러나 이사의 임기를 정한 경우에 정당한 이유 없이 그 임기만료전에 이를 해임한 때에는 그 이사는 회사에 대하여 해임으로 인한 손해의 배상을 청구할 수 있다. ② 「상법」 제385조 제1항에서 해임대상으로 정하고 있는 '이사'에는 '임기만료 후 (이사의 결원으로) 이사로서의 권리의무를 행사하고 있는 퇴임이사'는 포함되지 않는다고 보아야 한다(판례). ③ 「상법」 제385조 제1항에 규정된 '정당한 이유'란 주주와 이사 사이에 불화 등 단순히 주관적인 신뢰관계가 상실된 것만으로는 부족하고, 당해 이사가 경영자로서 업무를 집행하는 데 장해가 될 객관적 상황이 발생한 경우에 비로소 임기 전에 해임할 수 있는 정당한 이유가 있다(증명책임은 이사)(판례). ④ 이사가 그 직무에 관하여 부정행위 또는 법령이나 정관에 위반한 중대한 사실이 있음에도 불구하고 주주총회에서 그 해임을 부결한 때에는 발행주식의 총수의 100분의3 이상에 해당하는 주식을 가진 주주는 총회의 결의가 있은 날부터 1월내에 그 이사의 해임을 법원에 청구할 수 있다.	[2013] 1. 이사는 주주총회에서 보통결의에 의하여 선임하거나 해임한다. (×) [2014] 2. 주식회사가 '정당한 이유' 없이 임기만료 전에 이사를 해임한 때에는 그 이사는 회사에 대하여 해임으로 인한 손해의 배상을 청구할 수 있는데, '정당한 이유'의 존부에 관한 입증책임은 회사가 부담한다. (×)

조문 · 판례	기출지문 OX

이사의 해임	사 유	권 한	기 타
해임결의	언제든지 (이유불문)	주주총회 특별결의	임기만료 전에 정당한 사유가 없이 해임한 경우에 손해배상 청구 가능 (증명책임 : 이사)
해임판결	부정행위	법 원	부결된 후 1월 이내에 100분의 3의 주주가 청구

⑤ 법률 또는 정관에 정한 이사의 원수를 결한 경우에는 임기의 만료 또는 사임으로 인하여 퇴임한 이사는 새로 선임된 이사가 취임할 때까지 이사의 권리의무가 있다. 이 경우에 필요하다고 인정할 때에는 법원은 이사, 감사 기타의 이해관계인의 청구에 의하여 일시이사의 직무를 행할 자를 선임할 수 있다. 일시이사는 이사와 동일한 권한이 있다.

⑥ 임기 만료 당시 이사 정원에 결원이 생기거나 후임 대표이사가 선임되지 아니하여 퇴임이사 또는 퇴임대표이사의 지위에 있던 중 특정재산범죄로 유죄판결이 확정된 사람은 유죄판결된 범죄행위와 밀접한 관련이 있는 기업체의 퇴임이사 또는 퇴임대표이사로서의 권리의무를 상실한다고 보아야 한다(판례).

⑦ 원고회사를 적법하게 대표할 사람이 없다는 이유로, 법원에 원고회사의 일시대표이사 및 이사의 선임을 구하는 신청을 하여, 변호사 소외 1이 원고회사의 일시대표이사 및 이사로 선임되었다. 그렇다면 이 사건 소에서 원고회사의 일시대표이사로 하여금 원고회사를 대표하도록 하였더라도, 그것이 공정한 소송수행을 저해하는 것이라고 보기는 어렵다(판례).

⑧ 대표이사를 포함한 이사가 임기의 만료나 사임에 의하여 퇴임함으로 말미암아 법률 또는 정관에 정한 대표이사나 이사의 원수(최저인원수 또는 특정한 인원수)를 채우지 못하게 되는 결과가 일어나는 경우에, 그 퇴임한 이사는 새로 선임된 이사(후임이사)가 취임할 때까지 이사로서의 권리의무가 있는 것인바, 이러한 경우에는 이사의 퇴임등기를 하여야 하는 2주 또는 3주의 기간은 일반의 경우처럼 퇴임한 이사의 퇴임일부터 기산하는 것이 아니라 후임이사의 취임일부터 기산한다고 보아야 하며, 후임이사가 취임하기 전에는 퇴임한 이사의 퇴임등기만을 따로 신청할 수 없다고 봄이 상당하다(판례).

[2006]
3. 법률 또는 정관에 정한 대표이사의 인원수를 결한 경우 임기의 만료 또는 사임으로 인하여 퇴임한 대표이사는 새로운 대표이사가 취임할 때까지 대표이사의 권리의무가 있다. (O)

[2018]
4. 소 제기 전 甲회사의 주주가 甲회사를 적법하게 대표할 사람이 없다는 이유로 일시대표이사 및 이사의 선임을 구하는 신청을 하여 변호사인 乙이 甲회사의 일시대표이사 및 이사로 선임된 경우에 일시대표이사인 乙은 감사가 아니므로 甲회사를 대표하여 甲회사의 소수주주가 소집한 주주총회에서 이사로 선임된 丙을 상대로 이사선임결의의 부존재를 주장하며 이사 지위의 부존재 확인을 구할 수 없다. (×)

[2025]
5. 임기의 만료나 사임에 의하여 퇴임한 이사가 그 퇴임으로 법률 또는 정관에 정한 이사의 원수를 채우지 못하게 되어 후임이사의 취임시까지 이사로서의 권리의무를 유지하게 되는 경우에도, 이사의 퇴임으로 인한 변경등기기간의 기산일은 후임이사의 취임일이 아니라 퇴임한 이사의 퇴임일부터 기산하여야 한다. (×)

Ⅲ. 이사회

1. 이사회의 소집

① 이사회는 각 이사가 소집한다. 그러나 이사회의 결의로 소집할 이사를 정한 때에는 그러하지 아니하다.

② 소집권자로 지정되지 않은 다른 이사는 소집권자인 이사에게 이사회 소집을 요구할 수 있다. 소집권자인 이사가 정당한 이유없이 이사회 소집을 거절하는 경우에는 다른 이사가 이사회를 소집할 수 있다.

③ 이사회를 소집함에는 회일을 정하고 그 1주간 전에 각 이사 및 감사에 대하여 통지를 발송하여야 한다. 그러나 그 기간은 정관으로 단축할 수 있다.

Ⅲ. 이사회

1. 이사회의 소집

[2015, 2020]
1. 이사회의 결의로 이사회를 소집할 이사를 정한 경우 소집권자로 지정되지 않은 다른 이사는 소집권자인 이사에게 이사회 소집을 요구할 수 있고, 소집권자인 이사가 정당한 이유 없이 이사회 소집을 거절하는 경우에는 다른 이사가

조문 · 판례	기출지문 OX

④ 이사회는 이사 및 감사전원의 동의가 있는 때에는 소집절차 없이 언제든지 회의할 수 있다.

⑤ 이사회 소집통지를 할 때에는, 주주총회 소집통지의 경우와 달리 회의의 목적사항을 함께 통지할 필요는 없다(판례).

소 집	주주총회	이사회
결 정	1. 이사회 2. 100분의 3 주주 3. 감사(위원회)	1. 각 이사 2. 감 사 3. 집행임원(법원의 허가)
통 지	2주 전에 서면 또는 동의를 얻어 전자문서로 각 주주에게 통지	1주 전에 이사 및 감사에게 통지
목적사항	기 재	기재 안함

법원에 이사회의 소집을 청구할 수 있다. (×)

[2003]
2. 이사회를 소집함에는 회일을 정하고 그 1주간 전에 각 이사 및 감사에 대하여 통지를 발송하여야 하고, 그 기간은 정관으로도 단축할 수 없다. (×)

2. 이사회의 결의

① 이사회의 결의는 이사 과반수의 출석과 출석이사의 과반수로 하여야 한다. 그러나 정관으로 그 비율을 높게 정할 수 있다.

② 정관에서 달리 정하는 경우를 제외하고 이사회는 이사의 전부 또는 일부가 직접 회의에 출석하지 아니하고 모든 이사가 음성을 동시에 송수신하는 원격통신수단에 의하여 결의에 참가하는 것을 허용할 수 있다. 이 경우 당해 이사는 이사회에 직접 출석한 것으로 본다.

③ 특별이해관계가 있는 이사는 이사회에서 의결권을 행사할 수는 없으나 의사정족수 산정의 기초가 되는 이사의 수에는 포함되고 다만 결의성립에 필요한 출석이사에는 산입되지 아니하는 것이다(판례).

④ 이사회의 결의에 하자가 있는 경우에 관하여 「상법」은 아무런 규정을 두고 있지 아니하나 그 결의에 무효사유가 있는 경우에는 이해관계인은 언제든지 또 어떤 방법에 의하든지 그 무효를 주장할 수 있다(판례).

⑤ 회사 정관이나 이사회 규정 등에서 이사회 결의를 거치도록 대표이사의 대표권을 제한한 경우(이하 '내부적 제한'이라 한다)에도 선의의 제3자는 상법 제209조 제2항에 따라 보호된다. 거래행위의 상대방인 제3자가 상법 제209조 제2항에 따라 보호받기 위하여 선의 이외에 무과실까지 필요하지는 않지만, 중대한 과실이 있는 경우에는 제3자의 신뢰를 보호할 만한 가치가 없다고 보아 거래행위가 무효라고 해석함이 타당하다(판례).

⑥ 감사는 이사회에 출석하여 의견을 진술할 수 있다.

⑦ 감사는 이사가 법령 또는 정관에 위반한 행위를 하거나 그 행위를 할 염려가 있다고 인정한 때에는 이사회에 이를 보고하여야 한다.

⑧ 이사회의 의사에 관하여는 의사록을 작성하여야 한다. 의사록에는 의사의 안건, 경과요령, 그 결과, 반대하는 자와 그 반대이유를 기재하고 출석한 이사 및 감사가 기명날인 또는 서명하여야 한다.

⑨ 주주는 영업시간 내에 이사회의사록의 열람 또는 등사를 청구할 수 있다. 회사는 열람 또는 등사를 청구에 대하여 이유를 붙여 이를 거절할 수 있다. 이 경우 주주는 법원의 허가를 얻어 이사회의사록을 열람 또는 등사할 수 있다.

결 의	주주총회	이사회
의결권	1주 1의결권	1인 1의결권
의결권 제한	자·의·발, 특·행·출	특·행·출
결의 요건	보통결의, 특별결의, 특수결의	이사 과반수 출석과 출석이사 과반수의 찬성
결의 방법	대리, 불통일, 서면, 전자	음 성
결의 하자	취소, 무효, 부존재, 부당	언제나 무효

2. 이사회의 결의

[2013]
1. 총 3명의 이사 중 대표이사, 특별이해관계 있는 이사 등 2명이 이사회에 출석하여 의결을 하였다면 이사 3명 중 2명이 출석하여 과반수 출석의 요건을 구비하였고 위 대표이사의 찬성으로 과반수의 찬성이 있는 것으로 되어 그 결의는 적법하다. (○)

[2005]
2. 이사회의 결의에 특별한 이해관계가 있는 이사는 이사회의 회의에 참석할 수 있으나 의결권은 없으며, 이러한 이사는 이사회의 결의를 위한 회의의 성립요건으로서의 출석이사의 수의 계산에 있어서 산입하지 않는다. (○)

[2020]
3. 대표이사가 이사회 결의를 거쳐야 할 대외적 거래행위에 관하여 이를 거치지 아니한 경우라도, 이와 같은 이사회결의사항은 회사의 내부적 의사결정에 불과하다 할 것이므로, 그 거래 상대방이 그와 같은 이사회결의가 없었음을 알았거나 알지 못한 데에 중과실이 있는 경우가 아니라면 그 거래행위는 유효하다. (○)

조문 · 판례	기출지문 OX
3. 이사회의 권한	**3. 이사회의 권한**
① 중요한 자산의 처분 및 양도, 대규모 재산의 차입, 지배인의 선임 또는 해임과 지점의 설치·이전 또는 폐지 등 회사의 업무집행은 이사회의 결의로 한다. ② 주식회사의 회생절차개시신청은 대표이사의 업무권한인 일상 업무에 속하지 아니한 중요한 업무에 해당하여 이사회 결의가 필요하다고 보아야 한다(판례). ③ 주식회사의 대표이사가 회사를 대표하여 파산신청을 할 경우 대표이사의 업무권한인 일상 업무에 속하지 않는 중요한 업무에 해당하여 이사회 결의가 필요하다고 보아야 하고, 이사에게 별도의 파산신청권이 인정된다고 해서 달리 볼 수 없다(판례). ④ 이사회는 이사의 직무의 집행을 감독한다. ⑤ 이사는 대표이사로 하여금 다른 이사 또는 피용자의 업무에 관하여 이사회에 보고할 것을 요구할 수 있다. ⑥ 이사는 3월에 1회 이상 업무의 집행상황을 이사회에 보고하여야 한다. ⑦ 중요한 자산의 처분에 해당하는 경우에는 이사회가 그에 관하여 직접 결의하지 아니한 채 대표이사에게 그 처분에 관한 사항을 일임할 수 없는 것이므로 이사회규정상 이사회 부의사항으로 정해져 있지 아니하더라도 반드시 이사회의 결의를 거쳐야 한다(판례).	[2024] 1. 주식회사의 대표이사가 회사를 대표하여 파산신청을 할 경우 원칙적으로 이사회 결의가 필요하지 않다. (×)
4. 이사회내 위원회	**4. 이사회내 위원회**
① 이사회는 정관이 정한 바에 따라 위원회를 설치할 수 있다. ② 이사회는 다음 각 호의 사항을 제외하고는 그 권한을 위원회에 위임할 수 있다. 1. 주주총회의 승인을 요하는 사항의 제안 2. 대표이사의 선임 및 해임 3. 위원회의 설치와 그 위원의 선임 및 해임 4. 정관에서 정하는 사항 ③ 위원회는 2인 이상의 이사로 구성한다. ④ 위원회는 결의된 사항을 각 이사에게 통지하여야 한다. 이 경우 이를 통지받은 각 이사는 이사회의 소집을 요구할 수 있으며, 이사회는 위원회가 결의한 사항에 대하여 다시 결의할 수 있다.	
5. 소규모회사	**5. 소규모회사**
① 이사는 3명 이상이어야 한다. 다만, 자본금 총액이 10억원 미만인 회사는 1명 또는 2명으로 할 수 있다.	

자본금	이사 수	이사회		대표이사
10억 이상	3인 이상	○		○
10억 미만 (소규모회사)	1인 또는 2인 가능	×		△ (각 이사가 대표기관. 다만 정관으로 대표이사를 정할 수 있다)
		이사의 단독결정	주주총회로 대체	
		중요한 자산의 처분 및 양도, 대규모 재산의 차입, 지배인의 선임 또는 해임과 지점의 설치·이전 또는 폐지, 주주총회의 소집결정, 주주제안의 수리	이사의 경업·유용·거래의 승인, 신주의 발행, 사채의 발행, 준비금의 자본전입, 중간배당.	

조문 · 판례	기출지문 OX

Ⅳ. 대표이사

1. 대표이사

① 회사는 이사회의 결의로 회사를 대표할 이사를 선정하여야 한다. 그러나 정관으로 주주총회에서 이를 선정할 것을 정할 수 있다.
② 회사는 이사회의 결의로 수인의 대표이사가 공동으로 회사를 대표할 것을 정할 수 있다.
③ 대표이사는 이사의 자격을 전제로 하므로, 이사의 자격을 상실하면 대표이사의 자격을 상실하게 된다. 그러나 반대로 대표이사의 자격을 상실하더라도 이사의 자격을 상실하는 것은 아니다. 회사는 정당한 사유의 유무를 불문하고 언제든지 이사회의 결의로 대표이사를 해임할 수 있다(판례).
④ 공동대표이사의 1인이 그 대표권의 행사를 특정사항에 관하여 개별적으로 다른 공동대표이사에게 위임함은 별론으로 하고, 일반적·포괄적으로 위임함은 허용되지 아니한다(판례).

수인의 대표이사		능동대표 〉〉	〈〈수동대표	상대방
원 칙	각자대표(수인)	1 인	1 인	
예 외	공동대표 (수인 + 공동)	공 동 (개별위임은 가능)	1 인	

⑤ 대표이사의 대표권한 범위를 벗어난 행위라 하더라도 그것이 회사의 권리능력의 범위 내에 속한 행위이기만 하면 대표권의 제한을 알지 못하는 제3자가 그 행위를 회사의 대표행위라고 믿은 신뢰는 보호되어야 한다.

폐기된 판례	변경된 판례
대판 2005.7.28. 2005다3649 등	대판 2021.2.18. 2015다45451 전원합의체 판결
주식회사의 대표이사가 이사회의 결의를 거쳐야 할 대외적 거래행위에 관하여 이를 거치지 아니한 경우라도, 이와 같은 이사회 결의사항은 회사의 내부적 의사결정에 불과하다 할 것이므로, 그 거래상대방이 그와 같은 이사회결의가 없었음을 알았거나 알 수 있었을 경우가 아니라면 그 거래행위는 유효하다 할 것이고, 이 경우 거래의 상대방이 이사회의 결의가 없었음을 알았거나 알 수 있었음은 이를 주장하는 회사측이 주장·입증하여야 한다.	회사 정관이나 이사회 규정 등에서 이사회 결의를 거치도록 대표이사의 대표권을 제한한 경우(이하 '내부적 제한'이라 한다)에도 선의의 제3자는 상법 제209조 제2항에 따라 보호된다. 거래행위의 상대방인 제3자가 상법 제209조 제2항에 따라 보호받기 위하여 선의 이외에 무과실까지 필요하지는 않지만, 중대한 과실이 있는 경우에는 제3자의 신뢰를 보호할 만한 가치가 없다고 보아 거래행위가 무효라고 해석함이 타당하다.

⑥ 대표이사가 대표권의 범위 내에서 한 행위는 설사 대표이사가 회사의 영리목적과 관계없이 자기 또는 제3자의 이익을 도모할 목적으로 그 권한을 남용한 것이라 할지라도 일단 회사의 행위로서 유효하고, 다만 그 행위의 상대방이 대표이사의 진의를 알았거나 알 수 있었을 때에는 회사에 대하여 무효가 되는 것이다(판례).
⑦ 회사가 이사에 대하여 또는 이사가 회사에 대하여 소를 제기하는 경우에 감사는 그 소에 관하여 회사를 대표한다.
⑧ 甲 주식회사의 일시대표이사인 乙이 甲 회사를 대표하여 甲 회사의 소수주주가 소집한 주주총회에서 이사로 선임된 丙을 상대로 이사선임결의의 부존재를 주장하며 이사 지위의 부존재 확인을 구하자, 일시대표이사인 乙로 하여금 甲 회사를

Ⅳ. 대표이사

1. 대표이사

[2003]
1. 대표이사는 반드시 이사회의 결의로 선정하여야 하고, 주주총회에서 선정할 수는 없다. (×)

[2012]
2. 이사회 결의로 선임된 대표이사는 정당한 사유 없이 이사회로부터 해임되지 않는다. (×)

[2007]
3. 대표이사가 수인인 때에는 원칙적으로 수인의 대표이사가 공동의 의사표시로써만 회사를 대표한다. (×)

[2017]
4. 공동대표이사 중 1인은 다른 공동대표이사에게 그 대표권의 행사를 일반적, 포괄적으로 위임할 수 있다. (×)

[2013, 2016]
5. 대표이사가 대표권의 범위 내에서 한 행위가 회사의 영리목적과 관계없이 자기 또는 제3자의 이익을 도모할 목적으로 그 권한을 남용한 것이라도, 그 행위의 상대방이 대표이사의 진의를 알았거나 알 수 있었을 경우가 아닌 한 회사의 행위로서 유효하다. (O)

조문 · 판례	기출지문 OX
대표하도록 하였더라도 그것이 공정한 소송수행을 저해하는 것이라고 보기는 어려우므로, 위 소에 「상법」 제394조 제1항은 적용되지 않는다(판례). ⑨ 소송의 목적이 되는 권리관계가 이사의 재직 중에 일어난 사유로 인한 것이라 할지라도 회사가 그 사람을 이사의 자격으로 제소하는 것이 아니고 이사가 이미 이사의 자리를 떠난 경우에 회사가 그 사람을 상대로 제소하는 경우에는 특별한 사정이 없는 한 위 「상법」 제394조 제1항은 적용되지 않는다(판례). ⑩ 주식회사의 이사가 회사에 대하여 소를 제기함에 있어서 대표이사를 회사의 대표자로 표시한 소장을 법원에 제출하고, 법원도 이 점을 간과하여 회사의 대표이사에게 소장의 부본을 송달한 채, 회사의 대표이사로부터 소송대리권을 위임받은 변호사들에 의하여 소송이 수행되었다면, 그 소송행위는 모두 무효가 된다(판례). ⑪ 감사위원회의 위원이 소의 당사자인 경우에는 감사위원회 또는 이사는 법원에 회사를 대표할 자를 선임하여 줄 것을 신청하여야 한다.	[2018] 6. 피고 회사의 이사인 원고가 피고 회사에 대하여 소를 제기할 때, 대표이사를 피고 회사의 대표자로 표시한 소장을 법원에 제출하고, 법원도 이 점을 간과하여 피고 회사의 대표이사에게 소장의 부본을 송달한 채, 피고 회사의 대표이사로부터 소송대리권을 위임받은 변호사들에 의하여 소송이 수행되었다면, 이 사건 소에 관하여는 피고 회사를 대표할 권한이 대표이사에게 없기 때문에 소장이 피고에게 적법유효하게 송달되었다고 볼 수 없음은 물론 피고회사의 대표이사가 피고를 대표하여 한 소송행위나 피고회사의 대표이사에 대하여 원고가 한 소송행위는 모두 무효이다. (○)
2. 표현대표이사	**2. 표현대표이사**
① 사장, 부사장, 전무, 상무 기타 회사를 대표할 권한이 있는 것으로 인정될만한 명칭을 사용한 이사의 행위에 대하여는 그 이사가 회사를 대표할 권한이 없는 경우에도 회사는 선의의 제3자에 대하여 그 책임을 진다. ② 회사가 이사의 자격이 없는 자에게 표현대표이사의 명칭을 사용하는 것을 허용하는 경우는 물론, 이사의 자격도 없는 사람이 임의로 표현대표이사의 명칭을 사용하고 있는 것을 회사가 알면서도 아무런 조치도 취하지 아니한 채 그대로 방치하여 소극적으로 묵인한 경우에도 위 규정이 유추적용되는 것으로 해석함이 상당하다(판례). ③ 회사의 명칭사용 승인 없이 임의로 명칭을 잠칭한 자의 행위에 대하여는 비록 그 명칭사용을 알지 못하고 제지하지 못한 점에 있어서 회사에게 과실이 있다고 할지라도 그 회사의 책임으로 돌려 선의의 제3자에 대하여 책임을 지게 하는 취지가 아니다(판례). ④ '경리담당이사'는 회사를 대표할 권한이 있는 것으로 인정될 만한 명칭에 해당한다고 볼 수 없으므로 「상법」 제395조에 따른 회사의 책임을 인정할 수 없다(판례). ⑤ 「상법」 제395조는 표현대표이사가 자기의 명칭을 사용하여 법률행위를 한 경우는 물론이고 자기의 명칭을 사용하지 아니하고 다른 대표이사의 명칭을 사용하여 행위를 한 경우에도 적용된다(판례). ⑥ 제3자가 회사의 대표이사가 아닌 이사에게 그 거래행위를 함에 있어 회사를 대표할 권한이 있다고 믿었다 할지라도 그와 같이 믿음에 있어서 중대한 과실이 있는 경우에는 회사는 그 제3자에 대하여는 책임을 지지 아니한다(판례). ⑦ 공동대표이사 중의 1인이 대표이사라는 명칭을 사용하여 법률행위를 하는 것을 용인하거나 방임한 때에는, 그 공동대표이사가 단독으로 회사를 대표하여 한 법률행위에 관하여 회사가 선의의 제3자에 대하여 「상법」 제395조에 따른 책임을 진다(판례). ⑧ 「상법」 제395조와 상업등기와의 관계를 헤아려 보면, 본조는 상업등기와는 다른 차원에서 회사의 표현책임을 인정한 규정이라고 해야 옳으리니 이 책임을 물음에 상업등기가 있는 여부는 고려의 대상에 넣어서는 아니된다고 하겠다(판례). ⑨ 회사를 대표할 권한이 없는 표현대표이사가 다른 대표이사의 명칭을 사용하여 어음행위를 한 경우, 회사가 책임을 지는 선의의 제3자의 범위에는 표현대표이사로부터 직접 어음을 취득한 상대방뿐만 아니라, 그로부터 어음을 다시 배서양도받은 제3취득자도 포함된다(판례).	[2013] 1. 표현대표이사가 자신의 이름으로 행위한 경우는 물론이고 대표이사의 이름으로 행위하거나 그 대리인으로서 행위한 경우에도 회사는 선의의 제3자에게 대하여 책임을 지는데, 이 경우에 상대방의 악의 또는 중대한 과실은 표현대표이사의 대표권이 있는지에 관한 것이다. (×)

조문 · 판례	기출지문 OX
Ⅴ. 집행임원	**Ⅴ. 집행임원**
① 회사는 집행임원을 둘 수 있다. 이 경우 집행임원을 둔 회사(이하 "집행임원 설치회사"라 한다)는 대표이사를 두지 못한다. ② 집행임원 설치회사와 집행임원의 관계는 「민법」 중 위임에 관한 규정을 준용한다. ③ 집행임원 설치회사의 이사회는 다음의 권한을 갖는다. 1. 집행임원과 대표집행임원의 선임·해임 2. 집행임원의 업무집행 감독 3. 집행임원과 집행임원 설치회사의 소송에서 집행임원 설치회사를 대표할 자의 선임 4. 집행임원에게 업무집행에 관한 의사결정의 위임(이 법에서 이사회 권한사항으로 정한 경우는 제외한다) 5. 집행임원이 여러 명인 경우 집행임원의 직무 분담 및 지휘·명령관계, 그 밖에 집행임원의 상호관계에 관한 사항의 결정 6. 정관에 규정이 없거나 주주총회의 승인이 없는 경우 집행임원의 보수 결정 ④ 집행임원 설치회사는 이사회의 회의를 주관하기 위하여 이사회 의장을 두어야 한다. 이 경우 이사회 의장은 정관의 규정이 없으면 이사회 결의로 선임한다. ⑤ 집행임원의 임기는 정관에 다른 규정이 없으면 2년을 초과하지 못한다. 집행임원의 임기는 정관에 그 임기 중의 최종 결산기에 관한 정기주주총회가 종결한 후 가장 먼저 소집하는 이사회의 종결 시까지로 정할 수 있다. ⑥ 집행임원의 권한은 다음 각 호의 사항으로 한다. 1. 집행임원 설치회사의 업무집행 2. 정관이나 이사회의 결의에 의하여 위임받은 업무집행에 관한 의사결정 ⑦ 2명 이상의 집행임원이 선임된 경우에는 이사회 결의로 집행임원 설치회사를 대표할 대표집행임원을 선임하여야 한다. 다만, 집행임원이 1명인 경우에는 그 집행임원이 대표집행임원이 된다. ⑧ 집행임원은 3개월에 1회 이상 업무의 집행상황을 이사회에 보고하여야 한다. ⑨ 집행임원은 필요하면 회의의 목적사항과 소집이유를 적은 서면을 이사에게 제출하여 이사회 소집을 청구할 수 있다. ⑩ 집행임원의 이사회 소집 청구를 한 후 이사가 지체 없이 이사회 소집의 절차를 밟지 아니하면 소집을 청구한 집행임원은 법원의 허가를 받아 이사회를 소집할 수 있다. 이 경우 이사회 의장은 법원이 이해관계자의 청구에 의하여 또는 직권으로 선임할 수 있다.	
Ⅵ. 이사의 의무 **1. 일반 의무**	Ⅵ. 이사의 의무 **1. 일반 의무**
① 이사는 법령과 정관의 규정에 따라 회사 및 주주를 위하여 그 직무를 충실하게 수행하여야 한다. 이사는 그 직무를 수행함에 있어 총주주의 이익을 보호하여야 하고, 전체 주주의 이익을 공평하게 대우하여야 한다. <[법률 제20991호, 2025.7.2, 일부개정]>	

조문 · 판례	기출지문 OX
② 주식회사의 이사는 이사회의 일원으로서 이사회에 상정된 의안에 대하여 찬부의 의사표시를 하는 데 그치지 않고, 담당업무는 물론 다른 업무담당이사의 업무집행을 전반적으로 감시할 의무가 있다(판례). ③ 고도로 분업화되고 전문화된 대규모의 회사에서 공동대표이사와 업무담당이사들이 내부적인 사무분장에 따라 각자의 전문 분야를 전담하여 처리하는 것이 불가피한 경우라 할지라도 그러한 사정만으로 다른 이사들의 업무집행에 관한 감시의무를 면할 수는 없다(판례). ④ 회사 업무의 전반을 총괄하여 다른 이사의 업무집행을 감시·감독하여야 할 지위에 있는 대표이사가 내부통제시스템을 구축하고 그것이 제대로 작동되도록 하기 위한 노력을 전혀 하지 않거나 위와 같은 시스템을 통한 감시·감독의무의 이행을 의도적으로 외면한 결과 다른 이사 등의 위법한 업무집행을 방지하지 못하였다면, 이는 대표이사로서 회사 업무 전반에 대한 감시의무를 게을리한 것이라고 할 수 있다(판례). ⑤ 일정한 업무분장하에 회사의 일상적인 업무를 집행하는 업무집행이사는 회사의 업무집행을 전혀 담당하지 아니하는 평이사에 비하여 보다 높은 주의의무를 부담한다(판례). ⑥ 이사는 회사에 현저하게 손해를 미칠 염려가 있는 사실을 발견한 때에는 즉시 감사에게 이를 보고하여야 한다. ⑦ 이사는 재임 중 뿐만 아니라 퇴임 후에도 직무상 알게 된 회사의 영업상 비밀을 누설하여서는 아니 된다. ⑧ 이사는 회사의 정관, 주주총회의 의사록을 본점과 지점에, 주주명부, 사채원부를 본점에 비치하여야 한다. 이 경우 명의개서대리인을 둔 때에는 주주명부나 사채원부 또는 그 복본을 명의개서대리인의 영업소에 비치할 수 있다. 주주와 회사채권자는 영업시간내에 언제든지 이 서류의 열람 또는 등사를 청구할 수 있다.	
2. 경업금지의무 ① 이사는 이사회의 승인이 없으면 자기 또는 제3자의 계산으로 회사의 영업부류에 속한 거래를 하거나 동종영업을 목적으로 하는 다른 회사의 무한책임사원이나 이사가 되지 못한다. ② 이사가 경업 대상 회사의 지배주주가 되어 그 회사의 의사결정과 업무집행에 관여할 수 있게 되는 경우, 「상법」 제397조 제1항에 따라 자신이 속한 회사 이사회의 승인을 얻어야 한다(판례). ③ 이사가 경업금지의 규정에 위반하여 거래를 한 경우에 회사는 이사회의 결의로 그 이사의 거래가 자기의 계산으로 한 것인 때에는 이를 회사의 계산으로 한 것으로 볼 수 있고 제3자의 계산으로 한 것인 때에는 그 이사에 대하여 이로 인한 이득의 양도를 청구할 수 있다(개입권). ④ 개입권은 거래가 있은 날로부터 1년을 경과하면 소멸한다.	**2. 경업금지의무**
3. 회사의 기회 및 자산의 유용 금지의무 ① 이사는 이사회의 승인 없이 현재 또는 장래에 회사의 이익이 될 수 있는 다음 각 호의 어느 하나에 해당하는 회사의 사업기회를 자기 또는 제3자의 이익을 위하여 이용하여서는 아니 된다. 이 경우 이사회의 승인은 이사 3분의 2 이상의 수로써 하여야 한다. 1. 직무를 수행하는 과정에서 알게 되거나 회사의 정보를 이용한 사업기회 2. 회사가 수행하고 있거나 수행할 사업과 밀접한 관계가 있는 사업기회 ② 제1항을 위반하여 회사에 손해를 발생시킨 이사 및 승인한 이사는 연대하여 손해를 배상할 책임이 있으며 이로 인하여 이사 또는 제3자가 얻은 이익은 손해로 추정한다.	**3. 회사의 기회 및 자산의 유용 금지의무**

조문 · 판례	기출지문 OX
4. 이사 등과 회사 간의 거래금지의무 ① 다음 각 호의 어느 하나에 해당하는 자가 자기 또는 제3자의 계산으로 회사와 거래를 하기 위하여는 미리 이사회에서 해당 거래에 관한 중요사실을 밝히고 이사회의 승인을 받아야 한다. 이 경우 이사회의 승인은 이사 3분의 2 이상의 수로써 하여야 하고, 그 거래의 내용과 절차는 공정하여야 한다. 1. 이사 또는 제542조의8 제2항 제6호에 따른 주요주주 2. 제1호의 자의 배우자 및 직계존비속 3. 제1호의 자의 배우자의 직계존비속 4. 제1호부터 제3호까지의 자가 단독 또는 공동으로 의결권 있는 발행주식 총수의 100분의 50 이상을 가진 회사 및 그 자회사 5. 제1호부터 제3호까지의 자가 제4호의 회사와 합하여 의결권 있는 발행주식총수의 100분의 50 이상을 가진 회사 ② 거래당시 이사의 직위를 떠난 사람은 여기에 포함되지 않는다(판례). ③ 이사가 회사에 대하여 담보 약정이나 이자 약정 없이 금전을 대여하는 행위와 같이 성질상 회사와 이사 사이의 이해충돌로 인하여 회사에 불이익이 생길 염려가 없는 경우에는 이사회의 승인을 거칠 필요가 없다(판례). ④ 회사에 대하여 개인적인 채권을 가지고 있는 대표이사가 회사를 위하여 보관하고 있는 회사 소유의 금전으로 자신의 채권 변제에 충당하는 행위는 회사와 이사의 이해가 충돌하는 자기거래행위에 해당하지 않는 것이다(판례). ⑤ 별개 두 회사의 대표이사를 겸하고 있는 자가 어느 일방 회사의 채무에 관하여 나머지 회사를 대표하여 연대보증을 한 경우에도 역시 「상법」 제398조의 규정이 적용되는 것으로 보아야 한다(판례). ⑥ 甲, 乙 두 회사의 대표이사를 겸하고 있던 자에 의하여 甲 회사와 乙 회사 사이에 토지 및 건물에 대한 매매계약이 체결되고 乙 회사 명의로 소유권이전등기가 경료된 경우, 그 매매계약은 이른바 '이사의 자기거래'에 해당한다(판례). ⑦ 주식회사의 대표이사가 회사를 대표하여 회사의 제3자에 대한 채권을 대표이사 자신에게 양도하는 행위는 「상법」 제398조 소정의 이사의 자기거래행위에 해당하여 이사회의 결의를 거쳐야 할 것인바, 위 채권양도행위에 대하여 이사회의 결의가 있었다거나 그것이 회사의 기존채무 이행을 위하여 행해진 것으로 이사회의 승인을 요하지 않는다는 점에 대하여는 당해 이사가 스스로 주장·입증하여야 할 것이다(판례). ⑧ 이사 등이 자기 또는 제3자의 계산으로 회사와 유효하게 거래를 하기 위하여는 미리 상법 제398조에서 정한 이사회 승인을 받아야 하므로 사전에 상법 제398조에서 정한 이사회 승인을 받지 않았다면 특별한 사정이 없는 한 그 거래는 무효라고 보아야 하고, 사후에 그 거래행위에 대하여 이사회 승인을 받았다고 하더라도 특별한 사정이 없는 한 무효인 거래행위가 유효로 되는 것은 아니다(판례). ⑨ 이사와 회사 사이의 이익상반거래에 대한 승인은 주주 전원의 동의가 있다거나 그 승인이 정관에 주주총회의 권한사항으로 정해져 있다는 등의 특별한 사정이 없는 한 이사회의 전결사항이라 할 것이므로, 이사회의 승인을 받지 못한 이익상반거래에 대하여 아무런 승인 권한이 없는 주주총회에서 사후적으로 추인 결의를 하였다 하여 그 거래가 유효하게 될 수는 없다(판례).	**4. 이사 등과 회사 간의 거래금지의무** [2011] 1. 이사는 이사회의 승인이 있는 때에는 자기 또는 제3자의 계산으로 회사와 유효한 거래를 할 수 있는데, 여기서 이사회의 승인은 사전승인에 한하고, 사후승인은 인정되지 않는다. (O) [2021] 2. 이사가 자기 또는 제3자의 계산으로 회사와 거래를 하기 위해서는 상법 제398조에 따라 미리 이사회의 승인을 받아야 하고, 이 경우 이사회 승인은 상법 제397조에 따른 경업금지의 해제에 대한 이사회 승인과 동일하게 이사 과반수의 출석과 출석이사의 과반수로 하여야 한다. (×) [2023] 3. 甲이 타인의 명의로 乙 회사가 발행한 주식 총수의 10%(의결권 없는 주식 제외)를 소유한 실질주주인 경우에 甲의 시아버지인 丙이 乙 회사와 거래를 하고자 할 때에는 미리 이사회에서 해당 거래에 관한 중요사실을 밝히고 이사회의 승인을 받을 필요가 없다. (×) [2013] 4. 이사와 회사 사이의 거래라면 양자 사이의 이해가 상반되지 않고 회사에 불이익을 초래할 우려가 없는 때라도 반드시 이사회의 승인을 받아야 한다. (×) [2008, 2021] 5. 회사에 대하여 개인적인 채권을 가지고 있는 대표이사가 회사를 위하여 보관하고 있는 회사 소유의 금전으로 자신의 채권의 변제에 충당하는 경우는 이사와 회사 간의 거래에 해당한다. (×) [2024, 2025] 6. 이사 등이 자기 또는 제3자의 계산으로 회사와 거래를 하면서 사전에 상법 제398조에서 정한 이사회 승인을 받지 않은 경우 특별한 사정이 없는 한 그 거래는 무효라고 보아야 하지만, 사후에 그 거래행위에 대하여 이사회 승인을 받은 경우에는 무효인 거래행위가 유효로 된다. (×) [2012] 7. 정관에서 이사와 회사 사이의 이익상반거래에 대한 승인을 주주총회의 권한사항으로 정하지 않았다

조문 · 판례	기출지문 OX

이사의 의무	경업금지	유용금지	거래금지
내 용	1. 자기 또는 제3자의 계산으로 회사의 영업 부류에 속한 거래 2. 동종영업을 목적으로 하는 다른 회사의 무한 책임사원이나 이사	회사의 사업기회를 자기 또는 제3자의 이익을 위하여 이용	자기 또는 제3자의 계산으로 회사와 거래
이사회 승인	과반수/과반수	이사 3분의 2 이상	1. 미 리 2. 중요사실을 밝히고 3. 이사 3분의 2 이상 4. 내용과 절차는 공정
위반 효과	1. 유 효 2. 개입권 : 이사회의 결의로 그 이사의 거래가 자기의 계산으로 한 것인 때에는 이를 회사의 계산으로 한 것으로 볼 수 있고 제3자의 계산으로 한 것인 때에는 그 이사에 대하여 이로 인한 이득의 양도를 청구 3. 개입권은 거래가 있는 날로부터 1년을 경과하면 소멸	1. 유 효 2. 회사에 손해를 발생시킨 이사 및 승인한 이사는 연대하여 손해를 배상할 책임 3. 이사 또는 제3자가 얻은 이익은 손해로 추정	회사의 대표이사가 이사회의 승인 없이 한 이른바 자기거래행위는 회사와 이사 간에서는 무효이지만, 회사가 무효라는 것을 제3자에 대하여 주장하기 위해서는 제3자가 이사회의 승인 없음을 알았다는 사실 또는 알지 못한 데 중대한 과실이 있음을 입증을 입증하여야 할 것이다.

고 하더라도 주주총회에서 사후적으로 추인하는 결의를 하면 그 거래는 유효한데, 여기서의 결의는 보통결의로 족하다. (×)

Ⅶ. 이사의 책임

① 이사가 고의 또는 과실로 법령 또는 정관에 위반한 행위를 하거나 그 임무를 게을리한 경우에는 그 이사는 회사에 대하여 연대하여 손해를 배상할 책임이 있다.
② 이사가 주식소각 과정에서 법령을 위반하여 회사에 손해를 끼친 사실이 인정될 때에는 감자무효의 판결이 확정되었는지 여부와 관계없이 상법 제399조 제1항에 따라 회사에 대하여 손해배상책임을 부담한다(판례).
③ ①항의 행위가 이사회의 결의에 의한 것인 때에는 그 결의에 찬성한 이사도 전항의 책임이 있다.
④ ①항의 결의에 참가한 이사로서 이의를 한 기재가 의사록에 없는 자는 그 결의에 찬성한 것으로 추정한다.
⑤ 이사가 이사회에 출석하여 결의에 기권하였다고 의사록에 기재된 경우에 그 이사는 "이의를 한 기재가 의사록에 없는 자"라고 볼 수 없으므로, 「상법」 제399조 제3항에 따라 이사회 결의에 찬성한 것으로 추정할 수 없고, 따라서 같은 조 제2항의 책임을 부담하지 않는다고 보아야 한다(판례).
⑥ 주식회사의 이사의 회사에 대한 임무해태로 인한 손해배상책임은 일반불법행위 책임이 아니라 위임관계로 인한 채무불이행 책임이므로 그 소멸시효기간은 일반채무의 경우와 같이 10년이라고 보아야 한다(판례).
⑦ 이사가 법령 또는 정관에 위반한 행위를 하거나 임무를 해태함으로써 회사에 대하여 손해를 배상할 책임이 있는 경우에 손해배상의 범위를 정할 때에는, 제반 사정을 참작하여 손해분담의 공평이라는 손해배상제도의 이념에 비추어 손해배상액을 제한할 수 있다. 이때 손해배상액 제한의 참작 사유에 관한 사실인정이나 제한의 비율을 정하는 것은, 그것이 형평의 원칙에 비추어 현저히 불합리한 것이 아닌 한 사실심의 전권사항이다(판례).

Ⅶ. 이사의 책임

[2024]
1. 이사가 주식소각 과정에서 법령을 위반하여 회사에 손해를 끼친 사실이 인정될 때에는 감자무효의 판결이 확정되어야 상법 제399조 제1항에 따라 회사에 대하여 손해배상책임을 부담한다. (×)

[2021, 2022]
2. 이사회 결의에 참여한 이사로서 이의를 한 기재가 의사록에 없는 자는 그 결의에 찬성한 것으로 추정되므로, 당해 결의에 기권하였다고 의사록에 기재되었다면 찬성한 것으로 추정되어 그 이사는 손해배상책임을 진다. (×)

조문 · 판례	기출지문 OX
⑧ 이사의 경영판단을 정당화할 수 있는 이익은 원칙적으로 회사가 실제로 얻을 가능성이 있는 구체적인 것이어야 하고, 일반적이거나 막연한 기대에 불과하여 회사가 부담하는 비용이나 위험에 상응하지 않는 것이어서는 아니 된다(판례). ⑨ 단순히 회사의 경영상의 부담에도 불구하고 관계회사의 부도 등을 방지하는 것이 회사의 신인도를 유지하고 회사의 영업에 이익이 될 것이라는 일반적·추상적인 기대하에 일방적으로 관계회사에 자금을 지원하게 하여 회사에 손해를 입게 한 경우 등에는, 그와 같은 이사의 행위는 허용되는 경영판단의 재량범위 내에 있는 것이라고 할 수 없다(판례). ⑩ 법령에 위반한 행위에 대하여는 이사가 임무를 수행함에 있어서 선관주의의무를 위반하여 임무해태로 인한 손해배상책임이 문제되는 경우에 고려될 수 있는 경영판단의 원칙은 적용될 여지가 없다(판례). ⑪ 이사의 책임은 「상법」 제400조의 규정에 따라 총주주의 동의로 이를 면제할 수 있는데, 이 때 총주주의 동의는 묵시적 의사표시의 방법으로 할 수 있고 반드시 명시적, 적극적으로 이루어질 필요는 없으며, 실질적으로는 1인에게 주식 전부가 귀속되어 있지만 그 주주 명부상으로만 일부 주식이 타인 명의로 신탁되어 있는 경우라도 사실상의 1인 주주가 한 동의도 총주주의 동의로 볼 것이다(판례). ⑫ 정기총회에서 재무제표 등을 승인을 한 후 2년 내에 다른 결의가 없으면 회사는 이사와 감사의 책임을 해제한 것으로 본다. 그러나 이사 또는 감사의 부정행위에 대하여는 그러하지 아니하다. ⑬ 회사는 정관으로 정하는 바에 따라 이사의 회사에 대한 손해배상 책임을 이사가 그 행위를 한 날 이전 최근 1년간의 보수액(상여금과 주식매수선택권의 행사로 인한 이익 등을 포함한다)의 6배(사외이사 및 제542조의8 제1항의 독립이사의 경우는 3배)를 초과하는 금액에 대하여 면제할 수 있다. 다만, 이사가 고의 또는 중대한 과실로 손해를 발생시킨 경우와 경업금지의무, 유용금지의무, 거래금지의무 위반에 해당하는 경우에는 그러하지 아니하다. <[시행 2026.7.23.] [법률 제20991호, 2025.7.22., 일부개정]> ⑭ 주식회사의 이사가 회사에 대한 임무를 게을리하여 발생한 손해배상책임은 위임관계로 인한 채무불이행책임이다. 따라서 주식회사의 이사가 회사에 대하여 위 조항에 따라 손해배상채무를 부담하는 경우 특별한 사정이 없는 한 이행청구를 받은 때부터 지체책임을 진다(판례). ⑮ 이사가 고의 또는 중대한 과실로 그 임무를 게을리 한 때에는 그 이사는 제3자에 대하여 연대하여 손해를 배상할 책임이 있다. ⑯ 「상법」 제401조에 기한 이사의 제3자에 대한 손해배상책임이 제3자를 보호하기 위하여 「상법」이 인정하는 특수한 책임이라는 점을 감안할 때 일반 불법행위책임의 단기소멸시효를 규정한 「민법」 제766조 제1항은 적용될 여지가 없고, 일반 채권으로서 「민법」 제162조 제1항에 따라 그 소멸시효기간은 10년이다(판례). ⑰ 이사가 회사재산을 횡령하여 회사재산이 감소함으로써 회사가 손해를 입고 결과적으로 주주의 경제적 이익이 침해되는 손해와 같은 간접적인 손해는 「상법」 제401조 제1항에서 말하는 손해의 개념에 포함되지 아니하므로 이에 대하여는 위 법조항에 의한 손해배상을 청구할 수 없다(판례).	[2013] 3. 법령에 위반한 이사의 행위에 대하여도 경영판단의 원칙이 적용될 수 있다. (×) [2025] 4. 이사가 임무를 수행함에 있어서 법령을 위반한 행위를 한 때에는 그 행위 자체가 회사에 대하여 채무불이행에 해당한다고 볼 수 있으나, 이사가 회사의 자금으로 뇌물을 공여함으로써 회사가 결과적으로 상당한 이익을 얻은 경우와 같이 회사가 궁극적으로 이익을 얻었다고 볼 수 있는 경우라면, 경영판단의 원칙이 예외적으로 적용될 수 있다. (×) [2004] 5. 이사의 회사에 대한 책임은 면제할 수 없다. (×) [2018] 6. 회사는 정관으로 정하는 바에 따라 「상법」 제399조에 따른 사외이사의 책임을 그 행위를 한 날 이전 최근 1년간의 보수액의 6배를 초과하는 금액에 대하여 면제할 수 있다. (×) [2024] 7. 주식회사의 이사가 회사에 대하여 상법 제399조 제1항에 따라 손해배상채무를 부담하는 경우 특별한 사정이 없는 한 임무해태로 인하여 손해가 발생한 시점부터 지체책임을 진다. (×) [2025] 8. 이사는 회사의 위임에 따라 회사에 대하여 수임자로서 선량한 관리자의 주의의무를 지므로 제3자에게 손해배상책임을 지는 경우는 없다. (×) [2016] 9. 「상법」 제401조에 기한 이사의 제3자에 대한 손해배상책임은 일반 불법행위 책임이므로 단기소멸시효를 규정한 「민법」 제766조 제1항이 적용된다. (×) [2006, 2019] 10. 이사가 회사재산을 횡령하여 회사재산이 감소함으로써 회사가 손해를 입고 결과적으로 주주의 경제적 이익이 침해되는 경우에도 주주는 이사에 대하여 「상법」 제401조에 의한 손해배상청구를 하지 못한다. (○)

조문 · 판례	기출지문 OX

이사의 책임	회사에 대한 책임		제3자에 대한 책임
	자본금충실책임	손해배상책임	
원 인	신주의 발행으로 인한 변경등기가 있은 후에 주식인수의 청약이 취소된 때에는 이사가 이를 공동으로 인수한 것으로 본다.	이사가 고의 또는 과실로 법령 또는 정관에 위반한 행위를 하거나 그 임무를 게을리 한 때에	이사가 고의 또는 중대한 과실로 인하여 그 임무를 게을리 한 때
성 질	무과실책임	채무불이행(판례)	특수한 책임(판례)
면 제	불 가	총주주의 동의	불 가
시 효	없 음	10년	10년
대표소송	○	○	×
부담자	1. 임무를 게을리 한 그 이사 2. 이사회의 결의에 찬성한 이사 3. 이사회의 결의에 참가한 이사로서 이의를 한 기재가 의사록에 없는 자는 그 결의에 찬성한 것으로 추정 4. 업무집행지시자 등		
기 타	납입담보책임은 없음(실권절차 때문)	법령을 위반한 행위에 대하여는 경영판단의 원칙은 적용될 여지가 없다(판례).	간접적인 손해는 위 법조항에 의한 손해배상을 청구할 수 없다(판례).

Ⅷ. 업무집행지시자 등의 책임

① 다음 각 호의 1에 해당하는 자는 그 지시하거나 집행한 업무에 관하여 제399조·제401조 및 제403조의 적용에 있어서 이를 이사로 본다.

> 1. 회사에 대한 자신의 영향력을 이용하여 이사에게 업무집행을 지시한 자
> 2. 이사의 이름으로 직접 업무를 집행한 자
> 3. 이사가 아니면서 명예회장·회장·사장·부사장·전무·상무·이사 기타 회사의 업무를 집행할 권한이 있는 것으로 인정될 만한 명칭을 사용하여 회사의 업무를 집행한 자

② 제1호 및 제2호는 회사에 대해 영향력을 가진 자를 전제로 하고 있으나, 제3호는 직명 자체에 업무집행권이 표상되어 있기 때문에 그에 더하여 회사에 대해 영향력을 가진 자일 것까지 요건으로 하고 있는 것은 아니다(판례).

③ 「상법」 제401조의2 제1항 제1호의 '회사에 대한 자신의 영향력을 이용하여 이사에게 업무집행을 지시한 자'에는 자연인뿐만 아니라 법인인 지배회사도 포함된다(판례).

④ 상법 제401조의2 제1항이 정한 손해배상책임은 상법에 의하여 이사로 의제되는 데 따른 책임이므로 그에 따른 손해배상채권에는 일반 불법행위책임의 단기소멸시효를 규정한 민법 제766조 제1항이 적용되지 않는다(판례).

Ⅷ. 업무집행지시자 등의 책임

[2011, 2020]

1. 회사의 이사가 될 수 있는 자는 자연인에 한정되므로, 이사와 동일한 책임을 지는 업무집행지시자 역시 자연인에 한정되고 법인인 지배회사는 해당되지 않는다. (×)

[2025]

2. 상법 제401조의2 제1항이 정한 손해배상책임은 상법에 의하여 이사로 의제되는 데 따른 책임이므로 그에 따른 손해배상채권에도 일반 불법행위책임의 단기소멸시효를 규정한 민법 제766조 제1항이 적용된다. (×)

Ⅸ. 이사의 업무집행에 대한 주주의 직접감독

① 이사가 법령 또는 정관에 위반한 행위를 하여 이로 인하여 회사에 회복할 수 없는 손해가 생길 염려가 있는 경우에 감사 또는 발행주식의 총수의 100분의 1 이상에 해당하는 주식을 가진 주주가 회사를 위하여 이사에 대하여 그 행위를 유지할 것을 청구할 수 있다.

Ⅸ. 이사의 업무집행에 대한 주주의 직접감독

조문 · 판례	기출지문 OX
② 발행주식의 총수의 100분의 1이상에 해당하는 주식을 가진 주주는 회사에 대하여 이사의 책임을 추궁할 소(대표소송)의 제기를 청구할 수 있다. ③ 이사의 책임을 추궁할 소의 제기의 청구는 그 이유를 기재한 서면으로 하여야 한다. ④ **제소청구서에 기재되어야 하는 '이유'에는 권리귀속주체인 회사가 제소 여부를 판단할 수 있도록 책임추궁 대상 이사, 책임발생 원인사실에 관한 내용이 포함되어야 한다(판례).** ⑤ **주주가 대표소송에서 주장한 이사의 손해배상책임이 제소청구서에 적시된 것과 차이가 있더라도 제소청구서의 책임발생 원인사실을 기초로 하면서 법적 평가만을 달리한 것에 불과하다면 그 대표소송은 적법하다. 따라서 주주는 적법하게 제기된 대표소송 계속 중에 제소청구서의 책임발생 원인사실을 기초로 하면서 법적 평가만을 달리한 청구를 추가할 수도 있다(판례).** ⑥ 회사가 소의 제기의 청구를 받은 날로부터 30일내에 소를 제기하지 아니한 때에는 소수주주는 즉시 회사를 위하여 소를 제기할 수 있다. ⑦ 30일의 기간의 경과로 인하여 회사에 회복할 수 없는 손해가 생길 염려가 있는 경우에는 전항의 규정에 불구하고 소수주주는 즉시 소를 제기할 수 있다. ⑧ 대표소송을 제기한 주주의 보유주식이 제소 후 발행주식총수의 100분의 1 미만으로 감소한 경우(발행주식을 보유하지 아니하게 된 경우를 제외한다)에도 제소의 효력에는 영향이 없다. ⑨ 회사가 소수주주의 청구에 따라 소를 제기하거나 주주가 대표소송을 제기한 경우 당사자는 법원의 허가를 얻지 아니하고는 소의 취하, 청구의 포기·인낙·화해를 할 수 없다. ⑩ 회사는 대표소송에 참가할 수 있다. 대표소송을 제기한 주주는 소를 제기한 후 지체 없이 회사에 대하여 그 소송의 고지를 하여야 한다. ⑪ **전 이사들을 상대로 하는 주주대표소송에 회사가 참가하는 경우, 「상법」 제394조 제1항의 적용이 배제되어 회사를 대표하는 자는 감사가 아닌 대표이사이다(판례).** ⑫ **「상법」 제404조 제1항에서 규정하고 있는 회사의 참가는 공동소송참가를 의미하는 것으로 해석함이 타당하고, 나아가 이러한 해석이 중복제소를 금지하고 있는 민사소송법 제234조에 반하는 것도 아니다(판례).** ⑬ 대표소송을 제기한 주주가 승소한 때에는 그 주주는 회사에 대하여 소송비용 및 그 밖에 소송으로 인하여 지출한 비용 중 상당한 금액의 지급을 청구할 수 있다. 이 경우 소송비용을 지급한 회사는 이사 또는 감사에 대하여 구상권이 있다. ⑭ **주주대표소송의 주주와 같이 다른 사람을 위하여 원고가 된 사람이 받은 확정판결의 집행력은 확정판결의 당사자인 원고가 된 사람과 다른 사람 모두에게 미치므로, 주주대표소송의 주주는 집행채권자가 될 수 있다(판례).** ⑮ 대표소송을 제기한 주주가 패소한 때에는 악의인 경우 외에는 회사에 대하여 손해를 배상할 책임이 없다. ⑯ 대표소송이 제기된 경우에 원고와 피고의 공모로 인하여 소송의 목적인 회사의 권리를 사해할 목적으로써 판결을 하게한 때에는 회사 또는 주주는 확정한 종국판결에 대하여 재심의 소를 제기할 수 있다. **※ 대표소송이 가능한 경우** 1. 발기인의 회사에 대한 책임 2. 이사, 감사, 집행임원의 회사에 대한 책임 3. 통모인수인의 회사에 대한 책임 4. 이익공여받은 자의 회사에 대한 책임	[2007] 1. 주주의 대표소송을 제기한 주주는 자신의 의사에 따라 소의 취하, 청구의 포기, 화해를 할 수 있다. (×) [2015] 2. 대표소송을 제기한 주주는 소제기 후 지체 없이 회사에 대하여 그 소송의 고지를 하여야 하고, 회사는 주주가 제기한 대표소송에 참가할 수 있다. (O) [2017] 3. 회사가 전(前) 이사들을 상대로 하는 주주의 대표소송에 참가하는 경우 회사를 대표하는 자는 대표이사가 아닌 감사이다. (×)

조문 · 판례	기출지문 OX
[법률 제17764호, 2020. 12. 29., 일부개정](신설) **제406조의2(다중대표소송)** ① 모회사 발행주식총수의 100분의 1 이상에 해당하는 주식을 가진 주주는 자회사에 대하여 자회사 이사의 책임을 추궁할 소의 제기를 청구할 수 있다. ② 제1항의 주주는 자회사가 제1항의 청구를 받은 날부터 30일 내에 소를 제기하지 아니한 때에는 즉시 자회사를 위하여 소를 제기할 수 있다. ③ 제1항 및 제2항의 소에 관하여는 제176조 제3항·제4항, 제403조제2항, 같은 조 제4항부터 제6항까지 및 제404조부터 제406조까지의 규정을 준용한다. ④ 제1항의 청구를 한 후 모회사가 보유한 자회사의 주식이 자회사 발행주식총수의 100분의 50 이하로 감소한 경우(발행주식을 보유하지 아니하게 된 경우를 제외한다)에도 제1항 및 제2항에 따른 제소의 효력에는 영향이 없다. ⑤ 제1항 및 제2항의 소는 자회사의 본점소재지의 지방법원의 관할에 전속한다.	[2021] 4. 모회사 발행주식총수의 100분의 1 이상에 해당하는 주식을 가진 주주는 자회사에 대하여 자회사 이사의 책임을 추궁할 소의 제기를 청구할 수 있다. (○)
제4관 감사·감사위원회·검사인 Ⅰ. 감 사 **1. 감사의 선임 등**	**제4관 감사·감사위원회·검사인** Ⅰ. 감 사 **1. 감사의 선임 등**
[법률 제17764호, 2020. 12. 29., 일부개정](변경) **제409조(선 임)** ① 감사는 주주총회에서 선임한다. ② 의결권없는 주식을 제외한 발행주식의 총수의 100분의 3(정관에서 더 낮은 주식 보유비율을 정할 수 있으며, 정관에서 더 낮은 주식 보유비율을 정한 경우에는 그 비율로 한다)을 초과하는 수의 주식을 가진 주주는 그 초과하는 주식에 관하여 제1항의 감사의 선임에 있어서는 의결권을 행사하지 못한다. ③ 회사가 제368조의4 제1항에 따라 전자적 방법으로 의결권을 행사할 수 있도록 한 경우에는 제368조 제1항에도 불구하고 출석한 주주의 의결권의 과반수로써 제1항에 따른 감사의 선임을 결의할 수 있다. ④ 제1항, 제296조 제1항 및 제312조에도 불구하고 자본금의 총액이 10억원 미만인 회사의 경우에는 감사를 선임하지 아니할 수 있다. ⑤ 제4항에 따라 감사를 선임하지 아니한 회사가 이사에 대하여 또는 이사가 그 회사에 대하여 소를 제기하는 경우에 회사, 이사 또는 이해관계인은 법원에 회사를 대표할 자를 선임하여 줄 것을 신청하여야 한다.	[2005] 1. 감사의 선임에 있어서 의결권 없는 주식을 제외한 발행주식의 총수의 100분의 3을 초과하는 수의 주식을 가진 주주는 주식 전체에 대하여 의결권을 행사하지 못한다. (×) [2015] 2. 자본금의 총액이 10억 원 미만인 회사의 경우에도 감사를 선임하여야 한다. (×)
① 감사의 선임에서 3% 초과 주식은 「상법」 제371조의 규정에도 불구하고 「상법」 제368조 제1항에서 말하는 '발행주식총수'에 산입되지 않는다(판례). ② 주주총회에서 이사나 감사를 선임하는 경우, 그 선임결의와 피선임자의 승낙만 있으면, 피선임자는 대표이사와 별도의 임용계약을 체결하였는지 여부와 관계없이 이사나 감사의 지위를 취득한다고 보아야 한다(판례). ③ 감사는 주주총회에서 감사의 해임에 관하여 의견을 진술할 수 있다. ④ 감사의 임기는 취임 후 3년 내의 최종의 결산기에 관한 정기총회의 종결시까지로 한다(연장 및 단축 불가).	[2019, 2023] 3. 주주총회에서 감사를 선임하는 경우, 그 선임결의가 있었다고 하여 바로 피선임자가 감사의 지위를 취득하는 것은 아니고 회사의 대표기관과 별도의 임용계약을 체결하여야 감사의 지위를 취득하게 된다. (×)

조문 · 판례	기출지문 OX
2. 감사의 권한 ① 감사는 이사의 직무의 집행을 감사한다. ② 감사는 언제든지 이사에 대하여 영업에 관한 보고를 요구하거나 회사의 업무와 재산상태를 조사할 수 있다. ③ 감사는 회의의 목적사항과 소집의 이유를 기재한 서면을 이사회에 제출하여 임시총회의 소집을 청구할 수 있다. ④ 임시총회의 소집의 청구가 있은 후 지체 없이 총회소집의 절차를 밟지 아니한 때에는 청구한 감사는 법원의 허가를 받아 총회를 소집할 수 있다. ⑤ 감사는 필요하면 회의의 목적사항과 소집이유를 서면에 적어 이사(소집권자가 있는 경우에는 소집권자를 말한다. 이하 이 조에서 같다)에게 제출하여 이사회 소집을 청구할 수 있다. ⑥ 감사가 이사회 소집을 청구를 하였는데도 이사가 지체 없이 이사회를 소집하지 아니하면 그 청구한 감사가 이사회를 소집할 수 있다. ⑦ 모회사의 감사는 그 직무를 수행하기 위하여 필요한 때에는 자회사에 대하여 영업의 보고를 요구할 수 있다.	**2. 감사의 권한** [2003, 2006] 1. 감사는 이사의 직무의 집행을 감사한다. (O)
3. 감사의 의무 및 책임 ① 감사는 이사가 주주총회에 제출할 의안 및 서류를 조사하여 법령 또는 정관에 위반하거나 현저하게 부당한 사항이 있는지의 여부에 관하여 주주총회에 그 의견을 진술하여야 한다. ② 감사는 회사 및 자회사의 이사 또는 지배인 기타의 사용인의 직무를 겸하지 못한다. **③ 감사가 회사 또는 자회사의 이사 또는 지배인 기타의 사용인에 선임되거나 반대로 회사 또는 자회사의 이사 또는 지배인 기타의 사용인이 회사의 감사에 선임된 경우에는 그 선임행위는 각각의 선임 당시에 있어 현직을 사임하는 것을 조건으로 하여 효력을 가지고, 피선임자가 새로이 선임된 지위에 취임할 것을 승낙한 때에는 종전의 직을 사임하는 의사를 표시한 것으로 해석하여야 한다(판례).** ④ 감사는 감사에 관하여 감사록을 작성하여야 한다. ⑤ 감사는 이사와 달리 경업피지의무, 유용금지의무, 거래금지의무는 없다. **⑥ 비상임 감사는 감사로서의 선관주의의무 위반에 따른 책임을 지지 않는다는 주장은 허용될 수 없다(판례).** **⑦ 회계감사에 관한 상법상의 감사와 '주식회사의 외부감사에 관한 법률'상의 감사인에 의한 감사는 상호 독립적인 것이므로 외부감사인에 의한 감사가 있다고 해서 상법상 감사의 감사의무가 면제되거나 경감되지 않는다(판례).**	**3. 감사의 의무 및 책임** [2009] 1. 감사가 회사 또는 자회사의 이사 또는 지배인 기타의 사용인에 선임된 경우에는 그 선임행위는 선임 당시에 있어 현직을 사임하는 것을 조건으로 하여 효력을 갖는다. (O)
Ⅱ. 감사위원회 ① 회사는 정관이 정한 바에 따라 감사에 갈음하여 이사회내 위원회로서 감사위원회를 설치할 수 있다. 감사위원회를 설치한 경우에는 감사를 둘 수 없다. ② 감사위원회는 3명 이상의 이사로 구성한다. 다만, 사외이사가 위원의 3분의 2 이상이어야 한다. ③ 감사위원회의 위원의 해임에 관한 이사회의 결의는 이사 총수의 3분의2 이상의 결의로 하여야 한다. ④ 감사위원회는 그 결의로 위원회를 대표할 자를 선정하여야 한다. 이 경우 수인의 위원이 공동으로 위원회를 대표할 것을 정할 수 있다. ⑤ 감사위원회는 회사의 비용으로 전문가의 조력을 구할 수 있다. ⑥ 이사회는 감사위원회가 결의한 사항에 대하여 다시 결의할 수 없다.	**Ⅱ. 감사위원회** [2007] 1. 회사가 정관의 규정에 따라 감사위원회를 설치한 경우에는 감사를 둘 수 없다. (O) [2021] 2. 회사는 정관이 정한 바에 따라 감사에 갈음하여 제393조의2의 규정에 의한 위원회로서 감사위원회를 설치할 수 있고, 감사위원회를 설치한 경우에도 감사를 함께 둘 수 있다. (×) [2003] 3. 감사위원회는 3인 이상의 감사로 구성한다. (×)

조문 · 판례	기출지문 OX

제5절 상장회사의 특례

1. 주식매수선택권에 관한 특례

주식매수 선택권	비상장회사	상장회사
대 상	회사의 임직원	+ 관계회사의 임직원
한 도	발행주식총수의 100분의 10 이내	발행주식총수의 100분의 20의 범위에서 대통령령으로 정하는 한도 (발행주식총수의 100분의 15)
기 관	주주총회 특별결의	발행주식총수의 100분의 10의 범위에서 이사회가 부여한 후, 처음으로 소집되는 주주총회의 승인
요 건	(반드시) 2년 이상 재임하거나 재직	대통령령으로 정하는 경우를 제외하고 2년 이상 재임하거나 재직

2. 주주총회에 관한 특례

<[시행 2026.7.23.] [법률 제20991호, 2025.7.22., 일부개정]>

주주총회 소집 및 이사·감사선임	비상장회사	상장회사
소집공고로 갈음	소집 통지	대통령령으로 정하는 수(의결권 있는 발행주식총수의 100분의 1) 이하의 주식을 소유하는 주주에게는 공고함으로써 소집통지를 갈음
소집통지 또는 공고사항	목적사항을 기재	1. 이사 · 감사 후보자의 성명, 약력, 추천인, 등을 통지하거나 공고 2. 상장회사가 주주총회 소집의 통지 또는 공고를 하는 경우에는 독립이사 등의 활동내역과 보수에 관한 사항, 사업개요 등 대통령령으로 정하는 사항을 통지 또는 공고하여야 한다. 다만, 상장회사가 그 사항을 대통령령으로 정하는 방법으로 일반인이 열람할 수 있도록 하는 경우에는 그러하지 아니하다.
이사·감사의 선임 방법	보통결의	통지하거나 공고한 후보자 중에서 선임

제5절 상장회사의 특례

1. 주식매수선택권에 관한 특례

2. 주주총회에 관한 특례

조문 · 판례	기출지문 OX

3. 소수주주권에 관한 특례

<table>
<tr><th>회 사</th><th>비상장회사</th><th colspan="3">상장회사</th></tr>
<tr><td>전제조건</td><td>행사시 주주</td><td colspan="3">6개월 전부터 계속하여 주식을 보유한 자</td></tr>
<tr><td>주주총회 소집청구/ 재산조사 검사인 선임청구</td><td>100분의 3 이상</td><td colspan="3">1천분의 15 이상</td></tr>
<tr><td>주주제안권</td><td>의결권 없는 주식을 제외한 100분의 3 이상</td><td>의결권 없는 주식을 제외한 1천분의 10 이상</td><td rowspan="4">자본금이 1천억원 이상</td><td>1천분의 5 이상</td></tr>
<tr><td>해임청구</td><td>100분의 3 이상</td><td>1만분의 50 이상</td><td>1만분의 25 이상</td></tr>
<tr><td>회계 장부열람권</td><td>100분의 3 이상</td><td>1만분의 10 이상</td><td>1만분의 5 이상</td></tr>
<tr><td>위법행위 유지청구권</td><td>100분의 1 이상</td><td>10만분의 50 이상</td><td>10만분의 25 이상</td></tr>
<tr><td>대표소송</td><td>100분의 1 이상</td><td colspan="3">1만분의 1 이상</td></tr>
<tr><td>다중 대표소송</td><td>모회사 100분의 1 이상</td><td colspan="3">모회사 1만분의 50 이상</td></tr>
</table>

[법률 제17764호, 2020.12.29. 일부개정](추가)

제542조의6(소수주주권)

⑦ 6개월 전부터 계속하여 상장회사 발행주식총수의 1만분의 50 이상에 해당하는 주식을 보유한 자는 제406조의2(다중대표소송)(제324조, 제408조의9, 제415조 및 제542조에서 준용하는 경우를 포함한다)에 따른 주주의 권리를 행사할 수 있다.

⑩ 제1항부터 제7항까지는 제542조의2 제2항에도 불구하고 이 장의 다른 절에 따른 소수주주권의 행사에 영향을 미치지 아니한다.

① 상장회사는 정관에서 「상법」에 규정된 것보다 (다중대표소송을 제외하고) 단기의 주식 보유기간을 정하거나 낮은 주식 보유비율을 정할 수 있다.

② "주식을 보유한 자"란 주식을 소유한 자, 주주권 행사에 관한 위임을 받은 자, 2명 이상 주주의 주주권을 공동으로 행사하는 자를 말한다.

3. 소수주주권에 관한 특례

조문 · 판례	기출지문 OX

4. 집중투표에 관한 특례

집중투표	비상장회사	(자산총액 2조 이상) 상장회사
청구시기	7일전까지 청구	6주 전까지 청구
소수주주권	의결권 없는 주식을 제외한 발행주식총수의 100분의 3 이상	의결권 없는 주식을 제외한 발행주식총수의 100분의 1 이상
의결권 행사 제한		정관으로 집중투표를 배제하거나 그 배제된 정관을 변경하려는 경우에는 의결권 없는 주식을 제외한 발행주식총수의 100분의 3을 초과하는 수의 주식을 가진 주주는 그 초과하는 주식에 관하여 의결권을 행사하지 못한다. 다만, 정관에서 이보다 낮은 주식 보유비율을 정할 수 있다.
별도상정		집중투표 배제에 관한 정관 변경에 관한 의안은 그 밖의 사항의 정관 변경에 관한 의안과 별도로 상정하여 의결

4. 집중투표에 관한 특례

5. 신용공여에 관한 특례

신용공여	상장회사
유 형	1. 금전 등 경제적 가치가 있는 재산의 대여 2. 채무이행의 보증 3. 자금 지원적 성격의 증권 매입 4. 그 밖에 거래상의 신용위험이 따르는 직접적 · 간접적 거래로서 대통령령으로 정하는 거래
대상자	1. 주요주주 및 그의 특수관계인 2. 이사(업무집행지시자 등을 포함한다) 및 집행임원 3. 감 사
허 용	1. 복리후생을 위한 이사 · 집행임원 또는 감사에 대한 금전대여 등으로서 대통령령으로 정하는 신용공여 2. 다른 법령에서 허용하는 신용공여 3. 그 밖에 상장회사의 경영건전성을 해칠 우려가 없는 금전대여 등으로서 대통령령으로 정하는 신용공여

5. 신용공여에 관한 특례

조문 · 판례	기출지문 OX

6. 독립이사에 관한 특례

<[시행 2026.7.23.] [법률 제20991호, 2025.7.22., 일부개정]>

독립이사	상장회사	
	자산총액이 2조원 미만	자산총액이 2조원 이상
수	상장회사는 자산 규모 등을 고려하여 대통령령으로 정하는 경우를 제외하고는 이사 총수의 3분의 1 이상을 독립이사로 하여야 한다.	자산 규모 등을 고려하여 대통령령으로 정하는 상장회사의 독립이사는 3명 이상으로 하되, 이사 총수의 과반수가 되도록 하여야 한다.
결격사유	1. 미성년자, 피성년후견인 또는 피한정후견인 2. 파산선고를 받고 복권되지 아니한 자 3. 금고 이상의 형을 선고받고 그 집행이 끝나거나 집행이 면제된 후 2년이 지나지 아니한 자 6. 누구의 명의로 하든지 자기의 계산으로 의결권 없는 주식을 제외한 발행주식총수의 100분의 10 이상의 주식을 소유하거나 이사·집행임원·감사의 선임과 해임 등 상장회사의 주요 경영사항에 대하여 사실상의 영향력을 행사하는 주주(이하 "주요주주"라 한다) 및 그의 배우자와 직계 존속·비속 7. 그 밖에 독립이사로서의 직무를 충실하게 수행하기 곤란하거나 상장회사의 경영에 영향을 미칠 수 있는 자로서 대통령령으로 정하는 자	
독립이사 후보 추천위원회 (자산총액이 2조원 이상인 상장회사)	"독립이사 후보추천위원회"를 설치하여야 한다. 이 경우 독립이사 후보추천위원회는 독립이사가 총위원의 과반수가 되도록 구성하여야 한다.	
	독립이사는 독립이사 후보추천위원회의 추천을 받은 자 중에서 선임하여야 한다. 이 경우 독립이사 후보추천위원회가 독립이사 후보를 추천할 때는 의결권없는 주식을 제외한 발행주식총수의 100분의 3 이상에 해당하는 주식을 가진 주주{또는 6개월 전부터 계속하여 상장회사 발행주식총수의 1천분의 15 이상에 해당하는 주식을 보유한 자이거나 6개월 전부터 계속하여 상장회사의 의결권 없는 주식을 제외한 발행주식총수의 1천분의 10(대통령령으로 정하는 상장회사의 경우에는 1천분의 5) 이상에 해당하는 주식을 보유한 자}가 주주총회일(정기주주총회의 경우 직전연도의 정기주주총회일에 해당하는 해당 연도의 해당일)의 6주 전에 추천한 독립이사 후보를 포함시켜야 한다.	

6. 독립이사에 관한 특례

[2009]

1. 금고 이상의 형을 선고받고 그 집행이 끝나거나 집행이 면제된 후 2년이 지나지 아니한 자는 상장회사가 아닌 주식회사의 사외이사의 결격요건이다. (×)

조문 · 판례	기출지문 OX
7. 감사기관에 관한 특례	7. 감사기관에 관한 특례

7. 감사기관에 관한 특례

<[시행 2026.7.23.] [법률 제20991호, 2025.7.22., 일부개정]>

감사기관	상장회사		
	자산총액 1천억원 미만	자산총액 1천억원 이상	자산총액 2조원 이상
감사의 선임	선임한다.	상근감사를 1명 이상 두어야 한다.	없 음
감사위원회 설치	회사의 선택	회사의 선택	설치하여야 한다.
감사위원의 선임·해임	이사회		감사위원회위원을 선임하거나 해임하는 권한은 주주총회에 있다. 주주총회에서 이사를 선임한 후 선임된 이사 중에서 감사위원회위원을 선임하여야 한다.
감사위원회 구성	독립이사가 3분의 2 이상		1. 위원 중 1명 이상은 대통령령으로 정하는 회계 또는 재무 전문가일 것 2. 감사위원회의 대표는 독립이사일 것

[법률 제17764호, 2020. 12. 29., 일부개정](변경)

제542조의12(감사위원회의 구성 등)

① 제542조의11 제1항의 상장회사의 경우 제393조의2에도 불구하고 감사위원회위원을 선임하거나 해임하는 권한은 주주총회에 있다.

② 제542조의11 제1항의 상장회사는 주주총회에서 이사를 선임한 후 선임된 이사 중에서 감사위원회위원을 선임하여야 한다. 다만, 감사위원회위원 중 1명(정관에서 2명 이상으로 정할 수 있으며, 정관으로 정한 경우에는 그에 따른 인원으로 한다)은 주주총회 결의로 다른 이사들과 분리하여 감사위원회위원이 되는 이사로 선임하여야 한다.

③ 제1항에 따른 감사위원회위원은 제434조에 따른 주주총회의 결의로 해임할 수 있다. 이 경우 제2항 단서에 따른 감사위원회위원은 이사와 감사위원회위원의 지위를 모두 상실한다.

④ 제1항에 따른 감사위원회위원을 선임 또는 해임할 때에는 상장회사의 의결권 없는 주식을 제외한 발행주식총수의 100분의 3(정관에서 더 낮은 주식 보유비율을 정할 수 있으며, 정관에서 더 낮은 주식 보유비율을 정한 경우에는 그 비율로 한다)을 초과하는 수의 주식을 가진 주주(최대주주인 경우에는 독립이사가 아닌 감사위원회위원을 선임 또는 해임할 때에 그의 특수관계인, 그 밖에 대통령령으로 정하는 자가 소유하는 주식을 합산한다)는 그 초과하는 주식에 관하여 의결권을 행사하지 못한다.

⑤ 상장회사가 주주총회의 목적사항으로 감사의 선임 또는 감사의 보수결정을 위한 의안을 상정하려는 경우에는 이사의 선임 또는 이사의 보수결정을 위한 의안과는 별도로 상정하여 의결하여야 한다.

⑥ 상장회사의 감사 또는 감사위원회는 제447조의4 제1항에도 불구하고 이사에게 감사보고서를 주주총회일의 1주 전까지 제출할 수 있다.

조문 · 판례	기출지문 OX
⑦ 제4항은 상장회사가 감사를 선임하거나 해임할 때에 준용한다. 이 경우 주주가 최대주주인 경우에는 그의 특수관계인, 그 밖에 대통령령으로 정하는 자가 소유하는 주식을 합산한다. ⑧ 회사가 제368조의4 제1항에 따라 전자적 방법으로 의결권을 행사할 수 있도록 한 경우에는 제368조 제1항에도 불구하고 출석한 주주의 의결권의 과반수로써 제1항에 따른 감사위원회위원의 선임을 결의할 수 있다.	

8. 준법통제기준 및 준법지원인

① 자산 규모 등을 고려하여 대통령령으로 정하는 상장회사(최근 사업연도 말 현재의 자산총액이 5천억원 이상인 회사를 말한다. 다만, 다른 법률에 따라 내부통제기준 및 준법감시인을 두어야 하는 상장회사는 제외한다)는 준법통제에 관한 기준 및 절차(준법통제기준)를 마련하여야 한다.
② 자산 규모 등을 고려하여 대통령령으로 정하는 상장회사는 준법통제기준의 준수에 관한 업무를 담당하는 사람(준법지원인)을 1명 이상 두어야 한다.
③ 준법지원인은 준법통제기준의 준수여부를 점검하여 그 결과를 이사회에 보고하여야 한다.
④ 자산 규모 등을 고려하여 대통령령으로 정하는 상장회사는 준법지원인을 임면하려면 이사회 결의를 거쳐야 한다.
⑤ 준법지원인은 다음 각 호의 사람 중에서 임명하여야 한다.

> 1. 변호사 자격을 가진 사람
> 2. 「고등교육법」 제2조에 따른 학교에서 법률학을 가르치는 조교수 이상의 직에 5년 이상 근무한 사람
> 3. 그 밖에 법률적 지식과 경험이 풍부한 사람으로서 대통령령으로 정하는 사람

⑥ 준법지원인의 임기는 3년으로 하고, 준법지원인은 상근으로 한다. 다만, 다른 법률의 규정이 준법지원인의 임기를 「상법」보다 단기로 정하고 있는 경우에는 「상법」을 다른 법률에 우선하여 적용한다.
⑦ 준법지원인은 재임 중뿐만 아니라 퇴임 후에도 직무상 알게 된 회사의 영업상 비밀을 누설하여서는 아니 된다.
⑧ 준법지원인에 관하여 다른 법률에 특별한 규정이 있는 경우를 제외하고는 「상법」에서 정하는 바에 따른다.

기출지문 OX — 8. 준법통제기준 및 준법지원인

[2017]
1. 준법지원인의 임기는 1년으로 하고, 준법지원인은 비상근으로 한다. (×)

제6절 소규모회사의 특례

적용 범위	내 용
자본금 10억원 미만 회사를 발기설립하는 경우	설립등기시 정관 및 의사록 공증 필요 없음
	주금납입보관증명서 대신 잔고증명서로 대체 가능
자본금 10억원 미만 회사	감사를 선임하지 않고 회사 설립 가능
	1. 주주총회 소집 10일 전 통지 2. 주주전원의 서면동의로 주주총회결의 대체 가능
	1. 이사가 2인 이하 가능 2. 이사가 2인인 경우 이사회 구성 의무 면제

제6절 소규모회사의 특례

조문 · 판례	기출지문 OX

<table>
<tr><th>자본금</th><th>이사 수</th><th colspan="2">이사회</th><th>대표이사</th></tr>
<tr><td>10억 이상</td><td>3인 이상</td><td colspan="2">○</td><td>○</td></tr>
<tr><td rowspan="3">10억 미만
(소규모회사)</td><td rowspan="3">1인 또는
2인 가능</td><td colspan="2">×</td><td rowspan="3">△
(각 이사가
대표기관.
다만 정관으로
대표이사를 정할
수 있다)</td></tr>
<tr><td>이사의 단독결정</td><td>주주총회로 대체</td></tr>
<tr><td>중요한 자산의 처분 및 양도,
대규모 재산의 차입,
지배인의 선임 또는 해임과 지점의 설치·이전 또는 폐지,
주주총회의 소집결정,
주주제안의 수리</td><td>이사의 경업·유용·거래의 승인,
신주의 발행,
사채의 발행,
준비금의 자본전입,
중간배당.</td></tr>
</table>

제7절 자본금의 증감

제1관 총 설

제2관 자본금의 증가

Ⅰ. 보통의 신주발행

1. 액면미달의 발행

① 회사가 성립한 날로부터 2년을 경과한 후에 주식을 발행하는 경우에는 회사는 주주총회의 특별결의(제434조)와 법원의 인가를 얻어서 주식을 액면미달의 가액으로 발행할 수 있다.
② 전항의 주주총회의 결의에서는 주식의 최저발행가액을 정하여야 한다.
③ 법원은 회사의 현황과 제반사정을 참작하여 최저발행가액을 변경하여 인가할 수 있다. 이 경우에 법원은 회사의 재산상태 기타 필요한 사항을 조사하게 하기 위하여 검사인을 선임할 수 있다.
④ 액면미달의 주식은 법원의 인가를 얻은 날로부터 1월내에 발행하여야 한다. 법원은 이 기간을 연장하여 인가할 수 있다.

2. 신주인수권

<table>
<tr><th rowspan="2">신주
인수권</th><th colspan="2">출 자</th><th rowspan="2">신주인수권양도</th></tr>
<tr><th>금전출자</th><th>현물출자</th></tr>
<tr><td rowspan="2">주 주</td><td rowspan="2">• 이사회 결의로
• 주식 수에 따라</td><td rowspan="2">해당 없음</td><td>• 결정 : 신주인수권 증서 발행 > 증서교부로만 양도</td></tr>
<tr><td>• 결정 × : 지명채권 양도 (승낙 등)</td></tr>
<tr><td>제3자</td><td>• 법률 또는
• 정관 + 경영상 목적</td><td>이사회 결의</td><td>• 증서발행은 안함 : 지명채권양도</td></tr>
</table>

① 주주의 신주인수권이란 주주가 종래 가지고 있던 주식의 수에 비례하여 우선적으로 신주를 배정 받을 수 있는 권리이다.
② 「상법」 제418조의 규정에 따른 주주의 신주인수권은 추상적 신주인수권과 구체적 신주인수권으로 구분할 수 있는데, 추상적 신주인수권은 회사가 신주를 발행한다면 소정 수량의 주식을 인수할 수 있는 권리이고, 주주권의 일부로서

제7절 자본금의 증감
제1관 총 설
제2관 자본금의 증가
Ⅰ. 보통의 신주발행
1. 액면미달의 발행
2. 신주인수권

조문 · 판례	기출지문 OX
주식과 분리하여 양도·포기할 수 없는 권리인데 반하여 구체적 신주인수권은 회사가 실제 신주를 발행할 때 그 신주를 청약하고 배정받을 수 있는 권리로서 이사회에서 정한 신주배정 기준일에 발생하고, 회사에 대한 채권적 권리로서 양도 및 포기가 가능하다(판례).	
③ 현물출자자에 대하여 발행하는 신주에 대하여는 일반주주의 신주인수권이 미치지 않는다(판례).	[2006] 1. 현물출자자에게 부여하기 위하여 신주를 발행하는 경우에는 주주의 신주인수권이 미치지 못한다는 것이 판례의 입장이다. (O)
④ 회사는 정관에 정하는 바에 따라 주주 외의 자에게 신주를 배정할 수 있다. 다만, 이 경우에는 신기술의 도입, 재무구조의 개선 등 회사의 경영상 목적을 달성하기 위하여 필요한 경우에 한한다.	
⑤ 회사가 경영권 분쟁이 현실화된 상황에서 경영진의 경영권이나 지배권 방어라는 목적을 달성하기 위하여 제3자에게 신주를 배정하는 것은 상법 제418조 제2항을 위반하여 주주의 신주인수권을 침해하는 것이다(판례). ⑥ 주주 외의 자에게 신주를 배정하는 경우 회사는 그 납입기일의 2주 전까지 주주에게 통지하거나 공고하여야 한다. ⑦ 기일까지 주식인수의 청약을 하지 아니한 때에는 신주의 인수권을 가진 자는 그 권리를 잃는다. ⑧ 신주인수권의 양도는 신주인수권증서의 교부에 의하여서만 이를 행한다. ⑨ 회사가 정관이나 이사회의 결의로 신주인수권의 양도에 관한 사항을 결정하지 아니하였다 하여 신주인수권의 양도가 전혀 허용되지 아니하는 것은 아니고, 회사가 그와 같은 양도를 승낙한 경우에는 회사에 대하여도 그 효력이 있다(판례). ⑩ 회사는 신주인수권증서를 발행하는 대신 정관으로 정하는 바에 따라 전자등록기관의 전자등록부에 신주인수권을 등록할 수 있다. ⑪ 회사가 주주배정의 방법, 즉 주주가 가진 주식수에 따라 신주 등의 배정을 하는 방법으로 신주 등을 발행하는 경우에는 발행가액 등을 반드시 시가에 의하여야 하는 것은 아니다. 그러므로 회사의 임원인 이사로서는 주주배정의 방법으로 신주를 발행함에 있어서 원칙적으로 액면가를 하회하여서는 아니 된다는 제약(상법 제330조, 제417조) 외에는 주주 전체의 이익과 회사의 자금조달의 필요성과 급박성 등을 감안하여 경영판단에 따라 자유로이 그 발행조건을 정할 수 있다고 보아야 할 것이므로, 시가보다 낮게 발행가액 등을 정함으로써 주주들로부터 가능한 최대한의 자금을 유치하지 못하였다고 하여 배임죄의 구성요건인 임무위배, 즉 회사의 재산보호의무를 위반하였다고 볼 것은 아니다(판례). ⑫ 그러나 주주배정의 방법이 아니라 제3자에게 인수권을 부여하는 제3자배정 방법의 경우, 제3자는 신주 등을 인수함으로써 회사의 지분을 새로 취득하게 되므로 그 제3자와 회사와의 관계를 주주의 경우와 동일하게 볼 수는 없는 것이다. 제3자에게 시가보다 현저하게 낮은 가액으로 신주 등을 발행하는 경우에는 시가를 적정하게 반영하여 발행조건을 정하거나 또는 주식의 실질가액을 고려한 적정한 가격에 의하여 발행하는 경우와 비교하여 그 차이에 상당한 만큼 회사의 자산을 증가시키지 못하게 되는 결과가 발생하는데, 이 경우에는 회사법상 공정한 발행가액과 실제 발행가액과의 차액에 발행주식수를 곱하여 산출된 액수만큼 회사가 손해를 입은 것으로 보아야 한다(판례).	[2018] 2. 회사는 정관에 정하는 바에 따라 경영권방어를 위해 주주 외의 자에게 신주를 배정할 수 있다. (×)
3. 신주의 인수	**3. 신주의 인수**
① 신주인수권증서를 발행한 경우에는 신주인수권증서에 의하여 주식의 청약을 한다. ② 신주인수권증서를 상실한 자는 주식청약서에 의하여 주식의 청약을 할 수 있다. 그러나 그 청약은 신주인수권증서에 의한 청약이 있는 때에는 그 효력을 잃는다.	
③ 신주의 발행으로 인한 변경등기가 있은 후에 아직 인수하지 아니한 주식이 있거나 주식인수의 청약이 취소된 때에는 이사가 이를 공동으로 인수한 것으로 본다.	[2018] 1. 신주발행에서 이사의 담보책임은 인수담보책임에 국한된다. (O)

조문 · 판례	기출지문 OX
④ 신주의 발행으로 인한 변경등기를 한 날로부터 1년을 경과한 후에는 신주를 인수한 자는 주식청약서 또는 신주인수권증서의 요건의 흠결을 이유로 하여 그 인수의 무효를 주장하거나 사기, 강박 또는 착오를 이유로 하여 그 인수를 취소하지 못한다. 그 주식에 대하여 주주의 권리를 행사한 때에도 같다.	
4. 신주의 출자	**4. 신주의 출자**
① 이사는 신주의 인수인으로 하여금 그 배정한 주수(株數)에 따라 납입기일에 그 인수한 주식에 대한 인수가액의 전액을 납입시켜야 한다. ② 신주의 인수인은 회사의 동의 없이 납입채무와 주식회사에 대한 채권을 상계할 수 없다. ③ 이사와 통모하여 현저하게 불공정한 발행가액으로 주식을 인수한 자는 회사에 대하여 공정한 발행가액과의 차액에 상당한 금액을 지급할 의무가 있다. ④ 대표소송(제403조 내지 제406조)의 규정은 제3항의 지급을 청구하는 소에 관하여 이를 준용한다. ⑤ 현물출자를 하는 자가 있는 경우에는 이사는 검사인의 선임을 법원에 청구하여야 한다. 이 경우 공인된 감정인의 감정으로 검사인의 조사에 갈음할 수 있다. ⑥ 다음 각 호의 어느 하나에 해당할 경우에는 제5항을 적용하지 아니한다. 1. 제416조 제4호의 현물출자의 목적인 재산의 가액이 자본금의 5분의 1을 초과하지 아니하고 대통령령으로 정한 금액을 초과하지 아니하는 경우 2. 제416조 제4호의 현물출자의 목적인 재산이 거래소의 시세 있는 유가증권인 경우 제416조 본문에 따라 결정된 가격이 대통령령으로 정한 방법으로 산정된 시세를 초과하지 아니하는 경우 3. 변제기가 돌아온 회사에 대한 금전채권을 출자의 목적으로 하는 경우로서 그 가액이 회사장부에 적혀 있는 가액을 초과하지 아니는 경우 4. 그 밖에 제1호부터 제3호까지의 규정에 준하는 경우로서 대통령령으로 정하는 경우	
⑦ 신주의 인수인은 납입 또는 현물출자의 이행을 한 때에는 납입기일의 다음 날로부터 주주의 권리의무가 있다. ⑧ 신주의 인수인이 납입기일에 납입 또는 현물출자의 이행을 하지 아니한 때에는 그 권리를 잃는다(실권). ⑨ 회사가 주주배정방식에 의하여 신주를 발행하려는데 주주가 인수를 포기하거나 청약을 하지 아니함으로써 그 인수권을 잃은 때에는 회사는 이사회 결의로 인수가 없는 부분에 대하여 자유로이 이를 제3자에게 처분할 수 있고, 이 경우 실권된 신주를 제3자에게 발행하는 것에 관하여 정관에 반드시 근거 규정이 있어야 하는 것은 아니다(판례).	[2024] 1. 신주의 인수인이 납입 또는 현물출자의 이행을 한 경우 주권을 교부받은 날부터 주주의 권리의무가 있다. (×) [2018] 2. 회사설립과 달리 신주발행에서는 납입이 이루어지지 않는 경우 따로 실권절차를 두지 않고 바로 실권시킨다. (○) [2023] 3. 회사가 주주배정방식에 의하여 신주를 발행하려는데 주주가 인수를 포기하거나 청약을 하지 아니함으로써 그 인수권을 잃은 때에는 회사가 이사회 결의로 인수가 없는 부분을 제3자에게 처분할 수 있으나, 이 경우에도 실권된 신주를 제3자에게 발행하는 것에 관하여 정관에 반드시 근거 규정 자체는 있어야 한다. (×)

조문 · 판례	기출지문 OX

주식발행 비교	회사 설립시	신주발행시
주식인수 취소 금지	회사설립 후, 권리행사 후	신주발행등기 후 1년 후, 권리행사 후
인수담보책임	있 음(발기인)	있 음(이사)
납입담보책임	있 음(발기인)	없 음
변태(현물) 조사생략	5분의 1, 시세 있는 유가증권	+ 변제기가 돌아온 회사에 대한 금전채권

5. 신주발행의 하자

① 회사가 법령 또는 정관에 위반하거나 현저하게 불공정한 방법에 의하여 주식을 발행함으로써 주주가 불이익을 받을 염려가 있는 경우에는 그 주주는 회사에 대하여 그 발행을 유지할 것을 청구할 수 있다.
② 신주발행의 무효는 주주·이사 또는 감사에 한하여 신주를 발행한 날로부터 6월내에 소만으로 이를 주장할 수 있다.
③ 신주발행무효의 소에서 신주를 발행한 날부터 6월의 출소기간이 경과한 후에는 새로운 무효사유를 추가하여 주장할 수 없다(판례).
④ 신주발행무효의 판결이 확정된 때에는 신주는 장래에 대하여 그 효력을 잃는다.
⑤ 신주발행무효의 판결이 확정된 때에는 회사는 신주의 주주에 대하여 그 납입한 금액을 반환하여야 한다.

비 교	위법행위유지청구권	신주발행유지청구권
목 적	회사의 손해방지	주주의 개인적인 손해방지
권 한	감사 또는 감사위원회 및 소수주주(100분의 1 이상)	단독주주권(그 주주)
상대방	이 사	회 사
원 인	이사가 법령 또는 정관에 위반한 행위를 하는 때	회사가 법령 또는 정관에 위반하거나 현저하게 불공정한 방법으로 신주를 발행하는 때

5. 신주발행의 하자 (기출지문 OX)

[2008, 2012, 2014, 2018]
1. 회사가 법령 또는 정관에 위반하여 주식을 발행함으로써 주주가 불이익을 받을 염려가 있을 경우 감사는 회사에 대해 그 발행을 유지할 것을 청구할 수 있다. (×)

[2017]
2. 신주발행무효의 소에서 신주를 발행한 날부터 6월의 출소기간이 경과한 후에도 새로운 무효사유를 추가하여 주장할 수 있다. (×)

[2015]
3. 신주발행무효의 판결이 확정된 때에는 신주는 소급하여 그 효력을 잃는다. (×)

Ⅱ. 특수한 신주발행

	권 한	효력발생시기
주식배당	주주총회 보통결의	주주총회가 종결한 때
준비금의 자본금 전입	이사회	신주배정일
	정관으로 주주총회	결의가 있은 때
주식병합	주주총회 특별결의	주권제출기간 만료시 또는 채권자 보호절차 종료시
주식의 전환	주 주	청구한 때
	회 사	주권제출기간 만료시
주식매수선택권	선택권자	행사시 회사의 신주발행의무가 발생하며, 납입한 때 신주발행의 효력이 생김
신주인수권부사채	현실납입	납입한 때
	대용납입	청구서를 제출한 때

조문 · 판례	기출지문 OX

제3관 자본금의 감소

1. 자본금의 감소 결의

① 자본금의 감소에는 주주총회의 특별결의(제434조)가 있어야 한다.
② 결손의 보전(補塡)을 위한 자본금의 감소는 주주총회의 보통결의(제368조 제1항)에 의한다.
③ 자본금 감소의 경우에는 채권자보호절차(제232조)를 준용한다. 다만, 결손의 보전을 위하여 자본금을 감소하는 경우에는 그러하지 아니하다.
④ 사채권자가 이의를 제기하려면 사채권자집회의 결의가 있어야 한다. 이 경우에는 법원은 이해관계인의 청구에 의하여 사채권자를 위하여 이의 제기 기간을 연장할 수 있다.

자본금 감소의 절차	주주총회	채권자보호절차
실질감자(재산감소)	특별결의	필 요
결손보전(재산불변)	보통결의	불필요

2. 자본금 감소 방법

① 주식을 병합할 경우에는 회사는 1월 이상의 기간을 정하여 그 뜻과 그 기간내에 주권을 회사에 제출할 것을 공고하고 주주명부에 기재된 주주와 질권자에 대하여는 각별로 그 통지를 하여야 한다.
② 주식의 병합에 적당하지 아니한 수의 주식이 있는 때에는 그 병합에 적당하지 아니한 부분에 대하여 발행한 신주를 경매하여 각 주수에 따라 그 대금을 종전의 주주에게 지급하여야 한다. 그러나 거래소의 시세 있는 주식은 거래소를 통하여 매각하고, 거래소의 시세 없는 주식은 법원의 허가를 받아 경매외의 방법으로 매각할 수 있다.
③ 주식의 병합은 주권제출기간이 만료한 때에 그 효력이 생긴다. 그러나 채권자보호절차(제232조)가 종료하지 아니한 때에는 그 종료한 때에 효력이 생긴다.
④ 주식의 임의소각에 있어서는, 회사가 그 주식을 취득하고 「상법」 소정의 자본감소의 절차뿐만 아니라 「상법」 제342조가 정한 주식실효 절차까지 마친 때에 소각의 효력이 생긴다(판례).

3. 자본금감소의 하자

① 자본금 감소의 무효는 주주·이사·감사·청산인·파산관재인 또는 자본금의 감소를 승인하지 아니한 채권자만이 자본금 감소로 인한 변경등기가 된 날부터 6개월 내에 소(訴)만으로 주장할 수 있다.
② 주주평등의 원칙은 그가 가진 주식의 수에 따른 평등한 취급을 의미하는데, 만일 주주의 주식수에 따라 다른 비율로 주식병합을 하여 차등감자가 이루어진다면 이는 주주평등의 원칙에 반하여 자본금감소 무효의 원인이 될 수 있다(판례).
③ 자본감소로 인한 변경등기가 있는 날로부터 6월의 출소기간이 경과한 후에는 새로운 무효사유를 추가하여 주장할 수 없다(판례).
④ 제190조 본문(단서를 준용하지 않으므로 소급효가 있다) 등은 감자무효의 소에 준용한다.
⑤ 하자가 추후 보완될 수 없는 성질의 것으로서 자본감소 결의의 효력에는 아무런 영향을 미치지 않는 것인 경우 등에는 그 하자가 보완되지 아니하였다 하더라도 회사의 현황 등 제반 사정을 참작하여 자본감소를 무효로 하는 것이 부적당하다고 인정한 때에는 법원은 그 청구를 기각할 수 있다(판례).

기출지문 OX

제3관 자본금의 감소

1. 자본금의 감소 결의

[2016]
1. 자본금의 감소는 정관변경사항은 아니지만 채권자와 주주의 권리 보호를 위해 그 요건을 엄격히 하여 어느 경우에나 정관변경에 준하는 특별결의를 필요로 하므로 출석한 주주의 의결권의 3분의 2 이상의 수와 발행주식총수의 3분의 1 이상의 수로써 하여야 한다. (×)

2. 자본금 감소 방법

3. 자본금감소의 하자

[2010]
1. 회사의 채권자는 감자무효의 소를 제기할 수 없다. (×)

조문 · 판례	기출지문 OX

비 교	신주발행무효소송	감자무효소송
제소권자	주주, 이사, 감사	주주·이사·감사·청산인·파산관재인 또는 자본금의 감소를 승인하지 아니한 채권자
제소기간	발행한 날로부터 6월내	변경등기한 때로부터 6월내
재량기각	가 능	가 능
효 력	장래효	소급효

제8절 정관의 변경

① 정관의 변경은 주주총회의 결의에 의하여야 한다.
② 정관변경의 결의는 출석한 주주의 의결권의 3분의 2 이상의 수와 발행주식총수의 3분의 1 이상의 수로써 하여야 한다.
③ **정관을 변경할 경우에는 주주총회의 특별결의가 있으면 그때 유효하게 정관변경이 이루어지는 것이고, 서면인 정관이 고쳐지거나 변경 내용이 등기사항인 때의 등기 여부 내지는 공증인의 인증 여부는 정관변경의 효력발생에는 아무 영향이 없다(판례).**

제8절 정관의 변경

[2006]
1. 통설과 판례에 의하면, 정관의 변경내용이 등기사항인 경우에는 정관변경의 효력은 등기시에 비로소 발생한다. (×)

제9절 주식회사의 회계

Ⅰ. 결산절차

① 회사의 회계는 「상법」과 대통령령으로 규정한 것을 제외하고는 일반적으로 공정하고 타당한 회계관행에 따른다.
② 이사는 결산기마다 다음 각 호의 서류(재무제표)와 그 부속명세서를 작성하여 이사회의 승인을 받아야 한다.

> 1. 대차대조표
> 2. 손익계산서
> 3. 그 밖에 회사의 재무상태와 경영성과를 표시하는 것으로서 대통령령으로 정하는 서류

③ 대통령령으로 정하는 회사의 이사는 연결재무제표(聯結財務諸表)를 작성하여 이사회의 승인을 받아야 한다.
④ 이사는 정기총회회일의 6주간 전에 재무제표 등을 감사에게 제출하여야 한다.
⑤ 감사는 재무제표 등을 받은 날부터 4주 내에 감사보고서를 이사에게 제출하여야 한다.
⑥ 감사가 감사를 하기 위하여 필요한 조사를 할 수 없었던 경우에는 감사보고서에 그 뜻과 이유를 적어야 한다.
⑦ 이사는 재무제표를 정기총회에 제출하여 그 승인을 요구하여야 하며, 영업보고서를 정기총회에 제출하여 그 내용을 보고하여야 한다.
⑧ 회사는 정관으로 정하는 바에 따라 재무제표 등을 이사회의 결의로 승인할 수 있다. 다만, 이 경우에는 다음 각 호의 요건을 모두 충족하여야 한다.

> 1. 제447조의 각 서류가 법령 및 정관에 따라 회사의 재무상태 및 경영성과를 적정하게 표시하고 있다는 외부감사인의 의견이 있을 것
> 2. 감사(감사위원회 설치회사의 경우에는 감사위원을 말한다) 전원의 동의가 있을 것

제9절 주식회사의 회계

Ⅰ. 결산절차

조문 · 판례	기출지문 OX

⑨ 재무제표 등을 이사회가 승인한 경우에는 이사는 재무제표 등의 내용을 주주총회에 보고하여야 한다.
⑩ 정기총회에서 재무제표 등을 승인을 한 후 2년 내에 다른 결의가 없으면 회사는 이사와 감사의 책임을 해제한 것으로 본다. 그러나 이사 또는 감사의 부정행위에 대하여는 그러하지 아니하다.

결산절차	《재무제표》	
이 사	작 성	작 성
이사회	승인(1)	정관으로 정하는 바에 따라 재무제표 등을 이사회의 결의로 승인
감 사	감 사	다음을 모두 충족한 경우 1. 재무제표가 법령 및 정관에 따라 회사의 재무상태 및 경영성과를 적정하게 표시하고 있다는 외부감사인의 의견이 있을 것 2. 감사(감사위원회 설치회사의 경우에는 감사위원을 말한다) 전원의 동의가 있을 것
주주총회	승인(2)	보 고

Ⅱ. 자본금과 준비금

① 회사가 액면주식을 발행하는 경우 회사의 자본금은 발행주식의 액면총액으로 한다.
② 회사가 무액면주식을 발행하는 경우 회사의 자본금은 주식 발행가액의 2분의 1 이상의 금액으로서 이사회(제416조 단서에서 정한 주식발행의 경우에는 주주총회를 말한다)에서 자본금으로 계상하기로 한 금액의 총액으로 한다. 이 경우 주식의 발행가액 중 자본금으로 계상하지 아니하는 금액은 자본준비금으로 계상하여야 한다.
③ 회사의 자본금은 액면주식을 무액면주식으로 전환하거나 무액면주식을 액면주식으로 전환함으로써 변경할 수 없다.
④ 회사는 그 자본금의 2분의 1이 될 때까지 매 결산기 이익배당액의 10분의 1 이상을 이익준비금으로 적립하여야 한다. 다만, 주식배당의 경우에는 그러하지 아니하다.
⑤ 회사는 자본거래(신주의 발행, 자본금의 감소)에서 발생한 잉여금을 대통령령으로 정하는 바에 따라 자본준비금으로 (전액을 한도 없이)적립하여야 한다.
⑥ 법정준비금은 자본금의 결손 보전에 충당하는 경우 외에는 처분하지 못한다.
⑦ 회사는 이사회의 결의에 의하여 준비금의 전부 또는 일부를 자본금에 전입할 수 있다. 그러나 정관으로 주주총회에서 결정하기로 정한 경우에는 그러하지 아니하다.
⑧ 준비금의 자본금 전입의 경우에는 주주에 대하여 그가 가진 주식의 수에 따라 주식을 발행하여야 한다.
⑨ 준비금의 자본금 전입의 이사회의 결의가 있은 때에는 회사는 일정한 날(배정일)을 정하여 그 날에 주주명부에 기재된 주주가 신주의 주주가 된다는 뜻을 그 날의 2주간 전에 공고하여야 한다.
⑩ 정관으로 주주총회에서 결정하기로 정한 경우에 주주는 주주총회의 결의가 있은 때로부터 신주의 주주가 된다.
⑪ 회사는 적립된 자본준비금 및 이익준비금의 총액이 자본금의 1.5배를 초과하는 경우에 주주총회의 결의에 따라 그 초과한 금액 범위에서 자본준비금과 이익준비금을 감액할 수 있다.

기출지문 OX

Ⅱ. 자본금과 준비금

[2009]
1. 자본감소의 경우에 그 감소액이 주식의 소각, 주금의 반환에 요한 금액과 결손의 전보에 충당한 금액을 초과한 때에는 그 초과금액은 이익준비금으로 적립하여야 한다. (X)

[2010]
2. 회사는 액면가 이상으로 주식을 발행한 경우 그 액면가를 초과한 금액의 2분의 1을 자본준비금으로 적립하여야 한다. (X)

[2004]
3. 자본준비금으로 자본의 결손의 보전에 충당하고서도 부족한 경우가 아니면 이익준비금으로 이를 충당하지 못한다. (X)

[2004]
4. 이익준비금 또는 자본준비금은 자본의 결손보전에 충당하는 경우 외에는 이를 절대로 처분하지 못한다. (X)

[2010]
5. 준비금의 자본전입의 경우 신주발행권은 원칙적으로 주주총회에 있다. (X)

조문 · 판례

<table>
<tr><th rowspan="6">순재산</th><th colspan="2">자본금</th><th colspan="4">준비금</th></tr>
<tr><th>액 면</th><th>무액면</th><th>종 류</th><th>재 원</th><th>비 율</th><th>한 도</th></tr>
<tr><td rowspan="2">발행주식의 액면총액</td><td rowspan="2">주식 발행가액의 2분의 1 이상의 금액으로서 이사회에서 자본금으로 계상하기로 한 금액의 총액 (발행가액 중 자본금으로 계상하지 아니하는 금액은 자본준비금으로 계상)</td><td>이익 준비금</td><td>영업이익</td><td>배당액의 10분의 1 이상 (주식배당제외)</td><td>자본금의 2분의 1까지</td></tr>
<tr><td>자본 준비금</td><td>자본거래 (증자,감자) 이익</td><td>전 액</td><td>없 음</td></tr>
<tr><td colspan="2">주주총회 보통결의</td><td colspan="2">← 결손보전</td><td colspan="2" rowspan="2">준비금의 감소 → 자본금의 1.5배를 초과하는 경우에 주주총회 보통결의</td></tr>
<tr><td colspan="2">이사회결의(배정일) 또는 주주총회 보통결의 (결의한 때)</td><td colspan="2">← 자본금전입</td></tr>
</table>

Ⅲ. 이익배당

① 이익배당은 각 주주가 가진 주식의 수에 따라 한다. 다만, 회사는 이익의 배당에 관하여 내용이 다른 종류의 주식을 발행하는 경우에는 그러하지 아니하다.

② 모든 대주주가 참석하여 당해 사업년도 잉여이익중 자기들이 배당받을 몫의 일부를 스스로 떼내어 소액주주들에게 고루 나눠주기로 한 것이니 그 결의내용이 「상법」 제464조에 반하는 것이라고 할 수 없다(판례).

③ 이익배당은 주주총회의 결의로 정한다. 다만, 재무제표를 이사회가 승인하는 경우에는 이사회의 결의로 정한다.

④ 주주의 이익배당청구권은 주주총회의 배당결의 전에는 추상적인 것에 지나지 않아 주주에게 확정적인 이익배당청구권이 없으며 배당결의가 없다하여 「상법」상 회사의 채무불이행이나 불법행위가 될 수 없다(판례).

⑤ 주주의 이익배당청구권은 장차 이익배당을 받을 수 있다는 의미의 권리에 지나지 아니하여 이익잉여금처분계산서가 주주총회에서 승인됨으로써 이익배당이 확정될 때까지는 주주에게 구체적이고 확정적인 배당금지급청구권이 인정되지 아니한다. 다만 정관에서 회사에 배당의무를 부과하면서 배당금의 지급조건이나 배당금액을 산정하는 방식 등을 구체적으로 정하고 있어 그에 따라 개별 주주에게 배당할 금액이 일의적으로 산정되고, 대표이사나 이사회가 경영판단에 따라 배당금 지급 여부나 시기, 배당금액 등을 달리 정할 수 있도록 하는 규정이 없다면, 예외적으로 정관에서 정한 지급조건이 갖추어지는 때에 주주에게 구체적이고 확정적인 배당금지급청구권이 인정될 수 있다(판례).

⑥ 이익의 배당요건을 위반하여 이익을 배당한 경우에 회사채권자는 배당한 이익을 회사에 반환할 것을 청구할 수 있다.

⑦ 회사는 이익배당을 주주총회나 이사회의 결의를 한 날부터 1개월 내에 하여야 한다. 다만, 주주총회 또는 이사회에서 배당금의 지급시기를 따로 정한 경우에는 그러하지 아니하다.

⑧ 배당금의 지급청구권은 5년간 이를 행사하지 아니하면 소멸시효가 완성한다.

기출지문 OX

Ⅲ. 이익배당

[2019]

1. 대주주에게는 30%, 소수주주에게는 33%의 이익배당을 하기로 하는 주주총회의 결의는, 이익배당이 각 주주가 가진 주식의 수에 따라야 한다는 「상법」 제464조에 반하여 위법하다. (×)

[2009]

2. 이익을 배당할 것인지 여부는 이사회의 결의사항이다. (×)

조문 · 판례	기출지문 OX

⑨ 년 1회의 결산기를 정한 회사는 영업년도 중 1회에 한하여 이사회의 결의로 일정한 날을 정하여 그날의 주주에 대하여 이익을 배당(중간배당)할 수 있음을 정관으로 정할 수 있다. 중간배당은 현금이나 현물이 가능하나 주식은 안 된다.

⑩ 상법 제462조의3이 정하는 중간배당에 관한 이사회 결의가 있으면 중간배당금이 지급되기 전이라도 당해 영업연도 중 1회로 제한된 중간배당은 이미 결정된 것이고, 같은 영업연도 중 다시 중간배당에 관한 이사회 결의를 하는 것은 허용되지 않는다. 이사회 결의로 주주의 중간배당금 지급청구권이 구체적으로 확정된 이상 그 청구권의 내용을 수정 내지 변경하는 내용의 이사회 결의도 허용될 수 없다(판례).

⑪ 회사는 정관으로 금전 외의 재산으로 배당을 할 수 있음을 정할 수 있다(현물배당).

⑫ 회사는 주주총회의 (보통)결의에 의하여 이익의 배당을 새로이 발행하는 주식(자기주식 ×)으로써 할 수 있다(주식배당).

⑬ 주식에 의한 배당은 이익배당총액의 2분의 1에 상당하는 금액을 초과하지 못한다.

⑭ 주식배당은 주식의 권면액으로 하며, 회사가 종류주식을 발행한 때에는 각각 그와 같은 종류의 주식으로 할 수 있다.

⑮ 주식으로 배당을 받은 주주는 주식배당의 결의가 있는 주주총회가 종결한 때부터 신주의 주주가 된다.

⑯ 등록질권자의 권리(주권교부청구권)는 주식배당에 의한 주주가 받을 주식에 미친다.

[2011]
3. 중간배당은 금전배당으로만 할 수 있고, 배당재원이 당해 연도의 이익이 아니라는 점에서 이익배당과 구별된다. (×)

[2011]
4. 중간배당을 하기 위해서는 주주총회의 결의가 필요하다. (×)

[2023]
5. 중간배당에 관한 이사회의 결의가 있는 경우, 같은 영업연도 중 다시 중간배당에 관한 이사회 결의를 하는 것은 허용되지 않으나, 같은 영업연도 중이라도 중간배당 지급청구권의 내용을 수정하는 이사회 결의는 허용된다. (×)

[2004]
6. 주식배당은 회사가 취득보유하고 있는 자기주식으로 할 수 있다. (×)

[2006]
7. 주식회사의 이익배당은 금전뿐만 아니라 주식으로도 할 수 있다. (○)

[2007]
8. 회사는 이사회의 결의에 의하여 이익의 배당을 새로이 발행하는 주식으로써 할 수 있다. (×)

[2010, 2021]
9. 주식배당은 주주총회의 특별결의 사항이다. (×)

[2009]
10. 주식배당에 의한 신주발행의 경우에 신주의 주주가 되는 시기는 주식배당의 결의가 있은 때로부터이다. (×)

Ⅳ. 주주의 경리검사권

1. 회계장부열람권

① 발행주식의 총수의 100분의 3 이상에 해당하는 주식을 가진 주주는 이유를 붙인 서면으로 회계의 장부와 서류의 열람 또는 등사를 청구할 수 있다.

② 주식매수청구권을 행사한 주주도 회사로부터 주식의 매매대금을 지급받지 아니하고 있는 동안에는 주주로서의 지위를 여전히 가지고 있으므로 특별한 사정이 없는 한 주주로서의 권리를 행사하기 위하여 필요한 경우에는 위와 같은 회계장부열람·등사권을 가진다(판례).

③ 열람과 등사에 시간이 소요되는 경우에는 열람·등사를 청구한 주주가 전 기간을 통해 발행주식 총수의 100분의 3 이상의 주식을 보유하여야 하고, 회계장부의 열람·등사를 재판상 청구하는 경우에는 소송이 계속되는 동안 위 주식 보유요건을 구비하여야 한다(판례).

④ 회사는 주주의 청구가 부당함을 증명하지 아니하면 이를 거부하지 못한다.

⑤ 열람·등사권의 행사가 회사업무의 운영 또는 주주 공동의 이익을 해치거나 주

Ⅳ. 주주의 경리검사권

1. 회계장부열람권

[2010]
1. 회계장부열람청구는 서면 또는 구두로 할 수 있다. (×)

[2022]
2. 모회사 발행주식총수의 100분의 1 이상에 해당하는 주식을 가진 주주는 다중대표소송의 제기를 위해 이유를 붙인 서면으로 자회사에 대해 회계의 장부와 서류의 열람 또는 등사를 청구할 수 있다. (×)

[2019]
3. 발행주식 총수의 100분의 3 이상에 해당하는 주식을 가진 상태에서 회계 장부와 서류 열람 등을 재

조문 · 판례	기출지문 OX
주가 회사의 경쟁자로서 그 취득한 정보를 경업에 이용할 우려가 있거나, 또는 회사에 지나치게 불리한 시기를 택하여 행사하는 경우 등에는 정당한 목적을 결하여 부당한 것이라고 보아야 한다(판례). ⑥ 자회사의 회계장부라 할지라도 그것이 모자관계에 있는 모회사에 보관되어 있고, 또한 모회사의 회계상황을 파악하기 위한 근거자료로서 실질적으로 필요한 경우에는 모회사의 회계서류로서 모회사 소수주주의 열람·등사청구의 대상이 될 수 있다(판례). ⑦ 회계장부열람등사청구권을 피보전권리로 하는 가처분도 허용된다(판례). ⑧ 주주가 제출하는 열람·등사청구서에 붙인 '이유'는 회사가 열람·등사에 응할 의무의 존부를 판단하거나 열람·등사에 제공할 회계장부와 서류의 범위 등을 확인할 수 있을 정도로 열람·등사청구권 행사에 이르게 된 경위와 행사의 목적 등이 구체적으로 기재되면 충분하고, 더 나아가 그 이유가 사실일지도 모른다는 합리적 의심이 생기게 할 정도로 기재하거나 그 이유를 뒷받침하는 자료를 첨부할 필요는 없다(판례). ⑨ 이른바 모색적 증거 수집을 위한 열람·등사청구는 허용될 수 없다(판례). ⑩ 소수주주의 회계장부 등에 대한 열람·등사청구권은 회사에 대하여 채무자 회생 및 파산에 관한 법률(이하 '채무자회생법'이라 한다)에 따른 회생절차가 개시되더라도 배제되지 않는다고 보아야 한다(판례).	판상으로 청구하였다면, 이후 소송계속 도중에 보유한 주식의 수가 발행주식 총수의 100분의 3 미만으로 되었다 하더라도 회계장부의 열람·등사를 구할 당사자적격을 상실하지 아니한다. (×) [2021] 4. 회계장부의 열람·등사청구권을 피보전권리로 한 당해 회계장부의 열람·등사를 명하는 가처분은 사실상 본안소송의 목적을 완전히 달성하게 되는 결과가 되므로 허용되지 않는다. (×) [2023] 5. 회계장부열람·등사권은 이유를 붙인 서면에 의해 행사되어야 하고, 그 서면에는 특별한 사정이 없는 한 열람·등사청구를 하는 이유를 뒷받침하는 자료가 첨부되어야 한다. (×) [2017] 6. 주주의 회계장부열람·등사청구권이 인정되는 경우라도 그 횟수는 1회로 국한되는 등 사전에 제한되어야 한다. (×)

장 부	열람청구	거 부
주주총회의사록, 주주명부, 사채원부	주주, 회사채권자	×
이사회의사록	주 주	○
회계장부(서면청구)	100분의 3이상의 주주	○
재무제표, 영업보고서, 감사보고서	주주, 회사채권자	×

조문 · 판례	기출지문 OX
2. 이익공여금지 ① 회사는 누구에게든지 주주의 권리행사와 관련하여 재산상의 이익을 공여할 수 없다. ② 회사가 특정의 주주에 대하여 무상으로 재산상의 이익을 공여한 경우에는 주주의 권리행사와 관련하여 이를 공여한 것으로 추정한다. ③ 회사가 특정의 주주에 대하여 유상으로 재산상의 이익을 공여한 경우에 있어서 회사가 얻은 이익이 공여한 이익에 비하여 현저하게 적은 때에도 또한 같다. ④ 회사가 주주의 권리행사와 관련하여 재산상의 이익을 공여한 때에는 그 이익을 공여 받은 자는 이를 회사에 반환하여야 한다. 이 경우 회사에 대하여 대가를 지급한 것이 있는 때에는 그 반환을 받을 수 있다. ⑤ 소수주주는 회사의 이익을 위하여 이익반환청구에 관한 대표소송을 제기할 수 있다.	**2. 이익공여금지** [2015] 1. 회사가 특정주주 내지 불특정주주에 대하여 무상으로 재산상의 이익을 공여한 경우에는 주주의 권리행사와 관련하여 이를 공여한 것으로 추정한다. (×)

조문 · 판례	기출지문 OX

제10절 사 채

제1관 일반사채

1. 일반사채의 발행

① 회사는 이사회의 결의에 의하여 사채(社債)를 발행할 수 있다.
② 일반사채에는 다음 각 호의 사채를 포함한다.

> 1. 이익배당에 참가할 수 있는 사채(이익참가부사채)
> 2. 주식이나 그 밖의 다른 유가증권으로 교환 또는 상환할 수 있는 사채(교환사채, 상환사채)
> 3. 유가증권이나 통화 또는 그 밖에 대통령령으로 정하는 자산이나 지표 등의 변동과 연계하여 미리 정하여진 방법에 따라 상환 또는 지급금액이 결정되는 사채(파생결합사채)

③ 정관으로 정하는 바에 따라 이사회는 대표이사에게 사채의 금액 및 종류를 정하여 1년을 초과하지 아니하는 기간 내에 사채를 발행할 것을 위임할 수 있다.
④ 사채청약서는 계약에 의하여 사채의 총액을 인수하는 경우에는 이를 적용하지 아니한다. 사채모집의 위탁을 받은 회사가 사채의 일부를 인수하는 경우에는 그 일부에 대하여도 같다.
⑤ 사채의 모집이 완료한 때에는 이사는 지체없이 인수인에 대하여 각사채의 전액 또는 제1회의 납입을 시켜야 한다.
⑥ 기명사채의 이전은 취득자의 성명과 주소를 사채원부에 기재하고 그 성명을 채권에 기재하지 아니하면 회사 기타의 제3자에게 대항하지 못한다.
⑦ 사채권자는 언제든지 기명식의 채권을 무기명식으로, 무기명식의 채권을 기명식으로 할 것을 회사에 청구할 수 있다. 그러나 채권을 기명식 또는 무기명식에 한할 것으로 정한 때에는 그러하지 아니하다.
⑧ 사채의 상환청구권은 10년간 행사하지 아니하면 소멸시효가 완성한다.
⑨ 사채의 이자의 청구권은 5년간 행사하지 아니하면 소멸시효가 완성한다.
⑩ 사채의 상환청구권에 대한 지연손해금은 사채의 상환청구권과 마찬가지로 10년간 행사하지 아니하면 소멸시효가 완성하고, 사채의 이자에 대한 지연손해금은 사채의 이자와 마찬가지로 5년간 행사하지 아니하면 소멸시효가 완성한다(판례).

비 교	주 식	일반사채
인수권(원칙)	주 주	모 집
인수방식	주식청약서 또는 신주인수권증서	사채청약서 (총액인수는 제외)
발행권한	이사회	이사회
현물출자	가 능	불 가
상 계	가 능 (회사의 동의)	가 능
등 기	함	안 함

제10절 사 채

제1관 일반사채

1. 일반사채의 발행

[2008]
1. 「상법」상 무기명식 사채의 발행은 허용되지 않는다. (×)

조문 · 판례	기출지문 OX

2. 사채관리회사

① 회사는 사채를 발행하는 경우에 사채관리회사를 정하여 변제의 수령, 채권의 보전, 그 밖에 사채의 관리를 위탁할 수 있다.
② 은행, 신탁회사, 그 밖에 대통령령으로 정하는 자가 아니면 사채관리회사가 될 수 없다.
③ 사채의 인수인은 그 사채의 사채관리회사가 될 수 없다.
④ 사채를 발행한 회사와 특수한 이해관계가 있는 자로서 대통령령으로 정하는 자는 사채관리회사가 될 수 없다.
⑤ 사채관리회사는 사채권자를 위하여 사채에 관한 채권을 변제받거나 채권의 실현을 보전하기 위하여 필요한 재판상 또는 재판 외의 모든 행위를 할 수 있다.
⑥ 사채관리회사는 사채를 발행한 회사와 사채권자집회의 동의를 받아 사임할 수 있다. 부득이한 사유가 있어 법원의 허가를 받은 경우에도 같다.
⑦ 사채관리회사가 해당 사채 전부에 대한 지급의 유예, 그 채무의 불이행으로 발생한 책임의 면제 또는 화해 행위(사채에 관한 채권을 변제받거나 채권의 실현을 보전하기 위한 행위는 제외한다)를 하는 경우에는 사채권자집회의 결의에 의하여야 한다.
⑧ 사채관리회사가 둘 이상 있을 때에는 그 권한에 속하는 행위는 공동으로 하여야 한다.
⑨ 사채관리회사, 대표자 또는 집행자에게 줄 보수와 그 사무 처리에 필요한 비용은 사채를 발행한 회사와의 계약에 약정된 경우 외에는 법원의 허가를 받아 사채를 발행한 회사로 하여금 부담하게 할 수 있다.

3. 사채권자집회

비 교	주주총회	사채권자집회
종 류	1. 주주총회 2. 종류주주총회	(종류별) 사채권자집회
소집권	1. 이사회 2. 감사, 감사위원회 3. (의결권 없는 주식을 제외한) 100분의 3 이상의 주주	1. 사채발행회사 2. 사채관리회사 3. (종류별) 사채총액의 10분의 1 이상(상환액은 제외)의 사채권자
소집 통지, 공고	2주전 통지	1. 기명 : 2주전 통지 2. 무기명 : 3주전(10억 미만은 2주 전) 공고
의결권	1주 1의결권의 원칙	(종류별) 사채금액의 합계액에 따라(상환액은 제외)
결의요건	보통결의 / 특별결의 / 특수결의	특별결의 원칙
서면 결의	허 용	허 용
전자 투표	허 용	허 용
결의의 효력	결의한 때	결의 후 1주일 내 법원에 인가청구, 법원의 인가를 얻어야 효력 {(종류별) 사채권자 전원의 동의시 인가 불요)}
결의의 하자	취소/무효/ 부존재/부당	취 소

2. 사채관리회사

3. 사채권자집회

조문 · 판례	기출지문 OX
① 사채권자집회는 사채를 발행한 회사 또는 사채관리회사가 소집한다. ② 사채의 종류별로 해당 종류의 사채 총액(상환받은 액은 제외한다)의 10분의 1 이상에 해당하는 사채를 가진 사채권자는 회의 목적인 사항과 소집 이유를 적은 서면 또는 전자문서를 사채를 발행한 회사 또는 사채관리회사에 제출하여 사채권자집회의 소집을 청구할 수 있다. ③ 각 사채권자는 그가 가지는 해당 종류의 사채 금액의 합계액(상환받은 액은 제외한다)에 따라 의결권을 가진다. ④ 주주총회 특별결의(제434조)의 규정은 사채권자집회의 결의에 준용한다. ⑤ 사채권자집회에 출석하지 아니한 사채권자는 서면에 의하여 의결권을 행사할 수 있다. ⑥ 사채권자집회에 대하여는 전자투표(제368조의4)를 준용한다. ⑦ 사채권자집회의 소집자는 결의한 날로부터 1주간내에 결의의 인가를 법원에 청구하여야 한다. ⑧ 사채권자집회의 결의는 법원의 인가를 받음으로써 그 효력이 생긴다. 다만, 그 종류의 사채권자 전원이 동의한 결의는 법원의 인가가 필요하지 아니하다. ⑨ 사채권자집회의 결의는 그 종류의 사채를 가진 모든 사채권자에게 그 효력이 있다. ⑩ 수종의 사채를 발행한 경우에는 사채권자집회는 각종의 사채에 관하여 이를 소집하여야 한다.	[2014] 1. 사채관리회사는 사채권자집회를 소집할 수 없다. (×)

제2관 특수사채

일반사채와 특수사채의 비교	일반사채	특수사채	
인수권	모 집	주 주	제3자 (경영상 목적)
발행권한	이사회	이사회	정관 또는 주주총회 특별결의
등 기	안 함	함	

Ⅰ. 전환사채

조문 · 판례	기출지문 OX
① 주주배정에 의한 전환사채의 발행의 경우에는 정관에 규정이 없는 것은 이사회가 이를 결정한다. 그러나 정관으로 주주총회에서 이를 결정하기로 정한 경우에는 그러하지 아니하다. ② 주주외의 자에 대하여 전환사채를 발행하는 경우에 그 발행할 수 있는 전환사채의 액, 전환의 조건, 전환으로 인하여 발행할 주식의 내용과 전환을 청구할 수 있는 기간에 관하여 정관에 규정이 없으면 주주총회 특별결의(제434조)로써 이를 정하여야 한다. 다만, 이 경우에는 신기술의 도입, 재무구조의 개선 등 회사의 경영상 목적을 달성하기 위하여 필요한 경우에 한한다. ③ 회사가 전환사채를 발행한 때에는 납입이 완료된 날로부터 2주간 내에 본점의 소재지에서 전환사채의 등기를 하여야 한다. ④ **전환권은 형성권이므로 전환사채권자가 전환을 청구한 때에 그 효력이 발생한다. 따라서 전환을 청구한 때에 전환사채권자는 주주가 된다. 전환청구가 있으면 회사는 전환사채의 발행가액총액이 전환에 의하여 발행하는 주식의 발행가액총액과 같도록 주식을 발행하여야 한다(판례).** ⑤ 전환기간 중 주주명부폐쇄기간이 포함된 경우에는 이 폐쇄기간 중에도 전환청구가 가능한데, 다만 이 기간 중에 전환된 전환사채의 주주는 그 기간 중의 주주총회의 결의에 관하여는 의결권을 행사할 수 없다.	[2011, 2013] 1. 주주 외의 자에 대하여 전환사채를 발행하는 경우에 그 발행할 수 있는 전환사채의 액, 전환의 조건, 전환으로 인하여 발행할 주식의 내용과 전환을 청구할 수 있는 기간에 관하여 정관에 규정이 없으면 이사회가 이를 결정한다. (×) [2003] 2. 회사가 전환사채를 발행한 때에는 납입이 완료된 날로부터 20일 안에 본점의 소재지에서 전환사채의 등기를 하여야 한다. (×) [2005] 3. 전환사채는 전환청구 즉시 전환의 효력이 발생하므로 그 결과 사채권자는 그 지위를 상실하고 주주가 된다. (○)

조문 · 판례	기출지문 OX

⑥ 「상법」은 제516조 제1항에서 신주발행의 유지청구권에 관한 제424조 및 불공정한 가액으로 주식을 인수한 자의 책임에 관한 제424조의2 등을 전환사채의 발행의 경우에 준용한다고 규정하면서도, 신주발행무효의 소에 관한 제429조의 준용 여부에 대해서는 아무런 규정을 두고 있지 않다(판례).

⑦ 전환사채발행유지청구는 회사가 법령 또는 정관에 위반하거나 현저하게 불공정한 방법에 의하여 전환사채를 발행함으로써 주주가 불이익을 받을 염려가 있는 경우에 회사에 대하여 그 발행의 유지를 청구하는 것으로서(「상법」 제516조 제1항, 제424조), 전환사채 발행의 효력이 생기기 전, 즉 전환사채의 납입기일까지 이를 행사하여야 할 것이다(판례).

⑧ 전환사채 발행의 경우에도 신주발행무효의 소에 관한 「상법」 제429조가 유추적용된다(판례).

⑨ 전환사채발행무효 확인의 소에 있어서도 「상법」 제429조 소정의 6월의 제소기간의 제한이 적용된다(판례).

⑩ 전환사채발행부존재 확인의 소에 있어서는 「상법」 제429조 소정의 6월의 제소기간의 제한이 적용되지 아니한다(판례).

[2012]
4. 전환사채는 주주명부 폐쇄기간 중에도 전환을 청구할 수 있고, 그 기간 중의 주주총회 결의에도 참가할 수 있다. (×)

[2021]
5. 상법상 전환사채의 발행 무효의 주장 방법으로 전환사채발행 무효의 소가 명문으로 인정되고 그 구체적인 내용에 관하여는 신주발행무효의 소에 관한 규정을 준용하고 있다. (×)

[2006]
6. 전환사채발행의 경우에도 신주발행무효의 소에 관한 「상법」 제429조가 유추적용된다. (○)

[2010, 2023, 2025]
7. 전환사채발행부존재 확인의 소에 있어서 6월의 제소기간의 제한이 적용된다. (×)

Ⅱ. 신주인수권부사채

특수사채 비교	전환사채	신주인수권부사채	
분리양도	불 가	신주인수권증권발행시 교부양도 가능	
주식의 발행가액	사채발행가액과 같다	사채발행가액을 초과할 수 없다	
효력발생시기	전환권행사시	현실납입	대용납입
		납입한 때	청구한 때

① 각 신주인수권부사채에 부여된 신주인수권의 행사로 인하여 발행할 주식의 발행가액의 합계액은 각 신주인수권부사채의 금액을 초과할 수 없다.

② 주주외의 자에 대하여 신주인수권부사채를 발행하는 경우에 그 발행할 수 있는 전환사채의 액, 전환의 조건, 전환으로 인하여 발행할 주식의 내용과 전환을 청구할 수 있는 기간에 관하여 정관에 규정이 없으면 주주총회 특별결의(제434조)로써 이를 정하여야 한다.

③ 신주인수권증권이 발행된 경우에 신주인수권의 양도는 신주인수권증권의 교부에 의하여서만 이를 행한다.

④ 신주인수권을 행사하려는 자는 청구서 2통을 회사에 제출하고, 신주의 발행가액의 전액을 납입하여야 한다.

⑤ 납입은 채권 또는 신주인수권증권에 기재한 은행 기타 금융기관의 납입장소에서 하여야 한다.

⑥ 신주인수권을 행사한 자는 납입을 한 때에 주주가 된다. 다만, 신주인수권을 행사하려는 자의 청구가 있는 때에는 신주인수권부사채의 상환에 갈음하여 그 발행가액으로 납입이 있는 것으로 본다는 뜻을 정한 때에는 청구한 때 주주가 된다.

⑦ 신주인수권부사채 발행의 경우에도 주식회사의 물적 기초와 기존 주주들의 이해관계에 영향을 미친다는 점에서 사실상 신주를 발행하는 것과 유사하므로, 신주발행무효의 소에 관한 「상법」 제429조가 유추적용되고, 신주발행의 무효원인에 관한 법리 또한 마찬가지로 적용된다(판례).

Ⅱ. 신주인수권부사채

[2022]
1. 상법의 규정에 따르면 주주외의 자에 대하여 신주인수권부사채를 발행하는 경우에 회사는 제516조 제2항에서 정한 신주인수권부사채에 관한 내용을 그 납입기일의 2주 전까지 주주에게 통지하거나 공고하여야 한다. (×)

[2009]
2. 신주인수권부사채의 신주인수권을 행사할 경우에는 신주의 발행가액의 전액을 납입하여야 하며 신주인수권부사채의 상환에 갈음하여 신주의 발행가액의 납입을 대용하는 것은 허용되지 않는다. (×)

[2016]
3. 사채권자의 전환권과 신주인수권은 형성권이므로, 원칙적으로 신주의 효력발생시기는 전환사채의 경우 사채권자가 회사에 전환을 청구한 때이고, 신주인수권부사채의 경우 사채권자가 회사에 신주인수권을 행사한 때이다. (×)

[2020]
4. 신주인수권부사채 발행의 경우에도 신주발행무효의 소에 관한 상법 제429조가 유추적용되나, 전환사채는 장차 주식으로 전환될 권리가 부여되었을 뿐이므로 전환사채 발행의 경우에는 신주발행무효의 소에 관한 상법 제429조가 유추적용되지 않는다. (×)

조문 · 판례	기출지문 OX
제4장 합명회사	**제4장 합명회사**
1. 설 립	**1. 설 립**
① 합명회사의 설립에는 2인 이상의 사원이 공동으로 정관을 작성하여야 한다. ② 회사의 설립의 무효는 그 사원에 한하여, 설립의 취소는 그 취소권 있는 자에 한하여 회사성립의 날로부터 2년 내에 소만으로 이를 주장할 수 있다. ③ 사원이 그 채권자를 해할 것을 알고 회사를 설립한 때에는 채권자는 그 사원과 회사에 대한 소로 회사의 설립취소를 청구할 수 있다. ④ 설립무효, 취소의 소는 본점소재지의 지방법원의 관할에 전속한다. ⑤ 설립무효의 판결 또는 설립취소의 판결은 제3자에 대하여도 그 효력이 있다. 그러나 판결확정 전에 생긴 회사와 사원 및 제3자간의 권리의무에 영향을 미치지 아니한다. ⑥ 설립무효의 판결 또는 설립취소의 판결이 확정된 때에는 해산의 경우에 준하여 청산하여야 한다. ⑦ 설립무효의 판결 또는 설립취소의 판결이 확정된 경우에 그 무효나 취소의 원인이 특정한 사원에 한한 것인 때에는 다른 사원전원의 동의로써 회사를 계속할 수 있다. 이 경우에는 그 무효 또는 취소의 원인이 있는 사원은 퇴사한 것으로 본다.	[2022] 1. 합명회사의 설립의 무효는 그 사원에 한하여, 설립의 취소는 그 취소권 있는 자에 한하여 회사성립의 날로부터 2년 내에 소만으로 이를 주장할 수 있는데, 사원은 사원의 주소지 법원에 설립무효의 소를 제기할 수 있다. (×)
2. 법률관계	**2. 법률관계**
① 합명회사의 내부관계에 관하여는 정관 또는 본법에 다른 규정이 없으면 조합에 관한 「민법」의 규정을 준용한다. ② **「상법」 제195조에 비추어 볼 때, 합명회사의 내부관계에 관한 상법 규정은 원칙적으로 임의규정이다. 상법상 합명회사의 사원 또는 업무집행사원의 업무집행권한을 상실시키는 방법으로는 다음의 두 가지를 상정할 수 있다. 첫째, 「상법」 제205조 제1항에 따라 다른 사원의 청구에 의하여 법원의 선고로써 권한을 상실시키는 방법이다. 둘째, 「상법」 제195조에 의하여 준용되는 「민법」 제708조에 따라 법원의 선고절차를 거치지 않고 총사원이 일치하여 업무집행사원을 해임함으로써 권한을 상실시키는 방법이다. 위 두 가지 방법은 요건과 절차가 서로 다르므로, 「상법」 제205조 제1항이 「민법」 제708조의 준용을 배제하고 있다고 보기 어렵다. 따라서 정관에서 달리 정하고 있지 않는 이상, 합명회사의 사원은 두 가지 방법 중 어느 하나의 방법으로 다른 사원 또는 업무집행사원의 업무집행권한을 상실시킬 수 있다(판례).** ③ 채권을 출자의 목적으로 한 사원은 그 채권이 변제기에 변제되지 아니한 때에는 그 채권액을 변제할 책임을 진다. 이 경우에는 이자를 지급하는 외에 이로 인하여 생긴 손해를 배상하여야 한다. ④ 사원은 다른 사원의 동의를 얻지 아니하면 그 지분의 전부 또는 일부를 타인에게 양도하지 못한다. ⑤ 사원은 다른 사원의 동의가 없으면 자기 또는 제3자의 계산으로 회사의 영업부류에 속하는 거래를 하지 못하며 동종영업을 목적으로 하는 다른 회사의 무한책임사원 또는 이사가 되지 못한다. ⑥ 정관을 변경함에는 총사원의 동의가 있어야 한다. ⑦ 사원은 다른 사원과반수의 결의가 있는 때에 한하여 자기 또는 제3자의 계산으로 회사와 거래를 할 수 있다. ⑧ 각 사원은 정관에 다른 규정이 없는 때에는 회사의 업무를 집행할 권리와 의무가 있다. 각사원의 업무집행에 관한 행위에 대하여 다른 사원의 이의가 있는 때에는 곧 행위를 중지하고 총사원과반수의 결의에 의하여야 한다.	[2007] 1. 합명회사의 정관을 변경함에는 총사원의 의결권의 5분의 4 이상의 동의가 있어야 한다. (×)

조문 · 판례	기출지문 OX
⑨ 지배인의 선임과 해임은 정관에 다른 정함이 없으면 업무집행사원이 있는 경우에도 총사원과반수의 결의에 의하여야 한다. ⑩ 사원이 업무를 집행함에 현저하게 부적임하거나 중대한 의무에 위반한 행위가 있는 때에는 법원은 사원의 청구에 의하여 업무집행권한의 상실을 선고할 수 있다. ⑪ 정관으로 업무집행사원을 정하지 아니한 때에는 각사원은 회사를 대표한다. 정관 또는 총사원의 동의로 업무집행사원 중 특히 회사를 대표할 자를 정할 수 있다. ⑫ 회사가 사원에 대하여 또는 사원이 회사에 대하여 소를 제기하는 경우에 회사를 대표할 사원이 없을 때에는 다른 사원 과반수의 결의로 선정하여야 한다.	[2006] 2. 합명회사의 업무집행사원이 업무를 집행함에 현저하게 부적임하거나 중대한 의무에 위반한 때에는 사원 3분의 2이상의 결의에 의하여 업무집행권을 상실시킬 수 있다. (×)

각 사원	과반수 동의	전원동의
	자기 또는 제3자의 계산으로 회사와 거래	자기 또는 제3자의 계산으로 회사의 영업부류에 속하는 거래 하거나 동종영업을 목적으로 하는 다른 회사의 무한책임사원 또는 이사가 됨
업무집행	1. 각 사원의 업무집행에 관한 행위에 대하여 다른 사원의 이의가 있는 때에는 곧 행위를 중지하고 총사원과반수의 결의 2. 지배인의 선임과 해임은 업무집행사원이 있는 경우에도 총사원 과반수의 결의	
대 표	회사가 사원에 대하여 또는 사원이 회사에 대하여 소를 제기하는 경우에 회사를 대표할 사원 선정	회사를 대표할 자 선정
업무집행 권한상실청구	제명 청구	
해산 청구		해산, 합병, 조직변경, 정관변경, 지분양도

조문 · 판례	기출지문 OX
3. 사원의 책임	**3. 사원의 책임**
① 회사의 재산으로 회사의 채무를 완제할 수 없는 때에는 각 사원은 연대하여 변제할 책임이 있다. ② 사원이 회사채무에 관하여 변제의 청구를 받은 때에는 회사가 주장할 수 있는 항변으로 그 채권자에게 대항할 수 있다. ③ 합명회사의 사원은 업무집행권한 상실제도를 통하여 업무집행에 현저히 부적합하거나 중대하게 의무를 위반한 사원이나 업무집행사원을 업무집행에서 배제함으로써 자신의 책임이 부당하게 발생·증대되는 것으로부터 자신을 보호할 수 있다(판례). ④ 합명회사 사원의 책임은 회사가 채무를 부담하면 법률의 규정에 기해 당연히 발생하는 것이고, '회사의 재산으로 회사의 채무를 완제할 수 없는 때' 또는 '회사재산에 대한 강제집행이 주효하지 못한 때'에 비로소 발생하는 것은 아니며, 이는 회사 채권자가 그와 같은 경우에 해당함을 증명하여 합명회사의 사원에게 보충적으로 책임의 이행을 청구할 수 있다는 책임이행의 요건을 정한 것으로 봄이 타당하다(판례).	[2023] 1. 합명회사의 사원은 회사채권자에 대하여 직접·연대·무한책임을 부담하지만, 업무집행권한 상실제도를 통하여 업무집행에 현저히 부적합하거나 중대하게 의무를 위반한 사원이나 업무집행사원을 업무집행에서 배제함으로써 자신의 책임이 부당하게 발생·증대되는 것으로부터 자신을 보호할 수 있다. (○)

조문 · 판례	기출지문 OX
⑤ 회사성립 후에 가입한 사원은 그 가입 전에 생긴 회사채무에 대하여 다른 사원과 동일한 책임을 진다. ⑥ 퇴사한 사원 또는 지분을 양도한 사원은 본점소재지에서 퇴사등기 또는 지분양도등기를 하기 전에 생긴 회사채무에 대하여는 등기 후 2년 내에는 다른 사원과 동일한 책임이 있다. ⑦ 사원이 아닌 자가 타인에게 자기를 사원이라고 오인시키는 행위를 하였을 때에는 오인으로 인하여 회사와 거래한 자에 대하여 사원과 동일한 책임을 진다.	
4. 사원의 퇴사	**4. 사원의 퇴사**
① 정관으로 회사의 존립기간을 정하지 아니하거나 어느 사원의 종신까지 존속할 것을 정한 때에는 사원은 영업년도말에 한하여 퇴사할 수 있다. 그러나 6월전에 이를 예고하여야 한다. ② 사원은 다음의 사유로 인하여 퇴사한다. 1. 정관에 정한 사유의 발생 / 2. **총사원의 동의** 3. **사 망** / 4. **성년후견개시** 5. 파 산 / 6. **제 명** ③ 정관으로 사원이 사망한 경우에 그 상속인이 회사에 대한 피상속인의 권리의무를 승계하여 사원이 될 수 있음을 정한 때에는 상속인은 상속의 개시를 안 날로부터 3월내에 회사에 대하여 승계 또는 포기의 통지를 발송하여야 한다. 상속인이 통지 없이 3월을 경과한 때에는 사원이 될 권리를 포기한 것으로 본다. ④ 사원에게 법정의 사유가 있는 때에는 회사는 다른 사원 과반수의 결의에 의하여 그 사원의 제명의 선고를 법원에 청구 할 수 있다 ⑤ 퇴사한 사원은 노무 또는 신용으로 출자의 목적으로 한 경우에도 그 지분의 환급을 받을 수 있다. 그러나 정관에 다른 규정이 있는 때에는 그러하지 아니하다. ⑥ 사원의 지분의 압류는 사원이 장래이익의 배당과 지분의 환급을 청구하는 권리에 대하여도 그 효력이 있다. ⑦ 사원의 지분을 압류한 채권자는 영업년도 말에 그 사원을 퇴사시킬 수 있다. 그러나 회사와 그 사원에 대하여 6월전에 그 예고를 하여야 한다. ⑧ 퇴사한 사원의 성명이 회사의 상호 중에 사용된 경우에는 그 사원은 회사에 대하여 그 사용의 폐지를 청구할 수 있다. ⑨ **합명회사의 청산절차에서는 사원의 퇴사가 허용되지 아니한다(판례).**	[2016] 1. 합명회사의 사원은 다른 사원의 동의를 얻지 아니하면 그 지분을 타인에게 양도하지 못하지만, 사원이 사망한 경우에는 원칙적으로 그 상속인에게 사원의 지분이 상속된다. (×)

조문 · 판례	기출지문 OX
제5장 합자회사 ① 합자회사는 무한책임사원과 유한책임사원으로 조직한다. ② 합자회사에는 본장에 다른 규정이 없는 사항은 합명회사에 관한 규정을 준용한다. ③ 합자회사의 정관에는 각 사원의 무한책임 또는 유한책임인 것을 기재하여야 한다. ④ 합자회사의 설립등기를 할 때에는 각 사원의 무한책임 또는 유한책임인 것을 등기하여야 한다. ⑤ 유한책임사원은 신용 또는 노무를 출자의 목적으로 하지 못한다. ⑥ 유한책임사원은 다른 사원의 동의 없이 자기 또는 제3자의 계산으로 회사의 영업부류에 속하는 거래를 할 수 있고 동종영업을 목적으로 하는 다른 회사의 무한책임사원 또는 이사가 될 수 있다. ⑦ 유한책임사원은 무한책임사원전원의 동의가 있으면 그 지분의 전부 또는 일부를 타인에게 양도할 수 있다. 지분의 양도에 따라 정관을 변경하여야 할 경우에도 같다. **⑧ 합자회사의 유한책임사원이 한 지분양도가 합자회사의 정관에서 규정하고 있는 요건을 갖추지 못한 경우에는 그 지분양도는 무효이다(판례).** ⑨ 유한책임사원은 영업년도말에 있어서 영업시간내에 한하여 회사의 회계장부·대차대조표 기타의 서류를 열람할 수 있고 회사의 업무와 재산상태를 검사할 수 있다. 중요한 사유가 있는 때에는 유한책임사원은 언제든지 법원의 허가를 얻어 열람과 검사를 할 수 있다. ⑩ 유한책임사원은 회사의 업무집행이나 대표행위를 하지 못한다. ⑪ 유한책임사원은 그 출자가액에서 이미 이행한 부분을 공제한 가액을 한도로 하여 회사채무를 변제할 책임이 있다. 회사에 이익이 없음에도 불구하고 배당을 받은 금액은 변제책임을 정함에 있어서 이를 가산한다. **⑫ 정관에 기재된 합자회사 사원의 책임 변경은 정관변경의 절차에 의하여야 하고, 이를 위해서는 총 사원의 동의가 필요하다(판례).** **⑬ 합자회사의 성립 후에 신입사원이 입사하여 사원으로서의 지위를 취득하기 위하여는 정관변경을 요하고 따라서 총사원의 동의를 얻어야 하지만, 신입사원은 총사원의 동의가 있으면 정관인 서면의 경정이나 등기부에의 기재를 기다리지 않고 그 동의가 있는 시점에 곧바로 사원으로서의 지위를 취득한다(판례).** ⑭ 유한책임사원이 사망한 때에는 그 상속인이 그 지분을 승계하여 사원이 된다. ⑮ 유한책임사원은 성년후견개시 심판을 받은 경우에도 퇴사되지 아니한다. **⑯ 무한책임사원과 유한책임사원 각 1인만으로 된 합자회사에 있어서는 한 사원의 의사에 의하여 다른 사원의 제명을 할 수는 없다고 보아야 한다(판례).**	**제5장 합자회사** [2014] 1. 합자회사의 유한책임사원은 회사채권자에 대하여 직접·연대책임을 부담하며, 재산출자 외에 노무출자 및 신용출자가 가능하다. (×) [2008] 2. 합자회사의 유한책임사원은 동종영업을 목적으로 하는 다른 회사의 무한책임사원 또는 이사가 될 수 없다. (×) [2010] 3. 합자회사의 유한책임사원이 회사의 영업부류에 속하는 거래를 하기 위해서는 다른 사원의 동의를 얻어야 한다. (×) [2020] 4. 합자회사의 경우 무한책임사원의 지분 양도는 유한책임사원을 포함한 모든 사원의 동의를 요하지만, 유한책임사원의 지분 양도는 유한책임사원 전원의 동의만 있으면 충분하고 다른 무한책임사원의 동의를 요하지 않는다. (×) [2007] 5. 합자회사의 무한책임사원을 유한책임사원으로 변경하거나, 그 반대로 유한책임사원을 무한책임사원으로 변경하게 되면 법률관계가 복잡해지므로, 「상법」은 이를 허용하지 않고 있다. (×) [2012] 6. 무한책임사원과 유한책임사원 각 1인만으로 된 합자회사에 있어서는 무한책임사원은 유한책임사원을 제명할 수 있으나, 유한책임사원이 무한책임사원을 제명할 수는 없다. (×)

조문 · 판례	기출지문 OX

제6장 유한책임회사

특 성	인적회사의 요소	고유한 특징	물적회사의 요소
설 립	1. 사원 및 업무집행자가 설립무효소송 제기 가능 2. 정관인증은 받지 않음 3. 회사의 내부관계에 합명회사 규정을 준용	자본금의 액을 정관에 기재	1. 사원(1인)이 정관을 작성 2. 신용이나 노무를 출자금지 3. 설립등기를 하는 때까지 금전이나 그 밖의 재산의 출자를 전부 이행
지분양도	사원은 다른 사원의 동의로 지분양도	1. 정관으로 지분 양도에 관한 사항을 달리 정할 수 있다. 2. 회사는 그 지분의 전부 또는 일부를 양수할 수 없다. 3. 회사가 지분을 취득하는 경우에 그 지분은 취득한 때에 소멸한다.	
업무집행	1. 업무집행자는 사원 전원의 동의를 받아야 경업 2. 업무집행자는 다른 사원 과반수의 결의가 있는 경우에만 회사와 거래	1. 정관으로 사원 또는 사원이 아닌 자를 업무집행자 선정 2. 법인이 업무집행자 가능	각 사원은 회사에 대하여 업무집행자의 책임을 추궁하는 소의 제기를 청구(대표소송)
정관변경, 사원의 가입	정관을 변경은 총사원의 동의	사원의 가입은 정관을 변경한 때에 효력이 발생. 다만, 납입 또는 이행을 마친 때에 사원이 됨.	
기 타	사원은 다음의 사유로 인하여 퇴사 1. 정관에 정한 사유의 발생 2 총사원의 동의 3. 사 망 4. 성년후견개시 5. 파 산 6. 제 명		1. 사원이 출자한 금전이나 그 밖의 재산의 가액이 유한책임회사의 자본금 2. 사원이 없게 된 경우에 해산. 3. 법정청산절차 준용

① 유한책임회사를 설립할 때에는 사원은 정관을 작성하여야 한다.
② 사원은 신용이나 노무를 출자의 목적으로 하지 못한다. 사원은 정관의 작성 후 설립등기를 하는 때까지 금전이나 그 밖의 재산의 출자를 전부 이행하여야 한다.

제6장 유한책임회사

[2013]

1. 유한책임회사를 설립할 때에는 반드시 2인 이상의 사원이 정관을 작성하여야 하는데, 자본금의 액을 정관에 기재할 필요는 없다. (×)

조문 · 판례	기출지문 OX
(see below)	[2022] 2. 사원의 성명·주민등록번호는 유한책임회사 설립등기사항이다. (×)

정관기재사항(인증 ×)	설립등기사항
1. 제179조 제1호부터 제3호까지, 제5호 및 제6호에서 정한 사항 (1. 목적, 2. 상호, 3. 사원의 성명·주민등록번호 및 주소, 5. 본점의 소재지, 6. 정관의 작성년월일) 2. 사원의 출자의 목적 및 가액 3. 자본금의 액 4. 업무집행자의 성명(법인인 경우에는 명칭) 및 주소	1. 제179조 제1호 · 제2호 및 제5호에서 정한 사항 (1. 목적, 2. 상호, 5. 본점의 소재지) 2. 제180조 제3호에서 정한 사항 3. 자본금의 액 4. 업무집행자의 성명, 주소 및 주민등록번호 (법인인 경우에는 명칭, 주소 및 법인등록번호). 다만, 유한책임회사를 대표할 업무집행자를 정한 경우에는 그 외의 업무집행자의 주소는 제외한다. 5. 유한책임회사를 대표할 자를 정한 경우에는 그 성명 또는 명칭과 주소 6. 정관으로 공고방법을 정한 경우에는 그 공고방법 7. 둘 이상의 업무집행자가 공동으로 회사를 대표할 것을 정한 경우에는 그 규정

③ 유한책임회사의 설립의 무효와 취소에 관하여는 제184조부터 제194조까지의 규정을 준용한다. 이 경우 제184조 중 "사원"은 "사원 및 업무집행자"로 본다(즉, 설립무효 소송은 사원 및 업무집행자가 제기할 수 있다).

④ 사원의 책임은 「상법」에 다른 규정이 있는 경우 외에는 그 출자금액을 한도로 한다.

⑤ 사원은 다른 사원의 동의를 받지 아니하면 그 지분의 전부 또는 일부를 타인에게 양도하지 못한다.

⑥ 업무를 집행하지 아니한 사원은 업무를 집행하는 사원 전원의 동의가 있으면 지분의 전부 또는 일부를 타인에게 양도할 수 있다. 다만, 업무를 집행하는 사원이 없는 경우에는 사원 전원의 동의를 받아야 한다.

⑦ 정관으로 지분의 양도에 관한 사항을 달리 정할 수 있다.

⑧ 유한책임회사는 그 지분의 전부 또는 일부를 양수할 수 없다. 유한책임회사가 지분을 취득하는 경우에 그 지분은 취득한 때에 소멸한다.

⑨ 유한책임회사는 정관으로 사원 또는 사원이 아닌 자를 업무집행자로 정하여야 한다. 법인이 업무집행자인 경우에는 그 법인은 해당 업무집행자의 직무를 행할 자를 선임하고, 그 자의 성명과 주소를 다른 사원에게 통지하여야 한다.

⑩ 정관에 다른 규정이 없는 경우 정관을 변경하려면 총사원의 동의가 있어야 한다.

⑪ 유한책임회사의 내부관계에 관하여는 정관이나 「상법」에 다른 규정이 없으면 합명회사에 관한 규정을 준용한다.

⑫ 업무집행자는 유한책임회사를 대표한다. 업무집행자가 둘 이상인 경우 정관 또는 총사원의 동의로 유한책임회사를 대표할 업무집행자를 정할 수 있다.

⑬ 유한책임회사가 사원(사원이 아닌 업무집행자를 포함한다)에 대하여 또는 사원이 유한책임회사에 대하여 소를 제기하는 경우에 유한책임회사를 대표할 사원이 없을 때에는 다른 사원 과반수의 결의로 대표할 사원을 선정하여야 한다.

⑭ 사원은 회사에 대하여 업무집행자의 책임을 추궁하는 소(대표소송)의 제기를 청구할 수 있다.

⑮ 사원의 가입은 정관을 변경한 때에 효력이 발생한다. 다만, 정관을 변경한 때에 해당 사원이 출자에 관한 납입 또는 재산의 전부 또는 일부의 출자를 이행하지 아니한 경우에는 그 납입 또는 이행을 마친 때에 사원이 된다.

⑯ 사원이 출자한 금전이나 그 밖의 재산의 가액을 유한책임회사의 자본금으로 한다. 유한책임회사는 정관 변경의 방법으로 자본금을 감소할 수 있다.

조문 · 판례	기출지문 OX

제7장 유한회사

1. 주식회사와 유한회사의 비교

주식회사	구 분	유한회사
	Ⅰ. 설 립	
등기사항	자본금	정관기재사항
삭 제	자본금의 최저한	삭 제
있 음	설립시 검사인의 조사	없 음
	Ⅱ. 사 원	
1인 이상	사원수	1인 이상
허 용(모집설립)	사원의 공모	불 가
허 용(주권)	사원권 증권 발행	금 지
주식양도자유의 원칙	사원의 지위 양도	원칙적으로 자유
	Ⅲ. 사원총회	
기명주주 : 2주전	사원총회 소집통지	1주전
정관(자본금 10억 미만은 총주주의 동의)	서면결의	총사원의 동의
1주 1의결권 원칙	의결권	• 1좌 1의결권 • 정관으로 의결권의 수에 관하여 다른 정함 가능
	Ⅳ. 이사·감사	
발기인 또는 창립총회	설립시 이사·감사 선임	정관 또는 사원총회
3인 이상(자본금 10억 미만은 1인 또는 2인)	이사의 수	1인 이상
필수기관(자본금 10억 미만으로서 이사가 1인 또는 2인인 경우에는 없음)	이사회	없 음
감 사 (감사가 없는 경우에는 법원에 청구)	이사와 회사 간의 소에 관한 대표	사원총회가 그 소에 관하여 회사를 대표할 자를 선정
100분의 1	위법행위유지청구권과 대표소송권	100분의 3
필수기관 (자본금 10억 미만은 임의기관)	감 사	임의기관
	Ⅴ. 증자·감자·기타	
이사회결의	증 자	사원총회 특별결의
대항요건	증자등기	효력요건
허 용	시채발행	불 가

제7장 유한회사

1. 주식회사와 유한회사의 비교

조문 · 판례	기출지문 OX
2. 유한회사의 특성	2. 유한회사의 특성
① 유한회사의 정관에는 자본금 및 출좌1좌의 금액을 기재하여야 한다. 출자1좌의 금액은 100원 이상으로 균일하게 하여야 한다. 정관은 공증인의 인증을 받음으로써 효력이 생긴다. 다만, 자본금 총액이 10억원 미만인 경우에는 각 사원이 정관에 기명날인 또는 서명함으로써 효력이 생긴다. ② 정관으로 이사를 정하지 아니한 때에는 회사성립 전에 사원총회를 열어 이를 선임하여야 한다.	
③ 유한회사는 사원의 지분에 관하여 지시식 또는 무기명식의 증권을 발행하지 못한다. ④ 사원은 그 지분의 전부 또는 일부를 양도하거나 상속할 수 있다. 다만, 정관으로 지분의 양도를 제한할 수 있다. **⑤ 유한회사의 사원의 지분은 질권의 목적으로 할 수 있는데, 주식의 입질과는 달리 약식질은 인정되지 않고 등록질만이 인정된다(판례).** ⑥ 유한회사에는 1인 또는 수인의 이사를 두어야 한다. ⑦ 회사가 이사에 대하여 또는 이사가 회사에 대하여 소를 제기하는 경우에는 사원총회는 그 소에 관하여 회사를 대표할 자를 선정하여야 한다. ⑧ 이사가 수인인 경우에 정관에 다른 정함이 없으면 회사의 업무집행, 지배인의 선임 또는 해임과 지점의 설치·이전 또는 폐지는 이사과반수의 결의에 의하여야 한다. ⑨ 사원총회는 지배인의 선임 또는 해임을 할 수 있다. ⑩ 이사는 감사가 있는 때에는 그 승인이, 감사가 없는 때에는 사원총회의 승인이 있는 때에 한하여 자기 또는 제3자의 계산으로 회사와 거래를 할 수 있다. ⑪ 이사가 법령 또는 정관에 위반한 행위를 하여 이로 인하여 회사에 회복할 수 없는 손해가 생길 염려가 있는 경우에는 감사 또는 자본금 총액의 100분의 3 이상에 해당하는 출자좌수를 가진 사원은 회사를 위하여 이사에 대하여 그 행위를 유지할 것을 청구할 수 있다. ⑫ 자본금 총액의 100분의 3 이상에 해당하는 출자좌수를 가진 사원은 회사에 대하여 이사의 책임을 추궁할 소(대표소송)의 제기를 청구할 수 있다. ⑬ 자본금의 100분의 3 이상에 해당하는 출자좌수를 가진 사원은 회계의 장부와 서류의 열람 또는 등사를 청구할 수 있다.	[2011] 1. 유한회사에서 사원의 지분에 관한 무기명식 증권의 발행은 「상법」상 인정되지 않는다. (○) [2004] 2. 유한회사는 회사채권자에 대하여는 직접 아무런 책임을 지지 아니하며 다만 회사에 대하여 일정한 출자의무만을 지는 유한책임사원으로 구성되는 회사이므로 사원지분의 양도는 제한되지 않는다. (×)
⑭ 유한회사는 정관에 의하여 1인 또는 수인의 감사를 둘 수 있다. ⑮ 사원총회를 소집할 때에는 사원총회일의 1주 전에 각 사원에게 서면으로 통지서를 발송하거나 각 사원의 동의를 받아 전자문서로 통지서를 발송하여야 한다. 총사원의 동의가 있을 때에는 소집절차 없이 총회를 열 수 있다. ⑯ 각사원은 출자1좌마다 1개의 의결권을 가진다. 그러나 정관으로 의결권의 수에 관하여 다른 정함을 할 수 있다(복수의결권). ⑰ 총회의 결의를 하여야 할 경우에 총사원의 동의가 있는 때에는 서면에 의한 결의를 할 수 있다. 결의의 목적사항에 대하여 총사원이 서면으로 동의를 한 때에는 서면에 의한 결의가 있은 것으로 본다.	[2014] 3. 유한회사는 정관에 의하여 1인 또는 수인의 감사를 두어야 한다. (×)
⑱ 정관변경의 결의는 총사원의 반수 이상이며 총사원의 의결권의 4분의 3 이상을 가지는 자의 동의로 한다. ⑲ 유한회사는 광고 기타의 방법에 의하여 인수인을 공모하지 못한다. 자본금의 증가는 본점소재지에서 자본금 증가의 등기를 함으로써 효력이 생긴다. 유한회사는 사채를 발행할 수 없다. **⑳ 유한회사의 지분은 민사집행법 제229조 제1항이 정한 금전채권에 해당하지 아니하고, 사원총회의 결의가 있는 경우에 한하여 지분을 양도할 수 있으며 다만 사원상호간의 양도에 대하여는 정관으로 달리 정할 수 있을 뿐이어서(상법 제556조) 피전부채권으로서의 적격이 없다(판례).**	[2023] 4. 유한회사 사원의 지분은 사원이 회사에 대하여 가지는 권리의무의 총체 즉 사원권으로서 신분상의 권리와 아울러 재산상의 권리를 포함하고 있는 것이므로 재산상의 가치를 가지고 이를 현금화하는 것이 가능하므로 강제집행의 대상이 되고, 피전부채권으로서의 적격도 있다. (×)

조문 · 판례	기출지문 OX

제8장 외국회사

① 외국회사가 대한민국에서 영업을 하려면 대한민국에서의 대표자를 정하고 대한민국 내에 영업소를 설치하거나 대표자 중 1명 이상이 대한민국에 그 주소를 두어야 한다.
② 외국회사가 영업소를 설치하는 경우에는 그 설치일부터 3주일 내에 영업소의 소재지에서 다음 사항을 등기하여야 한다.

1. 목 적
2. 상 호
3. 회사를 대표할 자의 성명·주소 및 주민등록번호(외국인인 경우 외국인등록번호로 하되, 외국인등록번호가 없는 경우에는 생년월일로 한다)
4. 공동으로 회사를 대표할 것을 정한 때에는 그 규정
5. 본점의 소재지
6. 영업소의 소재지(다른 영업소의 소재지는 제외한다)
7. 회사의 존립기간 내지 해산사유를 정한 때에는 그 기간 또는 사유
8. 대한민국에서의 같은 종류의 회사 또는 가장 비슷한 회사가 주식회사인 경우에는 본국에서의 공고방법 및 제616조의2에 따른 대한민국에서의 공고방법

③ 외국회사의 영업소 등기에는 회사설립의 준거법과 대한민국에서의 대표자의 성명 · 주소 및 주민등록번호(외국인인 경우 외국인등록번호로 하되, 외국인등록번호가 없는 경우에는 생년월일로 한다)가 포함되어야 한다.
④ 구 국제사법(2022. 1. 4. 법률 제18670호로 전부 개정되기 전의 것) 제16조 본문은 "법인 또는 단체는 그 설립의 준거법에 의한다."라고 하여 법인의 준거법은 원칙적으로 설립 준거법을 기준으로 정하고 있다(판례).
⑤ 외국회사는 그 영업소의 소재지에서 대표자, 영업소의 설정과 등기를 하기 전에는 계속하여 거래를 하지 못한다.
⑥ 외국회사로서 이 법에 따라 등기를 한 외국회사(대한민국에서의 같은 종류의 회사 또는 가장 비슷한 회사가 주식회사인 것만 해당한다)는 재무제표 등의 승인과 같은 종류의 절차 또는 이와 비슷한 절차가 종결된 후 지체 없이 대차대조표 또는 이에 상당하는 것으로서 대통령령으로 정하는 것을 대한민국에서 공고하여야 한다.
⑦ 외국에서 설립된 회사라도 대한민국에 그 본점을 설치하거나 대한민국에서 영업할 것을 주된 목적으로 하는 때에는 대한민국에서 설립된 회사와 같은 규정에 따라야 한다.

종 류	회사의 해산명령	영업소폐쇄명령
대 상	내국회사	외국회사의 국내 영업소
원 인	1. 회사의 설립목적이 불법한 것인 때 2. 회사가 정당한 사유 없이 설립 후 1년 내에 영업을 개시하지 아니하거나 1년 이상 영업을 휴지하는 때 3. 이사 또는 회사의 업무를 집행하는 사원이 법령 또는 정관에 위반하여 회사의 존속을 허용할 수 없는 행위를 한 때	1. 영업소의 설치목적이 불법한 것인 때 2. 영업소의 설치등기를 한 후 정당한 사유 없이 1년내에 영업을 개시하지 아니하거나 1년 이상 영업을 휴지한 때 또는 정당한 사유 없이 지급을 정지한 때 3. 회사의 대표자 기타 업무를 집행하는 자가 법령 또는 선량한 풍속 기타 사회질서에 위반한 행위를 한 때
청 구	이해관계인이나 검사의 청구에 의하여 또는 직권	이해관계인 또는 검사의 청구

제8장 외국회사

[2007]
1. 외국회사가 대한민국에서 영업을 하고자 하는 때에는 대한민국에 영업소를 설치하여야 하지만, 대표자를 정할 필요는 없다. (×)

조문 · 판례	기출지문 OX
⑧ 외국회사가 대한민국에 영업소를 설치한 경우에 다음의 사유가 있는 때에는 법원은 이해관계인 또는 검사의 청구에 의하여 그 영업소의 폐쇄를 명할 수 있다. 1. 영업소의 설치목적이 불법한 것인 때 2. 영업소의 설치등기를 한 후 정당한 사유없이 1년 내에 영업을 개시하지 아니하거나 1년 이상 영업을 휴지한 때 또는 정당한 사유 없이 지급을 정지한 때 3. 회사의 대표자 기타 업무를 집행하는 자가 법령 또는 선량한 풍속 기타 사회질서에 위반한 행위를 한 때 ⑨ 영업소의 폐쇄를 명한 경우에는 법원은 이해관계인의 신청에 의하여 또는 직권으로 대한민국에 있는 그 회사재산의 전부에 대한 청산의 개시를 명할 수 있다. 이 경우에는 법원은 청산인을 선임하여야 한다. ⑩ 외국회사는 다른 법률의 적용에 있어서는 법률에 다른 규정이 있는 경우 외에는 대한민국에서 성립된 동종 또는 가장 유사한 회사로 본다. ⑪ 상법상 주식회사의 주식과 사채에 관한 규정은 대한민국에서의 외국회사의 주권 또는 채권의 발행과 그 주식의 이전이나 입질 또는 사채의 이전에 준용한다.	

조문 · 판례	기출지문 OX

제4편 어음법·수표법

제1장 유가증권법

제2장 어음법·수표법 서론

신용증권	환어음	약속어음
기본당사자	발행인. 수취인. 지급인	발행인. 수취인
주채무자	지급인이 주채무자는 아니나 인수한 경우 인수인으로서 주채무자가 됨	발행인
상환(소구)의무자	발행인.배서인	배서인
자금관계	발행인과 지급인 사이	없 다
인수제도	인 정	불인정
복본제도	인 정	불인정
등본제도	인 정	인 정

지급증권	환어음	수 표
기본당사자	발행인. 수취인. 지급인	환어음과 같으나, 지급인은 은행, 수취인의 기재가 유익적 기재사항
주채무자	지급인이 인수한 경우 인수인 됨	언제나 없다(지급보증인은 최종의 상환의무자)
자금관계	인 정	지급인은 은행에 한정
인수제도	인 정	인수는 없으며 지급보증제도가 있다
지급위탁취소	언제나 가능	지급제시기간(10일) 경과 후에만 효력 발생
횡 선	불인정	인 정
시효기간	주채무자 3년, 상환의무자 1년, 재상환의무자 6월	지급보증인 1년, 상환의무자 6월, 재상환의무자 6월
참 가	인 정	불인정
등 본	인 정	불인정
복 본	인 정	인 정

제4편 어음법·수표법

제1장 유가증권법

제2장 어음법·수표법 서론

조문 · 판례	기출지문 OX

제3장 어음법·수표법 총론

제1절 어음행위

1. 어음행위의 형식적 요건

① 수표에 기재되어야 할 수표행위자의 명칭은 반드시 수표행위자의 본명에 한하는 것은 아니고 상호·별명 그 밖의 거래상 본인을 가리키는 것으로 인식되는 칭호라면 어느 것이나 다 가능하다(판례).
② 어음법상의 기명날인이라는 것은 기명된 자와 여기에 압날된 인영이 반드시 합치됨을 요구한다고 볼 근거는 없다(판례).
③ 법인의 어음행위는 어음행위의 서면성·문언성에 비추어 법인의 대표자 또는 대리인이 그 법인의 대표자 또는 대리권자임을 어음면상에 표시하고 기명날인하는 대리방식에 의하여 이루어져야 할 것이므로, 법인의 대리인이 법인 명의의 배서를 함에 있어 행위자인 대리인의 기명이 누락된 경우에는 그 요건을 갖추지 못한 무효의 배서라고 하여야 한다(판례).
④ 약속어음의 서명에 갈음하는 기명날인을 함에는 날인은 인장을 압날하여야 하고 무인으로 한 발행행위는 무효이다(판례).
⑤ "사인(signature)"이라고 하여 성명의 일부 또는 전부를 도형화하여 표시하는 것 중 이를 통해 서명자의 성명을 식별할 수 없다면 서명으로 인정되지 않는다(판례).

2. 어음행위의 실질적 요건

어음권리능력	인정여부	근 거
자연인	○	어음행위의 추상성
영리법인	○	
비영리법인	○	
권리능력 없는 사단	○	비법인사단인 선어중매조합의 대표자의 위임에 따른 어음행위로 인한 어음금의 지급책임은 독립한 권리의무의 주체인 위 조합에게 귀속되는 것이지 그 구성원들이 이를 부담하는 것은 아니다(판례).
조 합	×	[1] 법인격 없는 조합이 어음행위를 하였을 경우에는 조합 자체가 아닌 그 조합원이 위 어음행위로 권리를 취득하거나 의무를 부담한다. [2] 조합의 어음행위는 전조합원의 어음상의 서명에 의한 것은 물론 대표조합원이 그 대표자격을 밝히고 조합원 전원을 대리하여 서명하였을 경우에도 유효하다(판례).

제3장 어음법·수표법 총론

제1절 어음행위

1. 어음행위의 형식적 요건

2. 어음행위의 실질적 요건

[2021]
1. 조합의 어음행위는 조합의 성질상 조합원 전원이 기명날인 또는 서명을 하여야 하고, 대표조합원이 그 대표자격을 밝히고 조합원 전원을 대리하여 서명한 경우라도 조합원 전원에 대한 유효한 어음행위가 될 수 없다. (×)

조문 · 판례	기출지문 OX

어음행위의 하자	제한능력자		의사표시의 하자	
	취소상대방	취소효과	취소상대방	취소효과
효 과	현재의 소지인을 포함	물적항변 사유 (누구에게나 대항할 수 있다)	사기와 같은 의사표시의 하자를 이유로 어음발행행위를 취소하는 경우에 그 취소의 의사표시는 직접 상대방에 대하여 뿐만 아니라 소지인에 대하여도 할 수 있다(판례).	인적항변 사유 (선의의 제3자에게 대항할 수 없다)(판례)

① 발행인과 수취인이 통모하여 진정한 어음채무 부담이나 어음채권 취득에 관한 의사 없이 단지 발행인의 채권자에게서 채권 추심이나 강제집행을 받는 것을 회피하기 위하여 형식적으로만 약속어음의 발행을 가장한 경우 이러한 어음발행행위는 통정허위표시로서 무효이다(판례).

3. 어음행위의 특성

① 어음행위는 무인행위로서 어음수수의 원인관계로부터 분리하여 다루어져야 하고 어음은 원인관계와 상관없이 일정한 어음상의 권리를 표창하는 증권이므로 어음이 일정한 조건(예 근로자들에 대한 노임체불)하에서만 권리를 행사하기로 한 약정하에 발행되었더라도 이와 같은 사정은 어음의 원인관계에 기한 인적 항변사유에 불과하다(판례).

② 환어음에 다음 각 호의 어느 하나에 해당하는 기명날인 또는 서명이 있는 경우(형식적으로 유효이나 실질적으로 무효인 경우)에도 다른 기명날인 또는 서명을 한 자의 채무는 그 효력에 영향을 받지 아니한다(독립성).

> 1. 어음채무를 부담할 능력이 없는 자의 기명날인 또는 서명
> 2. 위조된 기명날인 또는 서명
> 3. 가공인물의 기명날인 또는 서명
> 4. 그 밖의 사유로 환어음에 기명날인 또는 서명을 한 자나 그 본인에게 의무를 부담하게 할 수 없는 기명날인 또는 서명

[기출지문 OX] 3. 어음행위의 특성

[2010]
1. 어음·수표행위를 한 자는 그 전제가 되는 다른 행위가 형식상의 흠결로 인하여 무효인 경우에도 그 영향을 받지 않고 독립하여 어음·수표상의 채무를 부담하는 것이 원칙이다. (×)

제2절 어음행위의 대리(대표)

① 대리권 없이 타인의 대리인으로 환어음에 기명날인하거나 서명한 자는 그 어음에 의하여 의무를 부담한다. 그 자가 어음금액을 지급한 경우에는 본인과 같은 권리를 가진다. 권한을 초과한 대리인의 경우도 같다.

② 회사나 기타 법인이 어음행위를 하려면 대표기관이 그 법인을 위하여 하는 것임을 표시하고 자기성명을 기재하여야 하는 것은 대표기관 자신이 직접 어음행위를 하는 경우이고 대리인이 어음행위를 하려면 어음상에 대리관계를 표시하여야 하는바, 그 표시방법에 대하여 특별한 규정이 없으므로 어음상에 대리인 자신을 위한 어음행위가 아니고 본인을 위하여 어음행위를 한다는 취지를 인식할 수 있을 정도의 표시가 있으면 대리관계의 표시로 보아야 할 것인바, 본건에 있어 "연합실업주식회사 이사 소외 2"라는 표시는 동 회사의 대리관계의 표시로써 적법한 표시로 인정하여야 할 것이다(판례).

[기출지문 OX] 제2절 어음행위의 대리(대표)

조문 · 판례	기출지문 OX

③ 피고 회사의 대표이사인 소외 甲이 어음을 발행함에 있어 명의표시와 날인형식의 예에 따라 "피고 회사 甲(= A 주식회사 甲)"이라고 표시하고 등록된 "대표이사 甲印(= A 주식회사 대표이사)"이라고 된 회사 대표이사 직인을 날인하였다면 피고 회사는 어음상의 의무가 있다 할 것이다(판례).

④ 약속어음의 발행인 명의가 회사 대표이사인 개인 甲으로만 되어 있고, 동인이 회사를 위하여 발행하였다는 뜻이 표시되어 있지 아니한 이상, 그 명하에 날인된 인영이 회사의 대표이사 직인이라 할지라도 그 어음은 동인이 회사를 대표하여 발행한 것이라고 볼 수 없다(판례).

⑤ 은행 지점장이 수취인이 은행인 약속어음의 배서인란에 지점의 주소와 명칭이 새겨진 명판을 찍고 기명을 생략한 채 자신의 사인(私印)을 날인하는 방법으로 배서한 경우, 그 배서는 행위자인 대리인의 기명이 누락되어 그 요건을 갖추지 못한 무효의 배서이므로 배서의 연속에 흠결이 있다 할 것이다(판례).

⑥ 어음행위에 관하여도 「민법」상의 표현대리에 관한 규정이 적용 또는 유추적용되고, 다만 이 때 그 규정의 적용을 주장할 수 있는 자는 어음행위의 직접 상대방에 한한다(판례).

⑦ 회사를 대표할 권한이 없는 표현대표이사가 다른 대표이사의 명칭을 사용하여 어음행위를 한 경우, 회사가 책임을 지는 선의의 제3자의 범위에는 표현대표이사로부터 직접 어음을 취득한 상대방뿐만 아니라, 그로부터 어음을 다시 배서양도 받은 제3취득자도 포함된다(판례).

⑧ 어음행위의 대리 또는 대행권한을 수여받은 자가 그 수권의 범위를 넘어 어음행위를 한 경우에 본인은 그 수권의 범위 내에서는 대리 또는 대행자와 함께 어음상의 채무를 부담한다(판례).

대리권		본인	대리관계표시	기명날인서명	효 과
유권대리		○	○	○	본인책임(현명주의)
		×	○	○	대리인만 책임
		○	○	×	무 효
무권대리	무권대리	○	○	○	무권대리인만 어음에 의하여 의무를 부담(본인은 물적항변)
	표현대리	○	○	○	1. 「민법」상의 표현대리에 관한 규정이 적용 또는 유추적용되고, 그 규정의 적용을 주장할 수 있는 자는 어음행위의 직접 상대방 2. (「상법」상의) 표현대표이사가 어음행위를 한 경우, 회사가 책임을 지는 선의의 제3자의 범위에는 제3취득자도 포함
	월권대리	○	○	○	1. 본인은 그 수권의 범위 내에서는 월권대리인과 함께 어음상의 채무를 부담 2. 월권대리인은 전액 책임 부담

제3절 어음의 위조와 변조

1. 어음의 위조

① 약속어음을 다른 사람이 그 기명날인을 위조하여 발행한 경우에 있어서는 그 발행인으로서 표시된 사람은 그 어음을 선의로 양수한 제3자에 대하여도 발행인으로서의 의무를 부담하지 않는다(원칙).

기출지문 OX

[2018]

1. 'A 주식회사 甲'이라고 기명하고, 그 옆에 'A 주식회사 대표이사'라고 날인하여 그 인영에 대표이사라는 사실이 드러나더라도 법인의 어음·수표행위로는 볼 수 없다. (×)

[2017, 2021]

2. 회사를 대표할 권한이 없는 표현대표이사가 다른 대표이사의 명칭을 사용하여 어음행위를 한 경우, 회사가 책임을 지는 선의의 제3자의 범위에는 표현대표이사로부터 직접 어음을 취득한 상대방만 포함된다. (×)

제3절 어음의 위조와 변조

1. 어음의 위조

[2017]

1. 어음이 위조된 경우 피위조자는 「민법」상 표현(表見)대리에 관한 규정이 유추적용될 수 있다는 등의 특별

조문 · 판례	기출지문 OX
② 어음이 위조된 경우에 피위조자는 「민법」상 표현대리에 관한 규정이 유추적용될 수 있다(판례). ③ 피용자가 어음위조로 인한 불법행위에 관여한 경우에 그것이 사용자의 업무집행과 관련한 위법한 행위로 인하여 이루어졌으면 그 사용자는 「민법」 제756조에 의한 손해배상책임을 지는 경우가 있고, 이 경우에 어음소지인이 적법한 지급제시기간 내에 지급제시를 하지 아니하여 소구권 보전의 절차를 밟지 않았다고 하더라도 이는 어음소지인이 이미 발생한 위조자의 사용자에 대한 불법행위책임을 묻는 것에 장애가 되는 사유라고 할 수 없다(판례). ④ 위조된 약속어음을 취득함으로써 입은 손해는 다른 특별한 사정이 없는 한 이를 취득하기 위하여 현실적으로 출연한 할인금 상당액일 뿐, 그 어음이 진정한 것이었다면 어음소지인이 지급받았을 것이라고 인정되는 그 어음액면 상당액이라고는 할 수 없다(판례). ⑤ 위조발행된 어음이라도 어음행위독립의 원칙상 그 뒤에 유효하게 배서한 배서인에 대하여는 소구권을 행사할 수 있으므로 이를 보관 중 분실한 자에 대하여는 손해배상을 청구할 수 있다(판례). ⑥ 다른 사람이 위조한 무효의 수표에 대한 은행의 변제가 유효로 되는 것은 특별법규·면책약관 또는 상관습이 있는 경우에 한하고, 이 경우 채권의 준점유자에 대한 변제의 법리는 적용되지 않는다(판례). ⑦ 어음에 어음채무자로 기재되어 있는 사람이 자신의 기명날인이 위조되었다고 주장하는 경우에는 그 사람에 대하여 어음채무의 이행을 구하는 어음의 소지인이 그 기명날인이 진정한 것임을 증명하지 않으면 안 된다(판례).	한 경우를 제외하고는 원칙적으로 어음상의 책임을 지지 않는다. (O) [2005] 2. 판례에 의하면 약속어음의 배서가 그 피용자에 의하여 위조된 경우에 어음소지인이 적법한 지급제시기간 내에 지급제시를 하지 아니하여 소구권 보전의 절차를 밟지 않았다고 하더라도 위조자의 사용자에 대하여 사용자책임을 물을 수 있다. (O) [2004, 2009, 2010, 2012] 3. 배서인이 자신의 배서가 위조된 것이라고 주장할 경우에는 그 위조에 대한 입증책임은 위조를 주장하는 배서인이 부담한다. (X)
2. 어음의 변조 ① 환어음의 문구가 변조된 경우에는 그 변조 후에 기명날인하거나 서명한 자는 변조된 문구에 따라 책임을 지고 변조 전에 기명날인하거나 서명한 자는 원래 문구에 따라 책임을 진다. ② 어음행위자가 자기가 한 어음의 기재내용을 변경하는 것은 변경으로 변조가 되지 않는다(판례). ③ 이미 어음상에 다른 권리 또는 의무를 가진 자가 있는 경우에는 이러한 자의 동의를 받지 않고 한 자기의 기재내용을 변경하는 것은 변조가 된다(판례). ④ 어음발행인이 그의 어음보증인의 동의를 얻지 않고 수취인명의를 변경기재하였다면 어음보증인에 대한 관계에 있어서는 어음의 변조에 해당하여 그 어음보증인은 변경기재된 수취인에 대하여는 어음보증의 책임이 없다(판례). ⑤ 제3자가 고의로 인지를 약속어음에 기재된 지시금지의 문구위에 첨부한 경우에는 이는 어음의 기재내용을 일부 변조한 것이므로, 어음발행인은 변조전의 문구에 따라서만 책임을 부담한다(판례). ⑥ 어음 발행 후 액면금액이 변조된 경우 발행인은 발행당시의 액면금액의 범위 내에서만 어음채무를 부담하고, 그 액면금액이 변조된 뒤에 위 어음을 취득한 자는 발행인에 대하여 변조 전의 액면금액의 범위 내에서만 어음상의 권리를 취득하고 이를 초과하는 부분에 관하여는 아무런 권리도 취득하지 못한다(판례). ⑦ 어음소지인이 약속어음이 변조된 후에야 비로소 그 어음을 취득하였고 변조 전의 원문언에 따른 지급제시기간 내에 그 약속어음을 지급제시하지 않은 경우, 그 최종소지인의 변조 전의 배서인에 대한 소구권은 요건흠결로 상실되어 배서인에 대하여 변조 전의 원문언에 따른 책임을 물을 수 없다(판례). ⑧ 약속어음의 문언에 변조가 있는 경우에는 그 변조 후에 기명날인한 자는 변조된 문언에 따라 책임을 지고 변조 전에 기명날인한 자는 원문언에 따라 책임을 지게 되는 것이므로 약속어음 변조의 법률효과를 주장하는 자는 그 약속어음이 변조된 사실 즉, 그 약속어음에 서명날인할 당시의 어음문언에 관하여 입증책임을 진다(판례).	**2. 어음의 변조**

조문 · 판례	기출지문 OX
제4절 백지어음	**제4절 백지어음**
1. 백지어음(일반)	**1. 백지어음(일반)**
① 미완성으로 발행한 어음·수표에 미리 합의한 사항과 다른 내용을 보충한 경우에는 그 합의의 위반을 이유로 소지인에게 대항하지 못한다. 그러나 소지인이 악의 또는 중대한 과실로 인하여 어음·수표를 취득한 경우에는 그러하지 아니하다. ② 지급기일을 공란으로 하여 약속어음을 발행하였거나 또는 사후에 지급기일을 당사자의 합의로 삭제한 경우에는 특별한 사정이 없는 한 그 어음은 일람출급의 어음으로 볼 것이 아니라 백지어음으로 보아야 할 것이고 이와 같은 백지어음을 교부하여 이를 보관시킨 때에는 후일 그 소지인으로 하여금 임의로 그 지급기일의 기재를 보충시킬 의사로서 교부·보관시킨 것이라고 추정할 것이다(판례). ③ 백지약속어음의 경우 발행인에게 보충권을 줄 의사로 발행한 것이 아니라는 점, 즉 백지어음이 아니고 불완전어음으로서 무효라는 점에 관한 입증책임이 있다(판례). ④ 어음금액란의 기재는 대단히 중요한 사항이므로 어음금액란을 백지로 하는 어음을 발행하는 경우에 발행인은 통상적으로 그 보충권의 범위를 한정한다고 봄이 상당하다(판례). ⑤ 소지인이 악의 또는 중과실로 부당 보충된 어음을 취득한 경우에도 발행인은 자신이 유효하게 보충권을 수여한 범위 안에서는 당연히 어음상의 책임을 진다(판례). ⑥ 보충권은 백지어음행위자가 사망하거나 제한능력자가 되어도 소멸하지 않으며, 대리권이 흠결되어도 이에 영향을 받지 않고 존속한다. 또한 백지어음을 회수하지 않고 보충권만을 철회하거나 제한할 수 없다(판례). ⑦ 약속어음의 금액란이 부당보충된 경우에는 어음법상의 어음의 위조에는 해당되지 않는다(판례). ⑧ 어음금액이 백지인 백지어음을 원고가 취득하면서 그 어음금액란을 원고가 보충한 경우 보충권의 내용에 관하여 어음의 기명날인자인 피고에게 직접 조회하지 않았다면 취득자인 원고에게 중대한 과실이 있다고 보아야 한다(판례). ⑨ 백지어음은 어음요건을 보충한 때 어음으로서 완전한 효력이 발생하고 그 보충의 효과가 어음요건 성취 전에 소급한다고 볼 수 없다(판례). ⑩ 백지어음에 만기 전에 한 배서는 만기 후에 백지가 보충된 때에도 기한후 배서로 볼 것이 아니다(판례). ⑪ 수취인이 백지인 채로 발행된 어음은 인도에 의하여 어음법적으로 유효하게 양도될 수 있다(판례). ⑫ 수취인이 백지인 채로 발행된 어음이 인도에 의하여 양도된 경우 어음법 제17조가 적용되는 것이므로, 발행인으로부터 원인관계상의 항변 등 인적 항변의 대항을 받지 아니한다(판례).	[2008] 1. 백지어음의 부당보충의 경우 소지인이 악의인 경우에 한하여 그 위반으로써 소지인에게 대항할 수 있다. (×) [2009, 2025] 2. 소지인이 악의로 부당보충된 어음을 취득한 경우에는 백지어음의 발행인은 그 악의를 이유로 어음상 아무런 책임을 지지 아니한다. (×) [2015] 3. 판례는 백지어음의 경우 발행인에게 보충권의 내용에 관하여 조회하지 않은 것만으로는 소지인에게 중과실을 인정할 수 없다고 보고 있다. (×)
2. 백지보충권의 행사기간	**2. 백지보충권의 행사기간**
① 백지어음의 보충은 보충권이 시효로 소멸하기까지는 지급기일 후에도 이를 행사할 수 있고, 어음의 주채무자인 발행인에 대하여 어음금청구소송을 제기한 경우에는 변론종결시까지만 보충권을 행사하면 된다(판례). ② 상환청구의무자에 대한 관계에서 어음소지인은 제시기간 내에 완전한 어음을 제시하여야 하므로 이 기간 내에 보충권을 행사하여야 한다(판례). ③ 장래의 계속적인 물품거래로 발생할 채무의 지급을 위하여 만기를 백지로 한 약속어음을 발행한 경우, 그 보충권의 소멸시효는 다른 특별한 사정이 없는 한 그 물품거래가 종료하여 어음상의 권리를 행사하는 것이 법률적으로 가능하게 된 때부터 진행한다(판례). ④ 만기를 백지로 하여 발행된 약속어음의 백지보충권의 소멸시효기간은 백지보충권을 행사할 수 있는 때로부터 3년으로 보아야 한다(판례).	[2005] 1. 만기 이외의 사항이 백지인 약속어음의 발행인과 배서인 등 상환의무자에 대한 관계에서 지급제시기간 경과 후라도 변론종결시까지 적법하게 보충권을 행사하여 상환청구(소구)할 수 있다. (×) [2006, 2011] 2. 대법원 판례에 의하면, 만기를 백지로 하여 발행된 약속어음의 백지보충권의 소멸시효기간은 백지

조문 · 판례	기출지문 OX
⑤ 발행일을 백지로 하여 발행된 수표의 백지보충권의 소멸시효기간은 백지보충권을 행사할 수 있는 때로부터 6개월로 봄이 상당하다(판례). ⑥ '백지보충권을 행사할 수 있는 때'에 관하여는 당사자가 명시적 또는 묵시적으로 합의할 수 있고, 그 합의된 때를 연기하거나 변경할 수도 있다고 할 것이다(판례). ⑦ 백지약속어음의 소지인이 전소의 사실심 변론종결일까지 백지 부분을 보충하지 않아 이를 이유로 패소판결을 받고 그 판결이 확정된 후에 백지보충권을 행사하여 어음이 완성된 것을 이유로 전소 피고를 상대로 다시 동일한 어음금을 청구하는 경우에는, 위 백지보충권 행사의 주장은 특별한 사정이 없는 한 전소판결의 기판력에 의하여 차단되어 허용되지 않는다(판례).	보충권을 행사할 수 있는 때로부터 3년으로 보아야 한다. (O)

백 지	만기(발행일) 이외 백지		만기(발행일)백지
어 음 (만기기준)	주채무자	상환의무자	만기를 백지로 하여 발행된 약속어음의 백지보충권의 소멸시효기간은 백지보충권을 행사할 수 있는 때로부터 3년
	만기로부터 3년 내	지급제시기간(만기) 내	
수 표 (발행일 기준)	지급제시기간(10일) 내		발행일을 백지로 하여 발행된 수표의 백지보충권의 소멸시효기간은 백지보충권을 행사할 수 있는 때로부터 6개월

3. 백지어음에 의한 권리행사

① 백지어음을 백지의 보충 없이 제시한 경우에는 채무자는 이행지체의 책임을 지지 않는다(판례).
② 어음면의 기재 자체로 보아 국내어음으로 인정되는 경우에 있어서는 그 어음면상 발행지의 기재가 없는 경우라고 할지라도 이를 무효의 어음으로 볼 수는 없다(판례).
③ 만기는 기재되어 있으나 지급지, 지급을 받을 자 등과 같은 어음요건이 백지인 약속어음의 소지인이 그 백지 부분을 보충하지 않은 상태에서 어음금 청구로써 어음상의 청구권에 관한 소멸시효는 중단된다(판례).
④ 백지어음의 제권판결을 받은 자는 발행인에 대하여 백지 부분에 대하여 어음 외의 의사표시에 의하여 보충권을 행사하고 그 어음금의 지급을 구할 수 있다(판례).

기출지문 OX — 3. 백지어음에 의한 권리행사

[2009]
1. 약속어음의 소지인은 발행지가 백지인 채로 지급제시되어 지급거절된 경우에는 배서인에 대하여 소구권을 행사할 수 없다. (×)

[2017, 2020]
2. 지급을 받을 자 부분이 백지로 된 약속어음의 소지인은 그 백지 부분을 보충하지 않은 상태에서는 어음상의 청구권을 행사할 수 없으므로, 그 백지어음 소지인의 권리행사에 의한 소멸시효 중단의 효과는 생길 여지가 없다. (×)

제5절 어음의 실질관계

① 기존 채무의 이행에 관하여 채무자가 채권자에게 어음을 교부할 때의 당사자의 의사는 기존 원인채무의 '지급에 갈음하여', 즉 기존 원인채무를 소멸시키고 새로운 어음채무만을 존속시키려고 하는 경우와, 기존 원인채무를 존속시키면서 그에 대한 지급방법으로서 이른바 '지급을 위하여' 교부하는 경우 및 단지 기존 채무의 지급 담보의 목적으로 이루어지는 이른바 '담보를 위하여' 교부하는 경우로 나누어 볼 수 있는데, 어음상의 주채무자가 원인관계상의 채무자와 동일하지 아니한 때에는 제3자인 어음상의 주채무자에 의한 지급이 예정되어 있으므로 이는 '지급을 위하여' 교부된 것으로 추정되지만, '지급에 갈음하여' 교부된 것으로 볼 만한 특별한 사정이 있는 경우에는 그러한 추정은 깨진다(판례).
② 채무자가 채권자에게 교부한 어음이 이른바 '은행도 어음'으로서 당사자 사이에 이를 단순히 보관하는 데 그치지 아니하고 어음할인 등의 방법으로 타에 유통시킬 수도 있는 경우라면 '지급을 위하여' 교부된 것으로 추정함이 상당하고, 어음이 '지급을 위하여' 교부된 것으로 추정되는 경우에는 채권자는 어음채권과 원인채권 중 어음채권을 먼저 행사하여 그로부터 만족을 얻을 것을 당사자가 예정하였다고 할 것이어서 채권자로서는 어음채권을 우선 행사하고 그

조문 · 판례	기출지문 OX
에 의하여 만족을 얻을 수 없는 때 비로소 채무자에 대하여 기존의 원인채권을 행사할 수 있는 것이므로, 채권자가 기존채무의 변제기보다 후의 일자가 만기로 된 어음을 교부받은 때에는 특별한 사정이 없는 한 기존채무의 지급을 유예하는 의사가 있었다고 보아야 할 것이다(판례). ③ 매수인이 매도인으로부터 물품을 공급받은 다음 그들 사이의 물품대금 지급방법에 관한 약정에 따라 대금의 지급을 위하여 물품 매도인에게 지급기일이 물품공급일자 이후로 된 약속어음을 발행·교부한 경우, 물품대금 지급채무의 이행기는 다른 특별한 사정이 없는 한 약속어음의 지급기일이고, 위 약속어음이 발행인에게 발생한 지급정지사유로 지급기일이 도래하기 전에 지급거절되었더라도 지급거절된 때에 물품대금 지급채무의 이행기가 도래하는 것은 아니다(판례). ④ 기존채무의 지급을 위하여 수표를 교부받은 채권자가 그 수표와 분리하여 기존 원인채권만을 제3자에게 양도한 경우, 기존채무의 지급을 위하여 수표를 교부하였다는 것은 채무자와 기존채권의 양도인 사이에서는 그 수표금이 지급되는 등 채무자가 그 수표상의 상환의무를 면하게 되면 원인채무 또한 소멸할 것을 예정하고 있었던 것으로 보아야 할 것인데, 채무자로서는 기존 원인채권의 양수인에 대하여 기존채무의 지급을 위하여 교부한 수표가 양도통지 이후에 결제되었다는 사유로써 그 기존채무의 소멸을 주장할 수 있다(판례). ⑤ 원인채권의 지급을 확보하기 위한 방법으로 어음이 수수된 경우에 원인채권과 어음채권은 별개로서 채권자는 그 선택에 따라 권리를 행사할 수 있고, 원인채권에 기하여 청구를 한 것만으로는 어음채권 그 자체를 행사한 것으로 볼 수 없어 어음채권의 소멸시효를 중단시키지 못한다(판례). ⑥ 채권자가 어음채권에 기하여 청구를 하는 경우에는 원인채권의 소멸시효를 중단시키는 효력이 있다(판례). ⑦ 다른 사람이 발행하는 약속어음에 명시적으로 어음보증을 하는 사람은 그 어음보증으로 인한 어음상의 채무만을 부담하는 것이 원칙이고, 특별히 채권자에 대하여 자기가 그 약속어음 발행의 원인이 된 채무까지 보증하겠다는 뜻으로 어음보증을 한 경우에 한하여 그 원인채무에 대한 보증책임을 부담하게 된다(판례).	[2009] 1. 기존채무의 지급을 위하여 수표를 교부받은 채권자가 그 수표와 분리하여 기존 원인채권만을 제3자에게 양도한 경우, 채무자는 기존 원인채권의 양수인에 대하여 기존채무의 지급을 위하여 교부한 수표가 양도통지 이후에 결제되었다는 사유로써 그 기존채무의 소멸을 주장할 수 없다. (×) [2016, 2021] 2. 원인채권의 지급을 확보하기 위한 방법으로 어음이 수수된 경우에 채권자는 그 선택에 따라 권리를 행사할 수 있고, 원인채권에 기하여 청구를 한 것만으로는 어음채권의 소멸시효를 중단시키지 못한다. (○) [2013, 2023] 3. 어음상의 채무를 보증한 자는 그 원인관계상의 채무에 대하여도 보증책임을 진다. (×)

원인	지급을 위하여 (지급의 방법(수단))	지급을 담보 (지급을 확보)	지급에 갈음 (지급 자체)
유형	어음상의 주채무자가 원인관계상의 채무자와 동일하지 아니한 때	약속어음	자기앞수표, 지급보증수표
원인	존 속	존 속	소 멸
행사	어음(수표)상의 권리 먼저행사	임의로 선택, 단 원인 채권을 행사하는 경우에도 어음과 상환하여야 함(동시이행항변권)	수표상의 권리만 행사
판례	기존의 원인채무와 수표상의 채무가 병존하고 있는 한에서는 채무자로서는 그 수표상의 상환의무를 면하기 전까지는 이중으로 채무를 지급하게 될 위험을 피하기 위하여 원인관계상의 채권자에 대하여 수표의 반환 없는 기존채권의 지급청구를 거절할 수 있다.	[1] 원인채권의 지급을 확보하기 위한 방법으로 어음이 수수된 경우에 원인채권과 어음채권은 별개로서 채권자는 그 선택에 따라 권리를 행사할 수 있고, 원인채권에 기하여 청구를 한 것만으로는 어음채권의 소멸시효를 중단시키지 못한다. [2] 채권자가 어음채권에 기하여 청구를 하는 반대의 경우에는 원인채권의 소멸시효를 중단시키는 효력이 있다. [3] 수표가 기존 원인채무의 지급확보를 위하여 또는 그 담보를 위하여 발행 또는 교부된 경우에, 채권자가 그 수표를 유상 또는 무상으로 타인에게 양도하였다고 하더라도 그에 의하여 바로 기존 원인채무가 소멸하는 것이 아니다.	

조문 · 판례	기출지문 OX

제4장 어음법·수표법 각론

제1절 어음상의 권리의 의의

제2절 어음상의 권리의 발생

Ⅰ. 어음의 발행

1. 환어음의 기재사항

환어음(換어음)에는 다음 각 호의 사항을 적어야 한다.

> 1. 증권의 본문 중에 그 증권을 작성할 때 사용하는 국어로 환어음임을 표시하는 글자
> 2. 조건 없이 일정한 금액을 지급할 것을 위탁하는 뜻
> 3. 지급인의 명칭
> 4. 만 기(滿期)
> 5. 지급지(支給地)
> 6. 지급받을 자 또는 지급받을 자를 지시할 자의 명칭
> 7. 발행일과 발행지(發行地)
> 8. 발행인의 기명날인(記名捺印) 또는 서명

필요적 기재사항을 적지 아니한 증권은 환어음의 효력이 없다.
그러나 다음 각 호의 경우에는 그러하지 아니하다.

> 1. 만기가 적혀 있지 아니한 경우 : 일람출급 환어음으로 본다.
> 2. 지급지가 적혀 있지 아니한 경우 : 지급인의 명칭에 부기(附記)한 지(地)를 지급지 및 지급인의 주소지로 본다.
> 3. 발행지가 적혀 있지 아니한 경우 : 발행인의 명칭에 부기한 지(地)를 발행지로 본다.

① 어음의 만기는 확정가능하여야 하므로 어음 자체에 의하여 알 수 있는 날이어야 하고 어음 이외의 사정에 의하여 좌우될 수 있는 불확정한 날을 만기로 정할 수 없는 것인바, 불확정한 날을 만기로 정한 어음은 무효이다(판례).
② 만기의 일자가 발행일보다 앞선 일자로 기재되어 있다면 그 어음은 어음요건의 기재가 서로 모순되는 것으로서 무효라고 해석되어야 한다(판례).
③ 발행일의 기재가 1978. 2. 30인 어음은 같은 해 2. 말일을 발행일로 하는 어음으로서 유효하다(판례).
④ 어음면의 기재 자체로 보아 국내어음으로 인정되는 경우에 있어서는 그 어음면상 발행지의 기재가 없는 경우라고 할지라도 이를 무효의 어음으로 볼 수는 없다(판례).
⑤ 어음면상 지급지에 관한 특별한 표시가 없다 할지라도 거기에 지급장소의 기재가 있고 그것이 지(地)의 표시를 포함하고 있어 그로부터 지급지에 해당하는 일정 지역이 추지될 수 있는 경우에는 지급지의 기재가 이에 의하여 보충되는 것으로 볼 수 있다고 할 것이다(판례).
⑥ 환어음은 발행인 자신을 지급받을 자로 하여 발행할 수 있다(자기지시환어음).
환어음은 발행인 자신을 지급인으로 하여 발행할 수 있다(자기앞환어음).
환어음은 제3자의 계산으로 발행할 수 있다(위탁환어음).

기출지문 OX

제4장 어음법·수표법 각론

제1절 어음상의 권리의 의의

제2절 어음상의 권리의 발생

Ⅰ. 어음의 발행

1. 환어음의 기재사항

[2005]
1. 환어음의 발행인의 명칭에 부기한 지(地)는 유익적 기재사항에 해당한다. (○)

[2022]
2. 어음의 발행인이 발행일 이전의 날짜를 만기로 기재한 경우 어음은 무효이다. (○)

[2008]
3. 환어음의 만기는 단일하고 확정할 수 있으며 가능한 날이어야 하므로, '甲의 사망시'와 같이 불확정기한으로 정한 만기나, '2008. 2. 30.'과 같이 달력에 없는 날을 만기로 기재한 경우는 무효이다. (×)

[2007]
4. 환어음은 발행인 자신을 지급받을 자로 하여 발행할 수 없다. (×)

조문 · 판례	기출지문 OX
⑦ 환어음은 지급인의 주소지에 있든 다른 지(地)에 있든 관계없이 제3자방(第三者方)에서 지급하는 것으로 할 수 있다. ⑧ **어음에서 지급처소(= 지급장소)를 기재하는 것은 필요적 기재사항이 아니므로 지급지는 포항시로 되어 있는데 그 지급처소(= 지급장소)를 서울특별시로 기재하였다 하여 그 약속어음을 무효라 할 수 없다(무익적 기재사항) (판례).** ⑨ 일람출급 또는 일람 후 정기출급의 환어음에는 발행인이 어음금액에 이자가 붙는다는 약정 내용을 적을 수 있다. 그 밖의 환어음에는 이자의 약정을 적어도 이를 적지 아니한 것으로 본다. 특정한 날짜가 적혀 있지 아니한 경우에는 어음을 발행한 날부터 이자를 계산한다. ⑩ 이율은 어음에 적어야 한다. 이율이 적혀 있지 아니하면 이자를 약정한다는 내용이 적혀 있더라도 이자를 약정하지 아니한 것으로 본다. ⑪ 환어음의 금액을 글자와 숫자로 적은 경우에 그 금액에 차이가 있으면 글자로 적은 금액을 어음금액으로 한다. ⑫ 환어음의 금액을 글자 또는 숫자로 중복하여 적은 경우에 그 금액에 차이가 있으면 최소금액을 어음금액으로 한다. ⑬ 분할 출급의 환어음은 무효로 한다. ⑭ 일람출급의 환어음은 제시된 때를 만기로 한다. 이 어음은 발행일부터 1년 내에 지급을 받기 위한 제시를 하여야 한다. 발행인은 이 기간을 단축하거나 연장할 수 있고 배서인은 그 기간을 단축할 수 있다. ⑮ **실재하지 않은 자를 지급인으로 한 어음은 유효이다. 실재하지 않은 장소를 지급지로 한 어음은 무효이다(판례).** ⑯ 발행인은 어음의 인수(引受)와 지급을 담보한다. 발행인은 인수를 담보하지 아니한다는 내용을 어음에 적을 수 있다. 발행인이 지급을 담보하지 아니한다는 뜻의 모든 문구는 적지 아니한 것으로 본다.	[2018] 5. 일람 후 정기출급 환어음의 발행인은 어음금액에 이자가 붙는다는 약정내용을 기재할 수 있고, 이율을 특정하여 기재한 경우 그에 따른 이자지급을 약정한 것으로, 이율을 특정하여 기재하지 않은 경우 상사이율인 연 6%의 이자를 지급하기로 약정한 것으로 본다. (×) [2006] 6. 어음금액은 한글로만 표시하여도 유효하다. (○) [2010] 7. 실재하지 않는 장소를 지급지로 기재한 약속어음은 유효이다. (×)
2. 약속어음의 기재사항 약속어음에는 다음 각 호의 사항을 적어야 한다. 1. 증권의 본문 중에 그 증권을 작성할 때 사용하는 국어로 약속어음임을 표시하는 글자 2. 조건 없이 일정한 금액을 지급할 것을 약속하는 뜻 3. 만 기 4. 지급지 5. 지급받을 자 또는 지급받을 자를 지시할 자의 명칭 6. 발행일과 발행지 7. 발행인의 기명날인 또는 서명 필요적 기재사항을 적지 아니한 증권은 약속어음의 효력이 없다. 그러나 다음 각 호의 경우에는 그러하지 아니하다. 1. 만기가 적혀 있지 아니한 경우 : 일람출급의 약속어음으로 본다. 2. 지급지가 적혀 있지 아니한 경우 : 발행지를 지급지 및 발행인의 주소지로 본다. 3. 발행지가 적혀 있지 아니한 경우 : 발행인의 명칭에 부기한 지(地)를 발행지로 본다. ① 약속어음의 발행인은 환어음의 인수인과 같은 의무를 부담한다. 따라서 약속어음의 발행인이 지급을 담보하지 아니한다는 뜻의 모든 문구는 어음을 무효로 한다.	**2. 약속어음의 기재사항** [2022] 1. 약속어음은 지급인이 없고 따라서 지급지도 기재하지 않는다. (×) [2012] 2. 약속어음의 발행인이 지급을 담보하지 아니한다는 뜻의 모든 문구는 적지 아니한 것으로 본다. (×)

조문 · 판례	기출지문 OX
3. 수표의 기재사항 수표에는 다음 각 호의 사항을 적어야 한다. 1. 증권의 본문 중에 그 증권을 작성할 때 사용하는 국어로 수표임을 표시하는 글자 2. 조건 없이 일정한 금액을 지급할 것을 위탁하는 뜻 3. 지급인의 명칭 4. 지급지(支給地) 5. 발행일과 발행지(發行地) 6. 발행인의 기명날인(記名捺印) 또는 서명 필요적 기재사항을 적지 아니한 증권은 수표의 효력이 없다. 그러나 다음 각 호의 경우에는 그러하지 아니하다. 1. 지급지가 적혀 있지 아니한 경우 : 지급인의 명칭에 부기(附記)한 지(地)를 지급지로 본다. 지급인의 명칭에 여러 개의 지(地)를 부기한 경우에는 수표의 맨 앞에 적은 지(地)에서 지급할 것으로 한다. 2. 제1호의 기재나 그 밖의 다른 표시가 없는 경우 : 발행지에서 지급할 것으로 한다. 3. 발행지가 적혀 있지 아니한 경우 : 발행인의 명칭에 부기한 지(地)를 발행지로 본다.	**3. 수표의 기재사항** [2003] 1. 수표에 지급인의 명칭이 기재되지 아니한 때에는 발행인을 지급인으로 본다. (×)
① 수표는 제시한 때에 발행인이 처분할 수 있는 자금이 있는 은행을 지급인으로 하고, 발행인이 그 자금을 수표에 의하여 처분할 수 있는 명시적 또는 묵시적 계약에 따라서만 발행할 수 있다. 그러나 이 규정을 위반하는 경우에도 수표로서의 효력에 영향을 미치지 아니한다. ② 기명식 수표에 "또는 소지인에게"라는 글자 또는 이와 같은 뜻을 가진 문구를 적었을 때에는 소지인출급식 수표로 본다. ③ 수취인이 적혀 있지 아니한 수표는 소지인출급식 수표로 본다. ④ 수표는 발행인 자신을 지급받을 자로 하여 발행할 수 있다(자기지시수표). ⑤ 수표는 제3자의 계산으로 발행할 수 있다(위탁수표). ⑥ 수표는 발행인 자신을 지급인으로 하여 발행할 수 있다(자기앞수표). ⑦ 수표에 적은 이자의 약정은 적지 아니한 것으로 본다. ⑧ 수표는 지급인의 주소지에 있든 다른 지(地)에 있든 관계없이 제3자방(第三者方)에서 지급하는 것으로 할 수 있다. 그러나 그 제3자는 은행이어야 한다. ⑨ 수표는 일람출급(一覽出給)으로 한다. 이에 위반되는 모든 문구(만기의 기재)는 적지 아니한 것으로 본다. ⑩ 기재된 발행일이 도래하기 전에 지급을 받기 위하여 제시된 수표는 그 제시된 날에 이를 지급하여야 한다. ⑪ 수표의 발행인은 지급을 담보한다. 발행인이 지급을 담보하지 아니한다는 뜻의 모든 문구는 적지 아니한 것으로 본다.	[2015] 2. 수표에 적은 이자의 약정은 적지 아니한 것으로 본다. (○) [2007] 3. 만기는 「수표법」상의 수표요건이다. (×) [2013] 4. 수표의 발행인은 지급을 담보하여야 하므로 발행인이 지급을 담보하지 아니한다는 뜻의 문구를 적었다면 그 수표는 무효로 된다. (×)

조문 · 판례	기출지문 OX
Ⅱ. 인 수(환어음에 특유한 제도)	**Ⅱ. 인 수**(환어음에 특유한 제도)

필요적(인수요건) 기재사항				유익적 기재사항	유해적 기재사항
종 류	인수 문구	지급인의 기명날인	기재 장소		
정 식	○	○	앞, 뒤	일부인수	조건부인수
약 식	×	○	앞(표면)		변경인수

① 환어음의 소지인 또는 단순한 점유자는 만기에 이르기까지 인수를 위하여 지급인에게 그 주소에서 어음을 제시할 수 있다.
② 수표는 인수하지 못한다. 수표에 적은 인수의 문구는 적지 아니한 것으로 본다.
③ 발행인은 인수를 위한 어음의 제시를 금지한다는 내용을 어음에 적을 수 있다. 그러나 어음이 제3자방에서 또는 지급인의 주소지가 아닌 지(地)에서 지급하여야 하는 것이거나 일람 후 정기출급 어음인 경우에는 그러하지 아니하다.
④ 일람 후 정기출급의 환어음은 그 발행한 날부터 1년 내에 인수를 위한 제시를 하여야 한다. 발행인은 이 기간을 단축하거나 연장할 수 있다. 배서인은 이 기간을 단축할 수 있다.
⑤ 어음의 앞면에 지급인의 단순한 기명날인 또는 서명이 있으면 인수로 본다.
⑥ 인수는 조건 없이 하여야 한다. 그러나 지급인은 어음금액의 일부만을 인수할 수 있다.
⑦ 환어음의 다른 기재사항을 변경하여 인수하였을 때에는 인수를 거절한 것으로 본다. 그러나 인수인은 그 인수 문구에 따라 책임을 진다.
⑧ 지급인은 인수를 함으로써 만기에 환어음을 지급할 의무를 부담한다.
⑨ 환어음에 인수를 기재한 지급인이 그 어음을 반환하기 전에 인수의 기재를 말소한 경우에는 인수를 거절한 것으로 본다. 말소는 어음의 반환 전에 한 것으로 추정한다. 인수의 기재를 말소한 경우에도 지급인이 소지인이나 어음에 기명날인 또는 서명을 한 자에게 서면으로 인수를 통지한 경우에는 그 상대방에 대하여 인수의 문구에 따라 책임을 진다.
⑩ 지급인이 환어음에 인수문언의 기재 및 기명날인 등을 하지 아니한 채 소지인 등에게 인수의 통지를 한 경우에는 그 지급인에 대하여 어음상의 책임을 물을 수 없다(판례).

[2011]
1. 인수인은 수표에서 인정되지 않는다. (O)

제3절 어음상의 권리의 이전(배서 등)

Ⅰ. 총 설

① 약속어음상의 권리를 지명채권양도에 관한 방식에 따라서 양도함에 있어서는 「민법」 제450조 제1항 소정의 대항요건(통지 또는 승낙)을 갖추지 아니하면 어음채무자에게 대항할 수 없다고 할 것이나 주채무자인 발행인에 대하여 그 대항요건을 갖추었으면 보증인에 대하여 별도의 대항요건(통지·승낙)을 갖추지 아니하였어도 주된 채권양도의 효력으로써 보증인에 대하여 이를 주장할 수 있다(판례).
② 어음채무자는 어음채권을 지명채권양도의 방법으로 양수한 자에게 양도인에 대한 인적 항변으로 대항할 수 있다(판례).

Ⅱ. 배서의 의의(배서금지어음)

① 발행인이 어음·수표에 "지시 금지"라는 글자 또는 이와 같은 뜻이 있는 문구를 적은 경우에는 그 어음·수표는 지명채권의 양도 방식으로만, 그리고 그 효력으로써만 양도할 수 있다.
② 약속어음은 배서에 의하여 양도할 수 있는 것이므로 배서금지어음으로 되기

[2006]
1. 배서인이 새로운 배서를 금지하는 뜻의 기재를 한 경우 그 어음은 지명채권양도의 방식에 따라서만 그

조문 · 판례	기출지문 OX

위해서는 「어음법」 제11조 제2항의 지시금지의 문자 또는 동일한 의의가 있는 문언이 명료하게 기재되어야 한다(판례).
③ 약속어음 이면의 배서란 맨 끝부분에 "견질용"이라고 기재된 것만으로는 그 약속어음을 「어음법」 제11조 제2항 소정의 지시금지어음이라고 볼 수 없다(판례).
④ 어음의 표면에 "보관용"이라고 기재된 것만으로는 어음법 소정의 지시금지어음이라고 볼 수 없다(판례).

리고 그 효력으로써만 양도할 수 있다. (×)

[2012]
2. 지시금지문구는 환어음의 유익적 기재사항에 해당한다. (○)

[2008]
3. 어음은 배서에 의하여 간편하게 양도할 수 있는데 이것은 유가증권의 속성 중 지시증권성에 해당한다. (○)

Ⅲ. 배서의 기재사항

필요적기재사항(배서요건)					유익적 기재사항	무익적 기재사항	유해적 기재사항
종 류	피배서인	배서문구	기명날인	기재장소			
정 식	○	○	○	앞, 뒤	배서일자	조건부배서	일부배서
백지식	×	○	○	앞, 뒤			
약 식	×	×	○	뒷면 또는 보충지			

① 환어음은 지시식(指示式)으로 발행하지 아니한 경우에도 배서(背書)에 의하여 양도할 수 있다.
② 배서에는 조건을 붙여서는 아니 된다. 배서에 붙인 조건은 적지 아니한 것으로 본다(무익적).
③ 일부의 배서는 무효로 한다(유해적).
④ 배서일자는 배서의 필요적 기재사항이 아니고 유익적 기재사항이다.
⑤ 배서는 환어음이나 이에 결합한 보충지[補箋(보전)]에 적고 배서인이 기명날인하거나 서명하여야 한다.
⑥ 배서는 피배서인(被背書人)을 지명하지 아니하고 할 수 있으며 또한 배서인의 기명날인 또는 서명만으로 할 수 있다(백지식배서).
⑦ 소지인에게 지급하라는 소지인출급의 배서는 백지식(白地式) 배서와 같은 효력이 있다.
⑧ 배서인의 기명날인 또는 서명만으로 하는 백지식 배서는 환어음의 뒷면이나 보충지에 하지 아니하면 효력이 없다.

[2010, 2013]
1. 조건을 붙인 배서와 어음금액의 일부에 대한 배서는 배서 자체를 무효로 한다. (×)

Ⅳ. 배서의 효력

1. 배서의 권리이전적 효력

① 배서는 환어음으로부터 생기는 모든 권리를 이전한다.
② 배서가 백지식인 경우에 소지인은 다음 각 호의 행위를 할 수 있다.

> 1. 자기의 명칭 또는 타인의 명칭으로 백지(白地)를 보충하는 행위
> 2. 백지식으로 또는 타인을 표시하여 다시 어음에 배서하는 행위
> 3. 백지를 보충하지 아니하고 또 배서도 하지 아니하고 어음을 교부만으로 제3자에게 양도하는 행위

③ 약속어음을 배서하면서 피배서인을 백지로 한 경우에 이 어음의 소지인이 이 어음상의 권리를 행사하려면 반드시 자기를 피배서인으로 기재할 필요는 없다(판례).
④ 소지인출급의 수표에 배서한 자는 상환청구에 관한 규정에 따라 책임을 진다. 그러나 이로 인하여 그 수표가 지시식 수표로 변하지 아니한다.

조문 · 판례	기출지문 OX
2. 배서의 자격수여적 효력	**2. 배서의 자격수여적 효력**
① 어음·수표의 점유자가 배서의 연속에 의하여 그 권리를 증명할 때에는 그를 적법한 소지인으로 추정(推定)한다. ② 수취인을 "한국상사"로 하여 발행된 약속어음의 제1배서인이 "주식회사한국상사 대표이사 甲"이라면 양자의 표시는 형식적으로 동일인이라고 인정함이 상당하고, 따라서 이 약속어음의 배서는 연속되어 있다(판례). ③ 약속어음의 배서가 위조된 경우에도 배서의 연속이 흠결된 것이라고 할 수 없다(판례). ④ 최후의 배서가 백지식인 경우에도 ①항과 같다. 말소한 배서는 배서의 연속에 관하여는 배서를 하지 아니한 것으로 본다. ⑤ 백지식 배서의 다음에 다른 배서가 있는 경우에는 그 배서를 한 자는 백지식 배서에 의하여 어음을 취득한 것으로 본다. ⑥ 어음에 있어서 배서의 연속은 형식상 존재함으로써 족하고 또 형식상 존재함을 요한다 할 것이나, 형식상 배서의 연속이 끊어진 경우에 딴 방법으로 그 중단된 부분에 관하여 실질적 관계가 있음을 증명한 소지인이 한 어음상의 권리행사는 적법하다(판례).	[2014] 1. 법인을 수취인으로 기재할 때에는 그 대표자 또는 대리인까지 표시하지 않으면 그 어음은 효력이 없다. (×)
Ⅴ. 선의취득	**Ⅴ. 선의취득**
① 어떤 사유로든 어음·수표의 점유를 잃은 자가 있는 경우에 그 어음·수표의 소지인이 배서의 연속에 따라 그 권리를 증명할 때에는 그 어음을 반환할 의무가 없다. 그러나 소지인이 악의 또는 중대한 과실로 인하여 어음을 취득한 경우에는 그러하지 아니하다. ② 어음의 선의취득으로 인하여 치유되는 하자의 범위 즉, 양도인의 범위는 양도인이 무권리자인 경우뿐만 아니라 대리권의 흠결이나 하자 등의 경우도 포함된다(판례). ③ 어음을 선의취득하기 위하여는 어음취득자에게 악의나 중대한 과실이 없어야 하는데, 어음취득자가 직전 양도인이 무권리자임을 모른 경우에 그 전 양도인이 무권리자임을 알았다고 하더라도 선의취득이 인정된다(판례).	[2004] 1. 어음이 도품이나 유실물일 경우에는 선의취득이 인정되지 않는다. (×) [2008] 2. 어음을 선의취득하기 위하여는 어음취득자에게 악의나 중대한 과실이 없어야 하므로, 어음취득자가 직전 양도인이 무권리자임을 모른 경우에도 그 전 양도인이 무권리자임을 알았다면 선의취득이 인정되지 않는다. (×)
Ⅵ. 특수배서 **1. 특수양도배서**	**Ⅵ. 특수배서** **1. 특수양도배서**
① 배서인은 반대의 문구가 없으면 인수와 지급을 담보한다(무담보배서). ② 배서인은 자기의 배서 이후에 새로 하는 배서를 금지할 수 있다. 이 경우에 그 배서인은 어음의 그 후의 피배서인에 대하여 담보의 책임을 지지 아니한다(배서금지배서). 다만, 다시 배서할 수 있다. ③ 어음의 배서는 어음을 인수한 지급인, 어음을 인수하지 아니한 지급인, 어음의 발행인, 그 밖의 어음채무자에 대하여 할 수 있으며, 다음 각 호의 자는 다시 어음에 배서할 수 있다(환배서). ④ 수표의 배서는 발행인이나 그 밖의 채무자에 대해서도 할 수 있다. 이러한 자는 다시 수표에 배서할 수 있다(환배서). ⑤ 약속어음 발행인으로부터 인적항변의 대항을 받는 어음소지인은 당해 어음을 제3자에게 배서·양도한 후 환배서에 의하여 이를 다시 취득하여 소지하게 되었다고 할지라도 발행인으로부터 여전히 위 항변의 대항을 받는다(판례). ⑥ 약속어음의 소지인이 그 어음이 지급기일에 지급거절되자 자기의 전자에게 피배서인이 백지인 배서가 되어 있는 상태로 교부하여 전자가 그 어음발행인을 상대로 어음금청구의 소를 제기하였으나 인적항변의 대항을 받아 패소하자 다시 그 어음을 교부받아 그 어음발행인을 상대로 어음금청구의 소를 제기한 경우, 그 어음발행인은 전자에 대한 인적항변으로 그 어음소지인에게 대항할 수 있다(판례).	[2016] 1. 배서인이 자기의 배서 이후에 새로 하는 배서를 금지한 경우에도 그 배서인은 그 후의 피배서인에 대하여 담보의 책임을 진다. (×) [2009] 2. 약속어음 발행인으로부터 인적항변의 대항을 받는 어음소지인이 당해 어음을 제3자에게 배서·양도한 후 환배서에 의하여 이를 다시 취득하여 소지하게 되면 이제는 발행인으로부터 위 항변의 대항을 받지 아니한다. (×) [2024] 3. 약속어음의 소지인이 그 어음이 지급기일에 지급거절되자 자기의 전자에게 피배서인이 백지인 배서가 되어 있는 상태로 교부하여 전자가 그 어음발행인을 상대로 어

조문 · 판례	기출지문 OX
	음금청구의 소를 제기하였으나 인적항변의 대항을 받아 패소하자 다시 그 어음을 교부받아 그 어음발행인을 상대로 어음금청구의 소를 제기한 경우, 그 어음발행인은 전자에 대한 인적항변으로 그 어음소지인에게 대항할 수 없다. (×)

2. 추심위임배서

① 배서한 내용 중 추심(推尋)하기 위하여 등의 어느 하나에 해당하는 문구가 있으면 소지인은 환어음으로부터 생기는 모든 권리를 행사할 수 있다.
② 소지인은 대리(代理)를 위한 배서만을 할 수 있다.
③ 어음의 채무자는 배서인에게 대항할 수 있는 항변으로써만 소지인에게 대항할 수 있다.
④ 대리를 위한 배서에 의하여 주어진 대리권은 그 대리권을 준 자가 사망하거나 제한능력자가 되더라도 소멸하지 아니한다.
⑤ 수표의 숨은 추심위임배서가 소송행위를 하게 하는 것을 그 주된 목적으로 하는 경우에는 신탁법 제7조를 위반하는 권리이전행위이므로 무효이다(판례).

3. 입질배서

① 배서한 내용 중 입질(入質)하기 위하여 등의 어느 하나에 해당하는 문구가 있으면 소지인은 환어음으로부터 생기는 모든 권리를 행사할 수 있다.
② 소지인이 한 배서는 대리를 위한 배서의 효력만 있다.
③ 어음채무자는 배서인에 대한 인적 관계로 인한 항변으로써 소지인에게 대항하지 못한다. 그러나 소지인이 그 채무자를 해할 것을 알고 어음을 취득한 경우에는 그러하지 아니하다.
④ 수표는 입질배서가 없다.

종 류	추심위임배서	입질배서(수표는 제외)
의 의	대리권을 부여	질권을 설정
효 력	• 권리이전적 효력이 없음 • 피배서인은 어음으로부터 생기는 모든 권리를 행사 • 어음채무자는 배서인에게 대항할 수 있는 모든 인적 항변사유로써 피배서인에게 대항 할 수 있다.	• 권리이전적 효력이 없음 • 피배서인은 어음으로부터 생기는 모든 권리를 행사 • 어음채무자는 입질배서의 배서인에게 대항할 수 있는 인적 항변사유로써 피배서인에게 대항하지 못한다.
담보책임	×	○
자격수여	○ (단, 선의취득은 안됨)	○

4. 기한 후 배서

① 만기 후의 배서는 만기 전의 배서와 같은 효력이 있다. 그러나 지급거절증서가 작성된 후에 한 배서 또는 지급거절증서 작성기간이 지난 후에 한 배서(기한후배서)는 지명채권 양도의 효력만 있다.

기출지문 OX

[2004]
1. 기한후배서는 만기일 이후의 배서이다. (×)

조문 · 판례	기출지문 OX
② 날짜를 적지 아니한 배서는 지급거절증서 작성기간이 지나기 전에 한 것으로 추정한다.	[2014] 2. 날짜를 적지 아니한 배서는 지급거절증서 작성기간이 지난 후에 한 것으로 추정한다. (×)
③ 약속어음의 배서에 있어 지급거절증서작성기간 경과 후의 배서인가의 여부는 진실로 배서를 한 일자에 의하여 이를 결정지을 것이다(판례). ④ 지급거절된 사실이 어음면에 명백하게 되어 있다 하더라도 이를 가지고 적법한 지급거절증서가 작성되었다고는 할 수 없다(판례). ⑤ 백지어음에 만기 전에 한 배서는 만기 후에 백지가 보충된 때에도 기한후 배서로 볼 것이 아니다(판례). ⑥ 지급거절증서의 작성기간 경과 전에 백지식배서에 의해 어음을 취득한 자가 지급거절증서의 작성기간 경과 후에 백지를 보충하더라도 기한후배서가 되는 것은 아니다(판례). ⑦ 기한후배서는 어음채무자는 그 배서 당시 이미 발생한 배서인에 대한 항변사실을 피배서인에 대하여도 대항할 수 있으나, 그 배서 후 비로소 발생한 배서인에 대한 사유는 피배서인에 대하여 주장할 수 없다(판례).	
⑧ 어음채무자는 기한후배서의 피배서인에 대하여는 그 배서의 배서인에 대한 인적항변을 가지고 대항할 수가 있지만, 특단의 사정이 없는 한 그 배서인의 전자에 대한 항변사유를 가지고는 피배서인에게 대항할 수는 없는 것이다(판례). ⑨ 기한후배서의 지명채권 양도의 효력만 있다는 규정은 단지 그 효력이 지명채권 양도의 그것과 같다는 취지일 뿐이므로, 「민법」상 지명채권의 양도·양수절차인 채권양도인의 통지 또는 채무자의 승낙을 필요로 하는 것은 아니다(판례). ⑩ <u>원고가 배서가 연속된 이 사건 약속어음을 지급거절증서 작성기간이 지난 후에 백지식 배서의 방식으로 교부받았더라도 원고는 여전히 이 사건 약속어음의 적법한 소지인으로 추정되므로</u> <u>특별한 사정이 없는 한 발행인인 피고에게 약속어음금의 지급을 구할 수 있다</u>(판례).	[2020] 3. 지급거절증서가 작성된 후에 한 배서 또는 지급거절증서 작성기간이 지난 후에 한 배서는 지명채권 양도의 효력만 있다. 따라서 이와 같은 배서가 있는 경우 어음 소지자가 어음상의 권리행사를 하기 위해서는 민법상 지명채권의 양도·양수절차인 채권양도인의 통지 또는 채무자의 승낙을 필요로 한다. (×)
Ⅶ. 어음의 상실	**Ⅶ. 어음의 상실**
① 수표에 관한 제권판결이 있으면 그 판결이 불복의 소에 의하여 취소되지 않는 한 당연무효로 되는 것은 아니다(판례). ② 약속어음에 관한 제권판결의 효력은 그 판결 이후에 있어서 당해 어음을 무효로 하고 공시최고 신청인에게 어음을 소지함과 동일한 지위를 회복시키는 것에 그치는 것이고 공시최고 신청인이 실질상의 권리자임을 확정하는 것은 아니나, 취득자가 소지하고 있는 약속어음은 제권판결의 소극적 효과로서 약속어음으로서의 효력이 상실되는 것이므로 약속어음의 소지인은 무효로 된 어음을 유효한 어음이라고 주장하여 어음금을 청구할 수 없다. 어음소지인이 공시최고 전에 선의취득하였다고 하여 이와 같은 이치를 달리 볼 것이 아니다(판례).	[2006] 1. 제권판결의 효력은 당해 유가증권을 무효로 하고 공시최고 신청인에게 유가증권을 소지함과 동일한 지위를 회복시키는 것에 그치는 것이 아니라, 공시최고신청인이 실질상의 권리자임을 확정하는 것이다. (×) [2010] 2. 어음소지인이 공시최고 전에 선의취득한 경우에는 제권판결과 관계없이 어음금을 청구할 수 있다. (×)
제4절 어음상의 권리의 행사 Ⅰ. 총 설 Ⅱ. 지급제시 **1. 어음의 지급제시**	**제4절 어음상의 권리의 행사** Ⅰ. 총 설 Ⅱ. 지급제시 **1. 어음의 지급제시**
① 일람출급의 환어음은 제시된 때를 만기로 한다. 이 어음은 발행일부터 1년 내에 지급을 받기 위한 제시를 하여야 한다. 발행인은 이 기간을 단축하거나 연장할 수 있고 배서인은 그 기간을 단축할 수 있다.	

조문 · 판례	기출지문 OX
② 확정일출급, 발행일자 후 정기출급 또는 일람 후 정기출급의 환어음 소지인은 지급을 할 날 또는 그날 이후의 2거래일 내에 지급을 받기 위한 제시를 하여야 한다. ③ 어음교환소에서 한 환어음의 제시는 지급을 받기 위한 제시로서의 효력이 있다. ④ **어음이 어떤 이유로 이미 채무자의 점유에 귀속하는 경우에는 위와 같은 점을 고려할 필요가 없어 어음의 소지는 채무자에 대한 권리행사의 요건이 되지 아니하고, 채무자는 상환이행의 항변을 하지 못한다(판례).** ⑤ **어음은 제시증권, 상환증권이므로 어음을 소지하지 않으면 어음상의 권리를 행사할 수 없는 것이 원칙이고, 이는 회생절차에 참가하기 위하여 어음채권을 회생채권으로 신고하는 경우에도 마찬가지이다(판례).**	[2019] 1. 어음이 어떤 이유로 이미 채무자의 점유에 귀속하는 경우에도, 어음의 소지는 채무자에 대한 권리행사의 요건이므로, 채무자는 상환이행의 항변을 할 수 있다. (×) [2018] 2. 회생절차에 참가하기 위하여 어음채권을 회생채권으로 신고하는 경우에도 어음을 소지하지 않으면 그 어음상의 권리를 행사할 수 없다. (○)
2. 수표의 지급제시 ① 국내에서 발행하고 지급할 수표는 10일 내에 지급을 받기 위한 제시를 하여야 한다. ② 지급지의 국가와 다른 국가에서 발행된 수표는 발행지와 지급지가 동일한 주에 있는 경우에는 20일 내에, 다른 주에 있는 경우에는 70일 내에 이를 제시하여야 한다. ③ 수표의 지급제시기간은 수표에 적힌 발행일부터 기산(起算)한다. ④ 어음교환소에서 한 수표의 제시는 지급을 받기 위한 제시로서의 효력이 있다. ⑤ 수표의 지급위탁의 취소는 제시기간이 지난 후에만 그 효력이 생긴다. ⑥ 지급위탁의 취소가 없으면 지급인은 제시기간이 지난 후에도 지급을 할 수 있다. ⑦ 수표를 발행한 후 발행인이 사망하거나 제한능력자가 된 경우에도 그 수표의 효력에 영향을 미치지 아니한다.	**2. 수표의 지급제시** [2008] 1. 국내에서 발행하고 지급할 수표는 7일 이내에 지급을 위한 제시를 하여야 한다. (×) [2003, 2009] 2. 수표의 지급제시기간의 기산점은 수표에 기재된 발행일자가 아니라 실제로 수표가 발행된 일자로부터 기산한다. (×)
Ⅲ. 지 급 ① 어음의 지급인은 지급을 할 때에 소지인에게 그 어음에 영수(領受)를 증명하는 뜻을 적어서 교부할 것을 청구할 수 있다. ② 소지인은 일부지급을 거절하지 못한다. 일부지급의 경우 지급인은 소지인에게 그 지급 사실을 어음에 적고 영수증을 교부할 것을 청구할 수 있다. ③ 어음의 소지인은 만기 전에는 지급을 받을 의무가 없다. 만기 전에 지급을 하는 지급인은 자기의 위험부담으로 하는 것으로 한다. ④ 만기에 지급하는 지급인은 사기 또는 중대한 과실이 없으면 그 책임을 면한다. 이 경우 지급인은 배서의 연속이 제대로 되어 있는지를 조사할 의무가 있으나 배서인의 기명날인 또는 서명을 조사할 의무는 없다. ⑤ 기간 내에 환어음의 지급을 받기 위한 제시가 없으면 각 어음채무자는 소지인의 비용과 위험부담으로 어음금액을 관할 관서에 공탁할 수 있다. ⑥ 지급지의 통화가 아닌 통화로 지급한다는 내용이 기재된 환어음은 만기일의 가격에 따라 지급지의 통화로 지급할 수 있다. 어음채무자가 지급을 지체한 경우 소지인은 그 선택에 따라 만기일 또는 지급하는 날의 환시세에 따라 지급지의 통화로 어음금액을 지급할 것을 청구할 수 있다. ⑦ 발행국과 지급국에서 명칭은 같으나 가치가 다른 통화로써 환어음의 금액을 정한 경우에는 지급지의 통화로 정한 것으로 추정한다.	**Ⅲ. 지 급** [2011] 1. 어음소지인은 일부의 지급을 거절할 수 있으므로, 지급인이 일부 지급하는 경우 이를 거절하고, 어음금액 전부에 대한 상환청구권을 행사할 수 있다. (×) [2018] 2. 기한은 채무자의 이익을 위한 것으로 추정되므로, 어음채무자는 원칙적으로 만기 전에도 어음금을 지급할 수 있고, 어음소지인은 만기 전이라도 어음금을 지급 받을 의무가 있다. (×)

조문 · 판례	기출지문 OX

Ⅳ. 어음항변

① 어음·수표에 의하여 청구를 받은 자는 발행인 또는 종전의 소지인에 대한 인적 관계로 인한 항변(인적항변)으로써 소지인에게 대항하지 못한다(인적항변의 절단). 그러나 소지인이 그 채무자를 해할 것을 알고 어음을 취득한 경우에는 그러하지 아니하다(악의의 항변).

② 상속이나 합병 등의 포괄승계는 인적항변이 절단되지 않는다(판례).

③ 융통어음을 발행한 자는 피융통자에 대하여 어음상의 책임을 부담하지 아니하나, 그 어음을 양수한 제3자에 대하여는 선의이거나 악의이거나 대가 없이 발행된 융통어음이었다는 항변으로 대항할 수 없다(판례).

④ 피융통자가 융통어음과 교환하여 그 액면금과 같은 금액의 약속어음을 융통자에게 담보로 교부한 경우에 있어서는 융통어음을 양수한 제3자가 양수 당시 그 어음이 융통어음으로 발행되었고 이와 교환으로 교부된 담보어음이 지급거절되었다는 사정을 알고 있었다면, 융통어음의 발행자는 그 제3자에 대하여도 융통어음의 항변으로 대항할 수 있다(판례).

⑤ 악의의 항변이라 함은 항변사유의 존재를 인식하는 것만으로는 부족하고 자기가 어음을 취득함으로써 항변이 절단되고 채무자가 해를 입는다는 사실까지도 알아야 한다(판례).

⑥ 어음채무자는 소지인이 그 채무자를 해할 것을 알고 어음을 취득한 경우가 아닌 한, 소지인이 중대한 과실로 그러한 사실을 몰랐다고 하더라도 종전 소지인에 대한 인적 항변으로써 소지인에게 대항할 수 없다(판례).

⑦ 어음의 배서인이 발행인으로부터 지급받은 어음금 중 일부를 어음 소지인에게 지급한 경우, 어음의 발행인은 그 범위 내에서 배서인에 대한 인적항변으로써 소지인에게 대항하여 그 부분 어음금의 지급을 거절할 수 있다(판례).

<table>
<tr><th colspan="2" rowspan="2">어음항변</th><th rowspan="2">직접상대방</th><th colspan="2">제3자</th><th colspan="2" rowspan="2">종 류</th></tr>
<tr><th>선 의</th><th>악 의(해의)</th></tr>
<tr><td colspan="2" rowspan="2">물적항변</td><td rowspan="2">항변가능</td><td rowspan="2">항변가능</td><td rowspan="2">항변가능</td><td>증권상의 항변</td><td>비증권상의 항변</td></tr>
<tr><td>•어음요건흠결
•소멸시효완성
•만기미도래
•배서불연속</td><td>•제한능력자
•위조·변조
•무권대리
•제권판결
•공 탁</td></tr>
<tr><td rowspan="2">인적항변</td><td>인적항변</td><td>항변가능</td><td>항변절단</td><td>항변가능</td><td colspan="2">•원인관계의 부존재·무효·취소·해제
•어음과 상환하지 아니한 지급
•숨은 추심위임배서
•교부흠결
•의사표시의 하자
•백지어음의 보충권남용</td></tr>
<tr><td>융통어음항변</td><td>항변가능</td><td>항변절단</td><td>항변절단</td><td colspan="2">제3자에 대하여는 선의이거나 악의이거나 대항할 수 없다.</td></tr>
</table>

Ⅳ. 어음항변

[2011]
1. 어음채무자가 배서인에게 대항할 수 있는 인적항변사유는 피배서인에게도 역시 대항할 수 있는 항변사유가 된다. (×)

[2017]
2. 융통어음의 발행자는 피융통자로부터 그 어음을 양수한 제3자가 선의라도 그 취득이 기한 후 배서에 의한 것인 경우에는 대가 없이 발행된 융통어음이라는 항변으로 대항할 수 있다. (×)

[2022]
3. 소지인이 어음 채무자를 해할 것임을 중대한 과실로 알지 못하였다면 어음 채무자는 종전 소지인에 대한 인적항변으로써 소지인에게 대항할 수 있다. (×)

[2012]
4. 어음에 의하여 청구를 받은 자는 종전의 소지인에 대한 인적 관계로 인한 항변으로써 소지인에게 대항하지 못하는 것이므로, 어음의 배서인이 발행인으로부터 지급받은 어음금 중 일부를 어음 소지인에게 지급한 경우라도, 어음의 발행인은 소지인에게 대항하여 그 부분 어음금의 지급을 거절하지 못한다. (×)

[2014]
5. 어음행위에 착오·사기·강박 등 의사표시의 하자가 있다는 항변은 물적항변에 해당한다. (×)

조문 · 판례	기출지문 OX
V. 상환청구(소구) **1. 어음의 만기 전 상환청구의 요건** ① 환어음의 인수의 전부 또는 일부의 거절이 있는 경우 ② 환어음의 지급인의 인수 여부와 관계없이 지급인이 파산한 경우, 그 지급이 정지된 경우 또는 그 재산에 대한 강제집행이 주효(奏效)하지 않은 경우 ③ 환어음의 인수를 위한 어음의 제시를 금지한 어음의 발행인이 파산한 경우 **④ 약속어음에 있어서도 만기 전에 발행인의 파산이나 지급정지 기타 그 자력을 불확실하게 하는 사유로 말미암아 만기에 지급거절이 될 것이 예상되는 경우에는 만기 전이라도 소구할 수 있다(판례).**	**V. 상환청구**(소구) **1. 어음의 만기 전 상환청구의 요건** [2014] 1. 「어음법」은 인수의 전부거절이 있는 경우는 환어음의 만기 전 소구사유로 규정하고 있으나, 인수의 일부거절의 경우는 만기 전 소구사유로 규정하고 있지 아니하다. (×)
2. 어음의 만기 후 상환청구의 요건 ① 만기에 지급이 되지 아니한 경우 소지인은 배서인, 발행인, 그 밖의 어음채무자에 대하여 상환청구권을 행사할 수 있다. ② 인수 또는 지급의 거절은 공정증서(인수거절증서 또는 지급거절증서)로 증명하여야 한다. ③ 인수거절증서는 인수를 위한 제시기간 내에 작성시켜야 한다. 다만, 기간의 말일에 제시가 있으면 그 다음날에도 거절증서를 작성시킬 수 있다. ④ 확정일출급, 발행일자 후 정기출급 또는 일람 후 정기출급 환어음의 지급거절증서는 지급을 할 날 이후의 2거래일 내에 작성시켜야 한다. 일람출급 어음의 지급거절증서는 지급을 위한 제시기간 내에 작성시켜야 한다. 다만, 기간의 말일에 제시가 있으면 그 다음날에도 거절증서를 작성시킬 수 있다. ⑤ 인수거절증서가 작성되었을 때에는 지급을 받기 위한 제시와 지급거절증서의 작성이 필요하지 아니하다. ⑥ 지급인의 인수 여부와 관계없이 지급인이 지급을 정지한 경우 또는 그 재산에 대한 강제집행이 주효하지 않은 경우 소지인은 지급인에 대하여 지급을 받기 위한 제시를 하고 거절증서를 작성시킨 후가 아니면 상환청구권을 행사하지 못한다. ⑦ 지급인의 인수 여부와 관계없이 지급인이 파산선고를 받은 경우 또는 인수를 위한 제시를 금지한 어음의 발행인이 파산선고를 받은 경우에 소지인이 상환청구권을 행사할 때에는 파산결정서를 제시하면 된다.	**2. 어음의 만기 후 상환청구의 요건**
3. 수표의 상환청구의 요건 ① 적법한 기간 내에 수표를 제시하였으나 지급받지 못한 경우에 소지인은 배서인, 발행인, 그 밖의 채무자에 대하여 상환청구권(償還請求權)을 행사할 수 있다. ② 소지인이 다음 각 호의 어느 하나의 방법으로 지급거절을 증명하여야 한다. 1. 공정증서(거절증서) 2. 수표에 제시된 날을 적고 날짜를 부기한 지급인(제31조 제2항의 경우에는 지급인의 위임을 받은 제시은행)의 선언 3. 적법한 시기에 수표를 제시하였으나 지급받지 못하였음을 증명하고 날짜를 부기한 어음교환소의 선언	**3. 수표의 상환청구의 요건**

조문 · 판례	기출지문 OX
③ 거절증서 또는 이와 같은 효력이 있는 선언은 제시기간이 지나기 전에 작성시켜야 한다. ④ 제시기간 말일에 제시한 경우에는 거절증서 또는 이와 같은 효력이 있는 선언은 그 날 이후의 제1거래일에 작성시킬 수 있다.	
4. 인수거절 및 지급거절의 통지 ① 소지인은 4거래일 내에 자기의 배서인과 발행인에게 인수거절(환어음) 또는 지급거절이 있었음을 통지하여야 하고, 각 배서인은 그 통지를 받은 날 이후 2거래일 내에 전(前) 통지자 전원의 명칭과 처소(處所)를 표시하고 자기가 받은 통지를 자기의 배서인에게 통지하여 차례로 발행인에게 미치게 하여야 한다. 이 기간은 각 통지를 받은 때부터 진행한다. ② 통지할 때에는 같은 기간 내에 그 보증인에게도 같은 통지를 하여야 한다. ③ 통지를 하여야 하는 자는 어떠한 방법으로도 할 수 있다. 단순히 어음을 반환하는 것으로도 통지할 수 있다. ④ 통지를 하여야 하는 자는 적법한 기간 내에 통지를 하였음을 증명하여야 한다. 이 기간 내에 통지서를 우편으로 부친 경우에는 그 기간을 준수한 것으로 본다. ⑤ 기간 내에 통지를 하지 아니한 자도 상환청구권을 잃지 아니한다. 그러나 과실로 인하여 손해가 생긴 경우에는 어음·수표금액의 한도 내에서 배상할 책임을 진다.	**4. 인수거절 및 지급거절의 통지**
5. 거절증서작성면제 ① 발행인, 배서인 또는 보증인은 무비용상환, 거절증서 불필요 등의 어느 하나에 해당하는 문구를 어음·수표에 적고 기명날인하거나 서명함으로써 소지인의 상환청구권 행사를 위한 인수거절증서(환어음) 또는 지급거절증서의 작성을 면제할 수 있다. ② 거절증서작성면제의 문구가 있더라도 소지인의 법정기간 내 어음의 제시 및 통지 의무가 면제되는 것은 아니다. 법정기간을 준수하지 아니하였음은 소지인에 대하여 이를 원용(援用)하는 자가 증명하여야 한다.	**5. 거절증서작성면제** [2006] 1. 지급거절증서의 작성이 면제된 경우에는 그 소지인은 지급제시기간 내에 지급을 위한 제시를 하지 않아도 된다. (×)
6. 어음채무자의 합동책임 ① 어음·수표의 채무자는 소지인에 대하여 합동으로 책임을 진다. ② 소지인은 어음·수표채무자에 대하여 그 채무부담의 순서에도 불구하고 그 중 1명, 여러 명 또는 전원에 대하여 청구할 수 있다. ③ 어음·수표채무자가 그 어음을 환수한 경우에도 소지인과 같은 권리가 있다. ④ 어음·수표채무자 중 1명에 대한 청구는 다른 채무자에 대한 청구에 영향을 미치지 아니한다. 이미 청구를 받은 자의 후자에 대해서도 같다.	**6. 어음채무자의 합동책임** [2007] 1. 수표상의 각 채무자는 소지인에 대하여 연대하여 책임을 진다. (×)
7. 상환청구(환어음의 경우)의 방법 ① 상환청구(償還請求)를 받은 어음채무자나 받을 어음채무자는 지급과 상환(相換)으로 거절증서, 영수를 증명하는 계산서와 그 어음의 교부를 청구할 수 있다.	**7. 상환청구(환어음의 경우)의 방법**

조문 · 판례	기출지문 OX

② 환어음을 환수한 배서인은 자기의 배서와 후자의 배서를 말소할 수 있다.
③ 상환청구권이 있는 자는 어음에 반대문구가 적혀 있지 아니하면 그 전자 중 1명을 지급인으로 하여 그 자의 주소에서 지급할 일람출급의 새 어음("역어음")을 발행함으로써 상환청구권을 행사할 수 있다.

8. 불가항력

① 피할 수 없는 장애["불가항력"]로 인하여 법정기간 내에 어음·수표를 제시하거나 거절증서를 작성하기 어려운 경우에는 그 기간을 연장한다.
② 불가항력이 만기부터 30일(수표는 15일)이 지나도 계속되는 경우에는 어음·수표의 제시 또는 거절증서의 작성 없이 상환청구권을 행사할 수 있다.
③ 소지인이나 소지인으로부터 어음·수표의 제시 또는 거절증서 작성을 위임받은 자의 단순한 인적 사유는 불가항력으로 보지 아니한다.

<table>
<tr><th rowspan="2">상환청구</th><th colspan="3">어 음</th><th rowspan="2">수 표</th><th rowspan="2">면 제</th></tr>
<tr><th colspan="2">만기 전</th><th>만기 후</th></tr>
<tr><td rowspan="2">실질적 요건</td><td>환어음</td><td>약속어음</td><td rowspan="2">지급제시 > 지급거절</td><td rowspan="2">지급제시 > 지급거절</td><td rowspan="2">지급제시 및 통지 면제불가</td></tr>
<tr><td>1. 인수거절
2. 지급인이 파산, 지급정지 또는 강제집행이 주효하지 않은 경우
3. 발행인이 파산</td><td>발행인의 파산이나 지급정지 기타 그 자력을 불확실하게 하는 사유</td></tr>
<tr><td>형식적 요건</td><td colspan="2">인수거절증서 또는 파산결정서 등</td><td>지급거절 증서</td><td>1. 지급거절 증서
2. 지급인의 선언
3. 어음교환소의 선언</td><td>거절증서 작성면제 가능</td></tr>
</table>

제5절 어음상의 권리의 소멸

Ⅰ. 총 설

Ⅱ. 어음시효(3.1.6 - 1.6.6)

어음시효	주채무자 또는 지급보증인	상환청구	재상환청구
어 음	환어음의 인수인 및 약속어음의 발행인에 대한 청구권은 만기일부터 3년	어음의 소지인의 청구권은 1년	어음의 배서인의 청구권은 6개월
수 표	지급보증인에 대한 청구권은 1년	수표의 소지인의 청구권은 6개월	수표의 채무자의 청구권은 6개월

8. 불가항력

제5절 어음상의 권리의 소멸

Ⅰ. 총 설

Ⅱ. 어음시효

조문 · 판례	기출지문 OX
① 어음의 소멸시효를 적용할 때에는 기간 중의 휴일은 그 기간에 산입(算入)한다. 따라서 만기가 공휴일인 경우에도 만기의 날로부터 진행한다(판례). ② 환어음의 인수인 및 약속어음의 발행인에 대한 어음상의 청구권은 만기일부터 3년간 행사하지 아니하면 소멸시효가 완성된다. ③ 어음의 소지인의 배서인과 발행인에 대한 청구권은 다음 각 호의 날부터 1년간 행사하지 아니하면 소멸시효가 완성된다. ④ 어음의 배서인의 다른 배서인과 발행인에 대한 청구권은 그 배서인이 어음을 환수한 날 또는 그 자가 제소된 날부터 6개월간 행사하지 아니하면 소멸시효가 완성된다. ⑤ 수표의 소지인의 배서인, 발행인, 그 밖의 채무자에 대한 상환청구권은 제시기간이 지난 후 6개월간 행사하지 아니하면 소멸시효가 완성된다. ⑥ 수표의 채무자의 다른 채무자에 대한 상환청구권은 그 채무자가 수표를 환수한 날 또는 그 자가 제소된 날부터 6개월간 행사하지 아니하면 소멸시효가 완성된다. ⑦ 배서인의 다른 배서인과 발행인에 대한 환어음상과 약속어음상의 청구권의 소멸시효는 그 자가 제소된 경우에는 전자에 대한 소송고지를 함으로 인하여 중단한다. ⑧ 시효의 중단은 그 중단사유가 생긴 자에 대해서만 효력이 생긴다.	[2003] 1. 어음소지인의 배서인에 대한 소구권은 지급거절증서작성이 면제되어 있는 경우 만기의 날로부터 6월간 행사하지 아니하면 소멸시효가 완성한다. (×) [2005, 2006] 2. 수표소지인의 발행인에 대한 소구권은 지급제시기간 경과 후 3년간 행사하지 아니하면 소멸시효가 완성한다. (×) [2012] 3. 수표의 채무자의 다른 채무자에 대한 상환청구권은 그 채무자가 수표를 환수한 날 또는 그 자가 제소된 날부터 1년간 행사하지 아니하면 소멸시효가 완성된다. (×)
Ⅲ. 이득상환청구권	**Ⅲ. 이득상환청구권**
① 어음·수표에서 생긴 권리가 절차의 흠결로 인하여 소멸한 때나 그 소멸시효가 완성한 때라도 소지인은 발행인, 인수인(환어음) 또는 배서인에 대하여 그가 받은 이익의 한도 내에서 상환을 청구할 수 있다. ② 이득상환청구권은 법률의 직접 규정에 의하여 어음의 효력소멸 당시의 소지인에게 부여된 지명채권에 속한다(판례). ③ "받은 이익"이라는 것은 어음채무자가 어음상의 권리의 소멸에 의하여 어음상의 채무를 면하는 것 자체를 말하는 것이 아니라 어음수수의 원인관계 등 실질관계(기본관계)에 있어서 현실로 받은 재산상의 이익을 말하는 것이다(판례). ④ 이득상환청구권이 발생하는 데 있어서는 모든 어음상의 또는 「민법」상의 채무자에 대하여 각 권리가 소멸되었음을 요한다. 어음상의 권리가 소멸할 당시에 원인채권이 존재하였더라면 이후 원인채권이 소멸하게 되도 이득상환청구권이 발생하지 않는다(판례). ⑤ 원인관계상의 채무를 담보하기 위하여 어음이 발행되거나 배서된 경우에는 어음채권이 시효로 소멸되었다고 하여도 발행인 또는 배서인에 대하여 이득상환청구권은 발생하지 않는다(판례). ⑥ 이득상환청구권은 지명채권 양도의 방법에 의하여 양도할 수 있다(판례). ⑦ 이득상환청구권은 선의취득의 대상이 될 수 없다(판례). ⑧ 수표상의 권리가 소멸된 수표를 양도하는 행위는 수표금액의 지급수령권한과 아울러 특별한 사정이 없으면 수표상의 권리의 소멸로 인해서 소지인에게 발생한 이득상환청구권까지도 이를 양도하는 동시에 그에 수반해서 이득을 한 발행인인 은행에 대하여 소지인을 대신해서 그 양도에 관한 통지를 할 수 있는 권능을 부여하는 것이라고 하여야 할 것이다(판례). ⑨ 자기앞수표의 이득상환청구권 역시 일반 지명채권과 마찬가지로 그 양도에 관하여 양도통지 또는 채무자의 승낙이 확정일자 있는 증서에 의하여 이루어지지 않는 이상, 채무자인 자기앞수표 발행 은행 등은 이득상환청구권의 양도, 그에 기한 채무의 변제라는 사정을 들어 양도인의 위 채권에 대한 압류채권자 등 양수인의 지위와 양립할 수 없는 법률상 지위를 취득한 사람에게 대항할 수 없다(판례). ⑩ 이득상환청구권의 소멸시효는 10년이다(판례).	[2003] 1. 이득상환청구권에서 상환할 이득이란 어음상의 권리가 소멸함으로써 그 지급의 필요가 없게 된 것 그 자체, 즉 어음상의 채무를 면한 것을 말한다. (×) [2019] 2. 자기앞수표의 지급제시기간이 경과된 후에는 수표상의 권리가 아니라 이득상환청구권이 양도되는 것이고, 수표소지인은 이득상환청구권의 선의취득자로 보호받게 된다. (×) [2024] 3. 자기앞수표의 이득상환청구권의 경우 양도통지 또는 채무자의 승낙이 확정일자 있는 증서에 의하여 이루어지지 않더라도 채무자인 자기앞수표 발행 은행은 이득상환청구권의 양도, 그에 기한 채무의 변제라는 사정을 들어 양도인의 위 채권에 대한 압류채권자 등 양수인의 지위와 양립할 수 없는 법률상 지위를 취득한 사람에게 대항할 수 있다. (×) [2011] 4. 이득상환청구권의 소멸시효기간은 5년이다. (×)

조문 · 판례

제6절 기타의 제도

Ⅰ. 어음보증

필요적기재사항(보증요건)					유익적 기재사항
종 류	피보증인	보증문구	기명날인	기재장소	
정 식	○	○	○	앞, 뒤	일부보증 조건부보증
약 식	×	○	○	앞, 뒤	
간략약식	×	×	○	앞 (표면)	

① 어음은 보증에 의하여 그 금액의 전부 또는 일부의 지급을 담보할 수 있다. 제3자는 보증을 할 수 있다. 어음에 기명날인하거나 서명한 자도 같다.
② 수표는 보증에 의하여 그 금액의 전부 또는 일부의 지급을 담보할 수 있다. 지급인을 제외한 제3자는 보증을 할 수 있다. 수표에 기명날인하거나 서명한 자도 같다.
③ 보증의 표시는 어음·수표 또는 보충지에 하여야 한다.
④ 어음·수표의 앞면에 단순한 기명날인 또는 서명이 있는 경우에는 보증을 한 것으로 본다. 그러나 지급인 또는 발행인의 기명날인 또는 서명의 경우에는 그러하지 아니하다.
⑤ 피보증인이 될 수 있는 자는 어음채무자(발행인, 배서인 등)이며, 어음채무자가 아닌 자를 위한 보증은 무효이다.
⑥ 보증에는 누구를 위하여 한 것임을 표시하여야 한다. 그 표시가 없는 경우에는 발행인을 위하여 보증한 것으로 본다.
⑦ 보증인은 보증된 자와 같은 책임을 진다.
⑧ 보증은 담보된 채무가 그 방식에 흠이 있는 경우 외에는 어떠한 사유로 무효가 되더라도 그 효력을 가진다.
⑨ 조건을 붙인 불단순 보증은 그 조건부 보증문언대로 보증인의 책임이 발생한다(판례).

Ⅱ. 복본과 등본

1. 복 본

① 환어음은 같은 내용으로 여러 통을 복본(複本)으로 발행할 수 있다. 복본을 발행할 때에는 그 증권의 본문 중에 번호를 붙여야 하며 번호를 붙이지 아니한 경우에는 그 여러 통의 복본은 별개의 환어음으로 본다.
② 한 국가에서 발행하고 다른 국가나 발행국의 해외영토에서 지급할 수표는 소지인출급수표 외에는 같은 내용으로 여러 통을 복본(複本)으로 발행할 수 있다. 수표를 복본으로 발행할 때에는 그 증권의 본문 중에 번호를 붙여야 하며, 번호를 붙이지 아니한 경우에는 그 여러 통의 복본은 별개의 수표로 본다.
③ 복본의 한 통에 대하여 지급한 경우 그 지급이 다른 복본을 무효로 한다는 뜻이 복본에 적혀 있지 아니하여도 의무를 면하게 한다. 그러나 지급인은 인수(환어음)한 각 통의 복본으로서 반환을 받지 아니한 복본에 대하여 책임을 진다.
④ 여럿에게 각각 복본을 양도한 배서인과 그 후의 배서인은 그가 기명날인하거나 서명한 각 통의 복본으로서 반환을 받지 아니한 것에 대하여 책임을 진다.
⑤ 약속어음은 복본을 발행할 수 없다.

기출지문 OX

제6절 기타의 제도

Ⅰ. 어음보증

[2003]
1. 어음보증은 반드시 어음금액 전부에 대하여 하여야 하고 어음금액 일부에 대한 보증은 효력이 없다. (×)

[2015]
2. 환어음의 앞면에 단순한 기명날인 또는 서명이 있는 경우에는 보증을 한 것으로 보는데, 이는 지급인 또는 발행인의 기명날인 또는 서명의 경우에도 마찬가지이다. (×)

[2021]
3. 민법상 보증인에게 인정되는 최고·검색의 항변권은 어음보증인에게도 인정된다. (×)

Ⅱ. 복본과 등본

1. 복 본

조문 · 판례

2. 등 본

① 어음(수표 X)의 소지인은 그 등본을 작성할 권리가 있다.
② 등본에 대해서는 원본과 같은 방법에 의하여 같은 효력으로 배서 또는 보증을 할 수 있다.
③ 원본 교부를 거절당한 소지인은 원본의 교부를 청구하였음에도 불구하고 받지 못하였음을 거절증서로 증명하지 아니하면 등본에 배서하거나 보증한 자에 대하여 상환청구권을 행사하지 못한다.

<table>
<tr><th>종 류</th><th colspan="2">복 본</th><th>등 본</th></tr>
<tr><td>허 용</td><td colspan="2">환어음, 수표</td><td>환어음, 약속어음</td></tr>
<tr><td>권 한</td><td colspan="2">발행인</td><td>소지인</td></tr>
<tr><td rowspan="2">작성방법</td><td>환어음</td><td>수 표</td><td rowspan="2">원본에 적힌 모든 사항을 정확히 다시 적고 끝부분임을 표시하는 기재</td></tr>
<tr><td>증권의 본문 중에 번호 기재</td><td>1. 한 국가에서 발행하고 다른 국가나 발행국의 해외영토에서 지급할 수표
2.소지인출급수표 외
3. 증권의 본문 중에 번호기재</td></tr>
</table>

제7절 수표에 특유한 제도

Ⅰ. 수표발행의 제한

① 수표는 제시한 때에 발행인이 처분할 수 있는 자금이 있는 은행을 지급인으로 하고 발행인이 그 자금을 수표에 의하여 처분할 수 있는 명시 또는 묵시의 계약에 따라서만 이를 발행할 수 있다.
② 제1항에 위반하는 경우에도 수표로서의 효력에 영향을 미치지 아니한다.
③ 수표는 인수하지 못한다. 수표에 한 인수는 적지 아니한 것으로 본다.

Ⅱ. 수표의 배서

① 기명식 또는 지시식의 수표는 배서에 의하여 양도할 수 있다.
② 수표의 지급인의 배서는 무효로 한다.
③ 지급인에 대한 배서는 영수증의 효력만이 있다. 그러나 지급인의 영업소가 여러 개인 경우에 그 수표가 지급될 곳으로 된 영업소 외의 영업소에 대한 배서는 그러하지 아니하다.
④ 소지인출급의 배서는 백지식배서와 동일한 효력이 있다.
⑤ 소지인출급의 수표에 배서한 자는 상환청구에 관한 규정에 따라 책임을 진다. 그러나 이로 인하여 수표는 지시식수표로 변하지 아니한다.

Ⅲ. 수표의 제시와 지급

① 수표는 일람출급으로 한다. 이에 위반되는 모든 기재는 적지 아니한 것으로 본다.
② 기재된 발행일자의 도래 전에 지급을 위하여 제시된 수표는 그 제시한 날에 이를 지급하여야 한다.

기출지문 OX

2. 등 본

제7절 수표에 특유한 제도

Ⅰ. 수표발행의 제한

Ⅱ. 수표의 배서

Ⅲ. 수표의 제시와 지급

조문 · 판례	기출지문 OX
③ 국내에서 발행하고 지급할 수표는 10일내에 지급을 위한 제시를 하여야 한다. 지급지의 국과 다른 국에서 발행한 수표는 발행지와 지급지가 동일주에 있는 경우에는 20일내에, 다른 주에 있는 경우에는 70일내에 이를 제시하여야 한다. ④ 수표의 지급위탁의 취소는 제시기간경과 후에만 그 효력이 생긴다. ⑤ 지급위탁의 취소가 없는 때에는 지급인은 제시기간경과 후에도 지급을 할 수 있다.	
Ⅳ. 지급보증	**Ⅳ. 지급보증**
① 지급보증은 수표의 앞면에 "지급보증" 또는 그 밖에 지급을 하겠다는 뜻을 적고 날짜를 부기하여 지급인이 기명날인하거나 서명하여야 한다. ② 지급보증은 조건 없이 하여야 하며, 지급보증에 의하여 수표의 기재사항을 변경한 부분은 이를 변경하지 아니한 것으로 본다. ③ 지급보증을 한 지급인은 제시기간이 지나기 전에 수표가 제시된 경우에만 지급할 의무를 부담한다. ④ 발행인이나 그 밖의 수표상의 채무자는 지급보증으로 인하여 그 책임을 면하지 못한다. ⑤ 지급보증을 한 지급인에 대한 수표상의 청구권은 제시기간이 지난 후 1년간 행사하지 아니하면 소멸시효가 완성된다.	
Ⅴ. 특수한 수표	**Ⅴ. 특수한 수표**
1. 횡선수표	**1. 횡선수표**
① 수표의 발행인이나 소지인은 그 수표에 횡선을 그을 수 있다. ② 두 줄의 횡선 내에 아무런 지정을 하지 아니하거나 "은행" 또는 이와 같은 뜻이 있는 문구를 적었을 때에는 일반횡선으로 하고, 두 줄의 횡선 내에 은행의 명칭을 적었을 때에는 특정횡선으로 한다. ③ 일반횡선은 특정횡선으로 변경할 수 있으나, 특정횡선은 일반횡선으로 변경하지 못한다. ④ 횡선 또는 지정된 은행의 명칭의 말소는 하지 아니한 것으로 본다. ⑤ 일반횡선수표의 지급인은 은행 또는 지급인의 거래처에만 지급할 수 있다. ⑥ 특정횡선수표의 지급인은 지정된 은행에만 또는 지정된 은행이 지급인인 경우에는 자기의 거래처에만 지급할 수 있다. 그러나 지정된 은행은 다른 은행으로 하여금 추심하게 할 수 있다. ⑦ 여러 개의 특정횡선이 있는 수표의 지급인은 이를 지급하지 못한다. 그러나 2개의 횡선이 있는 경우에 그 하나가 어음교환소에 제시하여 추심하게 하기 위한 것일 때에는 그러하지 아니하다. ⑧ 발행인 또는 소지인이 증권의 표면에 "계산을 위한"의 문자 또는 이와 동일한 의의가 있는 문언을 기재하고 현금의 지급을 금지한 수표로서 외국에서 발행하여 대한민국에서 지급할 것은 일반횡선수표의 효력이 있다.	[2005, 2014] 1. 어음교환소에 있어서의 추심을 위하여 제2의 횡선을 하는 것은 허용되지 않는다. (×)
2. 선일자수표	**2. 선일자수표**
① 수표는 일람출급(一覽出給)으로 한다. 이에 위반되는 모든 문구는 적지 아니한 것으로 본다. ② 기재된 발행일이 도래하기 전에 지급을 받기 위하여 제시된 수표는 그 제시된 날에 이를 지급하여야 한다.	[2016, 2017] 1. 수표에 기재된 발행일이 도래하기 전에 지급제시를 받은 경우에는 기재된 발행일까지 지급을 거절할 수 있다. (×)

조문 · 판례	기출지문 OX
3. 자기지시수표, 위탁수표, 자기앞수표 ① 수표는 발행인 자신을 지급받을 자로 하여 발행할 수 있다. ② 수표는 제3자의 계산으로 발행할 수 있다. ③ 수표는 발행인 자신을 지급인으로 하여 발행할 수 있다.	**3. 자기지시수표, 위탁수표, 자기앞수표**

조문 · 판례	기출지문 OX

제5편 보험법

제1장 서 론

① 보험편의 규정은 당사자 간의 특약으로 보험계약자 또는 피보험자나 보험수익자의 불이익으로 변경하지 못한다(상대적 강행규정). 그러나 재보험 및 해상보험 기타 이와 유사한 보험(기업보험)의 경우에는 그러하지 아니하다.
② 보험편의 규정은 그 성질에 반하지 아니하는 범위에서 상호보험(相互保險), 공제(共濟), 그 밖에 이에 준하는 계약에 준용한다.

제2장 보험계약

제1절 보험계약의 개념

제2절 보험계약의 요소

1. 보험계약의 의의

① 보험계약은 당사자 일방이 약정한 보험료를 지급하고 재산 또는 생명이나 신체에 불확정한 사고가 발생할 경우에 상대방이 일정한 보험금이나 그 밖의 급여를 지급할 것을 약정함으로써 효력이 생긴다.
② <u>보험계약은 불요식의 낙성계약이므로, 계약 내용이 반드시 보험약관의 규정에 국한되는 것은 아니고 당사자가 특별히 보험약관과 다른 사항에 관하여 합의한 때에는 그 효력이 인정된다</u>(판례).

2. 보험계약의 당사자 및 관계자

보험자	당사자	보험계약자		
<u>보험대리상</u> (체약, 중개)	보조자	관계자 \ 보험	손해보험	인보험
보험중개인		피보험자	보험금 수령자	보험의 객체
<u>보험모집인</u>		보험수익자	×	보험금 수령자

(1) 보험대리상

① 보험대리상(체약대리상)은 다음 각 호의 권한이 있다.

> 1. 보험계약자로부터 보험료를 수령할 수 있는 권한
> 2. 보험자가 작성한 보험증권을 보험계약자에게 교부할 수 있는 권한
> 3. 보험계약자로부터 청약, 고지, 통지, 해지, 취소 등 보험계약에 관한 의사표시를 수령할 수 있는 권한

제5편 보험법

제1장 서 론

제2장 보험계약

제1절 보험계약의 개념

제2절 보험계약의 요소

1. 보험계약의 의의

[2023]
1. 보험계약은 당사자 일방이 약정한 보험료를 지급하고, 상대방이 재산 또는 생명이나 신체에 관하여 불확정한 사고가 생길 경우에 일정한 보험금액 기타의 급여를 지급할 것을 약정함으로써 효력이 생기는 계약으로, 계약 내용은 미리 공안심사된 보험약관의 규정에 국한되어 인정되고, 당사자가 특별히 보험약관과 다른 사항에 관하여 합의한 내용의 효력은 인정되지 아니한다. (×)

2. 보험계약의 당사자 및 관계자

(1) 보험대리상

조문 · 판례	기출지문 OX
4. 보험계약자에게 보험계약의 체결, 변경, 해지 등 보험계약에 관한 의사 표시를 할 수 있는 권한 ② 보험자는 보험대리상의 권한 중 일부를 제한할 수 있다. 다만, 보험자는 그러한 권한 제한을 이유로 선의의 보험계약자에게 대항하지 못한다. ③ 보험대리상이 아니면서 특정한 보험자를 위하여 계속적으로 보험계약의 체결을 중개하는 자(중개대리상)는 보험계약자로부터 보험료를 수령할 수 있는 권한(보험자가 작성한 영수증을 보험계약자에게 교부하는 경우만 해당한다) 및 보험자가 작성한 보험증권을 보험계약자에게 교부할 수 있는 권한이 있다.	
(2) 보험모집인	(2) 보험모집인
① 보험모집인들이 생명보험회사에서 외무사원으로 근무할 당시에, 회사에 대하여 종속적인 근로관계에 있었다고 보기 어렵다(판례). ② 보험가입을 권유하던 보험자의 외무사원(보험모집인)에게 기왕병력을 말한 것으로는 보험자에의 고지라 할 수 없다(판례). ③ 보험모집인은 특정 보험자를 위하여 보험계약의 체결을 중개하는 자일 뿐 보험자를 대리하여 보험계약을 체결할 권한이 없고 보험계약자 또는 피보험자가 보험자에 대하여 하는 고지나 통지를 수령할 권한도 없으므로, 보험모집인이 통지의무의 대상인 '보험사고발생의 위험이 현저하게 변경 또는 증가된 사실'을 알았다고 하더라도 이로써 곧 보험자가 위와 같은 사실을 알았다고 볼 수는 없다(판례).	[2018] 1. 보험모집인이 통지의무의 대상인 보험사고발생의 위험이 현저하게 변경 또는 증가된 사실을 알았다면, 이로써 곧 보험자가 위와 같은 사실을 알았다고 볼 수 있다. (×)
제3절 보험계약의 체결	**제3절 보험계약의 체결**
제 1 보험계약의 성립	제 1 보험계약의 성립
1. 보험계약의 성립	1. 보험계약의 성립
① 보험자가 보험계약자로부터 보험계약의 청약과 함께 보험료 상당액의 전부 또는 일부의 지급을 받은 때에는 다른 약정이 없으면 30일내에 그 상대방에 대하여 낙부의 통지를 발송하여야 한다(인보험계약은 신체검사를 받은 날부터 기산). 보험자가 이 기간 내에 낙부의 통지를 해태한 때에는 승낙한 것으로 본다. ② 보험자가 보험계약자로부터 보험계약의 청약과 함께 보험료 상당액의 전부 또는 일부를 받은 경우(인보험계약은 신체검사를 받은 때)에 그 청약을 승낙하기 전에 보험계약에서 정한 보험사고가 생긴 때에는 그 청약을 거절할 사유가 없는 한 보험자는 보험계약상의 책임을 진다. ③ 보험계약자가 다수의 계약을 통하여 보험금을 부정 취득할 목적으로 보험계약을 체결하여 그것이 「민법」 제103조에 따라 선량한 풍속 기타 사회질서에 반하여 무효인 경우 보험자의 보험금에 대한 부당이득반환청구권은 「상법」 제64조를 유추적용하여 5년의 상사 소멸시효기간이 적용된다고 봄이 타당하다(판례). ④ 보험계약의 당사자 사이에 계약상 채무의 존부나 범위에 관하여 다툼이 있는 경우 그로 인한 법적 불안을 제거하기 위하여 보험회사는 먼저 보험수익자를 상대로 소극적 확인의 소를 제기할 확인의 이익이 있다고 할 것이다(판례). ⑤ 보험약관대출금의 경제적 실질은 보험회사가 장차 지급하여야 할 보험금이나 해약환급금을 미리 지급하는 선급금과 같은 성격이라고 보아야 한다. 따라서 위와 같은 약관에서 비록 '대출'이라는 용어를 사용하고 있더라도 이는 일반적인 대출과는 달리 소비대차로서의 법적 성격을 가지는 것은 아니며, 보험금이나 해약환급금에서 대출 원리금을 공제하고 지급한다는 것은 보험금이나 해약환급금의 선급금의 성격을 가지는 위 대출 원리금을 제외한 나머지 금액만을 지급한다는 의미이므로 「민법」상의 상계와는 성격이 다르다(판례).	[2009] 1. 보험자가 보험계약자로부터 보험료 상당액의 전부 또는 일부를 받은 경우 그 청약을 승낙하기 전에 보험사고가 생긴 때에는 청약을 거절할 사유가 있는 경우에도 보험계약상의 책임을 져야 한다. (×) [2022] 2. 보험계약자가 다수의 계약을 통하여 보험금을 부정 취득할 목적으로 보험계약을 체결하여 그것이 민법 제103조에 따라 선량한 풍속 기타 사회질서에 반하여 무효인 경우 보험자의 보험금에 대한 부당이득반환청구권은 민법상 10년의 소멸시효기간이 적용된다. (×)

조문 · 판례	기출지문 OX
2. 보험증권	**2. 보험증권**
① 보험자는 보험계약이 성립한 때에는 지체 없이 보험증권을 작성하여 보험계약자에게 교부하여야 한다. 그러나 보험계약자가 보험료의 전부 또는 최초의 보험료를 지급하지 아니한 때에는 그러하지 아니하다. **② 보험계약은 당사자 사이의 의사합치에 의하여 성립되는 낙성계약으로서 별도의 서면을 요하지 아니하므로 보험계약을 체결할 때 작성·교부되는 보험증권이나 보험계약의 내용을 변경하는 경우에 작성·교부되는 배서증권은 하나의 증거증권에 불과한 것이다(판례).**	[2018] 1. 보험증권이나 보험계약의 내용을 변경하는 경우에 작성·교부되는 배서증권은 하나의 증거증권에 불과하다. (○)
3. 보험기간	**3. 보험기간**
① 보험자의 책임(보험기간)은 당사자 간에 다른 약정이 없으면 최초의 보험료의 지급을 받은 때로부터 개시한다. ② 다만, 보험계약은 그 계약 전의 어느 시기를 보험기간의 시기로 할 수 있다(소급보험).	[2006] 1. 보험자의 책임은 당사자 간에 다른 약정이 없으면 보험계약이 체결된 때 즉시 개시한다. (×)
4. 보험사고	**4. 보험사고**
① 보험계약당시에 보험사고가 이미 발생하였거나 또는 발생할 수 없는 것인 때(객관적 확정)에는 그 계약은 무효로 한다. 그러나 당사자 쌍방과 피보험자가 이를 알지 못한 때(주관적 불확정)에는 그러하지 아니하다. **② 「상법」 제644조의 규정은, 보험사고는 불확정한 것이어야 한다는 보험의 본질에 따른 강행규정으로, 당사자 사이의 합의에 의해 이 규정에 반하는 보험계약을 체결하더라도 그 계약은 무효임을 면할 수 없다(판례).**	[2008, 2011, 2024] 1. 보험계약이 체결되기 전에 보험사고가 이미 발생하였을 경우라면, 보험계약의 당사자 쌍방 및 피보험자가 이를 알지 못하였다고 하더라도 그 보험계약은 보험사고가 불확정한 것이어야 한다는 보험의 본질에 비추어 무효이다. (×) [2020] 2. 「상법」 제644조의 규정은, 보험사고는 원칙적으로 불확정한 것이어야 한다는 고려에 따라 마련된 임의규정일 뿐이므로, 당사자가 명시적으로 위 규정의 적용을 배제하기로 합의하는 경우 해당 보험계약은 더는 「상법」 제644조에 저촉되어 무효가 되지 아니한다고 보아야 한다. (×)
5. 보험계약의 대리	**5. 보험계약의 대리**
① 대리인에 의하여 보험계약을 체결한 경우에 대리인이 안 사유는 그 본인이 안 것과 동일한 것으로 한다.	
제 2 보험약관의 교부·설명의무	제 2 보험약관의 교부·설명의무
① 보험자는 보험계약을 체결할 때에 보험계약자에게 보험약관을 교부하고 그 약관의 중요한 내용을 설명하여야 한다. **② 약관조항에 관한 명시·설명의무가 제대로 이행되었더라도 그러한 사정이 보험계약의 체결 여부에 영향을 미치지 아니하였다면 약관조항은 명시·설명의무의 대상이 되는 보험계약의 중요한 내용이라고 할 수 없다(판례).** **③ 보험계약의 중요사항은 반드시 보험약관에 규정된 것에 한정된다고 할 수 없으므로, 보험약관만으로 보험계약의 중요사항을 설명하기 어려운 경우에는**	

<table>
<tr><th>조문 · 판례</th><th>기출지문 OX</th></tr>
<tr><td>
보험회사 또는 보험모집종사자는 상품설명서 등 적절한 추가자료를 활용하는 등의 방법을 통하여 개별 보험상품의 특성과 위험성에 관한 보험계약의 중요사항을 고객이 이해할 수 있도록 설명하여야 한다(판례).
④ 통신판매 방식으로 체결된 상해보험계약에서 보험자가 약관 내용의 개요를 소개한 것이라는 내용과 면책사고에 해당하는 경우를 확인하라는 내용이 기재된 안내문과 청약서를 보험계약자에게 우송한 것만으로는 보험자의 면책약관에 관한 설명의무를 다한 것으로 볼 수 없다(판례).
⑤ 약관에 정하여진 사항이라고 하더라도 보험계약자가 충분히 예상할 수 있었던 사항이거나 이미 법령에 의하여 정하여진 것을 되풀이하거나 부연하는 정도에 불과한 사항이라면, 보험자에게 명시·설명의무가 있다고는 할 수 없다(판례).
⑥ 보험자가 보험약관 교부 및 설명의무를 위반한 경우 보험계약자는 보험계약이 성립한 날부터 3개월 이내에 그 계약을 취소할 수 있다.
⑦ 보험회사 또는 보험모집종사자가 설명의무를 위반하여 고객이 보험계약의 중요사항에 관하여 제대로 이해하지 못한 채 착오에 빠져 보험계약을 체결한 경우, 그러한 착오가 동기의 착오에 불과하다고 하더라도 그러한 착오를 일으키지 않았더라면 보험계약을 체결하지 않았거나 아니면 적어도 동일한 내용으로 보험계약을 체결하지 않았을 것이 명백하다면, 위와 같은 착오는 보험계약의 내용의 중요부분에 관한 것에 해당하므로 이를 이유로 보험계약을 취소할 수 있다(판례).
⑧ 보험계약 체결에 설명의무 위반이 있는 경우에 이후 보험약관에 따른 해약환급금이 지급되었다면, 보험계약자가 설명의무 위반으로 입은 손해는 납입한 보험료 합계액에서 지급받은 해약환급금액을 공제한 금액 상당이다(판례).
⑨ 보험계약자가 보험약관 교부 및 설명의무 위반을 이유로 보험계약을 취소하지 않았다고 하더라도 보험자의 설명의무 위반의 하자가 치유되는 것은 아니다(판례).
⑩ 제2항은 「약관의 규제에 관한 법률」 제3조 제3항과의 관계에서는 그 적용을 배제하는 특별규정이라고 할 수가 없으므로 보험약관이 「상법」 제638조의3 제2항의 적용 대상이라 하더라도 약관의규제에관한법률 제3조 제3항 역시 적용이 된다(판례).
⑪ 보험자가 보험약관의 명시·설명의무에 위반하여 보험계약을 체결한 때에는 보험계약자나 그 대리인이 그 약관에 규정된 고지의무를 위반하였다 하더라도 이를 이유로 보험계약을 해지할 수는 없다(판례).
<table>
<tr><th>설명의무 대상</th><th>설명의무 제외</th></tr>
<tr><td>• 오토바이 운전자의 경우 보험금의 지급이 제한된다는 약관의 내용
• 가족운전자 한정운전 특별약관</td><td>• 무보험자동차에 의한 상해보상특약에서 보험금액의 산정기준이나 방법
• 보험약관상 규정된 보험계약자 또는 피보험자의 보험자에 대한 자동차 구조변경 등과 관련된 통지의무의 규정
• '계약자 또는 피보험자가 손해의 통지 또는 보험금청구에 관한 서류에 고의로 사실과 다른 것을 기재하였거나 그 서류 또는 증거를 위조하거나 변조한 경우'를 보험금청구권의 상실사유로 정한 보험약관</td></tr>
</table>
</td><td>
[2022]
1. 약관에 정하여진 사항으로서 이미 법령에 의하여 정하여진 것을 되풀이하거나 부연하는 정도에 불과한 사항에 대해서도 고객이 이를 알고 있다고 단정할 수 없으므로 보험자는 명시·설명의무를 부담한다. (×)
[2003]
2. 보험자가 보험계약자에 대하여 보험약관의 교부, 명시의무를 위반한 경우라도 보험계약자는 보험계약이 성립한 날부터 2주일이 경과하면 그 계약을 취소할 수 없다. (×)
[2018]
3. 보험계약자는 약관 교부·설명의무 위반을 이유로 보험계약이 성립한 날부터 3개월 이내에 보험계약을 취소할 수 있다는 「상법」 제638조의3 제2항은 「약관의규제에관한법률」 제3조의 적용을 배제하는 특별규정이다. (×)
[2008]
4. 피보험자동차의 구조변경 등의 중요한 사항에 변동이 있을 때 또는 위험이 뚜렷이 증가하거나 적용할 보험료에 차액이 생기는 사실이 발생한 경우 보험계약자 또는 피보험자에게 지체 없이 알릴 의무를 규정한 약관은 명시 · 설명의무의 대상이다. (×)
[2012]
5. 자동차종합보험계약에 포함된 무보험자동차에 의한 상해보상특약에 있어서 보험금액의 산정기준이나 방법에 관한 약관 조항은 명시·설명의무의 대상이 아니다. (○)
[2021]
6. '계약자 또는 피보험자가 손해의 통지 또는 보험금청구에 관한 서류에 고의로 사실과 다른 것을 기재하였거나 그 서류 또는 증거를 위조하거나 변조한 경우'를 보험금청구권의 상실사유로 정한 보험약관은 명시·설명의무의 대상에 해당한다. (×)
</td></tr>
</table>

조문 · 판례	기출지문 OX
제 3 고지의무 ① 보험계약당시에 보험계약자 또는 피보험자가 고의 또는 중대한 과실로 인하여 중요한 사항을 고지하지 아니하거나 부실의 고지를 한 때(보험자가 증명)에는 보험자는 그 사실을 안 날로부터 1월 내에, 계약을 체결한 날로부터 3년 내에 한하여 계약을 해지할 수 있다. 그러나 보험자가 계약당시에 그 사실을 알았거나 중대한 과실로 인하여 알지 못한 때에는 그러하지 아니하다. ② 보험자가 서면으로 질문한 사항은 중요한 사항으로 추정한다. ③ 중복보험을 체결한 사실은 상법 제651조의 고지의무의 대상이 되는 중요한 사항에 해당되지 아니한다(판례). ④ 보험자가 보험약관의 명시·설명의무에 위반하여 보험계약을 체결한 때에는 보험계약자나 그 대리인이 그 약관에 규정된 고지의무를 위반하였다 하더라도 이를 이유로 보험계약을 해지할 수는 없다(판례). ⑤ 보험계약을 체결함에 있어 중요한 사항에 관하여 보험계약자의 고지의무위반이 사기에 해당하는 경우에는 보험자는 「상법」의 규정에 의하여 계약을 해지할 수 있음은 물론 「민법」의 일반원칙에 따라 그 보험계약을 취소할 수 있다(판례). ⑥ 보험계약 당시에 보험계약자 또는 피보험자가 고의 또는 중대한 과실로 인하여 중요한 사항을 고지하지 아니하거나 부실의 고지를 한 경우 보험자는 보험사고가 발생한 후에도 보험계약을 해지하여 보험금액을 지급할 책임을 면할 수 있으나, 다만 고지의무를 위반한 사실이 보험사고의 발생에 영향을 미치지 아니하였음이 증명된 때 즉 고지의무를 위반한 사실과 보험사고의 발생 사이에 인과관계가 인정되지 아니한 때에는 보험계약을 해지하더라도 보험금액의 지급책임을 면할 수 없다(판례). ⑦ 고지의무 위반사실과 보험사고 발생과의 인과관계가 부존재하다는 점에 관한 입증책임은 보험계약자측에 있다 할 것이므로, 만일 그 인과관계의 존재를 조금이라도 규지할 수 있는 여지가 있으면 위 단서는 적용되어서는 안될 것이다(판례).	제 3 고지의무 [2004] 1. 보험계약자 또는 피보험자가 고지의무를 위반한 때에는 보험자는 그 사실을 안 날로부터 1월 내에, 계약을 체결한 날로부터 2년 내에 한하여 계약을 해지할 수 있다. (×) [2011] 2. 보험자가 보험계약 당시에 고지의무 위반의 사실을 알았거나 중대한 과실로 인하여 알지 못한 때에는 보험자는 보험계약을 해지할 수 없다. (○) [2024] 3. 중복보험을 체결한 사실은 상법 제651조의 고지의무의 대상이 되는 중요한 사항에 해당된다. (×) [2005] 4. 보험자는 보험계약자나 피보험자의 고의로 인한 고지의무 위반을 이유로 하여서만 계약을 해지할 수 있고, 고의가 없으면 중대한 과실로 고지하지 아니하였다고 하더라도 계약을 해지할 수 없다. (×) [2006, 2020] 5. 중요한 사항의 고지는 보험계약의 청약시까지 하여야 한다. (×) [2010, 2013, 2014] 6. 고지의무를 위반한 사실이 보험사고 발생에 영향을 미치지 아니하였음이 증명된 때에도 보험자는 고지의무 위반을 이유로 보험계약을 해지하고 보험금액을 지급하지 않아도 된다. (×)
제4절 보험계약의 효과 제 1 보험료의 지급, 위험·변경 증가 통지의무 ① 보험계약자는 계약체결 후 지체 없이 보험료의 전부 또는 제1회 보험료를 지급하여야 하며, 보험계약자가 이를 지급하지 아니하는 경우에는 다른 약정이 없는 한 계약 성립 후 2월이 경과하면 그 계약은 해제된 것으로 본다. ② 계속보험료가 약정한 시기에 지급되지 아니한 때에는 보험자는 상당한 기간을 정하여 보험계약자에게 최고하고 그 기간 내에 지급되지 아니한 때에는 그 계약을 해지할 수 있다. ③ 특정한 타인을 위한 보험의 경우에 보험계약자가 보험료의 지급을 지체한 때에는 보험자는 그 타인에게도 상당한 기간을 정하여 보험료의 지급을 최고한 후가 아니면 그 계약을 해제 또는 해지하지 못한다.	**제4절 보험계약의 효과** 제 1 보험료의 지급, 위험·변경 증가 통지의무 [2003] 1. 보험계약자가 계약체결 후 지체없이 보험료의 전부 또는 제1회 보험료를 지급하지 아니한 때에는 다른 약정이 없으면 계약성립 후 1월이 경과하면 그 계약은 해제된 것으로 본다. (×) [2023] 2. 보험계약자는 계약체결 후 지체없이 보험료의 전부 또는 제1회 보험료를 지급하여야 하며, 보험계약자가 이를 지급하지 아니하는 경우에는 다른 약정이 없는 한 계

조문 · 판례	기출지문 OX
④ 분납(계속) 보험료가 소정의 시기에 납입되지 아니하였음을 이유로 최고 절차를 거치지 아니하고 막바로 보험계약이 해지되거나 실효됨을 규정하고 보험자의 보험금지급 책임을 면하도록 규정한 보험약관(실효약관)은 무효이다(판례). ⑤ 계속보험료의 연체로 인하여 보험계약이 해지된 경우에는 보험자는 계약해지 시로부터 더 이상 보험금을 지급할 의무만을 면할 뿐, 계속보험료의 연체가 없었던 기간에 발생한 보험사고에 대하여 이미 보험계약자가 취득한 보험보호를 소급하여 사라지게 하는 것이 아니므로, 보험자는 보험계약자에 대하여 이미 지급한 보험금의 반환을 구할 수 없다 할 것이다(판례). ⑥ 보험계약이 해지되고 해지환급금이 지급되지 아니한 경우에 보험계약자는 일정한 기간 내에 연체보험료에 약정이자를 붙여 보험자에게 지급하고 그 계약의 부활을 청구할 수 있다. ⑦ 보험기간 중에 보험계약자 또는 피보험자가 사고발생의 위험이 현저하게 변경 또는 증가된 사실을 안 때에는 지체 없이 보험자에게 통지하여야 한다. 이를 해태한 때에는 보험자는 그 사실을 안 날로부터 1월내에 한하여 계약을 해지할 수 있다. 보험자가 위험변경증가의 통지를 받은 때에는 1월내에 보험료의 증액을 청구하거나 계약을 해지할 수 있다. ⑧ 甲이 乙 보험회사와 아들 丙을 피보험자로 하여 丙이 상해로 후유장해를 입을 경우 보험금을 지급받는 보험계약을 체결한 이후에 丙이 오토바이를 운전하다가 두개골 골절 등 상해를 입자 후유장해에 대한 보험금 지급을 청구하였는데, 乙 회사가 오토바이 운전에 따른 위험의 증가를 통지하지 않았다는 이유로 甲에게 보험계약 해지의사를 표시한 사안에서, 甲은 丙의 오토바이 운전 사실과 그것이 보험사고 발생 위험의 현저한 변경·증가에 해당한다는 것을 알았다고 보이고 丙의 오토바이 운전 사실을 乙 회사에 통지하지 않아 통지의무를 위반하였으므로, 乙 회사는 상해지권을 행사할 수 있다(판례). ⑨ 甲이 자신을 주피보험자, 직업급수 1급의 대학생이던 乙을 종피보험자로 하여 丙 보험회사와 보험계약을 체결하였는데, 그 후 乙이 직업급수 2급의 방송장비대여 등 업종에 종사하면서 업무 수행을 위하여 화물자동차를 운전하다가 보험사고를 일으키자, 丙 회사가 통지의무 위반을 이유로 보험계약을 해지한 사안에서, 방송장비대여 등 업종이 고도의 위험을 수반하는 직업이라는 등의 사정을 알 수 있는 자료가 없고, 나아가 甲 또는 乙이 직업 변경으로 사고발생의 위험이 현저하게 변경 또는 증가된다는 것을 알았다고 볼 자료가 없는데도, 丙 회사가 통지의무 위반을 이유로 보험계약을 해지할 수 있다고 본 원심판결에통지의무에 관한 법리오해 등 위법이 있다(판례). ⑩ 보험계약의 존속 중에 당사자 일방의 부당한 행위 등으로 인하여 계약의 기초가 되는 신뢰관계가 파괴되어 계약의 존속을 기대할 수 없는 중대한 사유가 있는 때에는 상대방은 그 계약을 해지함으로써 장래에 향하여 그 효력을 소멸시킬 수 있다(판례).	약성립 후 2월이 경과하면 보험자는 그 계약을 해지할 수 있다. (×) [2019] 3. 계속보험료가 약정한 시기에 지급되지 아니한 경우 보험자는 상당한 기간을 정하여 보험계약자에게 최고하고 그 기간 내에 지급되지 아니한 때에는 그 계약을 해지할 수 있다. 다만 보험계약자는 계약이 해지되고 해지환급금이 지급된 이후라도 일정한 기간 내에 연체보험료에 약정이자를 붙여 보험자에게 지급하고 그 계약의 부활을 청구할 수 있다. (×) [2015] 4. 보험자가 위험변경증가의 통지를 받은 때에는 1월 내에 보험료의 증액을 청구하거나 계약을 해지할 수 있다. (○) [2015] 5. 甲은 乙보험회사와 아들 丙을 피보험자로 하여 상해보험계약을 체결한 이후 丙이 오토바이를 운전하다가 두개골 골절 등 상해를 입자 후유장해 보험금을 청구하였는데, 乙회사는 오토바이 운전에 따른 위험의 증가를 통지하지 않았다는 이유로 보험계약 해지의사를 표시한 사안에서 대법원은 최근 乙보험회사의 해지권행사를 긍정하였다. (○) [2015] 6. 甲이 자신을 주피보험자, 대학생 乙을 종피보험자로 하여 丙보험회사와 보험계약을 체결하였는데, 그 후 乙이 방송장비대여 등 업종에 종사하면서 화물자동차를 운전하다가 보험사고를 일으키자 丙보험회사가 통지의무 위반을 이유로 보험계약을 해지한 사안에서 대법원은 최근 丙보험회사의 해지권행사를 긍정하였다. (×) [2021] 7. 보험계약의 존속 중에 당사자 일방의 부당한 행위 등으로 인하여 계약의 기초가 되는 신뢰관계가 파괴되어 계약의 존속을 기대할 수 없는 중대한 사유가 있는 때에는 상대방은 그 계약을 해지할 수 있다. (○)

조문 · 판례	기출지문 OX
제 2 보험금액의 지급 및 면책사유	제 2 보험금액의 지급 및 면책사유
1. 보험금의 지급책임	**1. 보험금의 지급책임**
① 보험자의 책임은 당사자 간에 다른 약정이 없으면 최초의 보험료의 지급을 받은 때로부터 개시한다. ② 보험자는 보험금액의 지급에 관하여 약정기간이 있는 경우에는 그 기간내에 약정기간이 없는 경우에는 보험사고발생의 통지를 받은 후 지체없이 지급할 보험금액을 정하고 그 정하여진 날부터 10일내에 피보험자 또는 보험수익자에게 보험금액을 지급하여야 한다. ③ 보험계약자가 사고발생의 통지의무를 위반한 때에도 보험자는 보험계약을 해지할 수 없다. ④ <u>피보험자와 보험자 사이의 보험금지급기한 유예의 합의는 보험금지급청구권에 관한 소멸시효의 이익을 미리 포기하는 것에 해당하지 아니한다(판례).</u>	[2012] 1. 보험자는 보험계약자가 사고발생의 통지의무를 위반한 때에 보험계약을 해지할 수 있다. (×) [2025] 2. 보험금청구권의 소멸시효는 보험사고가 발생한 때로부터 진행하고, 피보험자와 보험자 사이의 보험금 지급기한 유예 합의는 보험금지급청구권에 관한 소멸시효의 이익을 미리 포기하는 것에 해당한다. (×)
2. 면책사유	**2. 면책사유**
① 보험사고가 보험계약자 또는 피보험자나 보험수익자의 고의 또는 중대한 과실로 인하여 생긴 때에는 보험자는 보험금액을 지급할 책임이 없다. ② 보험사고가 전쟁 기타의 변란으로 인하여 생긴 때에는 당사자 간에 다른 약정이 없으면 보험자는 보험금액을 지급할 책임이 없다.	
3. 소멸시효	**3. 소멸시효**
① 보험금청구권은 3년간, 보험료 또는 적립금의 반환청구권은 3년간, 보험료청구권은 2년간 행사하지 아니하면 소멸시효가 완성된다. ② 특별한 다른 사정이 없는 한 원칙적으로 보험금액청구권의 소멸시효는 보험사고가 발생한 때로부터 진행한다고 해석해야 할 것이고, 다만 객관적으로 보아 보험사고가 발생한 사실을 확인할 수 없는 사정이 있는 경우에는 보험금청구권자가 보험사고의 발생을 알았거나 알 수 있었던 때로부터 보험금액청구권의 소멸시효가 진행한다고 해석할 것이다(판례). ③ 무효인 보험계약에 따라 납부한 보험료에 대한 반환청구권의 소멸시효는 특별한 사정이 없는 한 각 보험료를 납부한 때부터 진행한다(판례).	[2018] 1. 보험금청구권은 2년간 행사하지 않으면 시효의 완성으로 소멸한다. (×) [2015] 2. 보험료청구권은 1년간 행사하지 아니하면 시효의 완성으로 소멸한다. (×)
제5절 타인을 위한 보험계약	**제5절 타인을 위한 보험계약**

타인을 위한 손해보험	타인을 위한 인보험
보험계약자 ≠ 피보험자(타인)	보험계약자 ≠ 보험수익자(타인)

조문 · 판례	기출지문 OX
① 보험계약자는 위임을 받거나 위임을 받지 아니하고 특정 또는 불특정의 타인을 위하여 보험계약을 체결할 수 있다. ② 손해보험계약의 경우에 그 타인의 위임이 없는 때에는 보험계약자는 이를 보험자에게 고지하여야 하고, 그 고지가 없는 때에는 타인이 그 보험계약이 체결된 사실을 알지 못하였다는 사유로 보험자에게 대항하지 못한다. ③ 타인을 위한 보험계약의 경우에는 그 타인은 당연히 그 계약의 이익을 받는다.	[2011] 1. 피보험자 또는 보험수익자는 보험자에 대하여 수익의 의사표시를 하지 않으면 보험계약상의 이익을 받을 수 없다. (×)

조문 · 판례	기출지문 OX

④ 타인을 위한 보험계약의 경우에는 보험계약자는 보험자에 대하여 보험료를 지급할 의무가 있다. 그러나 보험계약자가 파산선고를 받거나 보험료의 지급을 지체한 때에는 그 타인이 그 권리를 포기하지 아니하는 한 그 타인도 보험료를 지급할 의무가 있다.

제3장 손해보험

제1절 통 칙

제 1 관 손해보험계약의 의의 및 종류

제 2 관 손해보험계약의 요소

제 1 피보험이익 등

1. 손해보험계약의 의의

① 손해보험계약의 보험자는 보험사고로 인하여 생길 피보험자의 재산상의 손해를 보상할 책임이 있다.
② 보험사고로 인하여 상실된 피보험자가 얻을 이익이나 보수는 당사자 간에 다른 약정이 없으면 보험자가 보상할 손해액에 산입하지 아니한다.

2. 피보험이익

① 보험계약은 금전으로 산정할 수 있는 이익(피보험이익)에 한하여 보험계약의 목적으로 할 수 있다.
② <u>보험계약의 목적 즉 피보험이익이 다르면 중복보험으로 되지 않는다</u>(판례).
③ 보험의 목적(객체)에 관하여 보험자가 부담할 손해가 생긴 경우에는 그 후 그 목적이 보험자가 부담하지 아니하는 보험사고의 발생으로 인하여 멸실된 때에도 보험자는 이미 생긴 손해를 보상할 책임을 면하지 못한다(판례).
④ 보험자가 보상할 손해액은 그 손해가 발생한 때와 곳의 가액에 의하여 산정한다. 그러나 당사자 간에 다른 약정이 있는 때에는 그 신품가액에 의하여 손해액을 산정할 수 있다. 손해액의 산정에 관한 비용은 보험자의 부담으로 한다.
⑤ 보험의 목적의 성질, 하자 또는 자연소모로 인한 손해는 보험자가 이를 보상할 책임이 없다.

제 2 보험가액과 보험금액

피보험이익	보험가액	보험금액
경제적 이익	경제적 이익의 평가액 = 사고발생시 실제 손해액	사고발생시 지급하는 계약상의 금액

1. 보험가액

① 당사자 간에 보험가액을 정한 때(기평가보험)에는 그 가액은 사고발생시의 가액으로 정한 것으로 추정한다. 그러나 그 가액이 사고발생시의 가액을 현저하게 초과할 때에는 사고발생시의 가액을 보험가액으로 한다.
② 당사자 간에 보험가액을 정하지 아니한 때(미평가보험)에는 사고발생시의 가액을 보험가액으로 한다.

[기출지문 OX]

제3장 손해보험 / 제1절 통 칙 / 제 1 관 손해보험계약의 의의 및 종류 / 제 2 관 손해보험계약의 요소 / 제 1 피보험이익 등 / 1. 손해보험계약의 의의 / 2. 피보험이익 / 제 2 보험가액과 보험금액 / 1. 보험가액

[2012]
1. 당사자 간에 보험가액을 정하지 아니한 때에는 보험계약은 무효이다 (×)

[2024]
2. 손해보험에 있어 당사자 간에 보험가액을 정하지 아니한 때에는 보험계약 체결 시의 가액을 보험가액으로 한다. (×)

조문 · 판례	기출지문 OX

2. 보험가액과 보험금액과의 관계

종류	초과보험	초과중복보험	일부보험
의의	보험금액이 보험가액을 현저하게 초과한 때	• 각 보험자에 대하여 각 보험계약의 내용을 통지 • 보험자 1인에 대한 권리의 포기는 다른 보험자의 권리 의무에 영향 ×	보험가액의 일부를 보험에 붙인 경우
선의	• 보험료와 보험금액의 감액을 청구 • 감액은 장래에 대하여서만 효력	• 보험자는 각자의 보험금액의 한도에서 연대책임 • 각 보험자의 보상책임은 각자의 보험금액의 비율에 따름	• 보험금액의 보험가액에 대한 비율에 따라 보상할 책임 • 당사자 간에 다른 약정이 있는 때에는 보험자는 보험금액의 한도 내에서 그 손해를 보상할 책임
사기	• 그 계약은 무효 • 보험자는 그 사실을 안 때까지의 보험료를 청구		

(1) 초과보험

① 보험금액이 보험계약의 목적의 가액을 현저하게 초과한 때(**초과보험**)에는 보험자 또는 보험계약자는 보험료와 보험금액의 감액을 청구할 수 있다. 그러나 보험료의 감액은 장래에 대하여서만 그 효력이 있다.
② 초과보험의 경우에 계약이 보험계약자의 사기로 인하여 체결된 때에는 그 계약은 무효로 한다. 그러나 보험자는 그 사실을 안 때까지의 보험료를 청구할 수 있다.
③ 초과보험이라는 사유를 들어 보험가액의 제한 또는 보험계약의 무효를 주장하는 경우 그 입증책임은 무효를 주장하는 보험자가 부담한다(**판례**).

(2) 중복보험

① 동일한 보험계약의 목적과 동일한 사고에 관하여 수개의 보험계약이 동시에 또는 순차로 체결된 경우에 그 보험금액의 총액이 보험가액을 초과한 때(**초과중복보험**)에는 보험자는 각자의 보험금액의 한도에서 연대책임을 진다. 이 경우에는 각 보험자의 보상책임은 각자의 보험금액의 비율에 따르는 것이 원칙이라 할 것이나, 이러한 「상법」의 규정은 강행규정이라고 해석되지 아니한다. .
② 중복보험계약을 체결하는 경우에는 보험계약자는 각 보험자에 대하여 각 보험계약의 내용을 통지하여야 한다.
③ 중복보험계약을 체결한 경우에 보험자 1인에 대한 권리의 포기는 다른 보험자의 권리의무에 영향을 미치지 아니한다.
④ 임가공업자가 소유자로부터 공급받은 원·부자재 및 이를 가공한 완제품에 대하여 동산종합보험을 체결한 경우, 그 보험계약은 임가공업자가 자신이 보관하고 있는 그 보험목적물의 멸실·훼손으로 인하여 손해가 생긴 때의 손해배상책임을 담보하는 소극적 이익을 피보험이익으로 한 책임보험의 성격을 가진 것으로 봄이 상당하므로, 소유자가 동일한 목적물에 대한 소유자의 이익을 부보하기 위하여 체결한 동산종합보험계약과는 피보험이익이 서로 달라 중복보험에 해당하지 않는다(**판례**).
⑤ 하나의 사고에 관하여 여러 개의 무보험자동차특약보험계약이 체결되고 보험금액의 총액이 피보험자가 입은 손해액을 초과하는 때에는 손해보험에 관한 「상법」 제672조 제1항이 준용되어 보험자는 각자의 보험금액의 한도에서 연대책임을 지고, 각 보험자는 보험금 지급채무에 대하여 부진정연대관계에 있다(**판례**).
⑥ 무보험자동차특약보험의 경우 중복보험에 해당하는지 여부를 판단하기 위한

---

2. 보험가액과 보험금액과의 관계

(1) 초과보험

[2013, 2014]
1. 보험금액이 보험계약의 목적의 가액을 현저하게 초과한 때에는 보험자 또는 보험계약자는 보험료와 보험금액의 감액을 청구할 수 있다. 이 경우 보험료의 감액은 보험계약 체결시로 소급하여 그 효력이 있다. (×)

(2) 중복보험

[2014]
1. 각 보험계약의 당사자는 각개의 보험계약이나 약관을 통하여 중복보험에 있어서의 피보험자에 대한 보험자의 보상책임 방식이나 보험자들 사이의 책임 분담방식에 대하여 「상법」의 규정과 다른 내용으로 규정할 수 없다. (×)

[2017]
2. 임가공업자가 소유자로부터 공급받은 원·부자재 및 이를 가공한 완제품에 대하여 동산종합보험을 체결한 경우, 소유자가 동일한 목적물에 대한 소유자의 이익을 부보하기 위하여 체결한 동산종합보험계약과 중복보험에 해당한다. (×)

[2019]
3. 무보험자동차특약보험의 경우 중복보험에 해당하는지 여부를 판단하기 위한 기준이 되는 '손해액'은 '약관에서 정한 보험금 지급기준에 의해 산출한 금액'이 아니라, '피보험자의 실제 손해액'을 의미한다. (×)

조문 · 판례	기출지문 OX
기준이 되는 '손해액' 역시 '피보험자의 실제 손해액'이 아니라 '약관에서 정한 보험금 지급기준에 의해 산출한 금액'을 의미한다고 할 것이다(판례). ⑦ 상법 제672조 제2항에서 규정하는 통지의무의 해태로 인한 사기의 중복보험을 인정하기 위하여는 보험자가 통지의무가 있는 보험계약자 등이 통지의무를 이행하였다면 보험자가 그 청약을 거절하였거나 다른 조건으로 승낙할 것이라는 것을 알면서도 정당한 사유 없이 위법하게 재산상의 이익을 얻을 의사로 통지의무를 이행하지 않았음을 증명하여야 할 것이고, 단지 통지의무를 게을리 하였다는 사유만으로 사기로 인한 중복보험계약이 체결되었다고 추정할 수는 없다(판례). ⑧ 손해보험의 일종인 이 사건 보험에서 중복보험을 체결한 사실은 상법 제651조의 고지의무의 대상이 되는 중요한 사항에 해당되지 아니하고, 따라서 보험계약자가 고의나 중대한 과실로 보험계약청약서의 기재사항에 관하여 사실 그대로 알리지 아니하였을 때 보험계약을 해지할 수 있다는 이 사건 보험약관 제11조는 중복보험의 체결 사실에 관하여 고지하지 않은 경우에는 적용되지 않는다고 보아야 할 것이다(판례).	[2025] 4. 상법 제672조 제2항에서 규정하는 통지의무의 해태로 인한 사기의 중복보험을 인정하기 위하여는 보험자가 통지의무가 있는 보험계약자 등이 통지의무를 이행하였다면 보험자가 그 청약을 거절하였거나 다른 조건으로 승낙할 것이라는 것을 알면서도 정당한 사유 없이 위법하게 재산상의 이익을 얻을 의사로 통지의무를 이행하지 않았음을 증명하여야 할 것이고, 단지 통지의무를 게을리 하였다는 사유만으로 사기로 인한 중복보험계약이 체결되었다고 추정할 수는 없다. 다만 중복보험계약 체결이 인정되기만 한다면 그 고지의무 해태를 이유로 상법 제651조(고지의무위반으로 인한 계약해지)에 따라 보험계약을 해지할 수 있는 것이다. (×)
(3) 일부보험 ① 보험가액의 일부를 보험에 붙인 경우(일부보험)에는 보험자는 보험금액의 보험가액에 대한 비율에 따라 보상할 책임을 진다. 그러나, 당사자 간에 다른 약정이 있는 때에는 보험자는 보험금액의 한도 내에서 그 손해를 보상할 책임을 진다.	(3) 일부보험
제 3 관 손해보험계약의 효과	**제 3 관 손해보험계약의 효과**
제 1 손해방지·경감의무 ① 보험계약자와 피보험자는 손해의 방지와 경감을 위하여 노력하여야 한다. 그러나 이를 위하여 필요 또는 유익하였던 비용과 보상액이 보험금액을 초과한 경우라도 보험자가 이를 부담한다. ② 손해방지비용이라 함은 원칙적으로 보험사고의 발생을 전제로 하는 것이나, 보험사고가 발생한 것과 같게 볼 수 있는 상태가 생겼을 때에도 그 때부터 피보험자의 손해방지의무는 생겨난다고 보아야 한다(판례). ③ 보험계약에 적용되는 보통약관에 손해방지비용과 관련한 별도의 규정을 두고 있다고 하더라도, 그 규정이 당연히 방어비용에 대하여도 적용된다고 할 수는 없다(판례). ④ 상법 제680조 제1항 본문은 "보험계약자와 피보험자는 손해의 방지와 경감을 위하여 노력하여야 한다."라고 정하고 있다. 위와 같은 피보험자의 손해방지의무의 내용에는 손해를 직접적으로 방지하는 행위는 물론이고 간접적으로 방지하는 행위도 포함된다. 그러나 그 손해는 피보험이익에 대한 구체적인 침해의 결과로서 생기는 손해만을 뜻하는 것이고, 보험자의 구상권과 같이 보험자가 손해를 보상한 후에 취득하게 되는 이익을 상실함으로써 결과적으로 보험자에게 부담되는 손해까지 포함된다고 볼 수는 없다(판례).	**제 1 손해방지·경감의무** [2021] 1. 상법 제680조 제1항의 피보험자의 손해방지의무 내용에는 손해를 직접적으로 방지하는 행위는 물론이고 간접적으로 방지하는 행위도 포함되고, 그 손해는 피보험이익에 대한 구체적인 침해의 결과로서 생기는 손해뿐만 아니라, 보험자의 구상권과 같이 보험자가 손해를 보상한 후에 취득하게 되는 이익을 상실함으로써 결과적으로 보험자에게 부담되는 손해까지 포함된다. (×)

조문 · 판례	기출지문 OX
제 2 보험대위	**제 2 보험대위**
1. 목적물(잔존물) 대위(손해보험에서만 인정)	**1. 목적물(잔존물) 대위 (손해보험에서만 인정)**
① 보험의 목적의 전부가 멸실한 경우에 보험금액의 전부를 지급한 보험자는 그 목적에 대한 피보험자의 권리를 취득한다. 그러나 보험가액의 일부를 보험에 붙인 경우에는 보험자가 취득할 권리는 보험금액의 보험가액에 대한 비율에 따라 이를 정한다.	
2. 제3자(청구권)대위	**2. 제3자(청구권)대위**
① 손해가 제3자의 행위로 인하여 발생한 경우에 보험금을 지급한 보험자는 그 지급한 금액의 한도에서 그 제3자에 대한 보험계약자 또는 피보험자의 권리를 취득한다. 다만, 보험자가 보상할 보험금의 일부를 지급한 경우에는 피보험자의 권리를 침해하지 아니하는 범위에서 그 권리를 행사할 수 있다. ② 상법 제682조에서 정한 제3자에 대한 보험자대위가 인정되기 위하여는 보험자가 피보험자에게 보험금을 지급할 책임이 있는 경우이어야 한다(판례). ③ 상법 제682조 소정의 '제3자의 행위'란 '피보험이익에 대하여 손해를 일으키는 행위'를 뜻하는 것으로서 고의 또는 과실에 의한 행위만이 이에 해당하는 것은 아니다(판례). ④ 하나의 사고로 보험목적물과 보험목적물이 아닌 재산에 대하여 한꺼번에 손해가 발생한 경우, 보험목적물이 아닌 재산에 발생한 손해에 대해서는 보험계약으로 인한 법률관계를 전제로 하는 「상법」 제682조의 보험자대위가 적용될 수 없으므로, 보험목적물에 대한 부분으로 한정하여 보험자가 보험자대위에 의하여 제3자에게 청구할 수 있는 권리의 범위를 결정하여야 한다(판례). ⑤ 화재보험의 피보험자가 보험금을 지급받은 후 화재에 대한 책임 있는 자로부터 손해배상을 받으면서 나머지 손해배상청구권을 포기하였다 하더라도, 피보험자의 화재에 대한 책임 있는 자에 대한 손해배상청구권은 피보험자가 보험자로부터 보험금을 지급받음과 동시에 그 보험금액의 범위 내에서 보험자에게 당연히 이전되므로, 이미 이전된 보험금 상당 부분에 관한 손해배상청구권의 포기는 무권한자의 처분행위로서 효력이 없고, 따라서 보험자가 이로 인하여 손해를 입었다고 볼 수 없다(판례). ⑥ 보험계약자나 피보험자의 권리가 그와 생계를 같이 하는 가족에 대한 것인 경우 보험자는 그 권리를 취득하지 못한다. 다만, 손해가 그 가족의 고의로 인하여 발생한 경우에는 그러하지 아니하다.	[2023, 2025] 1. 상법 제682조에 따르면 손해가 제3자의 행위로 인하여 발생한 경우에 보험금을 지급한 보험자는 그 지급한 금액의 한도에서 그 제3자에 대한 보험계약자 또는 피보험자의 권리를 취득하는데, 여기서 '제3자의 행위'란 '피보험이익에 대하여 손해를 일으키는 행위'를 뜻하는 것으로서 고의 또는 과실에 의한 행위만을 의미한다. (×)
⑦ 무면허운전 면책약관부 보험계약에서 무면허 운전자가 동거가족인 경우 특별한 사정이 없는 한 제3자의 범위에 포함되지 않는다(판례). 자동차종합보험에 가입한 차주의 피용운전사도 제3자의 범위에 포함되지 않는다(판례). ⑧ 보험사고를 일으킨 자가 "피보험자"에 해당될 경우에는 보험자는 그 보험사고자에 대하여 보험자대위권을 행사할 수 없다(판례). ⑨ 타인을 위한 손해보험계약자가 당연히 제3자의 범주에서 제외되는 것은 아니다(판례). ⑩ 사용자의 보험자가 피해자인 제3자에게 사용자와 피용자의 공동불법행위로 인한 손해배상금을 보험금으로 모두 지급하여 피용자의 보험자가 면책됨으로써 사용자의 보험자가 피용자의 보험자에게 그 부담하여야 할 부분에 대하여 직접 구상권을 행사하는 경우에는, 그와 같은 구상권의 행사는 「상법」 제724조 제2항에 의한 피해자의 직접청구권을 대위하는 성격을 갖는 것이어서 피용자의 보험자는 사용자의 보험자에 대하여 구상권 제한의 법리를 주장할 수 없다고 보아야 한다(판례). ⑪ 손해보험의 보험사고에 관하여 동시에 불법행위나 채무불이행에 기한 손해배상책임을 지는 제3자가 있어 피보험자가 그를 상대로 손해배상청구를 하는 경	[2009] 2. 자동차종합보험에 가입한 차주의 피용운전사도 제3자에 포함된다. (×) [2016, 2025] 3. 타인을 위한 손해보험에서 보험계약자는 제3자에 대한 보험자대위에서의 제3자에는 해당하지 아니한다. (×) [2018] 4. 사용자의 보험자가 피해자인 제3자에게 사용자와 피용자의 공동불법행위로 인한 손해배상금을 보험금으로 모두 지급하여 피용자의 보험자가 면책됨으로써 사용자의 보험자가 피용자의 보험자에게 부담하여야 할 부분에 대하여 직접

조문 · 판례	기출지문 OX
우에, 피보험자가 손해보험계약에 따라 보험자로부터 수령한 보험금은 보험계약자가 스스로 보험사고의 발생에 대비하여 그때까지 보험자에게 납입한 보험료의 대가적 성질을 지니는 것으로서 제3자의 손해배상책임과는 별개의 것이므로 이를 그의 손해배상책임액에서 공제할 것이 아니다(판례). ⑫ 공동불법행위에서 공동불법행위자들과 각각 보험계약을 체결한 보험자들은 그 공동불법행위의 피해자에 대한 관계에서 상법 제724조 제2항에 따른 손해배상채무를 각자 직접 부담하는 것이므로, 공동불법행위자 중의 1인과 보험계약을 체결한 보험자가 피해자에게 손해배상금을 보험금으로 모두 지급함으로써 공동불법행위자들의 보험자들이 공동면책되었다면, 그 손해배상금을 지급한 보험자는 다른 공동불법행위자들의 보험자들이 부담하여야 할 부분에 대하여 직접 구상권을 행사할 수 있다. 이 경우 그 손해배상금 지급행위는 상인이 영업을 위하여 하는 행위이므로, 그 구상금채권은 보조적 상행위로 인한 채권으로서 그 권리를 행사할 수 있는 때로부터 5년간 행사하지 아니하면 소멸시효가 완성한다(판례). ⑬ 공동불법행위자 중 1인의 보험자가 피해자에게 손해배상금을 보험금으로 모두 지급함으로써 공동면책되었다면, 피보험자인 공동불법행위자는 다른 공동불법행위자들을 상대로 그들의 부담 부분에 대하여 구상권을 행사할 수 있을 뿐만 아니라, 상법 제724조 제2항에 따라 다른 공동불법행위자들의 부담 부분에 대한 구상권을 그들의 보험자들에게 직접 행사할 수 있고, 손해배상금을 지급한 보험자는 상법 제682조의 보험자대위의 법리에 따라 자신의 피보험자가 다른 공동불법행위자들의 보험자들에 대하여 갖는 직접적인 구상권을 취득하여 그 보험자들에게 행사할 수 있다. 이같이 보험자대위의 법리에 따라 취득한 피보험자의 다른 공동불법행위자들 및 그들의 보험자들에 대한 구상권의 소멸시효기간은 일반채권과 같이 10년이고, 그 기산점은 구상권이 발생한 시점, 즉 구상권자가 현실로 피해자에게 손해배상금을 지급한 때이다(판례).	구상권을 행사하는 경우에, 피용자의 보험자는 사용자의 보험자에 대하여 구상권 제한의 법리를 주장할 수 있다. (×) [2020] 5. 손해보험의 보험사고에 관하여 동시에 불법행위나 채무불이행에 기한 손해배상책임을 지는 제3자가 있어 피보험자가 그를 상대로 손해배상청구를 하는 경우에, 피보험자가 손해보험계약에 따라 보험자로부터 수령한 보험금은 제3자의 손해배상책임액에서 공제하여야 한다. (×) [2025] 6. 공동불법행위자 중 1인의 보험자가 피해자에게 손해배상금을 보험금으로 모두 지급함으로써 공동면책되었다면, 손해배상금을 지급한 보험자는 상법 제682조의 보험자대위의 법리에 따라 자신의 피보험자가 다른 공동불법행위자들의 보험자들에 대하여 갖는 직접적인 구상권을 취득하여 그 보험자들에게 행사할 수 있다. 이같이 보험자대위의 법리에 따라 취득한 피보험자의 위 보험자들에 대한 구상권의 소멸시효기간은 상사채권과 같이 5년이고, 그 기산점은 구상권이 발생한 시점, 즉 구상권자가 현실로 피해자에게 손해배상금을 지급한 때이다. (×)
제 3 보험목적의 양도 ① 피보험자가 보험의 목적을 양도한 때에는 양수인은 보험계약상의 권리와 의무를 승계한 것으로 추정한다(예외 : 자동차는 승낙, 선박은 동의 필요). ② 제1항의 경우에 보험의 목적의 양도인 또는 양수인은 보험자에 대하여 지체 없이 그 사실을 통지하여야 한다. ③ 보험목적의 양도로 인하여 현저한 위험의 변경 또는 증가가 없는 경우에는 양도의 통지를 하지 않더라도 통지의무위반을 이유로 당해 보험계약을 해지할 수 없다(판례).	**제 3 보험목적의 양도** [2007] 1. 피보험자가 보험기간 중에 보험목적을 양도한 때에는 양수인은 보험계약상의 의무를 승계하지 아니한 것으로 추정한다. (×)
제2절 각 칙 **제 1 관 화재보험** ① 화재보험계약의 보험자는 화재로 인하여 생길 손해를 보상할 책임이 있다. ② 보험자는 화재의 소방 또는 손해의 감소에 필요한 조치로 인하여 생긴 손해를 보상할 책임이 있다. ③ 집합된 물건을 일괄하여 보험의 목적으로 한 때에는 피보험자의 가족과 사용인의 물건도 보험의 목적에 포함된 것으로 한다. 이 경우에는 그 보험은 그 가족 또는 사용인을 위하여서도 체결한 것으로 본다.	**제2절 각 칙** **제 1 관 화재보험**

조문 · 판례	기출지문 OX
④ 집합된 물건을 일괄하여 보험의 목적으로 한 때에는 그 목적에 속한 물건이 보험기간 중에 수시로 교체된 경우에도 보험사고의 발생 시에 현존한 물건은 보험의 목적에 포함된 것으로 한다.	
제 2 관 (육상)운송보험	**제 2 관 (육상)운송보험**
① (육상)운송보험계약의 보험자는 다른 약정이 없으면 운송인이 운송물을 수령한 때로부터 수하인에게 인도할 때까지(보험기간) 생길 손해를 보상할 책임이 있다. ② 운송물의 보험에 있어서는 발송한 때와 곳의 가액과 도착지까지의 운임 기타의 비용을 보험가액으로 한다. ③ 운송물의 도착으로 인하여 얻을 이익은 약정이 있는 때에 한하여 보험가액 중에 산입한다. ④ 운송보험계약은 다른 약정이 없으면 운송의 필요에 의하여 일시운송을 중지하거나 운송의 노순 또는 방법을 변경한 경우에도 그 효력을 잃지 아니한다. ⑤ 운송보험사고가 송하인 또는 수하인의 고의 또는 중대한 과실로 인하여 발생한 때에는 보험자는 이로 인하여 생긴 손해를 보상할 책임이 없다.	
제 3 관 해상보험 제 1 해상보험자의 책임	**제 3 관 해상보험** 제 1 해상보험자의 책임
① 해상보험계약의 보험자는 해상사업에 관한 사고로 인하여 생길 손해를 보상할 책임이 있다. ② 선박이 보험계약에서 정하여진 발항항이 아닌 다른 항에서 출항한 때에는 보험자는 책임을 지지 아니한다. 선박이 보험계약에서 정하여진 도착항이 아닌 다른 항을 향하여 출항한 때에도 같다. ③ 선박이 정당한 사유 없이 보험계약에서 정하여진 선로를 이탈한 경우에는 보험자는 그때부터 책임을 지지 아니한다. 선박이 손해발생 전에 원항로로 돌아온 경우에도 같다. ④ 선박을 보험에 붙인 경우에 다음의 사유가 있을 때에는 보험계약은 종료한다. 그러나 보험자의 동의가 있는 때에는 그러하지 아니하다. 1. <u>선박을 양도할 때</u> 2. 선박의 선급을 변경한 때 3. 선박을 새로운 관리로 옮긴 때	[2014] 1. 항해 도중에 불가항력으로 보험의 목적인 적하의 매각으로 인하여 생긴 손해는 해상보험자가 보상할 책임이 없는 손해이다. (×)
제 2 보험위부 **1. 위부 요건**	제 2 보험위부 **1. 위부 요건**
① 다음의 경우에는 피보험자는 보험의 목적을 보험자에게 위부하고 보험금액의 전부를 청구할 수 있다. 1. 피보험자가 보험사고로 인하여 자기의 선박 또는 적하의 점유를 상실하여 이를 회복할 가능성이 없거나 회복하기 위한 비용이 회복하였을 때의 가액을 초과하리라고 예상될 경우	

조문 · 판례	기출지문 OX
2. 선박이 보험사고로 인하여 심하게 훼손되어 이를 수선하기 위한 비용이 수선하였을 때의 가액을 초과하리라고 예상될 경우 3. 적하가 보험사고로 인하여 심하게 훼손되어서 이를 수선하기 위한 비용과 그 적하를 목적지까지 운송하기 위한 비용과의 합계액이 도착하는 때의 적하의 가액을 초과하리라고 예상될 경우 ② 피보험자가 위부를 하고자 할 때에는 상당한 기간 내에 보험자에 대하여 그 통지를 발송하여야 한다. ③ 위부는 무조건이어야 한다. ④ 위부는 보험의 목적의 전부에 대하여 이를 하여야 한다. 그러나 위부의 원인이 그 일부에 대하여 생긴 때에는 그 부분에 대하여서만 이를 할 수 있다. ⑤ 보험가액의 일부를 보험에 붙인 경우에는 위부는 보험금액의 보험가액에 대한 비율에 따라서만 이를 할 수 있다.	
2. 위부 효과	**2. 위부 효과**
① 보험자가 위부를 승인한 후에는 그 위부에 대하여 이의를 하지 못한다. ② 보험자가 위부를 승인하지 아니한 때에는 피보험자는 위부의 원인을 증명하지 아니하면 보험금액의 지급을 청구하지 못한다. ③ 보험자는 위부로 인하여 그 보험의 목적에 관한 피보험자의 모든 권리를 취득한다. ④ 선박의 존부가 2월간 분명하지 아니한 때에는 그 선박의 행방이 불명한 것으로 한다. 이 경우에는 전손으로 추정한다.	
제 4 관 책임보험	**제 4 관 책임보험**
제 1 책임보험자의 책임	**제 1 책임보험자의 책임**
1. 책임보험계약의 의의	**1. 책임보험계약의 의의**
① 책임보험계약의 보험자는 피보험자가 보험기간 중의 사고로 인하여 제3자에게 배상할 책임을 진 경우에 이를 보상할 책임이 있다. 책임보험은 피보험이익은 있으나 피보험이익의 가액을 미리 산정하는 것이 어려우므로 보험가액은 없다.	[2007] 1. 책임보험의 경우에도 원칙적으로 피보험이익의 가액, 즉 보험가액을 산정할 수 있는 것은 일반손해보험의 경우와 같다. (×)
2. 방어비용	**2. 방어비용**
① 피보험자가 제3자의 청구를 방어하기 위하여 지출한 재판상 또는 재판 외의 필요비용(방어비용)은 보험의 목적에 포함된 것으로 한다. **② 방어비용이라 함은 피해자가 보험사고로 인적·물적 손해를 입고 피보험자를 상대로 손해배상청구를 한 경우에 그 방어를 위하여 지출한 재판상 또는 재판 외의 필요비용을 말하는 것이다(판례).** ③ 방어행위가 보험자의 지시에 의한 것인 경우에는 그 금액에 손해액을 가산한 금액이 보험금액을 초과하는 때에도 보험자가 이를 부담하여야 한다. **④ '손해방지비용' 및, '방어비용'은, 위 두 비용은 서로 구별되는 것이므로, 보험계약에 적용되는 보통약관에 손해방지비용과 관련한 별도의 규정을 두고 있다고 하더라도, 그 규정이 당연히 방어비용에 대하여도 적용된다고 할 수는 없다(판례).**	[2010] 1. 피보험자가 제3자의 청구를 방어하기 위하여 지출한 재판상 또는 재판 외의 필요비용은 보험의 목적에 포함되지 않은 것으로 본다. (×)

조문 · 판례	기출지문 OX
3. 보험자와 피보험자와의 관계 ① 피보험자가 제3자로부터 배상청구를 받았을 때에는 지체 없이 보험자에게 그 통지를 발송하여야 한다. ② 피보험자가 전항의 통지를 게을리 하여 손해가 증가된 경우 보험자는 그 증가된 손해를 보상할 책임이 없다. 다만, 피보험자가 보험사고발생의 통지를 발송한 경우에는 그러하지 아니하다. ③ 피보험자가 제3자에 대하여 변제, 승인, 화해 또는 재판으로 인하여 채무가 확정된 때에는 지체 없이 보험자에게 그 통지를 발송하여야 한다. ④ 보험자는 특별한 기간의 약정이 없으면 전항의 통지를 받은 날로부터 10일내에 보험금액을 지급하여야 한다. ⑤ 피보험자가 보험자의 동의 없이 제3자에 대하여 변제, 승인 또는 화해를 한 경우에는 보험자가 그 책임을 면하게 되는 합의가 있는 때에도 그 행위가 현저하게 부당한 것이 아니면 보험자는 보상할 책임을 면하지 못한다.	**3. 보험자와 피보험자와의 관계**
4. 중복보험 규정의 준용 ① 두 개의 책임보험계약이 보험의 목적, 즉 피보험이익과 보험사고의 내용 및 범위가 전부 공통되지는 않으나 상당 부분 중복되고, 발생한 사고가 그 중복되는 피보험이익에 관련된 보험사고에 해당된다면, 중복보험에 해당한다(판례). ② 학교안전공제중앙회는 학교안전법에 따라 수급권자를 대위할 수 있는 학교안전공제회와 달리 가해자인 피공제자의 책임보험자에게 피해자의 보험금 직접청구권을 대위행사할 수 없고, 책임보험자와 중복보험의 보험자 관계에서 자기의 부담 부분을 넘어 피해자에게 공제금을 지급하였을 때에 책임보험자의 부담 부분에 한하여 구상권을 행사할 수 있을 뿐이다(판례).	**4. 중복보험 규정의 준용** [2023] 1. 학교배상책임공제계약의 피공제자인 중학생 甲이 축구 동아리 활동을 위해 학교 밖 축구장으로 이동하던 중 인도를 지나가던 피해자 乙을 제대로 보지 못하고 부딪히는 사고가 발생하여 乙이 뒤로 넘어지면서 중증 뇌손상 등을 입고 치료 중 사망한 경우, 학교안전공제중앙회가 학교배상책임공제에 따라 피해자 乙에게 공제금을 지급하였다면, 가해자인 피공제자 甲의 책임보험자에게 피해자의 보험금 직접청구권을 대위행사할 수 있다. (×)
제 2 보험자와 제3자와의 관계 ① 보험자는 피보험자가 책임을 질 사고로 인하여 생긴 손해에 대하여 제3자가 그 배상을 받기 전에는 보험금액의 전부 또는 일부를 피보험자에게 지급하지 못한다. ② 제3자는 피보험자가 책임을 질 사고로 입은 손해에 대하여 보험금액의 한도 내에서 보험자에게 직접 보상을 청구할 수 있다. 그러나 보험자는 피보험자가 그 사고에 관하여 가지는 항변으로써 제3자에게 대항할 수 있다. ③ 피해자가 보험자에게 갖는 직접청구권은 피해자가 보험자에 대하여 가지는 손해배상청구권이므로 피해자 또는 그 법정대리인이 그 손해 및 가해자를 안 날로부터 3년간 이를 행사하지 아니하면 시효로 인하여 소멸한다(판례). ④ 「상법」 제724조 제2항에 의하여 피해자에게 인정되는 직접청구권의 법적 성질은 보험자가 피보험자의 피해자에 대한 손해배상채무를 병존적으로 인수한 것으로서 피해자가 보험자에 대하여 가지는 손해배상청구권이고, 피보험자의 보험자에 대한 보험금청구권의 변형 내지는 이에 준하는 권리가 아니므로, 이에 대한 지연손해금에 관하여는 연 6%의 상사법정이율이 아닌 연 5%의 민사법정이율이 적용된다(판례). ⑤ 피해자의 직접청구권에 따라 보험자가 부담하는 손해배상채무는 보험계약을 전제로 하는 것으로서 보험계약에 따른 보험자의 책임 한도액의 범위 내에서	**제 2 보험자와 제3자와의 관계** [2019] 1. 제3자는 피보험자가 책임을 질 사고로 입은 손해에 대하여 보험금액의 한도 내에서 보험자에게 직접 보상을 청구할 수 있고, 위 청구권은 보험금청구권이므로 상법 제662조에 따라 보험사고 발생일로부터 3년간 행사하지 아니하면 시효의 완성으로 소멸한다. (×) [2022] 2. 제3자는 피보험자가 책임을 질 사고로 입은 손해에 대하여 보험금액의 한도내에서 보험자에게 직접 보상을 청구할 수 있고, 이러한 직접청구권에 대한 지연손해금에는 연 6%의 상사법정이율이 적용된다. (×)

조문 · 판례	기출지문 OX
인정되어야 한다는 취지일 뿐, 법원이 보험자가 피해자에게 보상하여야 할 손해액을 산정하면서 자동차종합보험약관의 지급기준에 구속될 것을 의미하는 것은 아니다(판례). ⑥ 책임보험계약의 피보험자의 과실로 발생한 화재에 의하여 다수 피해자가 손해를 입었으나 책임보험 한도액이 다수 피해자의 손해 합계액에 미치지 못하는 경우, 피해자들은 책임보험자에 대하여 직접청구권을 행사하여 책임보험 한도액의 범위 내에서 각자 전보받지 못하고 남은 손해의 배상을 청구할 수 있다. 그러나 피해자와 체결한 화재보험계약에 따라 보험금으로 그 피해자의 손해를 전부 보상한 화재보험자가 책임보험자에게 보험자대위로 직접청구를 하는 경우, 화재보험자는 직접청구권을 행사하는 다른 피해자들보다 우선하여 책임보험금을 지급받을 수 없고 특별한 사정이 없는 한 피해자들에 대한 책임보험금 지급이 이루어진 다음 책임보험 한도액에 남은 금액이 있다면 이에 대해서 지급받을 수 있을 뿐이라고 보아야 한다(판례). ⑦ 구 자동차손해배상보장법(2003. 8. 21. 법률 제6969호로 개정되기 전의 것) 제32조(현재는 제40조)는 같은 법 제9조 제1항의 규정에 의한 교통사고 피해자의 보험가입자 등에 대한 직접청구권을 압류 또는 양도할 수 없도록 규정하고 있는바, 교통사고 피해자를 치료한 의료기관이 피해자에 대한 진료비 청구권에 기하여 피해자의 보험사업자 등에 대한 직접청구권을 압류하는 것까지 금지하는 취지로 볼 것은 아니다(판례).	
제 3 재보험 ① 보험자는 보험사고로 인하여 부담할 책임에 대하여 다른 보험자와 재보험계약을 체결할 수 있다. 이 재보험계약은 원보험계약의 효력에 영향을 미치지 아니한다. ② 책임보험의 규정은 그 성질에 반하지 아니하는 범위에서 재보험계약에 준용한다. ③ 보험편의 규정은 당사자 간의 특약으로 보험계약자 또는 피보험자나 보험수익자의 불이익으로 변경하지 못한다. 그러나 재보험 및 해상보험 기타 이와 유사한 보험의 경우에는 그러하지 아니하다.	**제 3 재보험**
제 5 관 자동차보험 ① 자동차보험계약의 보험자는 피보험자가 자동차를 소유, 사용 또는 관리하는 동안에 발생한 사고로 인하여 생긴 손해를 보상할 책임이 있다. ② 피보험자가 보험기간 중에 자동차를 양도한 때에는 양수인은 보험자의 승낙을 얻은 경우에 한하여 보험계약으로 인하여 생긴 권리와 의무를 승계한다. ③ 보험자가 양수인으로부터 자동차의 양수사실을 통지받은 때에는 지체 없이 낙부를 통지하여야 하고 통지 받은 날부터 10일내에 낙부의 통지가 없을 때에는 승낙한 것으로 본다. ④ 차량의 양수인이 양도인에게 대금을 모두 지급하고 차량을 현실적으로 인도받은 다음 차량을 운전하던 중에 사고를 냈다면 양도인의 보험자는 책임이 없다(판례).	**제 5 관 자동차보험** [2006] 1. 자동차보험의 피보험자가 보험기간 중에 자동차를 양도하면, 양수인은 당연히 보험계약으로 인하여 생긴 권리와 의무를 승계한다. (×) [2016] 2. 자동차보험계약에서 피보험자가 보험기간 중 자동차를 양도한 때에 양수인이 보험계약으로 인하여 생긴 권리와 의무를 승계하는 것으로 추정한다. (×)
제 6 관 보증보험 ① 보증보험계약의 보험자는 보험계약자(채무자)가 피보험자(채권자)에게 계약상의 채무불이행 또는 법령상의 의무불이행으로 입힌 손해를 보상할 책임이 있다.	**제 6 관 보증보험**

조문 · 판례	기출지문 OX
② 보증보험에서는 고지의무의 대상이 되는 중요한 사항으로서 주계약상의 거래조건, 금액, 기간, 보험계약자의 신용이나 자력 등에 관한 사항을 들 수 있을 것이며, 보증인이 누구인가는 보험사고 발생의 가능성 등과는 관계없이 보험사고가 이미 발생한 후에 보험자가 구상권을 행사하기 위한 대비를 해 두기 위한 것이므로, 보증인에 관한 사항은 일반적으로는 고지의무의 대상이 되지 않는다(판례). ③ 보증보험계약에 관하여는 '보험계약자가 그 타인에게 보험사고의 발생으로 생긴 손해의 배상을 한 때에는 보험계약자는 그 타인의 권리를 해하지 아니하는 범위 안에서 보험자에게 보험금액의 지급을 청구할 수 있다'는 규정을 적용하지 아니한다. ④ 보증보험계약에 관하여는 보험계약자(채무자)의 사기, 고의 또는 중대한 과실이 있는 경우에도 이에 대하여 피보험자(채권자)에게 책임이 있는 사유가 없으면 제651조(고지의무위반으로 인한 계약해지), 제652조(위험변경증가의 통지와 계약해지), 제653조(보험계약자 등의 고의나 중과실로 인한 위험증가와 계약해지) 및 제659조 제1항(보험자의 면책사유)을 적용하지 아니한다. ⑤ 보증보험계약에 관하여는 그 성질에 반하지 아니하는 범위에서 보증채무에 관한 「민법」의 규정을 준용한다. ⑥ 보증보험회사는 보증보험계약을 체결함에 있어서 일반적으로 보증 대상인 주계약의 부존재나 무효 여부 등에 관하여 조사·확인할 의무가 없다. 다만 보증보험청약서 등 보험계약자가 제출하는 서류에 보증 대상인 주계약의 부존재나 무효 등을 의심할만한 점이 발견되는 등의 특별한 사정이 있는 경우에는 위와 같은 조사·확인 의무가 면제되지 않는다(판례). ⑦ 계약이행보증보험계약에 있어서 보험약관 등 제반 사정에 비추어 볼 때, 주계약에서 정한 채무의 불이행 그 자체만으로는 아직 보험사고가 발생한 것으로 볼 수 없고, 피보험자가 보험기간 안에 채무불이행을 이유로 보험계약자에 대하여 주계약을 해제하여 계약이행보증금반환채권을 가지게 된 때에 비로소 보험사고가 발생한 것으로 봄이 상당하다(판례). ⑧ 보증보험증권에 보험기간이 정해져 있는 경우에는 보험사고가 그 기간 내에 발생한 때에 한하여 보험자가 보험계약상의 책임을 지는 것이 원칙이지만, 하자담보책임기간 내에 발생한 하자에 대하여는 비록 보험기간이 종료된 후 보험사고가 발생하였다고 하더라도 보험자로서 책임을 지기로 하는 내용의 계약이라고 해석함이 상당하다(판례). ⑨ 보증보험계약이 체결된 경우 보험자의 피보험자에 대한 보험금지급채무는 보험계약자가 피보험자에 대하여 보험약관이 정한 주계약 등에 따른 채무를 부담한다는 것을 전제로 하므로, 보험금이 아직 지급되지 않은 상태에서 주계약의 당사자인 보험계약자와 피보험자 사이에 주계약에 따른 채무의 존부와 범위에 관하여 다툼이 있는 경우, 주계약의 채무자이기도 한 보험계약자로서는 우선 그 계약상 채권자인 피보험자를 상대로 주계약에 따른 채무 부존재 확인을 구하는 것이 분쟁을 해결하는 가장 유효적절한 방법일 수 있다(판례). ⑩ 보증보험계약에서 이행을 담보하는 주계약상의 채무가 확정되기 전에 구상채무의 보증인이 적법하게 보증계약을 해지하면 구체적인 보증채무가 발생하기 전에 보증계약관계가 종료된다. 따라서 그 이후 보험사고가 발생하여 보험자의 보험금지급채무가 확정되고 나아가 보험계약자의 구상채무까지 확정되더라도 구상채무의 보증인은 그에 관하여 보증책임을 지지 않는다(판례).	[2015] 1. 보증보험회사가 보증보험계약을 체결할 때 보증대상인 주계약의 부존재나 무효 여부 등에 관하여 조사, 확인할 의무가 있다. (×) [2023] 2. 보증보험계약이 체결된 후 보험금이 아직 지급되지 않은 상태에서 주계약의 당사자인 보험계약자와 피보험자 사이에 주계약에 따른 채무의 존부와 범위에 관하여 다툼이 있는 경우, 보험계약자가 피보험자를 상대로 주계약에 따른 채무 부존재 확인을 구하는 소송을 제기하여 승소판결을 받더라도 그 승소판결의 기판력이 보험계약자와 보험자 사이의 법률관계 및 보험자와 피보험자 사이의 법률관계에 미치지 못하므로, 보험계약자는 피보험자를 상대로 주계약에 따른 채무부존재의 확인을 구할 이익이 없다. (×)

조문 · 판례	기출지문 OX

제4장 인보험

① 인보험계약의 보험자는 피보험자의 생명이나 신체에 관하여 보험사고가 발생할 경우에 보험계약으로 정하는 바에 따라 보험금이나 그 밖의 급여를 지급할 책임이 있다.
② 인보험계약의 보험금은 당사자 간의 약정에 따라 분할하여 지급할 수 있다.
③ 보험자는 보험사고로 인하여 생긴 보험계약자 또는 보험수익자의 제3자에 대한 권리를 대위하여 행사하지 못한다(보험대위의 원칙적 금지). 그러나 상해보험계약의 경우에 당사자 간에 다른 약정이 있는 때에는 보험자는 피보험자의 권리를 해하지 아니하는 범위 안에서 그 권리를 대위하여 행사할 수 있다.
④ 자기신체사고 자동차보험은 인보험의 일종인 상해보험으로서 「상법」 제729조 단서에 의하여 보험자는 당사자 사이에 다른 약정이 있는 때에는 피보험자의 권리를 해하지 아니하는 범위 안에서 그 권리를 대위하여 행사할 수 있는바, 보험자는 특별한 사정이 없는 한 보험약관이 예정하지 아니하는 피보험자의 손해배상청구권을 대위할 수 없다(판례).
⑤ 무보험자동차에 의한 상해담보특약은 손해보험으로서의 성질과 함께 상해보험으로서의 성질도 갖고 있는 손해보험형 상해보험으로서, 상법 제729조 단서에 따라 당사자 사이에 다른 약정이 있는 때에는 보험자는 피보험자의 권리를 해하지 아니하는 범위 안에서 피보험자의 배상의무자에 대한 손해배상청구권을 대위행사할 수 있다(판례).

비 교	손해보험	인보험
보험의 목적	재 산	생명, 신체
피보험이익	경제적 이익	없 음
보험가액	경제적 이익의 평가액	없 음
보험금액	부정액(실손해액)	정액, 단 상해보험은 특약으로 부정액 가능(건강보험)
면책사유	고의, 중과실	고 의
보험대위	인 정	목적물대위는 불가, 청구권대위도 원칙으로 금지나 상해보험은 특약으로 가능
초과, 중복, 일부보험	인 정	없 음

제1절 생명보험

제 1 생명보험자의 책임

① 생명보험계약의 보험자는 피보험자의 사망, 생존, 사망과 생존에 관한 보험사고가 발생할 경우에 약정한 보험금을 지급할 책임이 있다.
② 보험계약자의 지위를 변경하는 데 보험자의 승낙이 필요하다고 정하고 있는 경우, 보험계약자가 보험자의 승낙이 없는데도 일방적인 의사표시만으로 보험계약상의 지위를 이전할 수는 없다(판례).
③ 사망을 보험사고로 한 보험계약에서는 사고가 보험계약자 또는 피보험자나 보험수익자의 중대한 과실로 인하여 발생한 경우에도 보험자는 보험금을 지급할 책임을 면하지 못한다.

제4장 인보험

제1절 생명보험

제 1 생명보험자의 책임

[2019]
1. 오랜 기간 지속되는 생명보험계약에서는 보험계약자의 사정에 따라 계약 내용을 변경해야 하는 경우가 있다. 생명보험계약에서 보험계약자의 지위를 변경하는 데 보험자의 승낙이 필요하다고 정하고 있더라도 보험계약자는 일방적인 의사표시만으로 보험계약상의 지위를 이전할 수 있다. (×)

조문 · 판례	기출지문 OX
④ 둘 이상의 보험수익자 중 일부가 고의로 피보험자를 사망하게 한 경우 보험자는 다른 보험수익자에 대한 보험금 지급 책임을 면하지 못한다. ⑤ 사망을 보험사고로 하는 보험계약에서 자살을 보험자의 면책사유로 규정하고 있는 경우에, 피보험자가 정신질환 등으로 자유로운 의사결정을 할 수 없는 상태에서 사망의 결과를 발생케 한 경우까지 포함하는 것은 아니므로, 피보험자가 자유로운 의사결정을 할 수 없는 상태에서 사망의 결과를 발생케 한 직접적인 원인행위가 외래의 요인에 의한 것이라면, 그 사망은 피보험자의 고의에 의하지 않은 우발적인 사고로서 보험사고인 사망에 해당할 수 있다. 다만 면책약관에서 피보험자의 정신질환을 피보험자의 고의나 피보험자의 자살과 별도의 독립된 면책사유로 규정하고 있는 경우, 이러한 면책사유를 규정한 약관조항이 고객에게 부당하게 불리하여 공정성을 잃은 조항이라고 할 수 없으므로, 만일 피보험자가 정신질환에 의하여 자유로운 의사결정을 할 수 없는 상태에 이르렀고 이로 인하여 보험사고가 발생한 경우라면 위 면책사유에 의하여 보험자의 보험금지급의무가 면제된다(판례). ⑥ 생명보험금액의 지급책임이 면제된 때에는 보험자는 보험수익자를 위하여 적립한 금액(보험료적립금)을 보험계약자에게 지급하여야 한다. 그러나 다른 약정이 없으면 보험사고가 보험계약자의 고의 또는 중대한 과실에 의하여 생긴 경우에는 그러하지 아니하다.	[2007] 2. 사망을 보험사고로 한 보험계약에서 사고가 보험계약자 또는 피보험자나 보험수익자의 중대한 과실로 인하여 생긴 경우에는 보험자는 보험금액을 지급할 책임을 면한다. (×) [2018] 3. 면책약관에서 피보험자의 정신질환을 피보험자의 고의나 피보험자의 자살과 별도의 독립된 면책사유로 규정하고 있는 경우에, 피보험자가 정신질환에 의하여 자유로운 의사결정을 할 수 없는 상태에 이르렀고 이로 인하여 보험사고가 발생한 경우라면 위 면책사유에 해당하지 아니하므로 보험자는 보험금을 지급할 의무가 있다. (×)
제 2 타인의 생명보험	**제 2 타인의 생명보험**
① 타인의 사망을 보험사고로 하는 보험계약(보험계약자와 피보험자가 다른 경우)에는 보험계약 체결시에 그 타인의 서면에 의한 동의를 얻어야 한다. ② 15세미만자, 심신상실자 또는 심신박약자의 사망을 보험사고로 한 보험계약은 무효로 한다. 다만, 심신박약자가 보험계약을 체결하거나 단체보험의 피보험자가 될 때에 의사능력이 있는 경우에는 그러하지 아니하다. ③ 상법 제731조 제1항이 타인의 사망을 보험사고로 하는 보험계약의 체결 시 타인의 서면동의를 얻도록 규정한 것은 동의의 시기와 방식을 명확히 함으로써 분쟁의 소지를 없애려는 데 취지가 있으므로, 피보험자인 타인의 동의는 각 보험계약에 대하여 개별적으로 서면에 의하여 이루어져야 하고 포괄적인 동의 또는 묵시적이거나 추정적 동의만으로는 부족하다(판례). ④ 타인의 사망을 보험사고로 하는 보험계약에 있어 피보험자인 타인의 서면동의가 그 타인이 보험청약서에 자필 서명하는 것만을 의미하지는 않으므로, 타인을 대리 또는 대행하여 서면동의를 한 경우에도 그 타인의 서면동의는 적법한 대리인에 의하여 유효하게 이루어진 것이다(판례). ⑤ 상법 제731조 제1항에 의하면 타인의 생명보험에서 피보험자가 서면으로 동의의 의사표시를 하여야 하는 시점은 '보험계약 체결시까지'이다(판례). ⑥ 피보험자의 서면동의 없이 타인의 사망을 보험사고로 하는 보험계약을 체결한 자 스스로가 무효를 주장함이 신의성실 또는 금반언의 원칙에 반한다고 볼 수는 없다(판례).	[2005, 2021] 1. 15세미만자, 심신상실자 또는 심신박약자의 사망을 보험사고로 한 보험계약은 무효이다. 심신박약자가 보험계약을 체결하거나 단체보험의 피보험자가 될 때에 의사능력이 있는 경우에도 마찬가지이다. (×) [2009] 2. 타인의 사망을 보험사고로 하는 보험계약에 있어 피보험자인 타인의 동의는 각 보험계약에 대하여 반드시 개별적으로 서면에 의하여 자필 서명이 이루어져야 한다. (×) [2016, 2017] 3. 타인의 생명보험계약 성립 당시 피보험자의 서면동의가 없다면 보험계약은 확정적으로 무효가 되나, 피보험자가 이미 무효로 된 보험계약을 추인하였다면 그 보험계약은 유효하다. (×) [2025] 4. 상법 제731조 제1항을 위반하여 피보험자의 서면 동의 없이 타인의 사망을 보험사고로 하는 보험계약을 체결한 자가 스스로가 무효를 주장하는 것은 신의성실 또는 금반언의 원칙에 반한다. (×)

조문 · 판례	기출지문 OX
제 3 단체보험	**제 3 단체보험**
1. 단체보험의 의의	**1. 단체보험의 의의**
① 단체가 규약에 따라 구성원의 전부 또는 일부를 피보험자로 하는 생명보험계약을 체결하는 경우에는 보험계약 체결시에 그 타인의 서면에 의한 동의를 요하지 아니한다.	
2. 단체보험의 보험수익자	**2. 단체보험의 보험수익자**
① 단체보험이라고 하여 당연히 타인을 위한 보험계약이 되어야 하는 것은 아니므로 보험수익자를 보험계약자 자신으로 지정하는 것이 단체보험의 본질에 반하는 것이라고 할 수 없다(판례). ② 단체보험계약에서 보험계약자가 피보험자 또는 그상속인이 아닌 자를 보험수익자로 지정할 때에는 단체의 규약에서 명시적으로 정하는 경우 외에는 그 피보험자의 서면 동의를 받아야 한다.	[2008] 1. 단체보험의 보험계약자는 단체의 구성원인 피보험자를 보험수익자로 하는 타인을 위한 보험계약으로 체결하여야 하고, 보험계약자 자신을 보험수익자로 하여 자기를 위한 보험계약으로 체결할 수는 없다. (×)
3. 규 약	**3. 규 약**
①「상법」 제735조의3에서 단체보험의 유효요건으로 요구하는 '규약'의 의미는 단체협약, 취업규칙, 정관 등 그 형식을 막론하고 단체보험의 가입에 관한 단체내부의 협정에 해당하는 것으로서, 반드시 당해 보험가입과 관련한 상세한 사항까지 규정하고 있을 필요는 없고 그러한 종류의 보험가입에 관하여 대표자가 구성원을 위하여 일괄하여 계약을 체결할 수 있다는 취지를 담고 있는 것이면 충분하다 할 것이지만, 위 규약이 강행법규인「상법」 제731조 소정의 피보험자의 서면동의에 갈음하는 것인 이상 취업규칙이나 단체협약에 근로자의 채용 및 해고, 재해부조 등에 관한 일반적 규정을 두고 있다는 것만으로는 이에 해당한다고 볼 수 없다(판례). ② 단체보험에 해당하려면 위 법조 소정의 규약에 따라 보험계약을 체결한 경우이어야 하고, 그러한 규약이 갖추어지지 아니한 경우에는 강행법규인「상법」 제731조의 규정에 따라 피보험자인 구성원들의 서면에 의한 동의를 갖추어야 보험계약으로서의 효력이 발생한다(판례). ③ 규약을 구비하지 못한 단체보험의 유효요건으로서의 피보험자의 동의의 방식은 서면에 의한 동의만이 허용될 뿐 묵시적, 추정적 동의는 허용되지 아니한다(판례). ④ 단체의 규약으로 피보험자 또는 그 상속인이 아닌 자를 보험수익자로 지정한다는 명시적인 정함이 없음에도 피보험자의 서면 동의 없이 단체보험계약에서 피보험자 또는 그 상속인이 아닌 자를 보험수익자로 지정하였다면 그 보험수익자의 지정은 구「상법」 제735조의3 제3항에 반하는 것으로 효력이 없고, 이후 적법한 보험수익자 지정 전에 보험사고가 발생한 경우에는 피보험자 또는 그 상속인이 보험수익자가 된다(판례).	[2022] 1. 상법 제735조의3에서 '규약'의 의미는 보험가입에 관하여 대표자가 구성원을 위하여 일괄하여 계약을 체결할 수 있다는 취지를 담고 있는 것만으로는 충분하지 않고 반드시 당해 보험가입과 관련한 상세한 사항까지 단체내부의 협정에 규정되어 있어야 한다. (×)
4. 보험증권의 교부	**4. 보험증권의 교부**
① 단체보험계약이 체결된 때에는 보험자는 보험계약자에 대하여서만 보험증권을 교부한다.	
제 4 타인을 위한 생명보험	**제 4 타인을 위한 생명보험**
① 타인을 위한 생명보험(보험계약자와 보험수익자가 다른 경우)의 경우에 보험계약자는 보험수익자를 지정 또는 변경할 권리가 있다.	

조문 · 판례	기출지문 OX
② 보험수익자 변경은 상대방 없는 단독행위라고 봄이 타당하므로, 보험수익자 변경의 의사표시가 객관적으로 확인되는 이상 그러한 의사표시가 보험자나 보험수익자에게 도달하지 않았다고 하더라도 보험수익자 변경의 효과는 발생한다(판례). ③ 보험계약자가 지정권을 행사하지 아니하고 사망한 때에는 피보험자를 보험수익자로 하고, 보험계약자가 변경권을 행사하지 아니하고 사망한 때에는 보험수익자의 권리가 확정된다. ④ 보험계약자가 피보험자의 상속인을 보험수익자로 하여 맺은 생명보험계약이나 상해보험계약에서 피보험자의 상속인은 피보험자의 사망이라는 보험사고가 발생한 때에는 보험수익자의 지위에서 보험자에 대하여 보험금 지급을 청구할 수 있고, 이 권리는 보험계약의 효력으로 당연히 생기는 것으로서 상속재산이 아니라 상속인의 고유재산이다(판례). ⑤ 보험수익자가 보험존속 중에 사망한 때에는 보험계약자는 다시 보험수익자를 지정할 수 있다. 이 경우에 보험계약자가 지정권을 행사하지 아니하고 사망한 때에는 보험수익자의 상속인을 보험수익자로 한다.	[2013, 2022] 1. 생명보험의 보험계약자 겸 피보험자가 보험수익자를 지정하지 않은 상태에서 보험사고(피보험자의 사망)가 발생하면 그 상속인이 보험금을 수령하게 되며 이 경우 상속인이 가지는 보험금청구권은 상속인의 고유재산이 아닌 상속재산이다. (×)
제2절 상해보험	**제2절 상해보험**
① 상해보험계약의 보험자는 신체의 상해에 관한 보험사고가 생길 경우에 보험금액 기타의 급여를 할 책임이 있다. ② 상해보험에 관하여는 15세미만자 등에 대한 계약의 금지(제732조)를 제외하고 생명보험에 관한 규정을 준용한다. ③ 보험계약자가 상해보험의 수익자를 '상속인'이라고 기재한 사안에서, 이는 자신이 상해를 입은 결과로 사망할 경우 그 상속인이 될 사람들을 상해시의 수익자로 지정할 의사였다고 볼 수 있다는 이유로 그 수익자 지정행위가 유효하다(판례). ④ 계약자유의 원칙상 태아를 피보험자로 하는 상해보험계약은 유효하고, 그 보험계약이 정한 바에 따라 보험기간이 개시된 이상 출생 전이라도 태아가 보험계약에서 정한 우연한 사고로 상해를 입었다면 이는 보험기간 중에 발생한 보험사고에 해당한다(판례).	[2011] 1. 「상법」은 상해보험을 손해보험의 일종으로 규정하고 있다. (×)
제3절 질병보험	**제3절 질병보험**
① 질병보험계약의 보험자는 피보험자의 질병에 관한 보험사고가 발생할 경우 보험금이나 그 밖의 급여를 지급할 책임이 있다. ② 상해보험에서 상해란 외부로부터의 우연한 돌발적인 사고로 인한 신체의 손상을 뜻하므로, 그 사고의 원인이 피보험자의 신체의 외부로부터 작용하는 것을 말하고, 신체의 질병 등과 같은 내부적 원인에 기한 것은 상해보험에서 제외되고 질병보험 등의 대상이 된다(판례). ③ 질병보험에 관하여는 그 성질에 반하지 아니하는 범위에서 생명보험 및 상해보험에 관한 규정을 준용한다.	

조문 · 판례	기출지문 OX

제6편 해상편

제6편 해상편

제1장 해상기업조직

제1절 물적 조직(선박)

① "선박"이란 상행위나 그 밖의 영리를 목적으로 항해에 사용하는 선박을 말한다.
② 항해용 선박에 대하여는 상행위나 그 밖의 영리를 목적으로 하지 아니하더라도 해상편의 규정을 준용한다. 다만, 국유 또는 공유의 선박에 대하여는 그러하지 아니하다.
③ 해상편의 규정은 단정 또는 주로 노 또는 상앗대로 운전하는 선박에는 적용하지 아니한다.
④ 선박의 속구목록에 기재한 물건은 선박의 종물로 추정한다.
⑤ 등기 및 등록할 수 있는 (20톤 이상의)선박의 경우 그 소유권의 이전은 당사자 사이의 합의만으로 그 효력이 생긴다. 다만, 이를 등기하고 선박국적증서에 기재하지 아니하면 제3자에게 대항하지 못한다.
⑥ **20톤 미만의 소형선박에 관한 권리의 취득은 이를 인도하여야 제3자에게 대항할 수 있다(판례).**
⑦ 항해 중에 있는 선박이나 그 지분을 양도한 경우에 당사자 사이에 다른 약정이 없으면 양수인이 그 항해로부터 생긴 이익을 얻고 손실을 부담한다.

제2절 인적 조직

제1관 해상기업의 주체

제 1 선박공유자

1. 공유선박의 이용

① 공유선박의 이용에 관한 사항은 공유자의 지분의 가격에 따라 그 과반수로 결정한다. 선박공유에 관한 계약을 변경하는 사항은 공유자의 전원일치로 결정하여야 한다.
② 선박공유자는 그 지분의 가격에 따라 선박의 이용에 관한 비용과 이용에 관하여 생긴 채무를 부담한다.
③ 공유선박의 손익의 분배는 매 항해의 종료 후에 있어서 선박공유자의 지분의 가격에 따라서 한다.

2. 선박관리인

① 선박공유자는 선박관리인을 선임하여야 한다. 이 경우 선박공유자가 아닌 자를 선박관리인으로 선임함에는 공유자 전원의 동의가 있어야 한다. 선박관리인의 선임과 그 대리권의 소멸은 등기하여야 한다.
② 선박관리인은 선박의 이용에 관한 재판상 또는 재판 외의 모든 행위를 할 권한이 있다. 선박관리인의 대리권에 대한 제한은 선의의 제3자에게 대항하지 못한다.

3. 지분의 양도

① 선박공유자 사이에 조합관계가 있는 경우에도 각 공유자는 다른 공유자의 승낙 없이 그 지분을 타인에게 양도할 수 있다. 다만, 선박관리인의 경우에는 그러하지 아니하다.

제1장 해상기업조직
제1절 물적 조직(선박)
제2절 인적 조직
제1관 해상기업의 주체
제 1 선박공유자
1. 공유선박의 이용
2. 선박관리인
3. 지분의 양도

조문 · 판례	기출지문 OX
② 선박공유자의 지분의 이전 또는 그 국적상실로 인하여 선박이 대한민국의 국적을 상실할 때에는 다른 공유자는 상당한 대가로 그 지분을 매수하거나 그 경매를 법원에 청구할 수 있다.	
4. 지분매수청구권	**4. 지분매수청구권**
① 선박공유자가 신항해를 개시하거나 선박을 대수선할 것을 결의한 때에는 그 결의에 이의가 있는 공유자는 다른 공유자에 대하여 상당한 가액으로 자기의 지분을 매수할 것을 청구할 수 있다. 지분매수청구를 하고자 하는 자는 그 결의가 있은 날부터, 결의에 참가하지 아니한 경우에는 결의통지를 받은 날부터 3일 이내에 다른 공유자 또는 선박관리인에 대하여 그 통지를 발송하여야 한다. ② 선박공유자인 선장이 그 의사에 반하여 해임된 때에는 다른 공유자에 대하여 상당한 가액으로 그 지분을 매수할 것을 청구할 수 있다. 선박공유자가 지분매수청구를 하고자 하는 때에는 지체 없이 다른 공유자 또는 선박관리인에 대하여 그 통지를 발송하여야 한다.	
제2관 선 장	**제2관 선 장**
① 선장은 선박소유자가 선임 또는 해임한다. 선장의 대리권에 대한 제한은 선의의 제3자에게 대항하지 못한다. ② 선적항 외에서는 선장은 (특정)항해에 필요한 재판상 또는 재판 외의 모든 행위를 할 권한이 있다. **③ 선적항 외에서의 선장의 항해에 필요한 재판상 또는 재판외의 모든 행위를 할 권한 가운데에는 개품운송계약에 관한 권한도 포함된다(판례).** ④ 선적항에서는 선장은 특히 위임을 받은 경우 외에는 해원의 고용과 해고를 할 권한만을 가진다. ⑤ 선적항 외에서 선박이 수선하기 불가능하게 된 때에는 선장은 해무관청의 인가를 받아 이를 경매할 수 있다.	[2016] 1. 선장의 대리권에 대한 제한은 모든 제3자에게 대항하지 못한다. (×) [2008] 2. 선적항 외에서 선장은 자기가 지휘하는 선박의 항해에 필요한 재판상·재판외의 모든 행위를 할 권한을 가지나, 이러한 대리권은 원칙적으로 특정항해에 제한되지 않는다. (×) [2014] 3. 선적항 외에서는 선장은 항해에 필요한 재판상 또는 재판 외의 모든 행위를 할 권한이 있고, 선장의 대리권에 대한 제한은 모든 제3자에게 대항하지 못한다. (×) [2011, 2012] 4. 선적항 내에서 선장은 항해에 필요한 재판상 또는 재판 외의 모든 행위를 할 권한이 있지만, 선적항 외에서는 선장은 특히 위임을 받은 경우 외에는 해원의 고용과 해고를 할 권한만을 가진다. (×)
제3절 해상기업주체의 책임제한	**제3절 해상기업주체의 책임제한**
1. 선박소유자의 유한책임	**1. 선박소유자의 유한책임**
① 선박소유자는 청구원인의 여하에 불구하고 (채무불이행이나 불법행위를 불문) 다음 각 호의 채권에 대하여 그 책임을 제한할 수 있다. 다만, 그 채권이 선박소유자 자신의 고의 또는 손해발생의 염려가 있음을 인식하면서 무모하게 한 작위 또는 부작위로 인하여 생긴 손해에 관한 것인 때에는 그러하지 아니하다.	[2022] 1. 선박소유자의 책임제한은 계약책임에 대해서만 적용될 뿐이고 불법행위책임에는 적용이 없다. (×)

조문 · 판례	기출지문 OX
1. 선박에서 또는 선박의 운항에 직접 관련하여 발생한 사람의 사망, 신체의 상해 또는 그 선박 외의 물건의 멸실 또는 훼손으로 인하여 생긴 손해에 관한 채권 2. 운송물, 여객 또는 수하물의 운송의 지연으로 인하여 생긴 손해에 관한 채권 3. 제1호 및 제2호 외에 선박의 운항에 직접 관련하여 발생한 계약상의 권리 외의 타인의 권리의 침해로 인하여 생긴 손해에 관한 채권 4. 제1호부터 제3호까지의 채권의 원인이 된 손해를 방지 또는 경감하기 위한 조치에 관한 채권 또는 그 조치의 결과로 인하여 생긴 손해에 관한 채권	[2013] 2. 선박의 운항에 직접 관련하여 발생한 계약상의 권리 외의 타인의 권리의 침해로 인하여 생긴 손해에 관한 채권은 선박소유자의 책임제한이 인정되는 채권이다. (○)
② 선장 등과 같은 선박소유자의 피용자에게 무모한 행위가 있었다는 이유만으로는 구「상법」제746조 본문에 의한 선박소유자의 책임제한이 배제된다고 할 수 없다(판례).	
2. 유한책임의 배제	**2. 유한책임의 배제**
① 선박소유자는 다음 각 호의 채권에 대하여는 그 책임을 제한하지 못한다. 1. 선장·해원, 그 밖의 사용인으로서 그 직무가 선박의 업무에 관련된 자 또는 그 상속인, 피부양자, 그 밖의 이해관계인의 선박소유자에 대한 채권 2. 해난구조로 인한 구조료 채권 및 공동해손의 분담에 관한 채권 3. 1969년 11월 29일 성립한「유류오염손해에 대한 민사책임에 관한 국제조약」또는 그 조약의 개정조항이 적용되는 유류오염손해에 관한 채권 4. 침몰·난파·좌초·유기, 그 밖의 해양사고를 당한 선박 및 그 선박 안에 있거나 있었던 적하와 그 밖의 물건의 인양·제거·파괴 또는 무해조치에 관한 채권 5. 원자력손해에 관한 채권	[2004] 1. 침몰 당한 선박의 인양, 제거에 관한 채권은 선박소유자의 유한책임이 인정된다. (×)
② 선박소유자 책임제한절차와 별도로 선박소유자 등에게 손해배상 등을 청구하는 소송이 제기된 경우, 그 소송에서는 책임제한의 배제를 주장하는 채권자가 구「상법」(2007. 8. 3. 법률 제8581호로 개정되기 전의 것, 이하 '구 상법'이라고 한다) 제746조 단서에서 정한 책임제한 배제사유의 존재에 대한 증명책임을 부담한다. 선박소유자 책임제한절차에서는 절차개시를 신청하는 신청인이 구「상법」제746조 단서에서 정한 책임제한 배제사유의 부존재에 대하여도 소명하여야 한다(판례). ③ 책임제한절차가 개시되고 나아가 조사절차에서 제한채권으로 확정되더라도 제한채권 확정의 효력은 책임제한절차 내에서만 미칠 뿐이므로, 채권자는 책임제한절차와 상관없이 채무자를 상대로 한도액의 제한 없이 책임을 추급하는 개별소송을 제기할 수 있다(판례).	[2018] 2. 선박소유자 책임제한절차와 별도로 선박소유자 등에게 손해배상 등을 청구하는 소송이 제기된 경우, 그 선박소유자는 그 소송에서 책임제한 배제사유의 부존재에 대한 증명책임을 부담한다. (×)

조문 · 판례	기출지문 OX
3. 책임제한을 할 수 있는 자의 범위 및 책임제한 절차	**3. 책임제한을 할 수 있는 자의 범위 및 책임제한 절차**
① 다음 각 호의 어느 하나에 해당하는 자는 선박소유자의 경우와 동일하게 책임을 제한할 수 있다. 1. 용선자·선박관리인 및 선박운항자 2. 법인인 선박소유자 및 제1호에 규정된 자의 무한책임사원 3. 자기의 행위로 인하여 선박소유자 또는 제1호에 규정된 자에 대하여 제769조 각 호에 따른 채권이 성립하게 한 선장·해원·도선사, 그 밖의 선박소유자 또는 제1호에 규정된 자의 사용인 또는 대리인 ② 책임을 제한하고자 하는 자는 채권자로부터 책임한도액을 초과하는 청구금액을 명시한 서면에 의한 청구를 받은 날부터 1년 이내에 법원에 책임제한절차개시의 신청을 하여야 한다.	[2007] 1. 선박소유자가 아닌 용선자, 선박관리인 및 선박운항자 등은 그 책임을 제한할 수 없다. (×) [2010] 2. 선박소유자가 합명회사 또는 합자회사인 경우 그 회사의 무한책임사원에 대해서는 책임제한이 인정되지 않는다. (×)
4. 해난구조자의 책임제한	**4. 해난구조자의 책임제한**
① 해난구조자도 책임을 제한할 수 있다. ② 해난구조자란 구조 활동에 직접 관련된 용역을 제공한 자를 말하며, "구조활동"이란 손해를 방지 또는 경감하기 위한 모든 조치를 말한다.	
제2장 선박담보	**제2장 선박담보**
1. 선박우선특권의 피담보채권	**1. 선박우선특권의 피담보채권**
① 다음의 채권을 가진 자는 우선특권이 있다. 1. 채권자의 공동이익을 위한 소송비용, 항해에 관하여 선박에 과한 제세금, 도선료·예선료, 최후 입항 후의 선박과 그 속구의 보존비·검사비 2. 선원과 그 밖의 선박사용인의 고용계약으로 인한 채권 3. 해난구조로 인한 선박에 대한 구조료 채권과 공동해손의 분담에 대한 채권 4. 선박의 충돌과 그 밖의 항해사고로 인한 손해, 항해시설·항만시설 및 항로에 대한 손해와 선원이나 여객의 생명·신체에 대한 손해의 배상채권 ② 근해를 운행하는 유류운송선이 출항 준비중에 발생한 화재로 인한 수리를 마친 후 항해를 계속한 경우, 그 수리비는 선박의 상태 및 가치를 유지·보존하기 위한 비용일지라도 최후의 입항 후에 발생한 것이 아니므로 그 수리비 채권을 두고 「상법」 제861조 제1항 제1호 소정의 선박보존비 등에 해당한다고 볼 수 없다(판례). ③ 「상법」 제861조 제1항 제1호가 최후 입항 후의 선박보존비 등에 대하여 선박우선특권을 부여하는 것은, 이러한 채권이 없으면 다른 채권자들도 선박 경매대금으로부터 변제를 받기가 불가능하게 될 것이라는 점에서 이러한 비용은 경매에 관한 비용에 준하는 성질을 가지기 때문이고, 따라서 최후 입항 후라는 의미는 목적하는 항해가 종료되어 돌아온 항뿐만 아니라 선박이 항해 도중	

조문 · 판례	기출지문 OX
에 경매 또는 양도처분으로 항해가 중지되어 경매되는 경우의 선박보존비용도 달리 보아야 할 필요가 없으므로, 항해를 폐지한 시기에 있어서 선박이 존재하는 항도 포함하는 것으로 해석함이 상당하다(판례). ④ 어선의 책임선장이 선주와의 약정에 따라 지급받기로 한 특별상여금 채권은 '선원 기타의 선박사용인의 고용계약으로 인한 채권'으로서 선박우선특권 있는 채권에 해당한다(판례). ⑤ 선박에 대한 압류의 효력이 발생한 때부터 경락대금 지급시까지의 기간 동안에 선박의 정박을 위하여 발생한 정박료는 선박경매를 수행하기 위한 것으로서 당해 집행사건의 집행비용에 해당한다고 보아야지 상법 제861조 제1항 제1호 소정의 선박우선특권에 해당한다고 볼 수는 없다(판례).	[2016] 1. 어선의 책임선장이 선주와의 약정에 따라 지급받기로 한 특별상여금 채권은 선박우선특권이 있는 '선원과 그 밖의 선박사용인의 고용계약으로 인한 채권'에 포함되지 아니한다. (×) [2025] 2. 선박에 대한 압류의 효력이 발생한 때부터 매각대금 지급 시까지의 기간 동안에 선박의 정박을 위하여 발생한 정박료는 상법 제777조 제1항 제1호 소정의 선박우선특권에 해당한다. (×)
2. 선박우선특권의 담보물 ① 선박·그 속구, 그 채권이 생긴 항해의 운임, 그 선박과 운임에 부수한 채권에 대하여 우선특권이 있다. ② 선박과 운임에 부수한 채권은 다음과 같다. 1. 선박 또는 운임의 손실로 인하여 선박소유자에게 지급할 손해배상 2. 공동해손으로 인한 선박 또는 운임의 손실에 대하여 선박소유자에게 지급할 상금 3. 해난구조로 인하여 선박소유자에게 지급할 구조료 ③ 운임에 대한 우선특권은 지급을 받지 아니한 운임 및 지급을 받은 운임 중 선박소유자나 그 대리인이 소지한 금액에 한하여 행사할 수 있다. ④ 보험계약에 의하여 선박소유자에게 지급할 보험금과 그 밖의 장려금이나 보조금에 대하여는 선박우선특권을 적용하지 아니한다. ⑤ 선원과 그 밖의 선박사용인의 고용계약으로 인한 채권은 고용계약 존속 중의 모든 항해로 인한 운임의 전부에 대하여 우선특권이 있다.	**2. 선박우선특권의 담보물** [2008] 1. 보험계약에 의하여 선박소유자에게 지급할 보험금과 그 밖의 장려금이나 보조금에 대하여도 선박우선특권을 행사할 수 있다. (×)
3. 선박우선특권의 순위 ① 동일항해로 인한 채권의 우선특권이 경합하는 때에는 그 우선의 순위는 '소송비용 등 > 고용계약채권 > 해난구조료 및 공동해손분담채권>선박충돌 등 손해배상채권'의 순서에 따른다. ② 해난구조로 인한 선박에 대한 구조료 채권과 공동해손의 분담에 대한 채권의 우선특권이 경합하는 때에는 후에 생긴 채권이 전에 생긴 채권에 우선한다. 동일한 사고로 인한 채권은 동시에 생긴 것으로 본다. ③ 수회의 항해에 관한 채권의 우선특권이 경합하는 때에는 후의 항해에 관한 채권이 전의 항해에 관한 채권에 우선한다. ④ 선박사용인의 고용계약으로 인한 채권에 따른 우선특권은 그 최후의 항해에 관한 다른 채권과 동일한 순위로 한다. ⑤ 동일순위의 우선특권이 경합하는 때에는 각 채권액의 비율에 따라 변제한다. ⑥ 선박채권자의 우선특권은 질권과 저당권에 우선한다. ⑦ 임금우선특권을 선박우선특권보다 우선시키는 것이 합리적인 해석이다(판례).	**3. 선박우선특권의 순위** [2011, 2019] 1. 수회의 항해에 관한 채권의 선박우선특권이 경합하는 때에는 전의 항해에서 생긴 채권의 선박우선특권이 후의 항해에서 생긴 것에 우선한다. (×) [2003] 2. 선박채권자의 우선특권은 공시가 되지 않더라도 저당권과 동일한 순위가 인정되는 법정담보물권이다. (×) [2007] 3. 선박채권자의 우선특권과 선박에 관한 저당권의 우선순위는 그 발생 내지 설정 순서에 의한다. (×)

조문 · 판례	기출지문 OX
4. 선박우선특권의 효력	**4. 선박우선특권의 효력**
① 선박우선특권을 가진 선박채권자는 자기채권의 우선변제를 받을 권리가 있다. 이 경우 그 성질에 반하지 아니하는 한 「민법」의 저당권에 관한 규정을 준용한다. ② 선체용선자의 경우에도 선박의 이용에 관하여 생긴 우선특권을 가지는 채권자는 선박소유자에 대한 효력을 주장하여 해당 선박에 대하여 경매를 청구할 수 있다. 정기용선의 경우 제3자에 대한 법률관계에 관하여 상법은 아무런 규정을 두지 않고 있다. 그러나 다음과 같은 이유로 선체용선에 관한 「상법」 제850조 제2항의 규정이 정기용선에 유추적용되어 정기용선된 선박의 이용에 관하여 생긴 우선특권을 가지는 채권자는 선박소유자의 선박에 대하여 경매청구를 할 수 있다고 봄이 타당하다(판례). ③ 선박채권자의 우선특권은 그 선박소유권의 이전으로 인하여 영향을 받지 아니한다. ④ 선박우선특권이 우리나라에서 실행되는 경우에는 그 행사기간은 우리나라의 절차법에 따라야 할 것인데, 우리나라 상법 제786조는 선박채권자의 우선특권은 그 채권이 생긴 날로부터 1년 내에 실행하지 아니하면 소멸한다고 규정하고 있고, 위 기간의 성질은 제척기간으로서 그 기간의 합의에 의한 연장, 중단 또는 정지가 허용되지 않으므로, 피고로서는 위 연료유대금채권이 생긴 날로부터 1년 내에 이 사건 선박에 대한 우선특권을 행사하여야 할 것이다(판례). ⑤ 우선 특권있는 선박채권자는 저당권에 관한 규정을 준용하여 본건 선박을 물적 담보로 하여 특별한 사정이 없는 한 언제든지 경매청구를 할 수 있다 할 것이고 그 경매청구를 함에 있어서 강제경매에 있어서와 같이 집행력있는 채무명의를 요하지 아니함은 법리상 당연하다 할 것이므로 그 경매청구를 방해하는 특별한 사정에 관한 소명이 없는 이상 본건 가압류의 필요는 없다(판례). ⑥ 선박우선특권에 의해 경매신청을 한 압류채권자의 지위에서 당연히 우선 배당을 받을 수 있는 대상은 그 선원이 승선한 당해 선박과 그 속구 등의 매각대금에 한정되는 것이고 당해 선박이 아닌 다른 선박에 대한 매각대금에 대하여서까지 따로 배당요구를 하지 않더라도 당연히 우선 배당을 받을 수 있는 것은 아니다(판례). ⑦ 선박우선특권의 성립 여부는 선적국법에 의하여야 할 것이나, 선박우선특권이 우리나라에서 실행되는 경우에 실행기간을 포함한 실행방법은 우리나라의 절차법에 의하여야 한다(판례). ⑧ 「국제사법」 제60조 제1호, 제2호에서 선적국법에 의하도록 규정하고 있는 사항은 선박우선특권의 성립 여부, 일정한 채권이 선박우선특권에 의하여 담보되는지 여부, 선박우선특권이 미치는 대상의 범위, 선박우선특권의 순위 등으로서 선박우선특권에 의하여 담보되는 채권 자체의 대위에 관한 사항은 포함되어 있지 않다고 해석되므로, 그 피담보채권의 임의대위에 관한 사항은 특별한 사정이 없는 한 국제사법 제35조 제2항에 의하여 그 피담보채권의 준거법에 의하여야 한다(판례).	[2021] 1. 선체용선에 관한 상법 제850조 제2항의 규정이 정기용선에 유추적용되어 정기용선된 선박의 이용에 관하여 생긴 우선특권을 가지는 채권자는 선박소유자의 선박에 대하여 경매청구를 할 수 있다. (O) [2005] 2. 선박채권자의 우선특권은 그 선박소유권의 이전으로 인하여 원칙적으로 소멸되므로 우선특권 발생 즉시 그 권리 보전에 필요한 조치를 취하여야 한다. (×) [2018] 3. 선박우선특권 있는 채권자는 그 선박에 대하여 채무명의 없이도 경매청구권을 행사할 수 있으나, 그 선박에 대한 가압류도 할 수 있음이 원칙이다. (×)
5. 선박저당권 등	**5. 선박저당권 등**
① 등기한 선박은 저당권의 목적으로 할 수 있다. 선박의 저당권은 그 속구에 미친다. ② 선박의 저당권에는 「민법」의 저당권에 관한 규정을 준용한다. ③ 등기한 선박은 질권의 목적으로 하지 못한다. ④ 선박담보의 규정은 건조 중의 선박에 준용한다. ⑤ 항해의 준비를 완료한 선박과 그 속구는 압류 또는 가압류를 하지 못한다. 다만, 항해를 준비하기 위하여 생긴 채무에 대하여는 그러하지 아니하다. 그러나 총톤수 20톤 미만의 선박에는 적용하지 아니한다.	

조문 · 판례	기출지문 OX

제3장 운송과 용선

제1절 개품운송계약

1. 개품운송계약의 의의

① 개품운송계약은 운송인이 개개의 물건을 해상에서 선박으로 운송할 것을 인수하고, 송하인이 이에 대하여 운임을 지급하기로 약정함으로써 그 효력이 생긴다.

② 송하인이 운송물을 제공하지 아니한 경우에는 계약을 해제한 것으로 본다. 이 경우 선장은 즉시 발항할 수 있고, 송하인은 운임의 전액을 지급하여야 한다.

2. 개품운송인의 책임

(1) 책임원인

책임 ○	책임 ×
1. 감항능력주의의무위반 2. 운송물에 관하여 주의를 해태 3. 불법행위	1. 선장, 해원, 도선사 기타의 선박사용인의 항해 또는 선박의 관리에 관한 행위 2. 화재로 인하여 생긴 운송물에 관한 손해(그러나 운송인의 고의 또는 과실로 인한 화재의 경우 책임 ○) 3. 면책사유 4. 고가물의 불고지

① 운송인은 자기 또는 선원이나 그 밖의 선박사용인이 발항 당시 다음의 사항에 관하여 주의(감항능력 주의의무)를 해태하지 아니하였음을 증명하지 아니하면 운송물의 멸실·훼손 또는 연착으로 인한 손해를 배상할 책임이 있다.

> 1. 선박이 안전하게 항해를 할 수 있게 할 것
> 2. 필요한 선원의 승선, 선박의장(艤裝)과 필요품의 보급
> 3. 선창·냉장실, 그 밖에 운송물을 적재할 선박의 부분을 운송물의 수령·운송과 보존을 위하여 적합한 상태에 둘 것

② 운송인은 자기 또는 선원이나 그 밖의 선박사용인이 운송물의 수령·선적·적부·운송·보관·양륙과 인도에 관하여 주의를 해태하지 아니하였음을 증명하지 아니하면 운송물의 멸실·훼손 또는 연착으로 인한 손해를 배상할 책임이 있다.

③ 운송인은 그 운송을 위한 화물의 적부(積付)가 독립된 하역업자나 송하인의 지시에 의하여 이루어졌더라도 운송인은 그러한 적부가 운송에 적합한지 여부를 살펴보고, 운송을 위하여 인도받은 화물의 성질을 파악하여 그 화물의 성격이 요구하는 바에 따라 적부를 하는 등의 방법으로 손해를 방지하기 위한 적절한 예방조치를 강구하여야 할 주의의무가 있다(판례).

④ 해상화물운송에 있어서 선하증권이 발행된 경우 운송인은 선하증권의 소지인에게 화물을 인도할 의무를 부담하므로, 운송인의 이행보조자인 보세창고업자도 해상운송의 정당한 수령인인 선하증권의 소지인에게 화물을 인도할 의무를 부담한다. 이와 같이 보세창고업자가 화물 인도에 관하여 부담하는 주의의무는 선하증권 소지인의 권리 기타 재산상의 이익을 보호하고 손해를 방지하는 것을 목적으로 할 뿐, 선하증권을 취득하지 못한 신용장 개설은행에 대해서까지 이러한 주의의무를 부담한다고 보기 어렵다(판례).

⑤ 항해용선자 또는 정기용선자가 자기의 명의로 제3자와 운송계약을 체결한 경우에는 그 계약의 이행이 선장의 직무에 속한 범위 안에서 선박소유자도 그 제3자에 대하여 책임을 진다.

⑥ 운송인은 선장·해원·도선사, 그 밖의 선박사용인의 항해 또는 선박의 관리에

제3장 운송과 용선

제1절 개품운송계약

1. 개품운송계약의 의의

2. 개품운송인의 책임

(1) 책임원인

[2024]

1. 운송인은 그 운송을 위한 화물의 적부(積付)에 있어 선장·선원 내지 하역업자로 하여금 화물이 서로 부딪치거나, 혼합되지 않도록 그리고 선박의 동요 등으로부터 손해를 입지 않도록 하는 적절한 조치와 함께 운송물을 적당하게 선창 내에 배치하여야 하나, 적부가 독립된 하역업자나 송하인의 지시에 의하여 이루어졌다면 운송인은 그러한 적부에 관하여 손해를 방지하기 위한 적절한 예방조치를 강구하여야 할 주의의무가 있다고 할 수 없다. (×)

[2024]

2. 보세창고업자는 화물 인도 과정에서 운송인이 발행한 화물인도지시서가 화물을 인도할 수 있는 근거서류로 적법하게 발행되었는지 등을 확인할 주의의무를 부담 하는데, 선

조문 · 판례	기출지문 OX
관한 행위 또는 화재로 인하여 생긴 운송물에 관한 손해를 배상할 책임을 면한다. 다만, 운송인의 고의 또는 과실로 인한 화재의 경우에는 그러하지 아니하다. ⑦ 운송인의 책임에 관한 규정은 운송인의 불법행위로 인한 손해배상의 책임에도 적용한다.	하증권을 취득하지 못한 신용장 개설은행에 대해서도 이러한 주의의무를 부담한다. (×)
(2) 책임제한	(2) 책임제한
① 운송물에 관한 손해배상청구가 운송인의 사용인 또는 대리인에 대하여 제기된 경우에 그 손해가 그 사용인 또는 대리인의 직무집행에 관하여 생긴 것인 때에는 그 사용인 또는 대리인은 운송인이 주장할 수 있는 항변과 책임제한을 원용할 수 있다. **② 운송인의 피용자인 선원 기타 선박사용인에게 고의 또는 무모한 행위가 있었다 하더라도 운송인 본인에게 그와 같은 고의나 무모한 행위가 없는 이상 운송인은 책임을 제한할 수 있다(판례).** ③ 운송인의 의무 또는 책임을 경감 또는 면제하는 당사자 사이의 특약은 효력이 없다. 운송물에 관한 보험의 이익을 운송인에게 양도하는 약정 또는 이와 유사한 약정도 또한 같다. ④ ③은 산 동물의 운송 및 선하증권이나 그 밖에 운송계약을 증명하는 문서의 표면에 갑판적으로 운송할 취지를 기재하여 갑판적으로 행하는 운송에 대하여는 적용하지 아니한다. **⑤ 해상운송에 있어서 해상강도로 인한 운송물의 멸실이 운송인의 손해배상책임을 면하게 하는 면책사유의 하나로서 인정되는 것과는 달리 육상에서의 강도로 인한 운송물의 멸실은 반드시 그 자체로서 불가항력으로 인한 면책사유가 된다고 할 수 없으므로, 다시 운송인이나 그 피용자에게 아무런 귀책사유도 없었는지 여부를 판단하여야 할 것이고, 그 경우 운송인이나 피용자의 무과실이 경험칙상 추단된다고 할 수도 없다(판례).**	[2009] 1. 운송인의 피용자인 선원 기타 선박사용인에게 고의 또는 무모한 행위가 있으면 운송인 본인에게 그와 같은 고의나 무모한 행위가 없다고 하더라도 운송인은 「상법」 제797조에 의한 책임제한을 주장할 수 없다. (×)
(3) 통지발송기간 및 제척기간	(3) 통지발송기간 및 제척기간
① 수하인이 운송물의 일부 멸실 또는 훼손을 발견한 때에는 수령 후 지체 없이 그 개요에 관하여 운송인에게 서면에 의한 통지를 발송하여야 한다. 다만, 그 멸실 또는 훼손이 즉시 발견할 수 없는 것인 때에는 수령한 날부터 3일 이내에 그 통지를 발송하여야 한다. ② 운송인의 송하인 또는 수하인에 대한 채권 및 채무는 그 청구원인의 여하에 불구하고 운송인이 수하인에게 운송물을 인도한 날 또는 인도할 날부터 1년 이내에 재판상 청구가 없으면 소멸한다. 다만, 이 기간은 당사자의 합의에 의하여 연장할 수 있다. **③ 해상운송인의 송하인 또는 수하인에 대한 채권 및 채무는 그 청구원인의 여하에 불구하고 운송인이 수하인에게 운송물을 인도한 날 또는 인도할 날부터 1년 이내에 재판상 청구가 없으면 소멸한다(상법 제814조 제1항). 이러한 해상운송인의 송하인이나 수하인에 대한 권리·의무에 관한 소멸기간은 제척기간에 해당하고, 그 기산일은 '운송물을 인도한 날 또는 인도할 날'인데, '운송물을 인도할 날'이란 통상 운송계약이 그 내용에 좇아 이행되었으면 인도가 행하여져야 했던 날을 의미한다. 해상운송인의 송하인 또는 수하인에 대한 채권 및 채무는 그 청구원인이 계약인 경우뿐만 아니라 불법행위인 경우에도 위 제척기간이 적용된다(판례).** ④ '운송물을 인도할 날'이란 통상 운송계약이 그 내용에 좇아 이행되었으면 인도가 행하여져야 했던 날을 말한다. 운송물이 물리적으로 멸실되는 경우뿐만 아니라 운송인이 운송물의 인도를 거절하거나 운송인의 사정으로 운송이 중단되는 등의 사유로 운송물이 인도되지 않은 경우에도 '운송물을 인도할 날'을 기준으로 하여 제소기간이 도과하였는지를 판단하여야 한다(판례). **⑤ 상법 제814조 제1항에서 정한 제척기간이 지난 뒤에 그 기간 경과의 이익을 받는 당사자가 기간이 지난 사실을 알면서도 기간 경과로 인한 법적 이익을**	[2009] 1. 해상운송의 수하인이 운송물의 일부멸실 또는 훼손을 발견한 때에는 원칙적으로 수령한 날로부터 3일 내에 그 개요에 관하여 선박소유자에게 서면에 의한 통지를 발송하여야 한다. (×) [2023] 2. 상법 제814조 제1항에서 정한 소멸기간이 지난 뒤에 그 기간 경과의 이익을 받는 당사자가 기간이 지난 사실을 알면서도 기간 경과로 인한 법적 이익을 받지 않겠다

조문 · 판례	기출지문 OX
받지 않겠다는 의사를 명확히 표시한 경우에는, 소멸시효 완성 후 이익의 포기에 관한 민법 제184조 제1항을 유추적용하여 제척기간 경과로 인한 권리소멸의 이익을 포기하였다고 인정할 수 있다(판례).	는 의사를 표시한 경우에는, 권리 소멸의 이익을 포기하였다고 인정할 수 있다. (O)
3. 복합운송인의 책임 ① 운송인이 인수한 운송에 해상 외의 운송구간이 포함된 경우 운송인은 손해가 발생한 운송구간에 적용될 법에 따라 책임을 진다. ② 어느 운송구간에서 손해가 발생하였는지 불분명한 경우 또는 손해의 발생이 성질상 특정한 지역으로 한정되지 아니하는 경우에는 운송인은 운송거리가 가장 긴 구간에 적용되는 법에 따라 책임을 진다. 다만, 운송거리가 같거나 가장 긴 구간을 정할 수 없는 경우에는 운임이 가장 비싼 구간에 적용되는 법에 따라 책임을 진다.	**3. 복합운송인의 책임** [2020] 1. 육상운송, 해상운송, 항공운송 중 적어도 두 가지 이상의 서로 다른 운송수단을 결합하여 운송을 수행하는 복합운송 과정에서 운송물의 멸실·훼손 등으로 인하여 손해가 발생한 경우에 손해가 발생한 운송구간이 불분명하거나 그 성질상 특정한 지역으로 한정할 수 없는 때에는 복합운송인은 운임이 가장 비싼 구간에 적용되는 법에 따라 책임을 진다. (×)
4. 물건운송계약의 해제 및 해지	**4. 물건운송계약의 해제 및 해지**

운송계약의 종료		편도항해		왕복항해	
		발항 전	발항 후	회항 전	회항 후
운 송	전원 공동	운임의 반액	전 액	운임의 3분의 2	전 액
	개 별	전액 + 부수비용과 체당금	전 액	전액 + 부수비용과 체당금	전 액

* 발항 전이라도 송하인이 운송물의 전부 또는 일부를 선적한 경우에는 다른 송하인의 동의를 받아 계약을 해제 또는 해지
* 발항 전에 계약을 해제 또는 해지를 한 때에도 부수비용과 체당금을 지급할 책임
* 발항 후에는 송하인은 운임의 전액, 체당금·체선료와 공동해손 또는 해난구조의 부담액을 지급하고 그 양륙하기 위하여 생긴 손해를 배상하거나 이에 대한 상당한 담보를 제공

조문 · 판례	기출지문 OX
제2절 해상여객운송계약	**제2절 해상여객운송계약**
1. 해상여객운송계약의 의의 ① 해상여객운송계약은 운송인이 특정한 여객을 출발지에서 도착지까지 해상에서 선박으로 운송할 것을 인수하고, 이에 대하여 상대방이 운임을 지급하기로 약정함으로써 그 효력이 생긴다.	**1. 해상여객운송계약의 의의**
2. 해상여객운송계약의 효력 ① 기명식의 선표는 타인에게 양도하지 못한다. ② 여객의 항해 중의 식사는 다른 약정이 없으면 운송인의 부담으로 한다. ③ 항해 도중에 선박을 수선하는 경우에는 운송인은 그 수선 중 여객에게 상당한 거처와 식사를 제공하여야 한다. ④ 여객이 계약에 의하여 선내에서 휴대할 수 있는 수하물에 대하여는 운송인은 다른 약정이 없으면 별도로 운임을 청구하지 못한다. ⑤ 여객이 승선시기까지 승선하지 아니한 때에는 선장은 즉시 발항할 수	**2. 해상여객운송계약의 효력**

조문 · 판례	기출지문 OX
있다. 항해 도중의 정박항에서도 또한 같다. 이 경우에는 여객은 운임의 전액을 지급하여야 한다.	
3. 해상여객운송계약의 해제 및 해지 ① 여객이 발항 전에 계약을 해제하는 경우에는 운임의 반액을 지급하고, 발항 후에 계약을 해제하는 경우에는 운임의 전액을 지급하여야 한다. ② 여객이 발항 전에 사망·질병이나 그 밖의 불가항력으로 인하여 항해할 수 없게 된 때에는 운송인은 운임의 10분의 3을 청구할 수 있고, 발항 후에 그 사유가 생긴 때에는 운송인의 선택으로 운임의 10분의 3 또는 운송의 비율에 따른 운임을 청구할 수 있다. ③ 법정종료사유가 항해 도중에 생긴 때에는 여객은 운송의 비율에 따른 운임을 지급하여야 한다.	**3. 해상여객운송계약의 해제 및 해지**
제3절 항해용선계약 ① 항해용선계약은 특정한 항해를 할 목적으로 선박소유자가 용선자에게 선원이 승무하고 항해장비를 갖춘 선박의 전부 또는 일부를 물건의 운송에 제공하기로 약정하고 용선자가 이에 대하여 운임을 지급하기로 약정함으로써 그 효력이 생긴다. ② 선박소유자가 일정한 기간 동안 용선자에게 선박을 제공할 의무를 지지만 항해를 단위로 운임을 계산하여 지급하기로 약정한 경우에도 그 성질에 반하지 아니하는 한 이 절의 규정을 준용한다. **③ 재용선계약의 경우, 선주와 용선자 사이의 주된 용선계약과 용선자와 재용선자 사이의 재용선계약은 각각 독립된 운송계약으로서 선주와 재용선계약의 재용선자와는 아무런 직접적인 관계가 없다 할 것인바, 재용선계약 등에 의하여 복수의 해상운송 주체가 있는 경우 운송의 최종 수요자인 운송의뢰인에 대한 관계에서는, 용선계약에 의하여 그로부터 운송을 인수한 자가 누구인지에 따라 운송인이 확정되는 것이고, 선하증권의 발행자가 운송인으로 인정될 개연성이 높다 하겠지만, 그렇다고 하여 선하증권의 발행사실만으로 당연히 운송인의 지위가 인정되는 것은 아니다(판례).** ④ 용선자가 선적기간 내에 운송물의 선적을 하지 아니한 때에는 계약을 해제 또는 해지한 것으로 본다. ⑤ 선박소유자의 용선자 또는 수하인에 대한 채권 및 채무는 그 청구원인의 여하에 불구하고 선박소유자가 운송물을 인도한 날 또는 인도할 날부터 2년 이내에 재판상 청구가 없으면 소멸한다. 이 기간은 당사자의 합의에 의하여 연장할 수 있다. 이 기간을 단축하는 선박소유자와 용선자의 약정은 이를 운송계약에 명시적으로 기재하지 아니하면 그 효력이 없다.	**제3절 항해용선계약** [2021] 1. 재용선계약 등에 의하여 복수의 해상운송 주체가 있는 경우 운송의 최종 수요자인 운송의뢰인에 대한 관계에서도 선하증권의 발행사실만으로 당연히 운송인의 지위가 인정된다. (×)

구 분	항해용선	정기용선	선체용선
항해기간	특정한 1회의 항해 또는 연속된 항해를 단위	일정기간 동안 항해에 사용	
선박의 점유	선박소유자	선박소유자	선체용선자
선장의 선임·감독	선박소유자(선주)가 선장·선원 임명 및 지휘·감독함	약정한 범위 안의 선박의 사용을 위하여 선장을 지휘	선체용선자가 선장·선원 임명 및 지휘·감독함(배타적으로 지배)
제3자와의 관계	선박소유자가 해상운송인	선박의 이용에 관한 사항에는 제3자에 대하여 선박소유자와 동일한 권리의무	
기 타			등기청구권
시 효	원칙 : 2년, 합의로 연장, 계약에 명시하여 단축 가능		

조문 · 판례	기출지문 OX

용선계약의 종료		편도항해		왕복항해	
		발항 전	발항 후	회항 전	회항 후
전부용선		운임의 반액	전 액	운임의 3분의 2	전 액
일부용선	전원공동	운임의 반액	전 액	운임의 3분의 2	전 액
	개 별	전액+부수비용과 체당금	전 액	전액 + 부수비용과 체당금	전 액

* 발항 전이라도 일부용선자가 운송물의 전부 또는 일부를 선적한 경우에는 다른 용선자의 동의를 받아 계약을 해제 또는 해지
* 발항전에 계약을 해제 또는 해지를 한 때에도 부수비용과 체당금을 지급할 책임
* 발항 후에는 용선자는 운임의 전액, 체당금·체선료와 공동해손 또는 해난구조의 부담액을 지급하고 그 양륙하기 위하여 생긴 손해를 배상하거나 이에 대한 상당한 담보를 제공

제4절 정기용선계약

① 정기용선계약은 선박소유자가 용선자에게 선원이 승무하고 항해장비를 갖춘 선박을 일정한 기간 동안 항해에 사용하게 할 것을 약정하고 용선자가 이에 대하여 기간으로 정한 용선료를 지급하기로 약정함으로써 그 효력이 생긴다.
② 정기용선자는 약정한 범위 안의 선박의 사용을 위하여 선장을 지휘할 권리가 있다.
③ 선장·해원, 그 밖의 선박사용인이 정기용선자의 정당한 지시를 위반하여 정기용선자에게 손해가 발생한 경우에는 선박소유자가 이를 배상할 책임이 있다.
④ **정기용선자는 그 대외적인 책임관계에 있어서 선박소유자와 동일한 책임을 지는 것이라 할 것이므로 정기용선자는 선장이 발행한 선하증권 상의 운송인으로서의 책임을 부담한다 할 것이다(판례).**
⑤ 정기용선계약에 관하여 발생한 당사자 사이의 채권은 선박이 선박소유자에게 반환된 날부터 2년 이내에 재판상 청구가 없으면 소멸한다. 이 기간은 당사자의 합의에 의하여 연장할 수 있다. 이 기간을 단축하는 선박소유자와 용선자의 약정은 이를 운송계약에 명시적으로 기재하지 아니하면 그 효력이 없다.

제4절 정기용선계약 (기출지문 OX)

[2020]
1. 선장·해원, 그 밖의 선박사용인이 정기용선자의 정당한 지시를 위반하여 정기용선자에게 손해가 발생한 경우에는 선장이 이를 배상할 책임이 있다. (×)

[2021]
2. 선체용선에 관한 상법 제850조 제2항의 규정이 정기용선에 유추적용되어 정기용선된 선박의 이용에 관하여 생긴 우선특권을 가지는 채권자는 선박소유자의 선박에 대하여 경매청구를 할 수 있다. (○)

제5절 선체용선계약

① 선체용선계약은 용선자의 관리·지배 하에 선박을 운항할 목적으로 선박소유자가 용선자에게 선박을 제공할 것을 약정하고 용선자가 이에 따른 용선료를 지급하기로 약정함으로써 그 효력이 생긴다.
② 선박소유자가 선장과 그 밖의 해원을 공급할 의무를 지는 경우에도 용선자의 관리·지배하에서 해원이 선박을 운항하는 것을 목적으로 하면 이를 선체용선계약으로 본다.
③ 선체용선계약은 그 성질에 반하지 아니하는 한 「민법」상 임대차에 관한 규정을 준용한다.

제5절 선체용선계약 (기출지문 OX)

[2015]
1. 항해용선계약은 그 성질에 반하지 아니하는 한 「민법」상 임대차에 관한 규정을 준용한다. (×)

조문 · 판례	기출지문 OX
④ 선체용선자는 선박소유자에 대하여 선체용선등기에 협력할 것을 청구할 수 있다. 선체용선을 등기한 때에는 그 때부터 제3자에 대하여 효력이 생긴다. ⑤ 선체용선자가 상행위나 그 밖의 영리를 목적으로 선박을 항해에 사용하는 경우에는 그 이용에 관한 사항에는 제3자에 대하여 선박소유자와 동일한 권리의무가 있다. ⑥ 선체용선계약에 관하여 발생한 당사자 사이의 채권은 선박이 선박소유자에게 반환된 날부터 2년 이내에 재판상 청구가 없으면 소멸한다. 이 기간은 당사자의 합의에 의하여 연장할 수 있다. 제1항의 기간을 단축하는 선박소유자와 용선자의 약정은 이를 운송계약에 명시적으로 기재하지 아니하면 그 효력이 없다.	[2006] 2. 등기선박에 관한 권리 중 소유권과 저당권은 등기할 수 있으나, 임차권(선체용선)은 등기할 수 없다. (×)
제6절 해상운송증서	**제6절 해상운송증서**
제 1 선하증권	제 1 선하증권
1. 선하증권의 작성·교부	**1. 선하증권의 작성·교부**
① 운송인은 운송물을 수령한 후 송하인의 청구에 의하여 1통 또는 수통의 선하증권을 교부하여야 한다(수령선하증권). ② 운송인은 운송물을 선적한 후 송하인의 청구에 의하여 1통 또는 수통의 선적선하증권을 교부하거나 수령선하증권에 선적의 뜻을 표시하여야 한다(선적선하증권). ③ 운송인은 선장 또는 그 밖의 대리인에게 선하증권의 교부에 관한 권한을 위임할 수 있다. ④ 선하증권의 기재사항 중 운송물의 중량·용적·개수 또는 기호가 운송인이 실제로 수령한 운송물을 정확하게 표시하고 있지 아니하다고 의심할 만한 상당한 이유가 있는 때 또는 이를 확인할 적당한 방법이 없는 때에는 그 기재를 생략할 수 있다. ⑤ 송하인은 선하증권의 기재사항이 정확함을 운송인에게 담보한 것으로 본다.	
2. 선하증권의 효력	**2. 선하증권의 효력**
① 선하증권이 발행된 경우 운송인과 송하인 사이에 선하증권에 기재된 대로 개품운송계약이 체결되고 운송물을 수령 또는 선적한 것으로 추정한다. ② 선하증권을 선의로 취득한 소지인에 대하여 운송인은 선하증권에 기재된 대로 운송물을 수령 혹은 선적한 것으로 보고 선하증권에 기재된 바에 따라 운송인으로서 책임을 진다. ③ **'보증도'로 인하여 선하증권의 정당한 소지인의 운송물에 대한 권리를 침해하였을 때에는 고의 또는 중대한 과실에 의한 불법행위의 책임을 진다(판례).** ④ 화물상환증의 규정은 선하증권에 준용한다.	[2005] 1. 선하증권에 의하여 운송물을 받을 수 있는 자에게 선하증권을 교부한 것만으로는 운송물 위에 행사하는 권리의 취득에 관하여 운송물을 인도한 것과 동일한 효력이 있는 것은 아니다. (×) [2016] 2. 선하증권은 운송물인도청구권을 표창하는 유가증권으로서 화물상환증과 같은 물권적 효력은 없다. (×)
3. 전자선하증권	**3. 전자선하증권**
① 운송인은 종이선하증권을 발행하는 대신에 송하인 또는 용선자의 동의를 받아 법무부장관이 지정하는 등록기관에 등록을 하는 방식으로 전자선하증권을 발행할 수 있다. 이 경우 전자선하증권은 종이선하증권과 동일한 법적 효력을 갖는다.	

조문 · 판례	기출지문 OX
제 2 수통의 선하증권 ① 양륙항에서 수통의 선하증권 중 1통을 소지한 자가 운송물의 인도를 청구하는 경우에도 선장은 그 인도를 거부하지 못한다. 수통의 선하증권 중 1통의 소지인이 운송물의 인도를 받은 때에는 다른 선하증권은 그 효력을 잃는다. ② 양륙항 외에서는 선장은 선하증권의 각 통의 반환을 받지 아니하면 운송물을 인도하지 못한다. ③ 2인 이상의 선하증권소지인이 운송물의 인도를 청구한 때에는 선장은 지체 없이 운송물을 공탁하고 각 청구자에게 그 통지를 발송하여야 한다. ④ 선장이 운송물의 일부를 인도한 후 다른 소지인이 운송물의 인도를 청구한 경우에도 그 인도하지 아니한 운송물에 대하여도 같다. ⑤ 2인 이상 소지인의 운송물인도청구에 따라 공탁한 운송물에 대하여는 수인의 선하증권소지인에게 공통되는 전 소지인으로부터 먼저 교부를 받은 증권소지인의 권리가 다른 소지인의 권리에 우선한다.	제 2 수통의 선하증권 [2019] 1. 2인 이상의 선하증권소지인이 운송물의 인도를 청구한 때에는 선장은 지체 없이 운송물을 공탁하고 각 청구자에게 그 통지를 발송하여야 한다. 이때 수인의 선하증권소지인에게 공통되는 전 소지인으로부터 먼저 교부를 받은 증권소지인의 권리가 다른 소지인의 권리에 우선한다. (O)
제 3 해상화물운송장 ① 운송인은 용선자 또는 송하인의 청구가 있으면 선하증권을 발행하는 대신 해상화물운송장을 발행할 수 있다. 해상화물운송장은 당사자 사이의 합의에 따라 전자식으로도 발행할 수 있다. ② 해상화물운송장이 발행된 경우 운송인이 그 운송장에 기재된 대로 운송물을 수령 또는 선적한 것으로 추정한다. ③ 운송인이 운송물을 인도함에 있어서 수령인이 해상화물운송장에 기재된 수하인 또는 그 대리인이라고 믿을만한 정당한 사유가 있는 때에는 수령인이 권리자가 아니라고 하더라도 운송인은 그 책임을 면한다.	제 3 해상화물운송장
제4장 해상위험	**제4장 해상위험**
제1절 공동해손	**제1절 공동해손**
1. 공동해손의 의의 ① 선박과 적하의 공동위험을 면하기 위한 선장의 선박 또는 적하에 대한 처분으로 인하여 생긴 손해 또는 비용은 공동해손으로 한다.	**1. 공동해손의 의의**
2. 공동해손의 분담 ① 공동해손은 그 위험을 면한 선박 또는 적하의 가액과 운임의 반액과 공동해손의 액과의 비율에 따라 각 이해관계인이 이를 분담한다. ② 공동해손의 분담액을 정함에 있어서는 선박의 가액은 도달의 때와 곳의 가액으로 하고, 적하의 가액은 양륙의 때와 곳의 가액으로 한다. 다만, 적하에 관하여는 그 가액 중에서 멸실로 인하여 지급을 면하게 된 운임과 그 밖의 비용을 공제하여야 한다. ③ 공동해손의 분담책임이 있는 자는 선박이 도달하거나 적하를 인도한 때에 현존하는 가액의 한도에서 책임을 진다.	**2. 공동해손의 분담** [2012] 1. 공동해손은 그 위험을 면한 선박 또는 적하의 가액과 운임의 전액과 공동해손의 액과의 비율에 따라 각 이해관계인이 이를 분담한다. (×)

조문 · 판례	기출지문 OX

3. 공동해손의 분담 및 공동해손액 제외

공동해손	공동해손분담 (채무)	공동해손액 (채권)
제 외	선박에 비치한 무기, 선원의 급료, 선원과 여객의 식량·의류가 보존된 경우	속구목록에 기재하지 아니한 속구, 선하증권이나 그 밖에 적하의 가격을 정할 수 있는 서류 없이 선적한 하물 또는 종류와 가액을 명시하지 아니한 화폐나 유가증권과 그 밖의 고가물이 손실된 경우
포 함	속구목록에 기재하지 아니한 속구, 선하증권이나 그 밖에 적하의 가격을 정할 수 있는 서류 없이 선적한 하물 또는 종류와 가액을 명시하지 아니한 화폐나 유가증권과 그 밖의 고가물이 보존된 경우	선박에 비치한 무기, 선원의 급료, 선원과 여객의 식량·의류가 손실된 경우

① 선박에 비치한 무기, 선원의 급료, 선원과 여객의 식량·의류는 보존된 경우에는 그 가액을 공동해손의 분담에 산입하지 아니하고, 손실된 경우에는 그 가액을 공동해손의 액에 산입한다.
② 속구목록에 기재하지 아니한 속구, 선하증권이나 그 밖에 적하의 가격을 정할 수 있는 서류 없이 선적한 하물 또는 종류와 가액을 명시하지 아니한 화폐나 유가증권과 그 밖의 고가물은 보존된 경우에는 그 가액을 공동해손의 분담에 산입하고, 손실된 경우에는 그 가액을 공동해손의 액에 산입하지 아니한다.
③ 갑판에 적재한 하물에 대하여도 같다. 다만, 갑판에 선적하는 것이 관습상 허용되는 경우와 그 항해가 연안항행에 해당되는 경우에는 그러하지 아니하다.

3. 공동해손의 분담 및 공동해손액 제외

4. 제척기간

① 공동해손으로 인하여 생긴 채권은 그 계산이 종료한 날부터 1년 이내에 재판상 청구가 없으면 소멸한다. 이 기간은 당사자의 합의에 의하여 연장할 수 있다.

4. 제척기간

[2004, 2017]
1. 공동해손으로 인한 채권 및 구상채권은 그 계산이 종료한 날로부터 1년 내에 재판상 청구가 없으면 소멸하고, 이 기간은 연장할 수 없다. (×)

[2022]
2. 공동해손으로 인하여 생긴 채권 및 상법 제870조에 따른 구상채권은 그 계산이 종료한 날부터 2년 이내에 재판상 청구가 없으면 소멸한다. (×)

제2절 선박충돌

1. 선박충돌의 의의

① 항해선 상호 간 또는 항해선과 내수항행선 간의 충돌이 있은 경우에 선박 또는 선박 내에 있는 물건이나 사람에 관하여 생긴 손해의 배상에 대하여는 어떠한 수면에서 충돌한 때라도 이 절의 규정을 적용한다.

제2절 선박충돌

1. 선박충돌의 의의

조문 · 판례	기출지문 OX
② "선박의 충돌"이란 2척 이상의 선박이 그 운용상 작위 또는 부작위로 선박 상호 간에 다른 선박 또는 선박 내에 있는 사람 또는 물건에 손해를 생기게 하는 것을 말하며, 직접적인 접촉의 유무를 묻지 아니한다. ③ **선박충돌로 인하여 생긴 손해의 배상에 관하여는 「상법」 규정만이 적용되고 「민법」상 공동불법행위에 관한 규정은 그 적용이 배제된다(판례).**	
2. 선박충돌의 효력	**2. 선박충돌의 효력**
① 선박의 충돌이 불가항력으로 인하여 발생하거나 충돌의 원인이 명백하지 아니한 때에는 피해자는 충돌로 인한 손해의 배상을 청구하지 못한다. ② 선박의 충돌이 일방의 선원의 과실로 인하여 발생한 때에는 그 일방의 선박소유자는 피해자에 대하여 충돌로 인한 손해를 배상할 책임이 있다. ③ 선박의 충돌이 쌍방의 선원의 과실로 인하여 발생한 때에는 쌍방의 과실의 경중에 따라 각 선박소유자가 손해배상의 책임을 분담한다. 이 경우 그 과실의 경중을 판정할 수 없는 때에는 손해배상의 책임을 균분하여 부담한다. ④ 쌍방의 과실로 인한 충돌의 경우에 제3자의 사상에 대한 손해배상은 쌍방의 선박소유자가 연대하여 그 책임을 진다. ⑤ 선박의 충돌이 도선사의 과실로 인하여 발생한 경우에도 선박소유자는 손해를 배상할 책임이 있다.	[2012] 1. 선박의 충돌의 원인이 명백하지 아니한 경우 또는 쌍방 선원의 과실의 경중을 판정하기 어려운 경우에는 손해배상의 책임을 균분하여 부담한다. (×)
3. 제척기간	**3. 제척기간**
① 선박의 충돌로 인하여 생긴 손해배상의 청구권은 그 충돌이 있은 날부터 2년 이내에 재판상 청구가 없으면 소멸한다. 이 기간은 당사자의 합의에 의하여 연장할 수 있다.	
제3절 해난구조	**제3절 해난구조**
제 1 해난구조	제 1 해난구조
1. 해난구조의 의의	**1. 해난구조의 의의**
① 항해선 또는 그 적하 그 밖의 물건이 어떠한 수면에서 위난에 조우한 경우에 의무 없이 이를 구조한 자는 그 결과에 대하여 상당한 보수를 청구할 수 있다. 항해선과 내수항행선 간의 구조의 경우에도 또한 같다.	
2. 구조료 청구권	**2. 구조료 청구권**
① 선박소유자와 그 밖에 구조된 재산의 권리자는 그 구조된 선박 또는 재산의 가액에 비례하여 구조에 대한 보수를 지급하고 특별보상을 하는 등 구조료를 지급할 의무가 있다. ② 구조의 보수액은 다른 약정이 없으면 구조된 목적물의 가액을 초과하지 못한다. 선순위의 우선특권이 있는 때에는 구조의 보수액은 그 우선특권자의 채권액을 공제한 잔액을 초과하지 못한다. ③ 당사자가 미리 구조계약을 하고 그 계약에 따라 구조가 이루어진 경우에도 그 성질에 반하지 아니하는 한 구조계약에서 정하지 아니한 사항은 이 절에서 정한 바에 따른다. ④ 예선의 본선 또는 그 적하에 대한 구조에 관하여는 예선계약의 이행으로 볼 수 없는 특수한 노력을 제공한 경우가 아니면 구조료를 청구하지 못한다. ⑤ (물건구조와 인명구조가 경합하는 경우에 한하여) 인명의 구조에 종사한 자도 구조료의 분배를 받을 수 있다.	[2011]

조문 · 판례	기출지문 OX
⑥ 동일소유자에 속한 선박의 상호 간에 있어서도 구조에 종사한 자는 상당한 구조료를 청구할 수 있다. ⑦ 다음 각 호에 해당하는 자는 구조료를 청구하지 못한다. 1. 구조 받은 선박에 종사하는 자 2. 고의 또는 과실로 인하여 해난사고를 야기한 자 3. 정당한 거부에도 불구하고 구조를 강행한 자 4. 구조된 물건을 은닉하거나 정당한 사유 없이 처분한 자 ⑧ 선장은 구조료를 지급할 채무자에 갈음하여 그 지급에 관한 재판상 또는 재판 외의 모든 행위를 할 권한이 있다.	1. 동일한 소유자에 속한 선박의 상호 간에 있어서는 구조에 종사한 자의 구조료청구권이 인정되지 않는다. (×)
3. 적하우선특권	**3. 적하우선특권**
① 구조에 종사한 자의 구조료채권은 구조된 적하에 대하여 우선특권이 있다. 다만, 채무자가 그 적하를 제3취득자에게 인도한 후에는 그 적하에 대하여 이 권리를 행사하지 못한다.	
4. 제척기간	**4. 제척기간**
① 구조료청구권은 구조가 완료된 날부터 2년 이내에 재판상 청구가 없으면 소멸한다. 이 기간은 당사자의 합의에 의하여 연장할 수 있다.	
제 2 환경손해방지작업에 대한 특별보상	**제 2 환경손해방지작업에 대한 특별보상**
① 선박 또는 그 적하로 인하여 환경손해가 발생할 우려가 있는 경우에 손해의 경감 또는 방지의 효과를 수반하는 구조작업에 종사한 구조자는 구조의 성공 여부와 상관없이 구조에 소요된 비용을 특별보상으로 청구할 수 있다. ② "구조에 소요된 비용"이란 구조작업에 실제로 지출한 합리적인 비용 및 사용된 장비와 인원에 대한 정당한 보수를 말한다. ③ 구조자는 발생할 환경손해가 구조작업으로 인하여 실제로 감경 또는 방지된 때에는 보상의 증액을 청구할 수 있고, 이 경우 증액된다 하더라도 구조료는 구조에 소요된 비용의 배액을 초과할 수 없다. ④ 구조자의 고의 또는 과실로 인하여 손해의 감경 또는 방지에 지장을 가져 온 경우 법원은 금액을 감액 혹은 부인할 수 있다. ⑤ 하나의 구조작업을 시행한 구조자가 특별보상을 청구하는 것 외에 해난구조에서 정한 보수도 청구할 수 있는 경우 그 중 큰 금액을 구조료로 청구할 수 있다.	

조문 · 판례	기출지문 OX
제7편 항공편	**제7편 항공편**
제1장 통 칙	**제1장 통 칙**
① "항공기"란 상행위나 그 밖의 영리를 목적으로 운항에 사용하는 항공기를 말한다. 다만, 대통령령으로 정하는 초경량 비행장치는 제외한다. ② 운항용 항공기에 대하여는 상행위나 그 밖의 영리를 목적으로 하지 아니하더라도 항공편의 규정을 준용한다. 다만, 국유 또는 공유 항공기에 대하여는 그러하지 아니하다. ③ 운송인이나 항공기 운항자의 손해배상책임과 관련하여 운송인이나 항공기 운항자가 손해배상청구권자의 과실 또는 그 밖의 불법한 작위나 부작위가 손해를 발생시켰거나 손해에 기여하였다는 것을 증명한 경우에는, 운송인이나 항공기 운항자의 책임을 감경하거나 면제할 수 있다. ④ 운송인의 여객, 송하인 또는 수하인에 대한 책임은 그 청구원인에 관계없이 여객 또는 운송물이 도착지에 도착한 날, 항공기가 도착할 날 또는 운송이 중지된 날 가운데 가장 늦게 도래한 날부터 2년 이내에 재판상 청구가 없으면 소멸한다. ⑤ 「상법」의 규정에 반하여 운송인의 책임을 감면하거나 책임한도액을 낮게 정하는 특약은 효력이 없다.	
제2장 운 송	**제2장 운 송**
제1절 통 칙	**제1절 통 칙**
제 1 비계약적 청구에 대한 적용 등	제 1 비계약적 청구에 대한 적용 등
① 항공운송인의 책임에 관한 규정은 운송인의 불법행위로 인한 손해배상의 책임에도 적용한다. ② 여객, 수하물 또는 운송물에 관한 손해배상청구가 운송인의 사용인이나 대리인에 대하여 제기된 경우에 그 손해가 그 사용인이나 대리인의 직무집행에 관하여 생겼을 때에는 그 사용인이나 대리인은 운송인이 주장할 수 있는 항변과 책임제한을 원용할 수 있다. ③ 여객 또는 수하물의 손해가 운송인의 사용인이나 대리인의 고의로 인하여 발생하였거나 또는 무모하게 한 작위 또는 부작위로 인하여 발생하였을 때에는 그 사용인이나 대리인은 운송인이 주장할 수 있는 항변과 책임제한을 원용할 수 없다.	
제 2 실제운송인에 대한 청구	제 2 실제운송인에 대한 청구
① 운송계약을 체결한 운송인("계약운송인")의 위임을 받아 운송의 전부 또는 일부를 수행한 운송인("실제운송인")이 있을 경우 실제운송인이 수행한 운송에 관하여는 실제운송인에 대하여도 운송인의 책임에 관한 규정을 적용한다. 다만, 순차운송에 해당하는 경우는 그러하지 아니하다. ② 실제운송인이 여객·수하물 또는 운송물에 대한 손해배상책임을 지는 경우 계약운송인과 실제운송인은 연대하여 그 책임을 진다. ③ 「상법」상의 운송인의 책임과 의무 외에 운송인이 책임과 의무를 부담하기로 하는 특약 또는 「상법」에서 정한 운송인의 권리나 항변의 포기는 실제운송인이 동의하지 아니하는 한 실제운송인에게 영향을 미치지 아니한다.	

조문 · 판례	기출지문 OX

제 3 순차운송

제 3 순차운송

<table>
<tr><th colspan="3">순차운송인</th><th>최초 운송인</th><th>사실이 발생한 구간의 운송인</th><th>최종 운송인</th></tr>
<tr><td rowspan="2">여객운송</td><td colspan="2">여 객</td><td>△
(명시적으로 전 구간에 대한 책임을 인수하기로 약정한 경우)</td><td>○</td><td>×</td></tr>
<tr><td colspan="2">수하물</td><td>○</td><td>○</td><td>○</td></tr>
<tr><td rowspan="2">화물운송</td><td rowspan="2">운송물</td><td>송하인이 청구</td><td>○</td><td>○</td><td>×</td></tr>
<tr><td>수하인이 청구</td><td>×</td><td>○</td><td>○</td></tr>
</table>

① 둘 이상이 순차로 운송할 경우에는 각 운송인의 운송구간에 관하여 그 운송인도 운송계약의 당사자로 본다.
② 순차운송에서 여객의 사망, 상해 또는 연착으로 인한 손해배상은 그 사실이 발생한 구간의 운송인에게만 청구할 수 있다. 다만, 최초 운송인이 명시적으로 전 구간에 대한 책임을 인수하기로 약정한 경우에는 최초 운송인과 그 사실이 발생한 구간의 운송인이 연대하여 그 손해를 배상할 책임이 있다.
③ 순차운송에서 수하물의 멸실, 훼손 또는 연착으로 인한 손해배상은 최초 운송인, 최종 운송인 및 그 사실이 발생한 구간의 운송인에게 각각 청구할 수 있다.
④ 순차운송에서 운송물의 멸실, 훼손 또는 연착으로 인한 손해배상은 송하인이 최초 운송인 및 그 사실이 발생한 구간의 운송인에게 각각 청구할 수 있다. 다만, 수하인이 운송물의 인도를 청구할 권리를 가지는 경우에는 수하인이 최종 운송인 및 그 사실이 발생한 구간의 운송인에게 그 손해배상을 각각 청구할 수 있다.
⑤ 최초 운송인 또는 최종 운송인이 손해를 배상한 경우에는 여객의 사망, 상해 또는 연착이나 수하물·운송물의 멸실, 훼손 또는 연착이 발생한 구간의 운송인에 대하여 구상권을 가진다.

제2절 여객운송

제 1 여객에 대한 책임

제2절 여객운송

제 1 여객에 대한 책임

① 항공운송인은 여객의 사망 또는 신체의 상해로 인한 손해에 관하여는 그 손해의 원인이 된 사고가 항공기상에서 또는 승강을 위한 작업 중에 발생한 경우에만 책임을 진다.
② 여객의 사망 또는 신체의 상해로 인한 손해 중 여객 1명당 11만3천100 계산단위의 금액까지는 항공운송인의 배상책임을 면제하거나 제한할 수 없다.
③ 여객의 사망 또는 신체의 상해가 발생한 항공기 사고의 경우에 운송인은 손해배상청구권자가 청구하면 지체 없이 선급금을 지급하여야 한다. 이 경우 선급금의 지급만으로 운송인의 책임이 있는 것으로 보지 아니한다. 지급한 선급금은 운송인이 손해배상으로 지급하여야 할 금액에 충당할 수 있다.
④ 운송인은 여객의 연착으로 인한 손해에 대하여 책임을 진다. 다만, 운송인이 자신과 그 사용인 및 대리인이 손해를 방지하기 위하여 합리적으

조문 · 판례	기출지문 OX
로 요구되는 모든 조치를 하였다는 것 또는 그 조치를 하는 것이 불가능하였다는 것을 증명한 경우에는 그 책임을 면한다. ⑤ 연착에 따른 운송인의 책임제한은 운송인 또는 그 사용인이나 대리인의 고의로 또는 무모하게 한 작위 또는 부작위에 의하여 손해가 발생한 것이 증명된 경우에는 적용하지 아니한다.	
제 2 수하물에 대한 책임 ① 운송인은 위탁수하물의 멸실 또는 훼손으로 인한 손해에 대하여는 그 손해의 원인이 된 사실이 항공기상에서 또는 위탁수하물이 운송인의 관리하에 있는 기간 중에 발생한 경우에만 책임을 진다. 다만, 그 손해가 위탁수하물의 고유한 결함, 특수한 성질 또는 숨은 하자로 인하여 발생한 경우에는 그 범위에서 책임을 지지 아니한다. ② 운송인은 휴대수하물의 멸실 또는 훼손으로 인한 손해에 대하여는 그 손해가 자신 또는 그 사용인이나 대리인의 고의 또는 과실에 의하여 발생한 경우에만 책임을 진다. ③ 운송인은 수하물의 연착으로 인한 손해에 대하여 책임을 진다. 다만, 운송인이 자신과 그 사용인 및 대리인이 손해를 방지하기 위하여 합리적으로 요구되는 모든 조치를 하였다는 것 또는 그 조치를 하는 것이 불가능하였다는 것을 증명한 경우에는 그 책임을 면한다. ④ 운송인의 수하물에 대한 손해배상책임은 여객 1명당 1천131 계산단위의 금액을 한도로 한다. 다만, 운송인 또는 그 사용인이나 대리인의 고의로 또는 무모하게 한 작위 또는 부작위에 의하여 손해가 발생한 것이 증명된 경우에는 적용하지 아니한다. ⑤ 여객이 위탁수하물의 일부 멸실 또는 훼손을 발견하였을 때에는 위탁수하물을 수령한 후 지체 없이 그 개요에 관하여 운송인에게 서면 또는 전자문서로 통지를 발송하여야 한다. 다만, 그 멸실 또는 훼손이 즉시 발견할 수 없는 것일 경우에는 위탁수하물을 수령한 날부터 7일 이내에 그 통지를 발송하여야 한다. ⑥ 위탁수하물이 연착된 경우 여객은 위탁수하물을 처분할 수 있는 날부터 21일 이내에 이의를 제기하여야 한다. ⑦ 운송인은 휴대수하물에 대하여는 다른 약정이 없으면 별도로 운임을 청구하지 못한다.	**제 2 수하물에 대한 책임** [2012] 1. 항공운송인은 휴대수하물의 멸실 또는 훼손으로 인한 손해에 대하여는 그 손해의 원인이 된 사실이 항공기상에서 또는 운송인의 관리하에 있는 기간 중에 발생한 경우에만 책임을 진다. 다만 그 손해가 여객의 고의 또는 과실에 의하여 발생한 경우에는 그 범위에서 책임을 지지 아니한다. (×)
제3절 물건운송 **제 1 운송물의 멸실·훼손에 대한 책임** ① 운송인은 운송물의 멸실 또는 훼손으로 인한 손해에 대하여 그 손해가 항공운송 중(운송인이 운송물을 관리하고 있는 기간을 포함한다)에 발생한 경우에만 책임을 진다. 다만, 운송인이 운송물의 멸실 또는 훼손이 다음 각 호의 사유로 인하여 발생하였음을 증명하였을 경우에는 그 책임을 면한다. 1. 운송물의 고유한 결함, 특수한 성질 또는 숨은 하자 2. 운송인 또는 그 사용인이나 대리인 외의 자가 수행한 운송물의 부적절한 포장 또는 불완전한 기호 표시 3. 전쟁, 폭동, 내란 또는 무력충돌 4. 운송물의 출입국, 검역 또는 통관과 관련된 공공기관의 행위 5. 불가항력	**제3절 물건운송** **제 1 운송물의 멸실·훼손에 대한 책임**

조문 · 판례	기출지문 OX
② 항공운송 중에는 공항 외부에서 한 육상, 해상 운송 또는 내륙 수로운송은 포함되지 아니한다. 다만, 그러한 운송이 운송계약을 이행하면서 운송물의 적재, 인도 또는 환적할 목적으로 이루어졌을 경우에는 항공운송 중인 것으로 추정한다. ③ 운송인이 송하인과의 합의에 따라 항공운송하기로 예정된 운송의 전부 또는 일부를 송하인의 동의 없이 다른 운송수단에 의한 운송으로 대체하였을 경우에는 그 다른 운송수단에 의한 운송은 항공운송으로 본다. ④ 운송인은 운송물의 연착으로 인한 손해에 대하여 책임을 진다. 다만, 운송인이 자신과 그 사용인 및 대리인이 손해를 방지하기 위하여 합리적으로 요구되는 모든 조치를 하였다는 것 또는 그 조치를 하는 것이 불가능하였다는 것을 증명한 경우에는 그 책임을 면한다. ⑤ 수하인은 운송물의 일부 멸실 또는 훼손을 발견하면 운송물을 수령한 후 지체 없이 그 개요에 관하여 운송인에게 서면 또는 전자문서로 통지를 발송하여야 한다. 다만, 그 멸실 또는 훼손이 즉시 발견할 수 없는 것일 경우에는 수령일부터 14일 이내에 그 통지를 발송하여야 한다. 통지가 없는 경우에는 운송물이 멸실 또는 훼손 없이 수하인에게 인도된 것으로 추정한다. ⑥ 운송물이 연착된 경우 수하인은 운송물을 처분할 수 있는 날부터 21일 이내에 이의를 제기하여야 한다. ⑦ 기간 내에 통지나 이의제기가 없을 경우에는 수하인은 운송인에 대하여 제소할 수 없다. 다만, 운송인 또는 그 사용인이나 대리인이 악의인 경우에는 그러하지 아니하다. ⑧ 위의 규정에 반하여 수하인에게 불리한 당사자 사이의 특약은 효력이 없다.	
제 2 운송물의 처분청구권 등 ① 송하인은 운송인에게 운송의 중지, 운송물의 반환, 그 밖의 처분을 청구("처분청구권")할 수 있다. 이 경우에 운송인은 운송계약에서 정한 바에 따라 운임, 체당금과 처분으로 인한 비용의 지급을 청구할 수 있다. ② 수하인이 운송물의 인도를 청구할 권리를 취득하였을 때에는 송하인의 처분청구권은 소멸한다. 다만, 수하인이 운송물의 수령을 거부하거나 수하인을 알 수 없을 경우에는 그러하지 아니하다. ③ 운송물이 도착지에 도착한 때에는 수하인은 운송인에게 운송물의 인도를 청구할 수 있다. 다만, 송하인이 처분청구권을 행사한 경우에는 그러하지 아니하다. ④ 운송물이 도착지에 도착하면 다른 약정이 없는 한 운송인은 지체 없이 수하인에게 통지하여야 한다. ⑤ 운송인의 송하인 또는 수하인에 대한 채권은 2년간 행사하지 아니하면 소멸시효가 완성한다.	제 2 운송물의 처분청구권 등
제4절 운송증서{양도성(유가증권성) 없음} 제 1 여객항공권, 수하물표, 운송물의 성질에 관한 서류 ① 운송인이 여객운송을 인수하면 여객에게 개인용 또는 단체용 여객항공권을 교부하여야 한다. ② 운송인은 여객에게 개개의 위탁수하물마다 수하물표를 교부하여야 한다.	**제4절 운송증서{양도성(유가증권성) 없음}** 제 1 여객항공권, 수하물표, 운송물의 성질에 관한 서류

조문 · 판례	기출지문 OX
③ 송하인은 세관, 경찰 등 행정기관이나 그 밖의 공공기관의 절차를 이행하기 위하여 필요한 경우 운송인의 요청을 받아 운송물의 성질을 명시한 서류를 운송인에게 교부하여야 한다. 운송인은 이것과 관련하여 어떠한 의무나 책임을 부담하지 아니한다.	
제 2 항공화물운송장 ① 송하인은 운송인의 청구를 받아 항공화물운송장 3부를 작성하여 운송인에게 교부하여야 한다. ② 운송인이 송하인의 청구에 따라 항공화물운송장을 작성한 경우에는 송하인을 대신하여 작성한 것으로 추정한다. ③ 항공화물운송장 중 제1원본에는 "운송인용"이라고 적고 송하인이 기명날인 또는 서명하여야 하고, 제2원본에는 "수하인용"이라고 적고 송하인과 운송인이 기명날인 또는 서명하여야 하며, 제3원본에는 "송하인용"이라고 적고 운송인이 기명날인 또는 서명하여야 한다. 서명은 인쇄 또는 그 밖의 다른 적절한 방법으로 할 수 있다. ④ 운송인은 송하인으로부터 운송물을 수령한 후 송하인에게 항공화물운송장 제3원본을 교부하여야 한다. ⑤ 운송인 또는 송하인이 항공운송증서에 관한 규정을 위반하는 경우에도 운송계약의 효력 및 이 법의 다른 규정의 적용에 영향을 미치지 아니한다.	**제 2 항공화물운송장**
제 3 항공운송증서 등의 기재사항에 관한 책임 ① 송하인은 항공화물운송장에 적었거나 운송인에게 통지한 운송물의 명세 또는 운송물에 관한 진술이 정확하고 충분함을 운송인에게 담보한 것으로 본다. ② 송하인은 운송물의 명세 또는 운송물에 관한 진술이 정확하지 아니하거나 불충분하여 운송인이 손해를 입은 경우에는 운송인에게 배상할 책임이 있다. ③ 운송인은 운송에 관한 기록이나 화물수령증에 적은 운송물의 명세 또는 운송물에 관한 진술이 정확하지 아니하거나 불충분하여 송하인이 손해를 입은 경우 송하인에게 배상할 책임이 있다. 다만, 송하인이 그 정확하고 충분함을 담보한 것으로 보는 경우에는 그러하지 아니하다.	**제 3 항공운송증서 등의 기재사항에 관한 책임**
제 4 항공운송증서 기재의 효력 ① 항공화물운송장 또는 화물수령증이 교부된 경우 그 운송증서에 적힌 대로 운송계약이 체결된 것으로 추정한다. ② 운송인은 항공화물운송장 또는 화물수령증에 적힌 운송물의 중량, 크기, 포장의 종별·개수·기호 및 외관상태 대로 운송물을 수령한 것으로 추정한다. ③ 운송물의 종류, 외관상태 외의 상태, 포장 내부의 수량 및 부피에 관한 항공화물운송장 또는 화물수령증의 기재 내용은 송하인이 참여한 가운데 운송인이 그 기재 내용의 정확함을 확인하고 그 사실을 항공화물운송장이나 화물수령증에 적은 경우에만 그 기재 내용대로 운송물을 수령한 것으로 추정한다.	**제 4 항공운송증서 기재의 효력**

조문 · 판례	기출지문 OX

제3장 지상 제3자의 손해에 대한 책임

제 1 항공기 운항자의 배상책임

① 항공기 운항자는 비행 중인 항공기 또는 항공기로부터 떨어진 사람이나 물건으로 인하여 사망하거나 상해 또는 재산상 손해를 입은 지상(지하, 수면 또는 수중을 포함한다)의 제3자에 대하여 손해배상책임을 진다.
② "항공기 운항자"란 사고 발생 당시 항공기를 사용하는 자를 말한다. 다만, 항공기의 운항을 지배하는 자("운항지배자")가 타인에게 항공기를 사용하게 한 경우에는 운항지배자를 항공기 운항자로 본다.
③ 항공기등록원부에 기재된 항공기 소유자는 항공기 운항자로 추정한다.
④ "비행 중"이란 이륙을 목적으로 항공기에 동력이 켜지는 때부터 착륙이 끝나는 때까지를 말한다.
⑤ 2대 이상의 항공기가 관여하여 사고가 발생한 경우 각 항공기 운항자는 연대하여 책임을 진다.
⑥ 운항지배자의 승낙 없이 항공기가 사용된 경우 운항지배자는 이를 막기 위하여 상당한 주의를 하였음을 증명하지 못하는 한 승낙 없이 항공기를 사용한 자와 연대하여 책임을 진다.

제 2 면책사유 및 항공기 운항자의 유한책임

1. 면책사유

① 항공기 운항자는 다음 각 호의 어느 하나에 해당함을 증명하면 책임을 지지 아니한다.

> 1. 전쟁, 폭동, 내란 또는 무력충돌의 직접적인 결과로 발생하였다는 것
> 2. 항공기 운항자가 공권력에 의하여 항공기 사용권을 박탈당한 중에 발생하였다는 것
> 3. 오로지 피해자 또는 피해자의 사용인이나 대리인의 과실 또는 그 밖의 불법한 작위나 부작위에 의하여서만 발생하였다는 것
> 4. 불가항력

2. 책임한도

① 하나의 항공기가 관련된 하나의 사고로 인하여 사망 또는 상해가 발생한 경우 항공기 운항자의 책임은 사망하거나 상해를 입은 사람 1명당 12만5천 계산단위의 금액을 한도로 한다.
② 하나의 항공기가 관련된 하나의 사고로 인하여 여러 사람에게 생긴 손해의 합계가 한도액을 초과하는 경우, 각각의 손해는 한도액에 대한 비율에 따라 배상한다.
③ 하나의 항공기가 관련된 하나의 사고로 인하여 사망, 상해 또는 재산상의 손해가 발생한 경우 사망 또는 상해로 인한 손해를 먼저 배상하고, 남는 금액이 있으면 재산상의 손해를 배상한다.

제3장 지상 제3자의 손해에 대한 책임

제 1 항공기 운항자의 배상책임

제 2 면책사유 및 항공기 운항자의 유한책임

1. 면책사유

2. 책임한도

조문 · 판례	기출지문 OX
3. 책임제한 배제 ① 항공기 운항자 또는 그 사용인이나 대리인이 손해를 발생시킬 의도로 사고를 발생시킨 경우에는 항공기 운항자의 유한책임을 적용하지 아니한다. ② 항공기를 사용할 권한을 가진 자의 동의 없이 불법으로 항공기를 탈취하여 사용하는 중 사고를 발생시킨 자에 대하여는 항공기 운항자의 유한책임을 적용하지 아니한다.	**3. 책임제한 배제**
4. 책임제한절차 ① 항공기 운항자의 책임은 사고가 발생한 날부터 3년 이내에 재판상 청구가 없으면 소멸한다. ② 책임을 제한하려는 자는 채권자로부터 책임한도액을 초과하는 청구금액을 명시한 서면에 의한 청구를 받은 날부터 1년 이내에 법원에 책임제한절차 개시의 신청을 하여야 한다. ③ 책임제한절차에 관하여는 성질에 반하지 아니하는 범위에서 「선박소유자 등의 책임제한절차에 관한 법률」의 예를 따른다.	**4. 책임제한절차**

수험생 여러분!
수고하셨습니다.

편저자 **문 승 진**

약 력

- 고려대학교 대학원 법학과(상법 전공) 졸업, 법학석사
- 前 한림법학원·미래법학원 상법 강의
- 前 넥서스법학원·종로행정고시학원 상법, 상업등기법 및 비송사건절차법 강의
- 前 폴라리스법학원 상법 강의
- 前 이그잼고시학원 등기서기보 상법 강의
- 前 베리타스법학원 사법시험·변호사시험 상법 강의
- 前 법무사단기학원 법무사 상법, 상업등기법 및 비송사건절차법 강의
- 前 경기대학교 사회교육원 법학실무과정 상법, 상업등기법 및 비송사건절차법 강의
- 前 KG 에듀원 미래경영아카데미 회계사 · 세무사 상법 · 행정소송법 강의
- 現 EZ 회계사·세무사 아카데미 회계사 기업법 Ⅰ, 세무사 상법 강의
- 現 합격의 법학원 법무사 상법, 상업등기법 및 비송사건절차법 강의
- 現 법검단기학원 등기서기보 상법 강의

편저서

- 상법강의(제18판 법학사 刊, 2026)
- 객관식 상법(제20판 법학사 刊, 2026)
- 핵심정리 상법(제9판 법학사 刊, 2026)
- 핵심정리 조문·판례 상법(신정3판 법학사 刊, 2016)
- 법무사 1차 진도별 모의고사 상법(제10판 법학사 刊, 2020)
- 상업등기법 및 비송사건절차법(전정7판 법학사 刊, 2027)
- 객관식 상업등기법 및 비송사건절차법(제17판 법학사 刊, 2025)
- 조문·예규·선례 정리 상업등기법 및 비송사건절차법(제12판 법학사 刊, 2024)
- 핵심정리 상업등기법 및 비송사건절차법(제3판 법학사 刊, 2025)
- 법무사 1차 진도별 모의고사 상업등기법 및 비송사건절차법(제7판 법학사 刊, 2019)
- 최근 10년간 법무사 제1차 기출문제해설집(공편저, 제14판 법학사 刊, 2024)
- 법원직 상법(제7판 법학사 刊, 2026)
- 법원직 객관식 상법(제13판 법학사 刊, 2026)
- 법원직 핵심정리 상법(제7판 법학사 刊, 2026)
- 회계사 기업법 Ⅰ(상법총칙·상행위·회사)(제13판 법학사 刊, 2026)
- 회계사 객관식 기업법 Ⅰ(상법총칙·상행위·회사)(제13판 법학사 刊, 2026)
- 핵심정리 회계사 상법(제9판 법학사 刊, 2024)
- 세무사 상법(회사법)(제11판 법학사 刊, 2026)
- 세무사 객관식 상법(회사법)(제12판 법학사 刊, 2025)
- 핵심정리 세무사 상법(제4판 법학사 刊, 2025)
- 세무사 행정소송법[이론 및 기출문제](제9판 법학사 刊, 2024)
- 세무사 객관식 행정소송법(제8판 법학사 刊, 2024)
- 핵심정리 세무사 행정소송법(제3판 법학사 刊, 2023)
- 상법입문(법학사 刊, 2015)

핵심정리 상 법 (제9판)

2018년 3월 8일 초 판 발행
2018년 12월 5일 제2판 발행
2019년 10월 7일 제3판 발행
2021년 2월 17일 제4판 발행
2021년 11월 27일 제5판 발행
2023년 3월 9일 제6판 발행
2024년 3월 2일 제7판 발행
2025년 1월 22일 제8판 발행
2026년 1월 23일 제9판 발행

편저자 : 문 승 진
발행인 : 이 재 철
신 고 : 2011.1.5. 제2001-27호

발행처 : 法學社
주 소 : 서울시 관악구 신림2동 116-2 201호
전 화 : (02) 876-9977
팩 스 : (02) 876-9960

ISBN 979-11-24264-13-3 93360

정 가 : 14,000 원